Kleine Bibliothek 337

Politik Wissenschaft Zukunft

Frank Deppe

Ende oder Zukunft der Arbeiterbewegung?

Gewerkschaftspolitik nach der Wende
Eine kritische Bestandsaufnahme

Pahl-Rugenstein

Zweite, durchgesehene und verbesserte Auflage 1985

Umschlagentwurf: Willi Hölzel
Druck: Plambeck & Co Druck und Verlag GmbH, 4040 Neuss

CIP-Kurztitelaufnahme der Deutschen Bibliothek

Deppe, Frank:
Ende oder Zukunft der Arbeiterbewegung?: Gewerkschaftspolitik nach d. Wende; e. krit. Bestandsaufnahme / Frank Deppe. – 2., durchges. u. verb. Aufl. – Köln: Pahl-Rugenstein, 1985.
(Kleine Bibliothek; 337)
ISBN 3-7609-0999-X
NE; GT

Inhalt

Vorbemerkung

Das Manuskript dieses Buches wurde zwischen Juli 1983 und Ende März 1984 – also noch vor der »heißen Phase« in der Auseinandersetzung um die 35-Stunden-Woche und ihrem Abschluß – niedergeschrieben. Ich hatte zunächst überhaupt nicht die Absicht, ein Buch zur »Gewerkschaftspolitik nach der Wende« zu schreiben; denn der Verlag hatte mich nur gebeten, mein Buch »Autonomie und Integration. Materialien zur Gewerkschaftsanalyse« (Marburg: Verlag Arbeiterbewegung und Gesellschaftswissenschaft, 1979) für eine zweite Auflage zu überarbeiten. Nachdem ich mich dieser – zunächst leicht erscheinenden – Aufgabe zugewandt hatte, wurde mir mehr und mehr bewußt, daß ich große Schwierigkeiten hatte, diesen Text ohne wesentliche Veränderungen und Ergänzungen im Jahre 1984 einem an einer autonomen und kämpferischen Gewerkschaftspolitik und -theorie interessierten Publikum zu präsentieren. Jene Rezensenten, die schon in Stellung gegangen sind, um die literarischen Vernichtungsfeldzüge fortzusetzen, die sie – mit z. T. höchst primitiven Mitteln – an Schriften der »Marburger Schule« inszenieren, sollten sich freilich nicht zu früh freuen. Es liegt mir nämlich völlig fern, mich von »Autonomie und Integration« zu distanzieren. Die dort entwickelte Autonomie-Konzeption, die Begründung des Zusammenhangs von kapitalistischen Vergesellschaftungsprozessen und Inhalten der Gewerkschaftspolitik halte ich – wie der Leser dieses Buches schnell feststellen wird – nach wie vor für richtig. Allerdings: das Buch wurde im Jahre 1978 geschrieben, mitten in der ersten Etappe des Kampfes für die 35-Stunden-Woche (»Stahlarbeiterstreik« 1978/79) abgeschlossen. Die politischen Wertungen waren daher notwendig beeinflußt von den gewerkschaftlichen Kämpfen, die in diesem Jahr einen Höhepunkt erreichten.

Die Erfahrungen der vergangenen fünf Jahre haben jedoch viele neue Fragen, auch Enttäuschungen und Unsicherheit, hervorgerufen. Darin spiegelt sich auch eine grundlegende Veränderung der gewerkschaftlichen Kampfbedingungen wider, die in den 70er Jahren noch nicht so deutlich zu erkennen war wie heute. Hier sind nicht nur die veränderten politischen Rahmenbedingungen angesprochen, die sich mit dem Sturz der sozialliberalen Koalition und der konservativ-liberalen »Wende« in Bonn durchgesetzt haben. Mehr noch hat sich in dieser Zeit das Bewußtsein verbreitet, daß wir in einer krisenhaften Umbruchs- und Übergangsepoche des Kapitalismus leben, daß damit auch programmatische Vorstellungen sowie strategische Politik-Muster neu durchdacht und im Hinblick auf die tatsächlichen sozialen, politischen und geistigen Auseinandersetzungen, die auch die Frage nach der Zukunftsbewältigung einschließen, präzisiert werden müssen. Die Arbeiterbewegung ist nicht nur hierzulande mit vielfältigen Erscheinungen der Schwäche und eines defensiven Konservatismus konfrontiert; sie sieht sich zugleich einer lebhaften Debatte ausgesetzt, in der der »Abschied vom Proletariat« bzw. das »Ende der Arbeiterbewegung« verkündet werden. Das neue Buch, das ich geschrieben habe, will versuchen, auf diese neuen Rahmenbedingungen einzugehen, das Bewußtsein für sie zu schärfen, die Richtung anzudeuten, in der eine autonome und kämpferische Gewerkschaftspolitik sich bewegen könnte.

Danken möchte ich insbesondere Witich Roßmann und Georg Fülberth, mit denen ich immer wieder über offene wissenschaftliche und politische Fragen zur Geschichte und Zukunft der Arbeiterbewegung diskutieren kann. Ich will aber auch die zahlreichen gewerkschaftlichen Veranstaltungen, die Gespräche und Begegnungen mit Kolleginnen und Kollegen nicht vergessen, die ich in der Zeit, in der ich an diesem Buch gearbeitet habe, erlebt habe. Solche Begegnungen sind oftmals auch »Tankstellen« – daher ist ihnen dieses Buch gewidmet.

Frank Deppe

1. Einleitung

Die DGB-Gewerkschaften bieten im Jahre 1983 der Öffentlichkeit nicht das Bild einer mächtigen, kampfstarken und geschlossenen Organisation. Sie wirken eher wie ein angeschlagener Koloss. Das »Gewerkschaftsbarometer«, die jährliche Meinungsumfrage, mit der der DGB die Einstellung der Bevölkerung gegenüber den Gewerkschaften ermitteln läßt, zeigt für 1982 – im Vergleich zum Vorjahr – einen starken Rückgang des »Sympathie«-Wertes an. Auch der Anteil derjenigen Lohnabhängigen, die die Gewerkschaften uneingeschränkt für notwendig halten, ist von 78,2 Prozent (1979) auf 71 Prozent (1982) zurückgegangen. Diese Einstellungsveränderungen sind gewiß nicht dramatisch; denn nach wie vor weiß die überwiegende Mehrheit der lohnabhängig Beschäftigten um die Notwendigkeit der Gewerkschaften. Einige Daten des jüngsten »Gewerkschaftsbarometers« deuten sogar an, daß die Organisationsbereitschaft bei den Unorganisierten und die Streikbereitschaft bei den Gewerkschaftsmitgliedern angestiegen ist. Auch die zentralen Forderungen der Gewerkschaften (Arbeitsplatzsicherung, Arbeitszeitverkürzung, Sicherung der Renten, Reallohnsicherung u.a.m.) erfreuen sich nach den Ergebnissen dieser Umfrage einer breiten Zustimmung (Quelle, 1983. 5, S. 320 ff.).

Dem stehen freilich die neuesten Angaben über die Mitgliederentwicklung entgegen. Die DGB-Gewerkschaften bekommen also nicht nur bei Meinungsumfragen »schlechtere Noten«. Ihr vermindertes Ansehen drückt sich auch in dem Verlust von mehr als 200000 Mitgliedern in den Jahren 1982/83 aus. Dabei verlor allein die IGM knapp 90000 Mitglieder. Zum erstenmal seit 1968 hat sich der Trend des kontinuierlichen Mitgliederzuwachses (von 6,3 Millionen – 1968 – auf 7,75 Millionen – 1983) umgekehrt, wobei schon seit 1978 (7,75 Millionen Mitglieder) eine Stagnationstendenz festzustellen war. Die DGB-Funktionärszeitschrift »Die Quelle« führt das verminderte Ansehen der Gewerkschaften auf die »Machenschaften von Albert Vietor und Co.« zurück (Quelle, 1983. S. 320). Zweifellos hat der Skandal um die »Neue Heimat« nicht nur dem Ansehen der Gewerkschaften in der Öffentlichkeit geschadet. Auch zahlreiche Mitglieder und Funktionäre sind empört über den Sumpf an Machenschaften, individueller Bereicherung und Kumpanei, der ans Tageslicht trat, als die Affaire aufgedeckt wurde. Viele waren nicht dazu bereit, über ihren Mitgliedsbeitrag die »Neue Heimat« zu sanieren. Andere wiederum sahen in dieser Affäre ihre Kritik an der Verselbständigung gewerkschaftlicher Apparate sowie an den verhängnisvollen Folgen der Einbindung der gewerkschaftlichen Unternehmen in die Konkurrenz- und Profitgesetze der kapitalistischen Wirtschaft bestätigt. Auf jeden Fall hat diese Affäre Resignationstendenzen bei solchen Mitgliedergruppen bestärkt, die ohnehin die Zurückhaltung oder gar die Lähmung der gewerkschaftlichen Interessenvertretung unter den Bedingungen der Krise, der Massenarbeitslosigkeit, des Sozialabbaus und schließlich der »Wende« zur neuen konservativen Regierung, die dann durch das Wahlergebnis vom 6. März 1983 sanktioniert wurde, beklagen.

Obwohl die Wirkungen des Neue-Heimat-Skandals und anderer Veranstaltungen eines extremen gewerkschaftlichen Bürokratismus (erinnert sei nur an Vorgänge im Bereich der IG Chemie, Papier, Keramik wie z.B. die »Auflösung« der Verwaltungsstelle Hannoversch-Münden (express, 1983. 4. S. 13) oder an die »Nacht- und Nebel«-Aktion, mit der der Hauptvorstand der IG Bau-Steine-Erden im Februar 1983 den Bezirksvorstand Stuttgart seines Amtes enthob) nicht unterschätzt werden dürfen, können sie doch die Schwierigkeiten und Widersprüche, mit denen die Gewerkschaftsbewegung gegenwärtig konfrontiert ist, nicht hinreichend erklären. Wachsende Kritik an den Gewerkschaften – in der Öffentlichkeit ebenso wie in den innergewerkschaftlichen Diskussionen (obwohl Inhalt und Zweck dieser Kritik durchaus gegensätzlich sein können) – sind vielmehr ebenso wie Mitgliederverluste Ausdruck einer sehr viel komplexeren Gesamtkonstellation, in der sich die Frage nach den gewerkschaftlichen Handlungsmöglichkeiten, nach dem Inhalt, den Formen und schließlich auch den Erfolgsbedingungen einer aktiven Interessenvertretung, und letztlich auch nach den Beziehungen zwischen Klasse und Organisation neu stellt.

Daß die Gewerkschaften in Perioden der Wirtschaftskrise in eine schwierige Lage geraten, ist durch historische Erfahrungen vielfach bestätigt worden. Ihre primären Aufgaben und Ziele, die Verbesserung der Arbeits- und Lebensbedingungen der Arbeiterklasse, sind eben unter günstigen konjunkturellen Bedingungen besser zu realisieren, was nicht ausschließt, daß auch dann die Macht und Kampffähigkeit der Organisation mit darüber entscheidet, welcher Anteil des gesellschaftlich produzierten Neuwertes für die Verbesserung der Lohneinkommen, für die Sozialpolitik verwendet wird, und welche politischen Reformen durchgesetzt werden, die die Arbeitsbedingungen verbessern und den Lohnabhängigen wie den Gewerkschaften erweiterte Mitbestimmungs- und Kontrollrechte gegenüber dem Kapital sichern. In Zeiten der ökonomischen Krise des Kapitalismus dagegen sehen sich die Gewerkschaften einem massiven Druck ausgesetzt. Die innere Logik der kapitalistischen Profitproduktion und der Konkurrenz erzwingt nunmehr einen umfassenden Angriff auf die Arbeits- und Lebensbedingungen der Arbeiterklasse sowie auf die politische und organisatorische Macht, die die Gewerkschaften repräsentieren. Massenarbeitslosigkeit, Reallohnsenkungen, Abbau von Sozialleistungen, Rationalisierung und Intensivierung der Ausbeutung der Arbeitskraft – das sind die der Konkurrenz und der Profitlogik des Kapitals angemessenen Mittel, um auf die Krise der Kapitalverwertung zu reagieren. Diese Mittel werden flankiert durch die Intervention des bürgerlichen Staates, der durch seine Wirtschafts-, Finanz- und Gesellschaftspolitik darauf hinwirkt, möglichst viele – wie es heute heißt – »investitionshemmende Hindernisse« zu beseitigen und die Konkurrenzfähigkeit der nationalen Kapitale auf dem Weltmarkt zu verbessern. Dazu wird das ganze System der »ideologischen Staatsapparate« mobilisiert, um die naturwüchsige Zwangsläufigkeit dieser Politik auch im Massenbewußtsein zu verankern, und um jene Entsolidarisierungsprozesse unter den Lohnabhängigen zu fördern, die sich aus der Erfahrung der Arbeitslosigkeit, aus der Angst um den Verlust des Arbeitsplatzes, aus dem alltäglichen, individuellen Kampf ums »Überleben« entwickeln. »Opferbereitschaft aller« ist das große Wort der Stunde – und in dem Maße, wie die freiwillige Opferbereitschaft sich ausbreitet, wird auch die Ohnmacht der Gewerkschaften offenkundig.

Wenn also die Gewerkschaften Mitglieder verlieren und ihr Ansehen in der Öffentlichkeit sinkt, so kündigen sich darin erste Erfolge der klassischen Krisenüberwindungsstrategie des Kapitals an. Die freien Gewerkschaften der Weimarer Republik haben zwischen 1929 und 1933 weit mehr als eine Million Mitglieder (von fünf Millionen im Jahr 1929) verloren – und wurden auf diese Weise noch mehr in die Defensive gedrängt. Bis zum Jahre 1983 haben sich die Mitgliederverluste der DGB-Gewerkschaften auf einem deutlich niedrigeren Niveau bewegt. Dennoch kann daraus noch keine eindeutige Prognose für die zukünftige Mitgliederloyalität gewonnen werden. Der wachsende Widerspruch zwischen den gewerkschaftlichen Programmen und Forderungen und der realen Alltagserfahrung der Lohnabhängigen wird auf jeden Fall bei den weniger bewußten Teilen der Gewerkschaftsmitglieder, die die Organisation als eine Art »Versicherungsunternehmen« für steigende Reallöhne und sichere Arbeitsplätze ansehen, diese Loyalität weiter aufweichen. Die Tarifrunde vom Frühjahr des Jahres 1983 muß solche Gefahren noch verstärken; denn die erreichten Lohnerhöhungen (3,2 Prozent im Bereich der IGM, 1,9 Prozent im Bereich der Gewerkschaft ÖTV) verlängern die Periode des Reallohnabbaus (seit 1980) um ein weiteres Jahr und demonstrieren zugleich – im Vergleich mit den

Ausgangsforderungen der Gewerkschaften, die ihrerseits lediglich das bescheidene Ziel des Inflationsausgleiches steckten – die Schwäche der Organisationen.

Diese Schwäche ist nicht nur der Ausdruck einer Politik, die die objektiven gesellschaftlichen und politischen Rahmenbedingungen gewerkschaftlicher Interessenvertretung anerkennt und daher – unter dem Druck der kapitalistischen Krise und der Wende zur konservativen Bundesregierung – immer mehr dazu gezwungen ist, die Verantwortung für die sozialen Folgen dieser Krise sowie die Verantwortung für die Sicherung des Gesamtsystems mitzutragen. Auch dort, wo die Gewerkschaften z.B. vor Massenentlassungen und Betriebsstillegungen Protestaktionen der Belegschaften – bis hin zur Betriebsbesetzung – aktiv unterstützen und organisieren, werden die Grenzen gewerkschaftlicher Macht deutlich markiert. Solche Aktionen können das Selbstbewußtsein der Lohnabhängigen steigern, sofern Teilerfolge errungen werden und sofern durch neue Aktionsformen, wie z.B. Betriebsbesetzungen, Mobilisierung von Solidarität in der Bevölkerung in der betroffenen Region oder Stadt – neue Perspektiven und Formen des gewerkschaftlichen Kampfes erkennbar werden. Dennoch sind sie meist doch Ausdrucksformen eines letzten und verzweifelten Protestes, der sich nach der endgültigen Niederlage schnell in Apathie und Resignation auflöst. Der Widerspruch zwischen der gesellschaftlichen Macht des Kapitals und den unmittelbaren Lebens- und Überlebensinteressen der Lohnabhängigen und ihrer Familien tritt hier besonders krass zutage. Auf Seiten der Betroffenen löst diese Erfahrung jedoch in der Regel keine Bewegung aus, die über die Sicherung von Arbeitsplätzen in einem bestimmten Betrieb hinaus eben jene gesellschaftliche Macht des Kapitals in Frage stellt. Der Hinweis auf die Artikel in den Länderverfassungen oder auf den Art. 15 des GG, die die Vergesellschaftung von Privateigentum möglich machen oder gar fordern, gerät oftmals zum Ritual einer radikalisierten Ohnmacht; denn die Diskrepanz zwischen Forderungen, die die wirtschaftlichen und gesellschaftlichen Herrschaftsverhältnisse prinzipiell in Frage stellen und letztlich auch die Perspektive einer »anderen Republik« – eben die Perspektive einer sozialistischen Bundesrepublik Deutschland – aufwerfen, und den realen, gegenwärtigen Kräfteverhältnissen, in denen sich eine Massenstimmung – auch in der Arbeiterklasse – zugunsten der konservativen Wende widerspiegelt, ist nur zu offensichtlich.

Jede Lagebeschreibung der Gewerkschaften, die nur die unverkennbaren Zeichen ihrer Schwäche und Paralyse erwähnt, bleibt jedoch unvollständig. Die Gewerkschaften sind gegenüber der »Wende« keineswegs blind. Es vergeht kein Kongreß, keine Vorstandssitzung und vor allem keine Kundgebung, ohne daß die Politik der Arbeitsplatzvernichtung, des Reallohn- und des Sozialabbaus, die Liquidierung von Elementen des Sozialstaates und damit von Elementen des »sozialen Kompromisses« in der BRD scharf kritisiert werden. Außerdem haben die Gewerkschaften in der jüngsten Zeit zahlreiche programmatische Forderungen entwickelt, die sich praktisch auf alle Bereiche der Gesellschafts-, Sozial- und Wirtschaftspolitik sowie auf die Tarifpolitik und schließlich auf den Bereich der betrieblichen Interessenvertretung, auf die Mitbestimmung, die »neuen Techniken« und schließlich auf verschiedene Möglichkeiten der Arbeitsplatzsicherung erstrecken.

Man mag beklagen, daß viele dieser Forderungen auf dem Papier bleiben und als Material für die radikaler gewordene Rhetorik von Gewerkschaftsfunktionären dienen. Gleichwohl haben gerade seit dem Herbst 1982 auch viele gewerkschaftliche Aktionen stattgefunden, in denen auch der Protest gegen die herrschende Politik mit der Mobilisierung der Mitgliederbasis verbunden wurde. Die Kundgebungen gegen Sozialabbau im Oktober 1982 brachten Hunderttausende auf die Straße – und machten immerhin deutlich, daß ein erheblicher Teil der Gewerkschaftsmitglieder nicht bereit ist, diese Politik passiv hinzunehmen. Die Tarifrunde vom Frühjahr 1983 endete mit einer Niederlage; aber die Unterschiede der Mobilisierung für die Aktionen der »neuen Beweglichkeit« in einzelnen Bezirken der IGM haben immerhin bewiesen, daß auch unter den gegenwärtigen, schwierigen Bedingungen des Lohnkampfes bei einer konsequenten Aufklärung der Mitglieder über die Unternehmerideologien und die Regierungspolitik, wie dies die IGM im Bezirk Stuttgart mit ihrer Aktion »Unternehmer auf dem Prüfstand« verfolgte, Druck »von unten« und ein höherer Grad der Mitgliederbeteiligung an den gewerkschaftlichen Kämpfen erzeugt werden kann.

Bedeutsame Veränderungen haben sich in diesem Zeitraum auch auf dem Felde der Friedens- und Abrüstungspolitik und im Verhältnis von Gewerkschafts- und Friedensbewegung vollzogen. Noch im Herbst 1982 war nicht entschieden, ob derjenige Flügel der Gewerkschaften die Oberhand behalten würde, der ihre Abgrenzung gegenüber der Friedensbewegung und ihre Anbindung an die sozialdemokratische Interpretation des sog. »NATO-Nachrüstungsbeschlusses« durchsetzen wollte. Inzwischen hat sich – natürlich auch unter dem Einfluß neuer Positionen, die die SPD jetzt als Oppositionspartei vertritt – diese Konstellation entscheidend verändert. Bei Funktionären und Mitgliedern ist die Bereitschaft gewachsen, die Aktionen der Friedensbewegung gegen die Raketen-Stationierung und gegen die Politik der neuen Bundesregierung, die unumwunden die Satellitenrolle der BRD im strategischen Konzept der Reagan-Administration anerkennt, aktiv zu unterstützen und mitzutragen. Obwohl nach wie vor erhebliche Barrieren bei der Vermittlung dieser Aktivitäten zur betrieblichen Basis hin bestehen, und obwohl nicht ausgeschlossen werden kann, daß in den Führungen des DGB und der Einzelgewerkschaften auch die Konzeption vertreten wird, daß die Annäherung an die Friedensbewegung dieser zugleich ihre Autonomie nehmen und ihre Radikalität »zähmen« könne, so muß doch die veränderte Haltung der Gewerkschaften gegenüber der Friedenspolitik und der Friedensbewegung als Zeichen eines Lernprozesses begriffen werden.

In der Friedensbewegung wird dabei die Erkenntnis Raum gewinnen, daß erst durch die Beteiligung der Arbeiterbewegung die Opposition gegen die Raketen-Stationierung zu einer politischen Kraft werden kann, die in der Tat gattungsgefährdende Entscheidungen im Rahmen der atomaren Strategie zu blockieren und die letztlich auch der Perspektive einer friedlichen Gesellschafts- und Weltordnung einen positiven Inhalt zu geben vermag. In der Gewerkschaftsbewegung wird dieser konfliktreiche Lernprozeß die Einsicht fördern, daß zwischen der Lösung der sozialökonomischen Probleme und Widersprüche unserer Zeit auf der einen und der Bändigung der Gefahr eines alles vernichtenden Atomkrieges sowie der Notwendigkeit, substantielle Schritte auf dem Wege der internationalen Abrüstung und Entspannung auf der anderen Seite durchzusetzen, ein unaufhebbarer Zusammenhang besteht. Zugleich wird dabei das Bewußtsein entwickelt, daß die gewerkschaftliche Interessenvertretung – zumal in Perioden der kapitalistischen Krise und der Zuspitzung weltpolitischer Spannungen – sich nicht nur auf die Wahrnehmung der unmittelbaren sozialen und ökonomischen Interessen der abhängig Beschäftigten beschränken darf. In solchen Perioden entscheidet immer auch die Fähigkeit zum politischen Handeln, zur praktischen Intervention in die Fragen der sogenannten »großen Politik« mit darüber, welche Rolle die Arbeiterbewegung in den gesellschaftlichen Auseinandersetzungen zu spielen vermag – ob sie unter dem Druck der objektiven Krisenprozesse und der Verschiebung des politischen Kräfteverhältnisses nach rechts an den Rand gedrängt und ihrer Macht beraubt wird oder ob sie selbst zum Träger eines politischen Prozesses wird, der der Politik der konservativen »Wende« Schranken setzt und dabei konkrete Ansatzpunkte einer Strategie zu entwickeln vermag, die nicht in der Defensive aufgeht, sondern Elemente eines Programms der »Neuordnung von Arbeit, Wirtschaft und Gesellschaft« praktisch werden läßt.

Die Analyse der Gewerkschaftsfrage in der Gegenwart kann sich jedoch nicht darin erschöpfen, die Zeichen der Schwäche und Paralyse auf der einen und die vorhandenen Ansätze einer autonomen und kämpferischen Gewerkschaftspolitik auf der anderen Seite zu bilanzieren. Selbstverständlich darf das Nachdenken über diese Fragen nicht die Aufgabe aus dem Blick verlieren, die gewerkschaftliche Handlungsfähigkeit und Kampfkraft für die aktuellen Auseinandersetzungen – vor allem für den Kampf um die Arbeitszeitverkürzung und um die Verhinderung der Raketen-Stationierung – zu entwickeln. Dennoch birgt die Konzentration auf diese unmittelbar bevorstehenden Auseinandersetzungen die Gefahr in sich, den Charakter der gesellschaftlichen Widersprüche und die Veränderungen in den gesellschaftspolitischen Kräftekonstellationen, die sich mit der »Wende« im Herbst 1982 vollzogen haben, zu verkennen. Es wäre viel zu einfach, die Lösung der Widersprüche, in denen sich die Gewerkschaftspolitik bewegt, im bloßen Appell an eine klassenkämpferische Orientierung zu suchen. Die Krise der Gewerkschaften ist eben nicht nur die Folge ihrer sozialpartnerschaftlichen Orientierung, die die Erfolge ihrer Politik gleichsam schicksalshaft an das ungebrochene Wachstum der kapitalistischen Wirtschaft kettet. Diese Abhängigkeit spielt – wie noch zu zeigen sein wird – eine Rolle; aber die Erfahrungen, die heute in der Gewerkschaftsbewegung anderer westeuropäischer Länder diskutiert werden, relativieren zugleich deren Erklärungswert für die Krise der Gewerkschaften. Die Gewerkschaften sind nämlich auch dort in die Defensive geraten, wo sie die Vertretung der unmittelbaren sozialökonomischen Interessen der Lohnabhängigen mit einem klassenkämpferischen Inhalt und einer sozialistischen Perspektive verbunden haben.

Die Ursachen dieser Krise sind also nicht allein in der politisch-programmatischen Orientierung zu suchen. Auch die konservative »Wende« erschöpft sich nicht in einem bloßen Strategiewechsel der dominanten Fraktionen des Monopolkapitals. Die Ursachen sind komplexer und liegen tiefer; außerdem hat das Wahlergebnis vom 6. März 1983 klargestellt, daß die bloße Entlarvung der »arbeitnehmerfeindlichen« Politik des neuen Blocks an der Macht längst nicht ausreicht, um die Arbeiterklasse zu einem Votum für alternative, linke Positionen zu veranlassen. Die politische Wende ist daher zunächst der – ideologisch nicht einmal eindeutige – Reflex auf gesellschaftliche Krisenprozesse und Veränderungen, auf die Neuformulierung gesellschaftspolitischer Strategien und auf Bewußtseinsprozesse, die ihrerseits nachhaltig die Bedingungen gewerkschaftlicher Politik beeinflussen. In der »Wende« verdichten sich demnach alle objektiv-gesellschaftlichen und subjektiv-politischen

Konstellationen, die mit der epochalen Wende, mit dem Epochenwechsel von einer ungewöhnlich langen Periode der relativen kapitalistischen Prosperität und Stabilität zu einer längeren Stagnations- bzw. Depressionsperiode des Kapitalismus verbunden sind. In allen Bereichen der gesellschaftlichen Erfahrung greift dieser Epochenwandel in das Leben der vergesellschafteten Individuen ein: die Krise der Kapitalverwertung produziert nicht nur die Massenarbeitslosigkeit, die Perspektive einer Reduzierung des Lebensstandards und des »sozialen Besitzstandes«, sondern intensiviert zugleich – bei den noch nicht direkt Betroffenen – die Angst vor negativen Veränderungen der individuellen Lebensbedingungen. Dazu tritt die direkte oder indirekte Erfahrung mit der technischen Revolution, die heute durch die Mikroelektronik und die neuen Kommunikationstechnologien die Arbeitswelt radikal verändert und einen großen Teil der Lohnabhängigen mit der Perspektive des Arbeitsplatzverlustes, der Entwertung der beruflichen Qualifikation, von Lohneinbußen, von neuen Abhängigkeits- und Herrschaftsverhältnissen konfrontiert. Schließlich gesellt sich dazu die Verunsicherung, die aus der Wahrnehmung neuer Widersprüche und Gefahren auf dem Felde der internationalen Politik, aber auch im Bereich der alltäglichen Lebensbewältigung resultieren: die Gefahren eines atomaren Vernichtungskrieges und einer Umweltkatastrophe verbinden sich daher mit den Erfahrungen des Berufslebens und der Arbeitswelt und brechen das Leben in der »heilen« und stabilen Weltordnung auf, das für fast drei Jahrzehnte die Erfahrung und das Bewußtsein großer Teile der Bevölkerung, vor allem der lohnabhängig Beschäftigten, geprägt hatte.

Alle diese Symptome der Verunsicherung und des Bruchs mit der geschichtlichen Erfahrung sind Ausdrucksformen jenes epochalen Wandels in der Entwicklung der hochindustrialisierten kapitalistischen Nationen. Und sie haben schon längst die Handlungsbedingungen der Arbeiter- und Gewerkschaftsbewegung ergriffen und problematisiert. Die alten Politikmuster greifen nicht mehr, sofern sie letztlich vom Modell eines prosperierenden und wachsenden Kapitalismus abgeleitet sind. Zugleich versagen aber auch – zumindest in der Gegenwart – jene Politikmuster und geschichtlich-gesellschaftlichen Perspektiven der traditionellen sozialistischen und kommunistischen Arbeiterbewegung, die die Analyse der Krise des kapitalistischen Systems mit der Projektion eines neuen historischen Gesellschaftstyps verbindet, der wesentlich auf der Vergesellschaftung des Privateigentums, der Planung entsprechend den gesellschaftlichen Bedürfnissen, der Aufhebung der Klassengegensätze und der Etablierung eines neuen Typs des Staates und der Massendemokratie beruht.

Dieser Sachverhalt ist nicht einmal sensationell und er kann nur diejenigen zum »Abschied vom Proletariat« bewegen, die zuvor in der Arbeiterklasse und -bewegung ein Vehikel oder Instrument ihrer idealistischen Kapitalismuskritik vorgefunden hatten. Es scheint zunächst einmal nicht verwunderlich, daß nach einer langen Welle kapitalistischen Wachstums die Erfahrung von Krisenprozessen zu einer – für konservative Strategien und Ideologien handhabbaren – Rückorientierung auf die »goldenen Zeiten des Wirtschaftswunders« führt. Außerdem wäre es unter solchen Voraussetzungen eine reichlich naive Vorstellung, die »Wende« nach links von der bloßen Propagierung eines an den Bedürfnissen und Interessen der Arbeiterklasse orientierten Neuordnungsprogramms zu erwarten. Die Verbindung einer solchen Programmatik und einer wirklichen Bewegung »von unten« hat sich in der Geschichte stets noch in einem langen und konfliktreichen Lernprozeß vollzogen. Erst wenn aus der Alltagserfahrung der breiten Volksmassen heraus das Bedürfnis sich manifestiert, unerträglich gewordene Lebensverhältnisse zu verändern, und erst wenn die innere Auflösung des Blocks an der Macht ein Ausmaß erreicht hat, bei dem die Aufrechterhaltung des staatlichen Gewaltmonopols und das Funktionieren der ideologischen Staatsapparate in Frage gestellt wird, erst dann reifen geschichtliche und politische Umbruchsituationen heran, in denen eine qualitative Veränderung von gesellschaftlichen und politisch-ideologischen Herrschaftsverhältnissen objektiv möglich wird.

In den hochentwickelten kapitalistischen Gesellschaften – zumal in der BRD – stehen solche Situationen jedoch noch längst nicht auf der Tagesordnung. In den meisten dieser Gesellschaften Westeuropas haben die breiten Klassenbewegungen Ende der 60er/Anfang der 70er Jahre Modelle einer Gesellschaftsreform in die Politik eingeführt, mit denen der Versuch unternommen wurde, die Entwicklungsbedingungen des Kapitalismus nach den ersten Anzeichen für das Ende der langen Nachkriegskonjunktur durch Reformen auf dem Felde der demokratischen Institutionen, durch den Ausbau des Sozialstaates und durch die Sicherung des materiellen Lebensniveaus der Lohnabhängigen an die neuen Bedingungen der Produktivkraftentwicklung und der Weltmarktkonkurrenz anzupassen. Die gewerkschaftlichen Kämpfe und der Machtzuwachs, den die Gewerkschaftsbewegung in dieser Periode errang, waren ein wichtiger Hebel, um solchen Modellen und Konzeptionen – vor allem im politischen Rahmen des »sozialdemokratischen Staates« – Kraft und Einfluß zu verleihen. In der zweiten Hälfte der 70er Jahre erfolgt aber – unter dem Druck der nationalen und internationalen Krisenprozesse – eine systematische Demontage einer sozialdemokratischen bzw. einer radikal-reformistischen Politik, die das Ziel verfolgt, die Wachstumskapazität der kapitalistischen Ökonomie und neue Formen der Demokratisierung in der Form eines Klassenkompromisses miteinander zu versöhnen. Dem entspricht die systematische Auflösung von Illusionen über diesen Typus sozialdemokratischer Politik. Angesichts der Bindung der überwiegenden Mehrheit der Lohnabhängigen an die Sozialdemokratie kann aber kaum damit gerechnet werden, daß dieser Prozeß der Desillusionierung, der die Krise des »sozialdemokratischen Staates« begleitet, sich gleichsam automatisch in die Hinwendung zu einer radikalen Systemkritik, in die massenhafte Bereitschaft zum systemverändernden Handeln übersetzt. Die Bindung an die Sozialdemokratie bedeutet immer auch die Anerkennung der Sozialpartnerschaft von Kapital und Arbeit – und daher kann es nicht verwundern, daß sich bei den Wahlen vom 6. März 1983 ein beträchtlicher Teil des Wählerpotentials der SPD der CDU/CSU, d.h. dem konservativen Programm der Sozialpartnerschaft zugewandt hat, das die Wiederherstellung von Wachstum und individuellem Wohlstand durch die Befreiung der produktiven Potenzen des Kapitalismus und der Marktkräfte von den »Fesseln« des Sozialstaats und der Gewerkschaftsmacht verspricht.

Diese Einsicht darf jedoch nicht dazu führen, die Möglichkeiten der Arbeiter- und Gewerkschaftsbewegung fatalistisch und resignativ abzuwerten. Nur die realistische und präzise Analyse jener Bedingungen, die sich in der Wende verdichten, und schließlich nur die unerbittliche Selbstkritik jener Illusionen, die in die sozialdemokratische Reformpolitik eingeflossen waren, kann freilich jenes Potential freisetzen, das in der Gegenwart gefordert ist, um die aktuellen Verteidigungskämpfe der Arbeiterklasse (gegenüber den Wirkungen der Krise, der kapitalistischen Produktivkraftentwicklung, des Abbaus der Sozialstaatlichkeit sowie der Aufrüstungs- und Konfrontationspolitik) mit der Perspektive einer gesellschaftlichen, aber auch geistig-moralischen Neuordnung und Neuorientierung zu verbinden. Zumal für die Gewerkschaftsbewegung stellt sich dabei die Frage, wie die Grenzen der Macht, mit denen sie allenthalben – im Betrieb, in der Tarifpolitik, auf dem Felde der allgemeinen und Gesellschaftspolitik – konfrontiert ist, durchbrochen und überwunden werden können. Dabei handelt es sich in erster Linie um den Ausbruch aus jenem scheinbar naturwüchsigen, schicksalshaften – in Wirklichkeit aber durch die kapitalistischen Machtverhältnisse determinierten – Zirkel, der ihre ökonomische Interessenvertretung immer wieder von neuem ihrer inneren Zielsetzungen und Erwartungen beraubt, der diese einbindet in die übermächtigen Gesetzmäßigkeiten der kapitalistischen Reproduktion. Darin liegt auch das Moment von Wahrheit jener Unternehmerideologie, die nicht müde wird zu behaupten, jeder auch noch so kleine Erfolg der Gewerkschaften im Bereich der Tarifpolitik, der betrieblichen Interessensvertretung und der wirtschafts- und sozialpolitischen Auseinandersetzung schwäche letztlich die notwendige Regenerationsfähigkeit des Kapitalismus und verschlechtere auf diese Weise noch zusätzlich die Arbeits- und Lebensbedingungen der Gesamtheit der »Arbeitnehmer«.

Das Durchbrechen dieses Zirkels kann nicht auf dem Wege eines voluntaristischen Sprunges erfolgen, der dazu noch die Gewerkschaften von ihrer eigentlichen und wesentlichen Aufgabe, der Verteidigung der sozialen und ökonomischen Interessen der Arbeiterklasse, wegführt und ablenkt. Entscheidend scheint vielmehr die Fragestellung, ob und wie es der Gewerkschaftsbewegung in den hoch entwickelten kapitalistischen Gesellschaften – genauer: ihren progressiven Teilen – gelingt, an den Nahtstellen der aktuellen sozialökonomischen und gesellschaftspolitischen Auseinandersetzungen deutlich werden zu lassen, daß die Verwirklichung der unmittelbaren Lebensinteressen der Lohnabhängigen – z. B. Arbeitsplatzsicherung und Beseitigung der Massenarbeitslosigkeit, Sicherung des Lebensstandards und des »sozialen Besitzstandes«, gesellschaftliche Kontrolle der »neuen Techniken«, Gewährleistung von Chancengleichheit im Bildungswesen, kulturelle Entfaltung der Persönlichkeit und Verhinderung der Kriegsgefahr – stets an die Grenzen der Funktionslogik der herrschenden Ordnung stößt und daher mit Modellen einer »Neuordnung« verbunden werden muß, die gleichsam ins Neuland eines neuen Typs gesellschaftlicher Organisation vorstoßen. Erst diese Verbindung kann für die Arbeiter- und Gewerkschaftsbewegung jene Kraft einer real-utopischen Dynamik erzeugen, die sie immer wieder gebraucht hat, um in die Geschichte als soziale und politische Emanzipationsbewegung einzutreten und einzugreifen. Erst dann kann sie zu einer hegemonialen Kraft werden, die nicht auf dem Status einer korporatistischen Interessensvereinigung verharrt, sondern die die Fähigkeit zur geistig-moralischen Führung in Gesellschaft, Politik und Kultur, d.h. die Fähigkeit zu einer »demokratischen Wende«, erringt.

Bevor ich dazu übergehe, diese Überlegung zu konkretisieren, will ich am Ende dieser Einleitung noch auf die Frage eingehen, wie in der gegenwärtigen sozial- und politikwissenschaftlichen Diskussion der Gewerkschaftsfrage zugleich das Verhältnis von Arbeiterbewegung und Intelligenz zu einem zentralen Thema geworden ist. Nicht wenige linke Intellektuelle, die noch in den 70er Jahren die Analyse und Kritik der

Gewerkschaftspolitik mit der (auch subjektiven) Perspektive einer progressiven Gewerkschafts- und Gesellschaftsveränderung verbunden hatten, verhalten sich heute wie enttäuschte Liebhaber, die ihren jugendlichen Eifer mit dem Gestus der gereiften Weisheit abgelegt haben. Die »Krise der Gewerkschaften« wird so zum Symptom und Endpunkt eines langen Prozesses der »Inkorporierung« der Gewerkschaften in das kapitalistische System und in den kapitalistischen Staat, in dessen Verlauf sich die Gewerkschaften von einer klassenkampf-orientierten »Gegenmacht« zu einem systemstabilisierenden »Ordnungsfaktor« gewandelt haben. Die Arbeiterklasse und die Gewerkschaften könnten daher heute nicht mehr als relevantes Potential einer sozialistischen Gesellschaftsveränderung betrachtet werden. Die Krise seit der Mitte der 70er Jahre habe so die Vermutung bestätigt, daß die Gewerkschaften nicht für ein alternatives Modell der gesellschaftlichen Organisation kämpfen, sondern ihren Bestand an die Erhaltung der bestehenden Herrschaftsordnung gebunden haben. Die Aufmerksamkeit wendet sich einem neuen Subjekt – besser: neuen Subjekten – der Gesellschaftskritik und der Politik zu: den sog. »neuen sozialen Bewegungen«, die – wenn auch nicht ungebrochen – in der Partei der »Grünen« einen politischen Ausdruck gefunden haben.

Dieser »Abschied« von den Gewerkschaften ist in der Regel auch mit einem theoretischen Positionswechsel verbunden; denn er schließt nicht nur die Kritik der Gewerkschaftspolitik, sondern auch die Kritik an wesentlichen Inhalten der marxistischen Gesellschaftstheorie ein – vor allem an deren Aussagen über die historische Tendenz der kapitalistischen Entwicklung, über die Rolle der Arbeiterklasse und ihrer Organisationen und schließlich über die historische Bedeutung des Klassenkampfes. Dazu kommen Positionen, die eine »Erneuerung« des Marxismus durch die Überwindung des »Ökonomismus« und »Klassenreduktionismus« ins Werk setzen wollen und die in der Ideologietheorie oder in der Analyse des politischen Herrschaftssystems, des neuen »totalitären Staates«, den Schlüssel zum Verständnis der Gegenwartsprobleme sehen.

Wissenschaftstheoretisch reflektiert sich dieser Positionswechsel oftmals in der Hinwendung zur Systemtheorie. Dabei wird stillschweigend unterstellt, daß sich die Gewerkschaften von einer »sozialen Bewegung« zu einer Organisation gewandelt haben, deren Funktionsbedingungen – wie die eines jeden anderen bürokratischen Apparates – durch die Normen der »neo-korporativistischen Kooperation« zwischen Staat, Kapital und Arbeit definiert werden (Streeck). Dieser theoretische Ansatz eliminiert die Widersprüche des Kapitalismus ebenso wie die Möglichkeit, daß diese Widersprüche auch in der Arbeiterklasse selbst, in ihren Organisationen, bewußt und politisch umgesetzt und schließlich aufgehoben werden können. Der Wissenschaftler, der sich diese Methode der systemtheoretischen Analyse zu eigen macht, begibt sich dabei mehr oder weniger bewußt auf die Position der derzeit vorherrschenden Systembedingungen. Er wird – wie Marx in der »Deutschen Ideologie« formulierte – zum »konzeptiven Ideologen«, wie immer er subjektiv auch auf der strukturellen Differenz von wissenschaftlicher Analyse und politisch-normativer Wertentscheidung bestehen mag. Der Bruch, der heute nur zu oft zwischen den Normen, die die sog. »Drittmittelforschung« in den Universitäten von den Auftraggebern (als Bestandteile der »ideologischen Staatsapparate«) vorgegeben werden, und den subjektiven Intentionen der daran beteiligten Wissenschaftler erscheint, spitzt sich in solchen systemtheoretischen Arbeiten zu, die sich selbst jedweden Zugang zu einer systematischen Kapitalismuskritik und auch zur Formulierung von – zugegeben: normativen – Handlungsalternativen verwehren.

Die Geschichte der marxistisch orientierten Intellektuellen ist immer auch die Geschichte des Austrags der Spannung zwischen ihrer – in der bürgerlichen Gesellschaft – extrem individualisierten Position und der subjektiven »Einzigartigkeit« des politisch reflektierenden Individuums auf der einen und der Bewußtwerdung des Tatbestandes auf der anderen Seite, daß die historisch-politische Wirkung des Intellektuellen in der Aufhebung dieser kleinbürgerlichen »Einzigartigkeit«, in der Fruchtbarmachung intellektueller Kapazität für die Arbeiterbewegung und den Klassenkampf, in der Transformation des »freischwebenden« zum »organischen Intellektuellen« (Gramsci) besteht. Wie diese Spannung ausgetragen wird, hängt jeweils von der historisch-konkreten Position der Intelligenz in der Klassenstruktur der kapitalistischen Gesellschaft und von den je konkreten Bedingungen des Klassenkampfes ab, was hier nicht im Detail behandelt werden kann. (vgl. Deppe, 1984). Gleichwohl würde eine genauere historische Analyse zeigen, daß in Perioden, in denen die Arbeiterbewegung in die Defensive gerät oder ein »revolutionärer Ansturm auf die Macht« gescheitert ist, Teile der marxistisch orientierten Intelligenz auf eine extrem individualistische Position zurückfallen, die Krise und die Niederlage der Arbeiterbewegung in der Form des »Abschieds vom Proletariat«, gelegentlich auch in quasi-religiösen Formen einer neuen Subjektivität und Innerlichkeit verarbeiten. Es ist eben sehr viel leichter, sich in Perioden des Aufschwungs der Klassenkämpfe und der sozialistischen Arbeiterbewegung als »organischer Intellektueller« zu fühlen und daraus kreative Potenzen zu schöpfen. Unter dem Druck restaurativer Tendenzen – bis hin zur administrativen Beschränkung des Zugangs marxistischer Wissenschaftler zu den Universitäten – wird es jedoch sehr viel schwieriger, die Position des »organischen Intellektuellen« einer in sich höchst widerspruchsvollen Arbeiterklasse und Arbeiterbewegung durchzuhalten.

Der Intellektuelle kann niemals darauf verzichten, autonome Gedanken zu formulieren. Seine Beziehung zur Politik und zu den gesellschaftlichen Bewegungen wird jedoch immer gebrochen bleiben, sofern er diese Gedanken als bloße »Weltanschauung» artikuliert oder diese mit einem Führungsanspruch versieht, der den sozialen und politischen Bewegungen Weg und Ziel ihres Kampfes vorgeben soll. Der organische Intellektuelle soll vielmehr – wie Gramsci formulierte – Theoretiker und Organisator der Klasse sein, die imstande ist, gesellschaftlicher und politisch-moralischer Hegemon zu werden. Der »Klassenverrat« (Lukacs), den der Intellektuelle immer wieder vollziehen muß, besteht daher nicht nur in der theoretischen Negation seiner bürgerlichen oder kleinbürgerlichen gesellschaftlichen Herkunft und Existenzweise. Er besteht zugleich in der besonderen Weise, in der er seine theoretische Reflexion mit der praktischen Arbeit in den Organisationen und Bewegungen der Arbeiterklasse verbindet. Wie er die Kritik der herrschenden bürgerlichen Ordnung von ihrem Zentrum her, vom Widerspruch von Kapital und Arbeit her, bestimmt, so steht er praktisch an der Seite derjenigen Kräfte, die diese herrschende Ordnung in Frage stellen bzw. die diejenigen Erfahrungen in der Arbeiterklasse organisieren und politisch verarbeiten, in denen diese Infragestellung der herrschenden Ordnung objektiv und perspektivisch möglich ist.

Diese Bestimmung des organischen Intellektuellen schließt einen dogmatischen Voluntarismus gegenüber der Arbeiterklasse ebenso aus wie die Blindheit gegenüber anderen sozialen und politischen Bewegungen, in denen sich die Kritik an der herrschenden Ordnung formuliert. Sie fordert auch geradezu das Bewußtsein und das Bearbeiten jener Widersprüche, die – zumal in der gegenwärtigen Krise – in der Diskrepanz zwischen objektiven gesellschaftlichen Widersprüchen und dem Zurückbleiben des Klassenbewußtseins zutagetreten. Die »gewerkschaftliche Orientierung« der Intelligenz sollte daher nicht als eine unkritische Formel gehandhabt werden, die einerseits den objektiven Proletarisierungsdruck auf die Intelligenz, andererseits die Rolle der Gewerkschaften als Klassenorganisationen hypostasiert. »Gewerkschaftliche Orientierung« kann daher weder auf eine Kritik intellektueller »Absetzbewegungen« noch auf eine Kritik der in den Gewerkschaften dominanten sozialpartnerschaftlichen Strömungen verzichten. In dieser

Kritik verbindet sich jedoch »gewerkschaftliche Orientierung« von Intellektuellen theoretisch und praktisch nicht nur mit der Auseinandersetzung um die perspektivischen Arbeits- und Lebensbedingungen der Intelligenz (von der Krisenbetroffenheit von Studenten und Wissenschaftlern an den Universitäten über die Erfahrungen von Ärzten, Psychiatern, Sozialarbeitern, Lehrern und Planern mit den Folgen der Krise des »Sozialstaats« bis hin zu den Ingenieuren, Technikern und Naturwissenschaftlern, deren Tätigkeit mit der Entwicklung und Anwendung der »neuen Technologien« verbunden ist), sondern auch mit jenen Strömungen in der Arbeiterklasse und den Gewerkschaften selbst, die im Bewußtsein der Grenzen gewerkschaftlicher Handlungsfähigkeit und Macht an der Entwicklung einer Politik arbeiten, die die Gewerkschaften aus der Rolle eines »Ordnungsfaktor« oder aus der bloßen Defensive herausführen will.

Die These von der »Krise *der* Gewerkschaften« ist vor allem darin problematisch, daß sie die Gewerkschaften als einen festgefügten »Block« unterstellt und daß sie dabei übersieht, daß bei einem beträchtlichen Teil der Mitglieder und Funktionäre die Einsicht wächst, daß der Weg aus der Defensive auch über die Entwicklung neuer Modelle, Inhalte und Ziele gewerkschaftlicher Politik führen muß. Die Vorbereitung der Auseinandersetzung um die 35-Stunden-Woche ist dabei eines jener Felder, in dem unmittelbare sozialökonomische Interessenvertretung und das Nachdenken über neue Inhalte und Formen der gesellschaftspolitischen Auseinandersetzungen zusammenfließen. Darüber hinaus blockiert der mit der These von der »Krise der Gewerkschaften« meist verbundene »Abschied vom Proletariat«, d.h. die Hinwendung zu den »neuen sozialen Bewegungen«, den Zugang zu jenen progressiven Kräften in den Gewerkschaften und zu den Kämpfen, in denen sie konkret ihre Überlegungen entwickeln. Eine zentrale Aufgabe von gewerkschaftlich orientierten Intellektuellen besteht daher in der Gegenwart darin, Arbeiterbewegung und »neue soziale Bewegungen« auf jene Nahtstellen gesellschaftspolitischer Widersprüche und Konflikte aufmerksam zu machen, an denen nicht die Konfrontation, sondern nur das gemeinsame Handeln dieser Bewegungen die reale Perspektive einer demokratischen Lösung der Probleme möglich werden läßt – sei es nun auf dem Gebiet der Friedens- und Abrüstungspolitik, sei es in der Debatte um die Bewältigung des Verhältnisses von Ökologie und Ökonomie, sei es in den Diskussionen über die Möglichkeiten zur Beseitigung der Massenarbeitslosigkeit sowie zur gesellschaftlichen Kontrolle der »neuen Techniken«.

Dieses Buch wird zahlreiche neue Fragen aufwerfen, ohne daß ich mich dem Zwang unterwerfe, jeweils eindeutige oder gar verbindliche Antworten geben zu wollen. Dieses Verfahren entspricht der realen gesellschaftspolitischen Entwicklung, die offen ist für verschiedenartige Lösungen – bis hin zu einer längerwährenden Restauration konservativer Machtpositionen und Wertemuster. Damit gebe ich allen Kritikern einen weiten Raum für eine Auseinandersetzung, die mir notwendig scheint, um eine gründliche Erörterung der Gewerkschaftsfrage als Mittel der Aktivierung einer gewerkschaftlichen Klassenpolitik zu nutzen.

2. Die Wende

Im Juli 1983 hat das Institut für Demoskopie-Allensbach bei einer repräsentativen Umfrage ermittelt, daß ca. 60 Prozent der Bundesbürger der Politik der neuen, konservativen Bundesregierung mit Sympathie begegnen, und daß etwa der gleiche Anteil diese Politik als eine »Wende« gegenüber der Politik der abgelösten sozialliberalen Koalition bewertet (FAZ, 28. 7. 1983). Das Wahlergebnis vom 6. März 1983 hat den Sturz der sozialliberalen Regierung vom September 1982, der noch von vielen als eine Art »Staatsstreich« empfunden wurde, nachträglich sanktioniert und der neuen Regierung für die kommenden Jahre zu einer breiten, formal-demokratischen Legitimation verholfen. Verlauf und Ergebnis dieses Wahlkampfes haben die entscheidende Achse der politisch-strategischen Debatten und der politischen Bewußtseinsbildung in der Bevölkerung – zumindest für den Augenblick – deutlich werden lassen: die Überwindung der Wirtschaftskrise (und damit der Krise der »Staatsfinanzen«) und als Folge die Beseitigung der Massenarbeitslosigkeit. Wie auch immer von Teilen der Linken im Wahlkampf die Thematisierung der außenpolitischen Gefahren und damit der »Raketenfrage« als Erfolg verbucht wurde, so mußten sie gleichwohl am Ergebnis dieser Wahl erkennen, daß für die Wahlentscheidung – auch von Teilen der Arbeiterklasse – die unmittelbaren ökonomischen Lebensinteressen ein größeres Gewicht besaßen als scheinbar »abstraktere« Themen wie die Raketenstationierung, die Kriegsgefahr oder die Gefahr einer Umweltkatastrophe. CDU/CSU und FDP verbargen ihre Projekte für die Wende keineswegs. Zwar vermieden sie es, sich allzu emphatisch mit der Wirtschafts- und Gesellschaftspolitik von Reagan und Thatcher (und damit auch mit deren katastrophalen Folgen für breite Bevölkerungsgruppen) zu identifizieren. Gleichwohl ließen sie keinen Zweifel daran, daß der »Neubeginn« weniger auf außenpolitischem, sondern zuerst auf innen- und wirtschaftspolitischem Gebiet zu erfolgen habe.

Die Ideologie des Konservatismus gruppiert sich wesentlich um zwei Themenkomplexe. Der erste betrifft den Zusammenhang von Krisenerklärung und Krisentherapie. Die Krise der Kapitalverwertung (Rückgang der Gewinne und der Investitionen) erscheint dabei als die Folge einer »Erdrosselung« der dynamischen Kräfte der Marktwirtschaft bzw. eines »freien« Kapitalismus. Staatseingriffe in den Produktionsprozeß und den Markt (in der Form direkter ökonomischer Eingriffe oder von gesetzlichen Beschränkungen der Freiheit des Kapitals), überhöhte soziale Leistungen des Staates, Zurückweichen vor dem Protest der Ökologiebewegung bei der Entwicklung und Anwendung neuer Technologien und Energien, und schließlich ein überzogenes Niveau der Löhne aus abhängiger Arbeit werden als die Wucherungen sozialdemokratischer Wirtschafts- und Gesellschaftspolitik und der damit notwendig wachsenden Gewerkschaftsmacht ausgegeben. Diese gilt es Schritt um Schritt zu beseitigen, um neue Wachstumspotenzen freizusetzen, um über höhere Profite und Investitionen die Arbeitslosigkeit abzubauen und die Staatsverschuldung zu reduzieren.

Der zweite Themenkomplex betrifft die Rolle des Staates und der Ideologie in der Gesellschaft. Konservative Ideologen neigen stets dazu, gesellschaftliche Krisenprozesse ideologisch zu verkürzen und zu verschleiern, um die Aufmerksamkeit von der Kernstruktur des Krisenprozesses, der krisenhaften Bewegung der kapitalistischen Produktions- und Eigentumsverhältnisse, abzulenken, und um gleichzeitig Diskussionen über eine Veränderung dieser Produktionsverhältnisse auf dem Felde der »Staatssicherheit« einzukapseln. Daher geben sie die Gesellschaftskrise als einen Verfall der Autorität des Staates in seiner Funktion als Ordnungs- und Gewaltstaat aus und begreifen die allgemeine Verunsicherung als die Folge eines Verfalls moralischer und politischer Wertorientierungen, ohne die gesellschaftliche Integration und die Autorität des staatlichen Gewaltmonopols in der Gesellschaft undenkbar sind. Aus dieser Perspektive hat der Konservativismus des 20. Jahrhunderts – am brutalsten in seiner faschistischen Radikalisierung – stets noch den Liberalismus neben der Arbeiterbewegung als seinen wichtigsten Gegner betrachtet. Und aus einer solchen Perspektive erscheint dann auch dem konservativen Bewußtsein unserer Tage, das sich innerhalb des herrschenden Blocks am deutlichsten bei der CSU artikuliert, die gesamte Politik der sozialliberalen Koalition – vor allem in ihrer »Blüteperiode« bis etwa 1973/74 – als eine gigantische Reformveranstaltung, die mit ihren Reformprogrammen und -maßnahmen einen substantiellen Autoritätsverlust des Staates eingeleitet, den Leistungswillen und die Opferbereitschaft der Menschen untergraben und schließlich auch mit der Entspannungspolitik gegenüber den sozialistischen Gesellschaften die klaren antikommunistischen Feindbilder in den Köpfen der Menschen, deren »Wehrbereitschaft« gegenüber dem Kommunismus, den religiösen Glauben, die Anerkennung der »Grundwerte« eines christlich-demokratischen Gemeinwesens, die Anerkennung natürlicher Autoritätsverhältnisse im Alltagsleben und vieles andere mehr systematisch unterminiert und aufgeweicht habe.

Das Programm der konservativen Wende proklamiert daher als Ziel, zusammen mit der Freiheit der Marktwirtschaft auch wieder jene »Grundwerte« des autoritativen Staates und der diesen stützenden Alltags-Wertvorstellungen zu restaurieren. Die politischen Kräfte, die dieses Programm vertreten und realisieren wollen, wissen gut genug, daß ihre Ziele nicht mit einem Schlag zu erreichen sind. Ihre taktische Linie nach dem 6. März folgt daher der Überlegung, welche Schritte und Einzelentscheidungen am ehesten geeignet sind, diesem zweifachen Ziel näherzukommen. Daß es dabei immer wieder zu taktischen Differenzen und Auseinandersetzungen innerhalb des »Blocks an der Macht« kommt, entspricht nur den unterschiedlichen sozialen und politischen Interessenkonstellationen, die in diesem Block vereinigt sind. Das ändert jedoch nichts an der allgemeinen Perspektive der konservativen Wende.

Die Verwirklichung politischer Ziele und Programme hängt jedoch niemals ausschließlich von dem Willen derer ab, die über die Macht verfügen. Über ihren Erfolg, aber auch über die konkreten Wege, die die Politik einschlagen muß, entscheiden neben den objektiven Bedingungen, die durch die Entwicklung des ökonomischen Reproduktionsprozesses und der nationalen wie internationalen Konkurrenz vorgegeben werden, stets auch die nationalen und internationalen Kräfteverhältnisse der Klassen und der politischen Kräfte, die freilich nicht immer den Antagonismus der Klassenverhältnisse »in reiner Form« widerspiegeln. Den klügeren Strategen des Neo-Konservativismus ist schon heute bewußt, daß die Naivität, mit der auf wirtschaftspolitischem Gebiet die Wende zu einem neuen Konjunkturaufschwung propagiert wird, zwar für kurze Zeit eine gewisse Suggestivkraft auf die Massen zu entfalten vermag, jedoch insgesamt auf einem brüchigen Fundament ruht. Sie wissen wohl, daß die Krise nicht einfach mit den Formeln der Adenauer-Ära gesundgebetet werden kann; denn die Realität zwingt täglich von neuem zu der Einsicht, daß die strukturellen Widersprüche und Anpassungsprobleme, in die das kapitalistische Wirtschaftssystem nach einer außergewöhnlich langen Periode der relativen Prosperität und Stabilität geraten ist, durch einen schlichten Wachstumsfetischismus und die Restauration der »Freiheit« des Marktes überhaupt nicht zu lösen sind. Alle ernsthaften Prognosen über die ökonomische und gesellschaftliche Entwicklung in den bevorstehenden Jahrzehnten stimmen darin überein, daß – auch bei einer Neubelebung des Wirtschaftswachstums – soziale, ökologische, vielleicht auch politische Katastrophen nicht zu vermeiden sein werden. Ohne eine Neuorientierung auf dem Felde der Wachstums-, Technologie-, Ökologie- und Sozialpolitik und ohne eine Neuorientierung auf dem Felde der internationalen Wirtschaftsbeziehungen – vor allem in den Beziehungen zwischen den kapitalistischen »Metropolen« und den Ländern der sog. »Dritten Welt« – wird die Gefahr solcher Katastrophen kaum vermindert werden.

Auch der »gesunde Menschenverstand« nähert sich heute schon der Erkenntnis, daß bei einer erneuten Freisetzung des Wachstumspotentials der gegenwärtigen kapitalistischen Wirtschaftssysteme bereits bestehende Widersprüche nicht gelöst, sondern potenziert werden. Wirtschaftswachstum wird den Einsatz der neuen Techniken und Kommunikationssysteme beschleunigen und nicht drosseln. Der Produktivitätsschub, der damit einhergeht, wird jedoch nicht dazu beitragen, die jetzt bestehende Massenarbeitslosigkeit zu beseitigen. Er wird zu neuen, massiven Freisetzungen von Arbeitskraft führen. Die Minderung der Nachfrage, die durch die Massenarbeitslosigkeit und durch den Abbau der staatlichen Sozialleistungen bewirkt wird, trägt zusätzlich dazu bei, den inneren Markt zu verengen und die Strukturkrise einzelner Sektoren zu intensivieren. Auch die Konzeption (die die innere Logik des »Exportmodells Deutschland« ausmacht), die wachsende Nachfrageschwäche des inneren Marktes durch bessere Realisierungschancen auf dem Weltmarkt auszugleichen, steht auf schwachen Füßen, obwohl sie bislang immer noch in der Praxis wirkt und die relative Prosperität der BRD auch im Vergleich mit anderen hochentwickelten kapitalistischen Nationen garantiert. Gerade die internationalen wirtschaftlichen Beziehungen zeichnen sich durch ein hohes Maß an Instabilität und perspektivischer Unsicherheit aus. Der zunehmende nationale Protektionismus, die Unfähigkeit bei »Weltwirtschaftsgipfeln« oder auch nur im Rahmen der EG-Institutionen eine gemeinsame binnen- und außenwirtschaftliche Strategie zu formulieren, die Zahlungsfähigkeit zahlreicher Länder der »Dritten Welt« – und hier insbesondere der sog. »Schwellenländer« (z.B. Brasilien und Mexiko) – das alles sind Zeichen nicht nur eines schärferen Kampfes der »feindlichen Brüder«, den die Weltmarktkrise des Kapitals erzwingt, sondern auch der zunehmenden Schwierigkeiten, die Widersprüche der nationalen Ökonomien zu exportieren und auf diese Weise zu lösen.

Nun gibt es Prognosen, die sich solcher Widerspruchspotentiale durchaus bewußt sind, die aber gleichzeitig einen fundamentalen Strukturwandel und eine neue Wachstumsdynamik der kapitalistischen Ökonomie bis in die 90er Jahre voraussagen. Neue Technologien und Computersysteme, neue Energien, Bio- und Weltraumindustrien werden dabei als Triebkräfte einer neuen Welle der »Superindustrialisierung« angesehen. Dabei bewegt diese Futurologen die Sorge, ob der Übergang zu dieser Superindustrialisierung eher auf »sanftem« (d.h. durch die Integration und Neutralisierung sozialer und politischer Widersprüche) oder eher auf dem »harten« Wege (d.h. durch die gewaltsame Bändigung dieser sozialen und politischen Widersprüche) erfolge (vgl. Huber, 1982). Eher konservative Sozialwissenschaftler (vor allem im Umkreis der Kirchen, vgl. Espenhorst, 1983) begleiten solche Überlegungen daher mit der Forderung, daß nur eine Neu-Definition des Arbeitsbegriffes und eine »Neuverteilung« der gesellschaftlichen Arbeit einen solchen »sanften« Übergang zu gewährleisten vermöge – und immerhin nähern sich einige dieser Sozialwissenschaftler den gewerkschaftlichen Forderungen nach einer Verkürzung der Wochen- und Lebensarbeitszeit an, wobei sie in der Regel offen lassen, ob dieser Arbeitszeitverkürzung zugleich ein Lohnausgleich zu entsprechen habe.

Ich werde später noch auf einige der Vorstellungen eingehen, die sich um das Thema »Zukunft der Arbeit« ranken (vgl. w.u., Seite 246ff.). Wie auch immer der Realitätsgehalt solcher Prognosen zu bewerten ist, die in »Silicon Valley« im US-Staat Kalifornien gleichsam die Keimzelle einer bevorstehenden »Superindustrialisierung« entdecken, so ist doch schon jetzt offensichtlich, daß ein solcher Übergang sich niemals nach Maßgabe einer schlichten Fortsetzung und Beschleunigung gegenwärtig erkennbarer Wachstumspotentiale in den kapitalistischen Ökonomien reibungslos vollziehen kann. Es ist durchaus vorstellbar, daß von den genannten neuen Sektoren neue Wachstumsschübe ausgehen. Dennoch werden diese die gesamte Struktur des gesellschaftlichen Reproduktionsprozesses, den Arbeitsmarkt und die Arbeits- und Lebensverhältnisse radikal verändern. Das produktive Zentrum der Gesellschaft wird sich zu Lasten wachsender parasitärer, stagnierender Bereiche der Gesellschaft verengen. Die Spaltung zwischen den sog. »neuen Wachstumsindustrien« und zurückbleibenden Sektoren, die von der sozialen Disparität zwischen den prosperierenden »Wachstumszentren« und den sog. »strukturschwachen Regionen« begleitet wird, in denen sich Arbeitslosigkeit und Armut, aber auch moralischer und kultureller Verfall verdichten, wird sich dramatisch zuspitzen. Die Sicherung des Systems verlangt daher von den politischen Regulierungsinstanzen verstärkte Eingriffe, um erstens die sozialen Kosten und Probleme dieser Segmentierungsprozesse aufzufangen, und um zweitens beständig darüber zu wachen, daß es nicht zu einer Kollision dieser Widersprüche kommt. Mit der Verengung der produktiven Basis der Produktion des gesellschaftlichen Reichtums (die durch plötzliche Veränderungen in den bisherigen Strukturen des Weltmarktes abrupt verstärkt werden kann), vermindern sich aber für den Staat die materiellen Möglichkeiten, die wachsende individuelle und gesellschaftliche Armut in den Randsektoren kompensatorisch zu steuern und zu integrieren.

Das Beispiel der USA zeigt schon heute, wie die Segmentierung von industriellen Sektoren, Wachstumszentren und verfaulenden Regionen die sozialökonomische und politisch-kulturelle Ghettoisierung vorantreibt. Natürlich wirken hier auch die Traditionen der rassischen und ethnischen Segregation in den USA, die sich mit den Klassenstrukturen vermischt und diese gleichfalls überlagert. Dennoch ist – unter dem Einfluß der Strukturkrise des Kapitalismus – diese Ghettoisierung mehr und mehr zu einer Form geworden, in der die Lokalisierung und politische Kontrolle der marginalisierten und verfaulenden »Glieder des Gesellschaftskörpers« sich vollzieht. Die Bewältigung des Elends und der Perspektivlosigkeit wird zu einem Binnenproblem des Ghettos als eines spezifisch-marginalisierten Systems: Kriminalität, Drogenkonsum- und Handel, Prostitution, aber auch Formen der vor-staatlichen Selbstverwaltung (bis zur sozialen Kontrolle, die von kriminellen Gangs ausgeübt wird) und schließlich Formen einer besonderen Kultur und Ideologie (Sport-Musik-Religion u.a.m.) bilden solche internen Regulierungsmechanismen, die der staatlichen Gewalt Raum verschaffen, um solche Ghettos von den »normalen« Sektoren der Gesellschaft abzuschirmen. In den westeuropäischen Gesellschaften sind heute in den sog. »Ausländervierteln« ähnliche Entwicklungstendenzen zu erkennen. Entscheidend ist hier zunächst nur die Überlegung, daß die neokonservative Wachstumsstrategie, die auf die ungehemmte Entwicklung der Wachstumssektoren setzt, solche Disproportionen und Spaltungsprozesse in Kauf nimmt, aber immer unfähiger werden muß, mit dem Mittel der gesellschafts- und sozialpolitischen Integration auf diese Widersprüche zu reagieren. Der Übergang zur gewaltsamen Abgrenzung der marginalisierten Sektoren entspricht daher in der Konsequenz der inneren Logik einer solchen Strategie.

Damit verbinden sich aber auch substantielle Fragen nach den Funktionsbedingungen der Demokratie. Solange die Ghetto-Bewohner Minderheiten bleiben, die zudem erfolgreich davon abgehalten werden, ihre sozialen Interessen politisch zu artikulieren und sich zu organisieren, solange wird auch nicht an der formal-demokratischen Legitimation konservativer Regierungen gerüttelt werden. Solange machen die noch relativ Privilegierten Wahlentscheidungen unter sich aus; und solange wird auch in den Zentren der Machthierarchien nicht ernsthaft die Frage diskutiert werden, ob die Sicherung dieser Macht nicht das Außerkraftsetzen des demokratischen Mechanismus verlange. Sobald aber in den marginalisierten Gesellschaftssektoren soziale und politische Bewegungen entstehen, die sich gegen ihre Lage zur Wehr setzen und die sich zudem mit den klassenbewußten Kräften in der Arbeiterbewegung verbünden, wird – so muß befürchtet werden – der demokratische Legitimationsmechanismus »von oben« – mit den Mitteln der direkten politischen Gewalt – in Frage gestellt werden.

Die Verselbständigung der politischen Gewaltpotentiale in den hochentwickelten kapitalistischen Gesellschaften konkretisiert sich nicht nur in der beherrschenden Stellung des »militärisch-industriellen Komplexes«, sondern auch in der Tendenz zum »Sicherheits- und Überwachungsstaat«, in dem die bürokratischen Herrschaftsapparate namentlich die Möglichkeiten der neuen elektronischen Datenverarbeitungs- und Informationssysteme dazu nutzen, die ganze Gesellschaft mit einem Netz permanenter Überwachung, vor allem aber auch der Kontrolle sog. »Risikozonen« zu überziehen. Darüber hinaus etablieren sich mit der Anwendung der neuen technologischen Systeme und mit dem Ausbau der Kernenergie zahlreiche neue »Risikozonen« im nichtpolitischen Bereich, die eigener Formen einer ständigen Sicherheitskontrolle bedürfen. Robert Jungk hat in seinem Buch über den »Atomstaat« am Beispiel der bereits bestehenden Kernenergie-Zentralen und der Entsorgungs- und Wideraufarbeitungsanlagen nachgewiesen, welch gigantischer Polizei-Apparat geschaffen werden muß, um diese Zentren von der Außenwelt abzuschirmen. Aber auch durch die Vernetzung der neuen Informationssysteme entstehen in den Betrieben und Verwaltungen »Sicherheitszonen«, die extrem störanfällig sind. Je höher die Steuerungskapazität solcher Systeme entwickelt ist, umso nachhaltiger wirken sich Störungen auf den Funktionsmechanismus von Produktion und Administration, d.h. auch auf den Funktionsmechanismus von Macht und Herrschaft aus.

Das erfordert immer neue Sicherheitsvorkehrungen, bei denen oftmals technische und soziale Kontrolle nicht mehr genau auseinandergehalten werden können. Auf jeden Fall ist den Unternehmen schon heute mit den modernen Personalinformationssystemen ein Instrument an die Hand gegeben, um beständig Stör- und Konfliktpotentiale im Betrieb (von Krankheit der Beschäftigten bis hin zu gewerkschaftlicher Arbeit im Betrieb) unter Kontrolle zu halten. Dazu kommt, daß die Furcht vor Sabotage oder auch vor schlichten technischen Defekten immer neue Sicherheitsüberlegungen hervorbringen muß. Daß es in vielen Betrieben – vor allem der Computerbranche – schon zur Gewohnheit geworden ist, sich beim Betreten des Betriebes umfangreichen Sicherheitskontrollen zu unterziehen, daß die Beschäftigten besondere, computergerechte

Ausweise bei sich tragen müssen – all das unterstreicht nur die These, daß – neben der Tendenz zum »Sicherheitsstaat« – mit den neuen Technologien und Informationssystemen nicht nur drastische Veränderungen der Arbeitsverhältnisse, der Qualifikation und der Beschäftigung bewirkt werden, sondern daß auch neue Elemente einer »vor-staatlichen« Kontrolle über soziales und politisches Verhalten etabliert werden, die den Einzelnen allmählich daran gewöhnen, daß er sich in seinen Verhaltensweisen – und zwar nicht nur im Arbeitsprozeß – immer mehr der inneren Funktionslogik dieser technischen Systeme zu unterwerfen hat. Freilich wirkt diese Logik nicht »an sich«; denn stets handelt es sich dabei um ein Funktionieren »für das Unternehmen«, für die Produktion und Aneignung von Profit.

Diese ersten Hinweise auf mögliche gesellschaftliche und politische Implikationen der »neuen Techniken«, die zugleich die Machtstrukturen in Gesellschaft und Politik und damit auch die Handlungsbedingungen der Gewerkschaften berühren, haben auf den ersten Blick mit dem Thema der politischen Wende zur konservativen Regierung in Bonn nur wenig zu tun; denn immerhin handelt es sich dabei um Prozesse, die sich in Produktion und Verwaltung schon lange vor der Wende angebahnt haben. Betrachtet man allerdings Programm und Strategie des »neuen Blocks an der Macht« etwas genauer, so ergeben sich Zusammenhänge, die insbesondere für die politische und ideologische Auseinandersetzung mit der Politik der neuen Regierung von erheblicher Bedeutung sind. Wenn diese es als Aufgabe proklamiert, die Wachstumsdynamik des kapitalistischen Profitsystems von den Fesseln zu befreien, die ihm durch Sozialstaat, Humanisierung der Arbeit, Arbeitsschutzgesetze, Rechte der betrieblichen Interessenvertretung und schließlich durch die »Gewerkschaftsmacht« auferlegt wurden, so fördert sie nachgerade jene Entwicklungen, die einerseits zu einer stärkeren Segmentierung der Gesellschaft, andererseits zur Vervollkommnung des »Sicherheitsstaates« sowie zur Ausweitung der »Sicherheitszonen« in allen gesellschaftlichen und politischen Bereichen führen.

Es muß jedoch davon ausgegangen werden, daß die praktische Durchführung dieser Politik weder in eine neue langwährende Periode des Wachstums und der Stabilität überleitet, sondern im Gegenteil neue gesellschaftliche Widerspruchskonstellationen verschärfen wird. Daher ist zu befürchten, daß in dem Maße, wie sich die propagandistischen Versprechen des Neo-Konservatismus als trügerisch erweisen und wie sich »von unten«, – von der Arbeiterbewegung und anderen demokratischen Oppositionsbewegungen – Widerstand gegen diese Politik formiert, die zweite ideologisch-politische Komponente des Neo-Konservatismus, die Bewältigung der Krise auf dem Wege der Restauration des autoritären Staates, mit dem Mittel der direkten politischen Gewalt und der ideologischen »Anrufung« des Volkes in Gestalt einer »nationalen Bewegung«, stärker in den Vordergrund tritt. Solange die neue Regierung die Parameter ihrer Politik noch im Klima des »Neubeginns«, der immer auch eine Atempause verschafft, und mit Wechseln auf die Zukunft, zugleich aber auch mit dem Rückhalt des Wahlergebnisses vom 6. März 1983 entwickelt, solange kann sie auf dem Gebiet der demokratischen Rechte und der ideologischen Konfrontation relative Zurückhaltung üben und die Paralyse der Opposition – vor allem der SPD, aber auch der Gewerkschaften – für sich ausnutzen. Für die perspektivische Auseinandersetzung mit der Politik der Wende muß freilich schon jetzt die Erkenntnis präzisiert werden, daß der bloße Protest gegen einzelne, »arbeitnehmerfeindliche« Maßnahmen der neuen Regierung nicht ausreicht. Die Auseinandersetzung mit dem Neo-Konservatismus wird die Arbeiter- und Gewerkschaftsbewegung zwangsläufig mit der Frage konfrontieren, welche alternativen Modelle des Wachstums, der Organisation der Arbeits- und Lebensverhältnisse, der sozialen und kulturellen Entwicklungsmöglichkeiten der Menschen sie der kapitalistischen Entwicklungslogik entgegenzustellen vermag. Das Bewußtwerden dieser Notwendigkeit wird freilich erfordern, daß sich vor allem die Gewerkschaften aus einer sozialökonomischen und politischen Logik lösen, die bislang die Erfolge ihrer Interessenvertretung mit den Erfolgen der kapitalistischen Ökonomie und der Funktionsfähigkeit des bürgerlichen Staates im staatsmonopolistischen Kapitalismus verkettet haben.

2.1. Die Vorgeschichte der Wende

Historiker werden später einmal den genauen Zeitpunkt ermitteln, an dem der rechte Genscher-Lambsdorff-Flügel der FDP die Entscheidung getroffen hat, das Regierungsbündnis mit der SPD aufzukündigen und den Regierungswechsel nach rechts taktisch zu planen. Das sog. »Lambsdorff-Papier«, das im September 1982 einschneidende Veränderungen im »Netz der sozialen Sicherheit« forderte, entsprach zweifellos solchen taktischen Planungen (Fülberth, 1983, S. 103); denn es sollte in erster Linie deutlich machen, daß die SPD an die Grenze der wirtschafts- und sozialpolitischen Belastbarkeit gelangt war, und daß – angesichts der erneuten Zuspitzung der ökonomischen Krisenprozesse – weitere Schritte auf dem Wege der angebotsorientierten Wirtschaftspolitik, des Sozialabbaus, der Geldwertstabilisierung, der Verminderung der Staatsverschuldung und der Revision von Arbeitsschutzgesetzen sowie von sozialpolitischen Grundrechten nur durch eine neue Rechtsregierung durchzusetzen waren. Auch werden Historiker später klären können, ob und wie dieser Positionswechsel der FDP, der auch viele ihrer Mitglieder, die noch die Wahlaussage dieser Partei im Bundestagswahlkampf gegen Franz Josef Strauß (1980) ernst genommen hatten, vor den Kopf stieß, auf die konkrete Einflußnahme von Kapitalverbänden zurückzuführen ist. Auf jeden Fall war die Parallelität zwischen dem Positionswechsel der FDP und dem massiven Druck der Kapitalverbände und der bürgerlich-konservativen Medien in Richtung auf die Machtübertragung an die CDU/CSU nur zu deutlich zu erkennen.

Noch im Bundestagswahlkampf 1980 schien das Monopolkapital nicht eindeutig hinter F.J. Strauß zu stehen. Noch dominierte jene Kapitalfraktion, die sich von der – vom rechten Flügel der SPD geführten – sozialliberalen Koalition unter Helmut Schmidt eine effizientere Variante des Krisenmanagements versprach. Diese Regierung hatte in der zweiten Hälfte der 70er Jahre – mit der Parole vom »Modell Deutschland« – eine Politik verfolgt, die sich eindeutig am Primat der Modernisierung und Exportorientierung der bundesdeutschen Wirtschaft orientierte und die zugleich bereit war, Lohn-, Sozial- und Reformpolitik diesen strategischen Zielen unterzuordnen. Dazu wollten die Repräsentanten der organisierten Kapitalinteressen nicht zu frühzeitig auf zwei Vorteile verzichten, die ihnen durch eine sozialdemokratisch geführte Regierung eher zuteil wurden. Zum einen erwies sich das außenpolitische Prestige dieser Regierung – vor allem in den sozialistischen Ländern, aber auch in einigen Ländern der »Dritten Welt« – als wirksamer »Flankenschutz« für die außenwirtschaftlichen Interessen. Zum anderen erwuchs dieser Vorteil aus den engen politischen und persönlichen Bindungen zwischen der SPD und den Führungen der DGB-Gewerkschaften. Die Einbeziehung der überwiegenden Mehrheit der gewerkschaftlichen Führungsgruppen in die Strategie des »Modell Deutschland« mußte als ein Faktor wirken, der den »inneren sozialen Frieden« stabilisierte, die Gewerkschaften davon abhielt, ihre Macht gegen diese Politik in die Waagschale zu werfen.

Als aber mit dem erneuten Kriseneinbruch 1981/82 und mit dem weiteren Ansteigen der Massenarbeitslosigkeit deutlich wurde, daß – aus der Interessenlage des Kapitals – neue drastische Maßnahmen zur Systemsicherung notwendig wurden, gewann auch die Forderung, die SPD aus der Regierungsmacht zu entfernen, an Gewicht. Dabei spielte nicht nur die Überlegung eine Rolle, daß die von der SPD in der Regierung – wie auch immer schwächlicher gewordene – vertretene Konzeption einer »Parallelpolitik« von Profit- und Investitionsförderung auf der einen und sozial- und arbeitsmarktpolitischen Kompensationsmaßnahmen auf der anderen Seite nicht länger zu »verkraften« und zu tolerieren sei. Vielmehr gewann jetzt – auch angesichts erster Zeichen eines gewerkschaftlichen Widerstandes gegen die sozialliberale Politik des Sozialabbaus (Operation '82) – die These an Gewicht, daß die Regierungsfähigkeit der SPD in wachsendem Maße dadurch untergraben werde, daß Bundeskanzler Helmut Schmidt seine »an sich« vernünftige Politik nicht mehr gegen die wachsende Kritik in der eigenen Partei und in den Gewerkschaften durchsetzen könne. Die Handlungsunfähigkeit des Staates, die daraus notwendig resultiere, müsse daher durch einen Regierungswechsel nach rechts verhindert und überwunden werden. Daß mit der Inszenierung der Regierungskrise und des Machtwechsels dann auch noch der – ohnehin labil gewordenen – Glaubwürdigkeit der SPD gegenüber ihren Anhängern und ihrem traditionellen Wählerreservoir in der Industriearbeiterschaft ein weiterer, schwerer Stoß versetzt werden sollte (von dem sie sich möglichst, weil sie als »abgewirtschaftete« politische Kraft erscheint, nicht so bald erholen sollte), mag bei den Planungen für die »Wende« eine zusätzliche Rolle gespielt haben.

Die Vorgeschichte der Wende beginnt jedoch nicht erst nach der Bundestagswahl des Jahres 1980. Im Grunde setzt sie schon um die Mitte der 70er Jahre ein, also zu jenem Zeitpunkt, als deutlich werden mußte, daß die Krise 1974/75 kein nur zyklischer – durch die Preiserhöhungen beim Erdöl verstärkter – Einbruch war, sondern daß sich jetzt schon eindeutig das Ende der langen Nachkriegskonjunktur und damit der Übergang in eine länger währende Periode der Stagnation und Depression, zugleich aber auch von tiefgreifenden ökonomischen und technologischen Strukturwandlungen ankündigte. Marxistische Ökonomen haben diesen strukturellen Umbruch eingehend analysiert – und ich will ihre Forschungsergebnisse hier nicht im einzelnen wiederholen.[1] Da sich aber die ökonomischen »Basisprozesse« niemals direkt und in »reiner Form« in den politisch-ideologischen Kräftekonstellationen widerspiegeln, werden im folgenden einige politische Prozesse behandelt, in denen sich die Vorgeschichte der Wende gleichsam exemplarisch konzentriert.

Angesichts der weltwirtschaftlichen und -politischen Verflechtung in unserer Epoche, die zudem von der Dominanz des Ost-West-Gegensatzes, also der Konfrontation von Kapitalismus und Sozialismus im Weltmaßstab, überlagert wird, wäre es reichlich naiv anzunehmen, daß sich die Innenpolitik in einem der mächtigsten imperialistischen Länder, das sich zudem geopolitisch an der Nahtstelle der Systemkonfrontation befindet, frei von den Einwirkungen des internationalen politischen Kräfteverhältnisses und frei von dem politischen Einfluß der imperialistischen Führungsmacht USA entwickeln könnte. Zu Beginn der 70er Jahre konnte die sozialliberale Koalition – und vor allem die SPD mit der »Symbolfigur« Willy Brandt – von der weltpolitischen Entspannungstendenz profitieren und zusätzlich durch die Verträge von Moskau und Warschau (Ost-Verträge), das Berlin-Abkommen sowie durch die KSZE (Helsinki, 1975) einen – von einigen westlichen Verbündeten mit Mißtrauen beobachteten – Freiraum für politische und außenwirtschaftliche Beziehungen mit den sozialistischen Ländern gewinnen.

Mitte der 70er Jahre begann sich jedoch diese Tendenz umzukehren. In dem Maße, wie den herrschenden Kräften in den USA bewußt wurde, daß die »Weltmacht Nr. 1« seit dem Vietnam-Krieg in den Beziehungen zu den westeuropäischen Verbündeten, zu den Ländern der »Dritten Welt« und zur Sowjetunion wichtige Positionsverluste hatte hinnehmen müssen, und in dem Maße, wie die weltwirtschaftlichen Krisenprozesse eine weitere Reduzierung der USA-Hegemonie andeuteten, vollzog sich auch die Abkehr von der Entspannungspolitik, die schließlich in den rüstungs- und militärpolitischen Beschlüssen der NATO und in damit einhergehendem wachsendem Druck der USA auf ihre westlichen Verbündeten, die Wende zu einer Politik des »Kalten Krieges« mitzuvollziehen, ihren konkreten Ausdruck fand. Nachdem schon unter der Präsidentschaft von Carter mit der Bewilligung neuer Rüstungsprogramme und der Nicht-Ratifizierung des SALT-II-Abkommens diese Umkehr eingeleitet worden war, trat die nachfolgende Reagan-Administration offen mit dem Ziel an, die konservativen Kräfte der »freien Welt« für einen neuen »Kreuzzug gegen den Kommunismus« zu sammeln und dabei die militärpolitischen und atomaren Strategien – bis hin zur Überlegung eines enthauptenden Erstschlages gegen die Sowjetunion – neu zu definieren. Der Westen soll jetzt in die Lage versetzt werden, einen atomaren Krieg durch einen Erstschlag zu gewinnen, der die strategischen Zentralen des »Gegners« vornehmlich in der Sowjetunion vernichtet und diese damit »enthauptet«.

Die Sprecher der Friedensbewegung haben immer wieder nachgewiesen, daß durch die Stationierung der Pershing II und Cruise Missiles die westeuropäischen Staaten – und namentlich die BRD – nicht nur, im Falle eines atomaren Konfliktes, mit der totalen Vernichtung zu rechnen haben, sondern daß sie militär- und außenpolitisch in die Rolle von »Geiseln« der USA geraten. Das aber ist ein Zweck der US-Politik. Die neue USA- und NATO-Strategie soll die Abhängigkeit dieser Länder von der Führung durch die USA verstärken. Sie soll jenem Anspruch auf eine wachsende, eigenständige Rolle der EG-Länder in der Weltwirtschaft und -politik entgegenwirken, der im vergangenen Jahrzehnt immer wieder zu Konflikten mit den USA geführt hat. Darüber hinaus soll diese Strategie – gleichsam im Vorfeld – die Sowjetunion schwächen. Die Sowjetunion soll »tot gerüstet« werden; denn die Strategen der US-Politik erwarten, daß die Sowjetunion bei größeren Rüstungsanstrengungen nicht mehr in der Lage sein werde, ihre eigenen ökonomischen Entwicklungsprobleme zu lösen oder mäßigend auf die Bewältigung z.B. der polnischen Krise einwirken zu können. Und schließlich würden die USA unter diesen Voraussetzungen einen größeren Handlungsspielraum in Asien, Afrika und Lateinamerika gewinnen, um antiimperialistische und sozialrevolutionäre Befreiungsbewegungen zu zerschlagen.

Niemand vermag heute genau vorauszusagen, ob diese Überlegungen das künftige Überleben der Menschheit oder auch nur die gegenwärtigen internationalen Kräftekonstellationen in Frage stellen werden oder zum Scheitern verurteilt sind. Auf jeden Fall aber hat die strategische Wende in den USA gegen die Fortsetzung der Entspannungspolitik die innenpolitische Situation in den westeuropäischen Ländern enorm unter Druck gesetzt und damit auch das politische Klima für die konservativen Kräfte, die sich als die entschiedensten Verfechter des Antisozialismus und -kommunismus darstellen, verbessert. Obwohl die Konservativen in den westeuropäischen Ländern – so auch in der BRD und sogar in Bayern – auch eigene geostrategische und vor allem außenwirtschaftliche Interessen verfolgen, und obwohl sie darum bemüht sind, nationale und europäische Autonomie auch gegenüber den USA zu wahren (und deshalb auch »Realpolitik« betreiben), so fungieren sie doch in der Innenpolitik als ideologische Apparate, die die neuen Themen der Kreuzzugsmentalität und des Kalten Krieges im Massenbewußtsein verankern und die auch noch politisch von der Angst profitieren, die die vorgeblich schärfere Konfrontation mit dem internationalen Kommunismus erzeugt.

Die CDU/CSU hat es in der Opposition verstanden, sich als »Volkspartei« und schließlich als »hegemoniale Kraft« zu regenerieren. (Vgl. Fülberth, Blätter, 1982. 10, S. 1177 ff.). Zwischen 1969 und 1972 dominierte noch die Paralyse angesichts der Krise des »CDU-Staates«; die strategischen Optionen der neuen Opposition waren noch unklar und durch lange fortwährende Führungskämpfe verdunkelt. Und schließlich erwies sich die Mobilisierung gegen die Ostverträge ebenso wie der

Versuch, durch Manipulationen im Bundestag die knappe Mehrheit der ersten sozialliberalen Koalition auszutrocknen, als ein politischer Mißerfolg. Gleichwohl hat es die CDU/CSU verstanden, ihre traditionellen Machtpositionen in den konservativ regierten Ländern zu sichern und auszubauen, und dabei – mit ihrer Mehrheit im Bundesrat – der sozialliberalen Reformpolitik Schranken zu setzen. Daß die CDU/CSU zudem über ihren traditionellen Einfluß auf die Wirtschaft, d.h. nicht nur auf die Monopolverbände, sondern auch auf den Bauernverband und die sog. Mittelstandsvereinigungen (vom Handwerk bis hin zu den Standesverbänden der Ärzte und Apotheker, der Professoren, der Juristen und anderer Berufsgruppen), schließlich auch durch den politisch-ideologischen Druck der Kirchen – und hier vor allem der katholischen Kirche – zudem die Reichweite gesellschaftspolitischer Reformen zu begrenzen vermochte und »in letzter Instanz« das –mehrheitlich konservativ zusammengesetzte – Bundesverfassungsgericht als Appellationsinstanz gegen solche Reformen angerufen werden konnte, zeigte immer wieder, daß ein durch die Wahlentscheidung ermöglichter politischer »Machtwechsel« noch längst keine Veränderung der gesamtgesellschaftlichen Machtverhältnisse bewirkt. Die konservativen »Beharrungskräfte« der Gesellschaft gewinnen vielmehr bei einer solchen politischen Konstellation ein durchaus eigenständiges Gewicht.

Die Regeneration der CDU/CSU beschränkte sich jedoch nicht auf diese Ausnutzung ihrer ungebrochenen Machtpositionen im politischen System sowie der gesellschaftlichen Kräfte des Konservativismus. Sie vollzog sich zugleich als ein politisch-organisatorischer Prozeß, in dem einerseits der Apparat der Partei »nach unten« effektiviert wurde (u.a. durch eine enorme Ausweitung der Mitgliedschaft) und in dem andererseits die Führungsfähigkeit der CDU/CSU auf der kommunalen Ebene ins Zentrum gerückt wurde. Daß es der CDU/CSU in den 70er Jahren gelang, die kommunalpolitische Hegemonie der SPD in den Groß- und Mittelstädten zu brechen (und daß sie dabei eine ganze neue Generation von qualifizierten »Nachwuchs-Politikern« heranbilden), beleuchtet diesen Prozeß der »Regeneration« besonders deutlich, obwohl dieser Wandel nicht allein auf besondere politische Anstrengungen der CDU, sondern auch auf sozialstrukturelle Veränderungen in den Großstädten selbst (Auflösung der traditionellen Arbeiterwohnbezirke) zurückzuführen ist. Darüber hinaus hat es diese Partei, in der nach wie vor das oligarchische Element des »Regierens von oben«, das Moment der »Honoratiorenherrschaft« dominiert, in dieser Periode verstanden, die konservative Oppositionspolitik durch Elemente einer »populistischen Mobilisierung« zu verstärken. Die Gegenreformbewegung vor allem im

Schulbereich (z.B. die Bewegung gegen die Gesamtschule oder die Auseinandersetzung um die »Hessischen Rahmenrichtlinien«), aber auch die vor allem von der katholischen Kirche getragene Bewegung gegen die Reform des § 218 waren solche Formen einer populistischen Mobilisierung, mit der die Reformpolitik vor allem im Bildungsbereich in die Defensive gedrängt wurde und mit der – z.B. als Elternvertreter in den Schulen – viele Aktivisten und Sympathisanten des Konservativismus neu rekrutiert wurden.

Die Fähigkeit der CDU/CSU, bis zum 6. März 1983 die »Wende« herbeizuführen und dafür beträchtliche Stimmpotentiale, die sie auch vorher schon in vielen Landtagswahlen anzusprechen vermochte, zu sammeln, beruht also nicht allein auf ihrer traditionell engen, politisch-ideologischen Verbindung mit Verbänden und Apparaten im vorstaatlichen Bereich (Unternehmerverbände, Mittelstandsvereinigungen, berufständische Organisationen, Vertriebenen- und Bauernverbände, Bundeswehrverband, Beamtenbund, katholische Kirche und große Teile der evangelischen Kirche, der überwiegende Teil der Presse und der Medien). Vielmehr war diese Fähigkeit auch ein Ergebnis der Aktivierung neuer Interessengruppen und schließlich auch der allgemeinen Angst und Verunsicherung, die einen Teil des alten Wählerstamms der SPD, auch einen Teil der Industriearbeiter, zur Stimmabgabe für die CDU/CSU getrieben hatte.

Im gleichen Maße, wie sich die CDU/CSU in der Opposition regenerierte, verlor die SPD die Fähigkeit, die politische Führung der Bundesregierung und ihre Rolle als gesellschaftliche Kraft, die vor allem in der Industriearbeiterschaft der Ballungsregionen verwurzelt ist, dynamisch miteinander zu verkoppeln. Der Übergang zur Regierung Schmidt/Genscher (1974) markierte daher nicht nur das Ende der ersten »Reformperiode« der sozialliberalen Koalition. Angesichts der nationalen und internationalen Krisenprozesse geriet die SPD jetzt immer mehr in den Widerspruch, auf der einen Seite die durch die Krise der Kapitalverwertung und der Staatsfinanzen bedingten engeren Handlungsspielräume für sozial- und gesellschaftspolitische Reformen im Sinne der eigenen Machtsicherung als gleichsam naturwüchsige Zwänge handhaben und interpretieren zu müssen, andererseits aber jeden Ansatz einer Reformbewegung »von unten« als eine potentielle Gefährdung der Regierungspolitik und der sozialdemokratischen Regierungsbeteiligung dämpfen zu müssen. Dieses Lavieren zwischen kapitalistischem Krisenmanagement und der Konzentration der politisch-ideologischen Kräfte »an der Spitze« auf die Systemsicherung und dem gleichzeitigen Versuch, den Forderungen der SPD-Basis und der Gewerkschaften wenigstens teilweise entgegenzukommen (vgl. z.B. die Parallelität des Übergangs zu den Maximen der »angebotsorientierten Wirtschaftspolitik und zum Sozialabbau« und des Versuchs »Beschäftigungsprogramme« wirksam werden zu lassen), soll hier nicht im einzelnen rekapituliert werden. Jeder SPD-Parteitag hat im übrigen seit der Mitte der 70er Jahre diese paralysierende Spannung gleichsam exemplarisch konkret werden lassen: Wann immer die Gefahr drohte, daß sich in der Partei eine Mehrheit für eine politische Orientierung finden könnte, die der Regierungspolitik in wesentlichen Punkten entgegenstand, brachte der Bundeskanzler seine ganze politische Autorität (schließlich – bei der Auseinandersetzung um die Raketenstationierung – sein Amt selbst) in die Debatte ein, um die Partei nicht in einen allzu schroffen Gegensatz zur Regierungspolitik geraten zu lassen.

Hier interessieren eher die Folgen des Widerspruchs, in den sich die SPD hineinmanövrierte. Entscheidend scheint dabei der Sachverhalt, daß reformistische Parteien nur zu oft in der neueren Geschichte gescheitert sind, wenn sie einerseits als Sachwalter für die Modernisierung des Kapitalismus (also auch als anti-revolutionäre Kraft), andererseits als politische Kraft aufgetreten sind, die diese Modernisierung durch gesellschaftspolitische Reformen, die auch im Interesse der Arbeiterbewegung liegen (z.B. Erweiterung der Mitbestimmung, Verbesserung der Sozialpolitik, Einführung von Elementen der volkswirtschaftlichen Planung, Reform des Bildungswesens, Liberalisierung im Rechtssystem), erreichen wollen. Zumal in Perioden der gesellschaftlichen und politischen Krise, in denen die konservative Opposition nach wie vor über entscheidende Hebel der wirtschaftlichen, politischen und ideologischen Macht verfügen kann, ist der Reformismus immer wieder dazu gezwungen worden, die integrationistische Seite seiner Politik, d.h. die Systemsicherung und die Anerkennung der objektiven (d.h. kapitalistischen) Handlungszwänge in den Vordergrund zu rücken und seine Fähigkeit, die Kräfte der Arbeiterbewegung – besonders die Gewerkschaften – »an die Kette zu legen«, auszuspielen. (Für diese Konstellation finden sich derzeit in vielen west- und südeuropäischen Ländern, die von Sozialdemokraten bzw. Sozialisten – in verschiedenen politischen Koalitionen – regiert werden, mannigfaltige Belege).

Eine der entscheidenden Folgen dieser Politik ist der Abbau bzw. der Verlust von hegemonialer Kapazität. Bei der Sozialdemokratie unserer Zeit besteht diese darin, ihre Macht in den Kommunen und Ländern, ihre enge Verbindung zu den Gewerkschaften, ihre Anziehungskraft auf jugendliche und intellektuelle Protestbewegungen (die sie vor allem Anfang der 70er Jahre zu entwickeln und über die Aktivität der

»Jungsozialisten« zu kanalisieren vermochte) als gesellschaftlichen und politischen Druck für reformpolitische Initiativen, aber auch als Druckmittel für die Beeinflussung der »öffentlichen Meinung« und des vorherrschenden gesellschaftlichen und politischen Bewußtseins nutzbar und fruchtbar zu machen. Fungiert sie aber selbst als ein Apparat, der eben diesen Druck, diese Vermittlung gesellschaftlicher »Basisbedürfnisse« in die Politik abschneidet, so unterhöhlt sie zwangsläufig die Macht, die sie zeitweilig auszuüben vermag. Der Zynismus, der bei Funktionären – vor allem auch aus dem linken Parteispektrum – besonders häufig anzutreffen ist, illustriert dabei nur eine der Formen, in denen sich dieser Widerspruch konkretisiert. Letztlich wird der Verlust an hegemonialer Kapazität sich darin zeigen, daß die Mobilisierung der eigenen Mitglieder- und Wählerbasis brüchig und schlaff wird, daß Differenzen zwischen der Regierungspolitik und den Gewerkschaften nicht mehr vollständig zu verschleiern sind und daß neue Protestbewegungen, die auch aus der Enttäuschung über die SPD-Politik Kraft gewinnen, sich einen eigenen politischen Raum und eigene politische Organisationen schaffen. Daß die SPD bald nach dem Sturz der sozialliberalen Koalition im September 1982 in die Defensive geriet (das Ergebnis der Hessischen Landtagswahlen vom Oktober 1982 spiegelte noch die Empörung über das Verfahren des Regierungswechsels wider) und im März 1983 keine glaubwürdige Alternative gegenüber dem neuen konservativen Block darstellen konnte, war nur das vorläufige Ergebnis dieses Prozesses, in dem die extreme Personalisierung sozialdemokratischer Politik (Helmut Schmidt) die politische Handlungsfähigkeit der Partei immer weiter unterminierte. Die Losung vom »kleineren Übel« entbehrt zwar nicht einer gewissen Zugkraft und Rationalität (aus der Sicht der bloßen Machterhaltung); die Zuflucht zu ihr (wie schon zwischen 1930 und 1933) ist jedoch ein eindeutiges Zeichen der politischen Schwäche.

Die »Wende« vollzieht sich also in verschiedenen Etappen. Die entscheidende Weichenstellung erfolgte schon Mitte der 70er Jahre, als die sozialliberale Regierung dazu überging, die nationalen und weltwirtschaftlichen ökonomischen Krisenprozesse als objektive Handlungszwänge in ihre politische Strategie zu übersetzen, die die Verbesserung der Kapitalverwertungsbedingungen und der internationalen Konkurrenzfähigkeit des BRD-Kapitals durch »Modernisierung« ins Zentrum rückte und dabei als »Leitmotiv« die These akzeptierte, daß die Ziele dieser Politik nur durch die Beseitigung investitions- und innovationshemmender »Belastungen« des Kapitals (z.B. »überhöhte« Löhne, staatliche Sozialleistungen, gesetzliche Regelungen u.a.m.) erreicht werden könnten. Die Forderung nach »weniger Staat« ist daher keine originelle Erfindung des Neo-Konservatismus (obwohl dieser damit auch immer den Ruf nach dem starken Ordnungs- und Gewaltstaat verbindet, s.o.); denn schon die sozialliberale Regierung hat sich in der zweiten Hälfte der 70er Jahre an dieser Maxime orientiert, die im wesentlichen der Interessenlage des Großkapitals[2] und des sogenannten »Mittelstandes« entspricht, der sich durch Steuern, Sozialabgaben, Arbeitsschutzgesetze und schließlich durch gewerkschaftliche Tarifverträge in seiner Existenz- und Entwicklungsfähigkeit zunehmend eingeschnürt sieht. Außerdem sind auch Gruppen von Facharbeitern bereit, den konservativen Parolen zu folgen, weil sie die Inflation und die Steuerprogression nicht nur als Verminderung ihrer realen Leistungseinkommen, sondern auch als Konsequenz einer wuchernden »Sozialstaatlichkeit« empfinden, die Leistungshierarchien einebnet und sie indirekt zur Solidarität mit sozial schwächeren Gruppen zwingt, die – so bildet sich dieser Sachverhalt im konservativen Bewußtsein ab – durch den »Sozialstaat« davon abgehalten werden, sich aus eigener Kraft sowie durch Leistungsbereitschaft aus ihrer bedrückenden sozialen Lage zu »befreien«.

Die zweite, wesentliche Weichenstellung erfolgte dann 1981/82, als in den Machtzentren des »konservativen Blocks« die Entscheidung reifte, die SPD aus der Regierung zu entfernen, um die Strategie der kapital- und profitorientierten Krisenüberwindung entschiedener durchsetzen zu können, und als im Massenbewußtsein – angesichts erneut steigender Arbeitslosenzahlen – die Enttäuschung über die Politik der alten Regierung und der SPD die Überhand gewonnen hatte.

Gleichwohl läßt diese knappe Darstellung der Vorgeschichte der »Wende« erkennen, daß mit diesem Begriff zurückhaltend umzugehen ist. Das Bemühen der neuen Regierung, politische Kontinuität – und zwar nicht nur auf dem Gebiet der Außenpolitik – zu demonstrieren, kann daher nicht nur als ideologisches Verschleierungsmanöver abgetan werden; denn die neue Regierung proklamiert zunächst kaum mehr, als daß sie die von der alten Regierung bereits eingeleitete Politik entschiedener und erfolgreicher verwirklichen will. Im übrigen scheint der Begriff von der »Machtwende« auch wenig aufschlußreich, wenn die realen gesellschaftlichen und politischen Machtverhältnisse berücksichtigt werden. Was nun aber die Wirtschaft und ihre Verbände, die konservativen Interessengruppen im vorstaatlichen Bereich, die Medien – und schließlich auch den Kernbereich der staatlichen Machtapparate selbst betrifft (Staatsbürokratie, Militär, Polizei, Justiz) – so hat sich hier mit dem Regierungswechsel keine tiefgreifende Wende vollzogen. Eher besteht nunmehr durch den Regierungswechsel nach rechts ein größeres Legitimationspotential für die konservative Politik, ein höheres Maß an politisch-ideologischer Übereinstimmung zwischen diesen Zentren der Macht und den Repräsentanten und Organisationen dieser Macht in Parlament und Regierung. Es gehört überhaupt zu den klassischen Illusionen über die bürgerliche Demokratie, daß es die Wahlentscheidung sei, die die Macht legitimiere, zuweise und jeweils neu verteile. In den hochentwickelten kapitalistischen Gesellschaften hat sich längst ein Apparat der Macht herausgebildet, der gegenüber den – durch Wahlen hervorgerufenen – Veränderungen in der Regierungsbeteiligung bürgerlicher Parteien relativ resistent und stabil ist. Die Wahlentscheidungen sind – sofern die gesellschaftliche Integrationskraft des kapitalistischen Systems und auch die ideologische Integrationskraft des bürgerlich-parlamentarischen Systems noch stabil sind – darauf angelegt, die Verteilung der Macht innerhalb des Blocks der bürgerlichen Kräfte zu regulieren und zugleich Legitimationsbedarf für neue Varianten von Anpassungsstrategien innerhalb dieses Blocks zu erzeugen.

Diese Hinweise legen den Schluß nahe, daß es für die Strategie der Arbeiterbewegung und der Linken wenig hilfreich scheint, die »Wende« als eine Art »Revolution von rechts« zu mystifizieren, die Verwandlung der führenden Politiker in Marionetten des Monopolkapitals in den grellsten Farben zu zeichnen und die Politik insgesamt als eine Art »Verschwörung« der Mächtigen und Reichen gegen die immer breiter werdenden Volksmassen zu entlarven. Damit ich nicht mißverstanden werde, möchte ich sogleich hinzufügen, daß ich solche für die politische Propagandaarbeit eingängigen Formeln nicht immer für falsch halte – nur: ihre Schwäche liegt darin, daß sie die historisch-politische Besonderheit der »Wende« nicht treffen und daß sie deshalb wohl auch den strategischen Punkt verfehlen, von dem aus eine alternative Politik und eine Mobilisierung gegen die Politik der neuen Rechtsregierung erfolgen sollte. Daß solche Formeln bei Gewerkschaftsversammlungen wahre Beifallsstürme zu entfesseln vermögen, mag auch als Zeichen dafür gelten, daß das Klassenbewußtsein in seiner einfachsten Form, als »Klasseninstinkt« oder auch als Klassenhaß auf »die da oben«, nach wie vor vorhanden ist. Andererseits erzeugen solche Situationen aber auch immer wieder von neuem das bittere Gefühl der Ohnmacht und Schwäche, die in der Diskrepanz zwischen der Wahrnehmung der Macht der Herrschenden und der geringen eigenen Gegenmacht und Handlungsfähigkeit der Arbeiterbewegung gründet.

Fragt man nach der Besonderheit der »Wende«, soweit diese schon aus ihrer Vor-Geschichte erfaßt werden kann, so rückt zunächst die Erfahrung in den Vordergrund, daß die durch die ökonomische Krise und die herrschende Politik erzeugte objektive Polarisierung der Klassengegensätze und -interessen bislang nicht zu einer subjektiven Polarisierung, d.h. zur Dynamisierung des Klassenkampfes, zur Entwicklung von Klassenbewußtsein und zur Stärkung von gewerkschaftlichen und politischen Klassenpositionen geführt hat. Im Gegenteil – die objektive Polarisierung wird durch neue Formen der subjektiven Integration, der Anpassung an die Normen des kapitalistischen Wirtschafts-, Herrschafts- und Wertesystems begleitet; und das Wahlergebnis vom 6. März 1983 kann zunächst einmal als ein eindeutiger politischer Ausdruck dieses widersprüchlichen Prozesses angesehen werden. Die entscheidende Frage lautet: Wie lange kann dieser Widerspruch fortbestehen und zugunsten der neo-konservativen Politik ausgenutzt werden? Und: Welche politische Initiativen von links sind notwendig und möglich, um diesen Widerspruch aufzusprengen?

Es ist äußerst schwierig, in der Gegenwart Antworten auf diese Fragen zu geben; denn es handelt sich dabei nicht um ein ausschließlich strategisch-theoretisches Problem. Politisch wirkungsvolle oder richtungsweisende Antworten können immer nur in dem Maße gegeben werden, wie sich die theoretisch-strategische Reflexion mit einer spontanen Bedürfnisartikulation und Aktionsbereitschaft »von unten« verbindet. Um jedoch diese Verbindung richtig vorzubereiten und dabei die vorhandene theoretische und praktische Kapazität der Arbeiterbewegung richtig auszuschöpfen, dazu bedarf es auch einer eingehenden Beschäftigung mit diesen Fragen.

Die konservative »Wende« – so haben wir festgestellt – profitiert zunächst davon, daß sie sich auf eine Übereinstimmung ganz heterogener – z.T. objektiv gegensätzlicher – Interessen von Klassen und Klassenfraktionen zu stützen vermag. Das Interesse des Kapitalisten oder seines Managers an einer profit- und investitionsfördernden Politik unterscheidet sich fundamental von dem Überlebensinteresse eines Handwerkers oder kleinen Selbständigen und noch mehr von dem Interesse des Facharbeiters an der Erhaltung seines Arbeitsplatzes und seines Lebensstandards. Dennoch können diese unterschiedlichen Interessenkonstellationen in Politik und Ideologie sich auf einer gemeinsamen Linie treffen, die die Überwindung der Krise durch Wachstumsförderung, freie Konkurrenz und die Restauration der Staatsautorität proklamiert. Dazu findet eine solche Politik stets Rückhalt bei Teilen der unqualifizierten und der am meisten von der Krise betroffenen »Unterschichten des Proletariats«, die in der Geschichte des Kapitalismus stets für das Vorurteil offen waren, gesellschaftliche Minderheiten (Juden,

Ausländer), Intellektuelle und von diesen gesteuerte anonyme Mächte, und schließlich auch der Liberalismus im Umgang mit solchen Gruppen seien die eigentlich Schuldigen für ihre eigene miserable gesellschaftliche Lage.

Die neo-konservative Politik bewegt sich aber ihrerseits in dem Widerspruch, daß sie auf der einen Seite – zumal im bürgerlich-parlamentarischen System, in dem Regierungsmehrheiten durch allgemeine Wahlen bestätigt werden müssen – auf dieses Bündnis objektiv gegensätzlicher Klasseninteressen angewiesen ist, daß sie aber auf der anderen Seite mit ihrer Wirtschafts-, Sozial- und Gesellschaftspolitik die objektive Polarisierung der sozialen Interessen zuspitzen muß. Diese Zwangsläufigkeit ergibt sich nicht nur aus der dominanten Bindung konservativer Regierungen an die ökonomischen und politischen Interessen des Monopolkapitals; sie folgt auch aus den inneren Strukturen des sozialen, technologischen und ökonomischen Wandels, der sich in der gegenwärtigen Krisenepoche vollzieht.

Es ist natürlich nicht genau vorauszusagen, wann das von der konservativen Regierung repräsentierte Bündnis gegensätzlicher sozialer Interessen zerfällt und wann die CDU/CSU ihre Fähigkeit zur Bindung und Anbindung dieser Interessenkonstellationen einbüßen wird. Auch wird man nicht annehmen können, daß es sich dabei um einen quasi-objektiven Prozeß handelt, der sich unabhängig vom politischen Kräfteverhältnis und von der Handlungsfähigkeit der Arbeiterbewegung in der Verteidigung der unmittelbaren Interessen der Arbeiterklasse wie in der Entwicklung gesellschaftspolitischer Alternativen durchsetzt. Indikatoren dieses Bruchs werden nicht nur zunehmende Konflikte innerhalb des »herrschenden Blocks« sein, sondern auch die wachsende Bereitschaft zum außerparlamentarischen Protest und Widerstand in der Arbeiterklasse und schließlich das Drängen des rechten Flügels des »herrschenden Blocks«, der zunehmenden Erosion von Hegemonie durch den Übergang zur direkten Gewalt, zum forcierten Abbau der Demokratie und zur Mobilisierung von nicht-ökonomischen, populistischen Ideologien – z.B. in der Form des Nationalismus – zu begegnen.

Gegenwärtig ist die Massenzustimmung für die Politik der konservativen »Wende« noch labil. Ihre Mehrheit beruht noch auf Stimmungen, die durch die Angst vor einer Zuspitzung der Krisenfolgen auch für die individuelle Existenz sowie durch die Enttäuschung auch über die gescheiterte sozialdemokratische Regierungspolitik genährt werden. Dabei handelt es sich um Bewußtseinsformen – auch von großen Teilen der lohnabhängig Beschäftigten –, die ihrerseits das Konkurrenzverhalten zwischen den Lohnabhängigen oder auch zwischen Fraktionen der Arbeiterklasse widerspiegeln, die also mit anderen Worten in der individuellen Anpassung an die gegebenen Herrschaftsverhältnisse (und an deren konservative Stabilisierung) und eben nicht im kollektiven Widerstand gegen die Abwälzung der Krisenlasten auf die Arbeitslosen und die Lohnabhängigen eine Verhaltens- und Handlungsperspektive sehen. Es zeichnet solche Stimmungen daher aus, daß sie – über die Wahlentscheidung – die fehlende Bereitschaft oder auch nur Fähigkeit, in Alternativen zu denken, in den politischen Raum projizieren. Ob sich solche Stimmungen verfestigen, wird in hohem Maße davon abhängen, wie es der konservativen Regierung gelingt, ihre politischen Versprechungen – zumal auf wirtschaftspolitischem Gebiet (Überwindung der Krise und der Arbeitslosigkeit) – in der Praxis einzulösen.

Meinungsumfragen, die heute z.B. eine Mehrheit in der Bevölkerung gegen die Raketenstationierung erkennen lassen, unterstreichen zum einen die These, daß die Massenzustimmung für die Politik der konservativen »Wende« nach wie vor labil ist. Andererseits unterstreichen sie aber auch den Sachverhalt, daß für die Mehrheit der Bevölkerung derzeit die Sorgen um die Zukunft der eigenen sozialen und ökonomischen Existenzbedingungen (und in diesem Zusammenhang die partielle Anerkennung der konservativen Antworten auf diese Sorgen) ein größeres Gewicht haben als z.B. außen- und sicherheitspolitische Fragestellungen. Für die Arbeiter- und Gewerkschaftsbewegung ergibt sich jedoch aus diesen Widersprüchen die Chance, in der Kritik an der konservativen Wirtschafts- und Gesellschaftspolitik und in der Vermittlung von betrieblichem und gesamtgesellschaftlichem Widerstand gegen diese Politik enttäuschte Erwartungen für einen Lernprozeß nutzbar zu machen, indem sich nicht nur der wütende Protest gegen die »Wende« und ihre Resultate artikuliert, sondern indem sich auch die Bereitschaft und Fähigkeit zum Denken in Alternativen in der Arbeiterklasse selbst entwickelt. Darin liegt zugleich eine entscheidende strategische Aufgabe der Arbeiter- und Gewerkschaftsbewegung und – so muß man eingestehen – eine enorm schwierige Aufgabe. Angesichts des Charakters der Krise und der gesellschaftlichen Strukturwandlungen, die sich in der Folge der »technischen Revolution« vollziehen, kann das Denken in Alternativen nämlich nicht mehr darin bestehen, Helmut Kohl durch Helmut Schmidt (oder irgend einen seiner Nachfolger) auszuwechseln. Denken in Alternativen heißt die Bereitschaft, neue Modelle der Entwicklung und Organisation der gesellschaftlichen Verhältnisse, der Planung von Produktion, Technologie und der Verteilungsverhältnisse, neue Modelle der individuellen und kollektiven Lebensweise der Lohnabhängigen und der Kultur nicht nur zu diskutieren, sondern auch als mögliche, programmatische Ziele eines politischen Kampfes zu akzeptieren. Daß dabei nicht nur konservative Einstellungen in der Arbeiterschaft und in den Gewerkschaften in Frage gestellt werden, sondern daß dabei auch eine neue Verbindung von gewerkschaftlichen Schutz- und Gestaltungsfunktionen ausgearbeitet werden muß, daß dabei notwendig die »enge« Bestimmung gewerkschaftlicher Aufgaben zugunsten einer »weiteren« Fassung ihrer gesellschaftspolitischen Rolle überwunden wird, unterstreicht nur die Behauptung, daß es sich um eine höchst schwierige – und keineswegs kurzfristig zu lösende – Aufgabe handelt.

Wie in früheren ökonomischen und politischen Krisenperioden des Kapitalismus der Bruch mit Politik- und Organisationsmustern erfolgt ist, die sich in Perioden der relativen Stabilität des Kapitalismus als Leitmuster der Arbeiterbewegung verfestigt hatten, wird im folgenden Kapitel genauer behandelt (vgl. w.u. S. 105 ff.). An dieser Stelle ist freilich noch ein Aspekt der »Wende« anzusprechen, der in der Tat Elemente eines Bruchs mit den vorherrschenden Politik- und Wertemustern enthält und der sich in den politischen Erfolgen der »Grünen« und der sog. alternativen »neuen sozialen Bewegungen« konzentriert. Der Partei der »Grünen« ist es zum erstenmal seit dem Ausscheiden der KPD aus dem Bundestag (1953) gelungen, das durch die 5 %-Klausel und andere Pivilegien geschützte Monopol der beiden großen Parteienblöcke und ihrer bürgerlichen Koalitionspartner auf parlamentarische Repräsentanz im Bundestag wie in den Länderparlamenten zu durchbrechen. Diese Erfolge lassen erkennen, daß diese Partei relevante politische Strömungen und Bewußtseinsformen bindet und bündelt, die in den 70er und 80er Jahren immer mehr auf Positionen einer Fundamentalopposition gelangt sind und die auch in der SPD keine wirkliche Alternative mehr sehen (obwohl sie über die Frage, ob die Grünen als Koalitionspartner für die SPD zur Verfügung stehen, wieder an die Sozialdemokratie herangeführt werden).

Noch ist nicht abzusehen, ob die durchaus heterogene Basis der »Grünen« stabil bleibt; denn diese umfaßt nicht nur Protestwähler, die gegebenenfalls bereit sind, zu einer oppositionellen SPD (die sich dazu der politischen »Erfolgsthemen« der »Grünen« annimmt) zurückzukehren, sondern auch Teile der sog. »alternativen Szene«, die den »Grünen« bald ihre Sympathien entziehen könnten, weil sie parlamentarische Arbeit und Koalitionspolitik sowie die damit verbundenen Anforderungen an die internen Organisations- und Arbeitsstrukturen der neuen Partei für ein sinnloses oder gar systemstabilisierendes Unterfangen halten. Die bisherige politische und programmatische Entwicklung der »Grünen« hat jedoch schon zu einer gewissen Konsolidierung geführt: in dem Maße, wie sie die ökologischen Grundsatzpositionen durch die Friedenspolitik, durch demokratische Initiativen gegen den »Sicherheitsstaat« und schließlich auch durch die Öffnung zu wirtschaftspolitischen Forderungen, die nicht mehr durch den unterstellten Antagonismus von Ökologie und Ökonomie blockiert werden, ergänzt haben (und dabei Gruppierungen ihres zunächst konservativ-ökologischen, rechten Flügels ausgeschieden sind), haben sich die »Grünen« zur derzeit stärksten Kraft der linken und demokratischen Opposition in der BRD entwickelt. Nach ihrem eigenen Anspruch wie nach ihrer sozialen Basis sind die »Grünen« keine Organisation der Arbeiterbewegung – und auch die »neuen sozialen Bewegungen« (Ökologie-, Frauen-, Friedensbewegung) werden keineswegs ausschließlich durch die »Grünen« politisch repräsentiert. Dennoch wäre es ganz verfehlt, diese sozialen und politischen Kräfte als lediglich temporären Ausdruck des durch die Krise verstärkten Proletarisierungs- bzw. Deklassierungsdrucks auf die Mittelschichten (der vor allem auf Jugendliche mittels der wachsenden Diskrepanz zwischen den sozialen Erwartungen und Ansprüchen, die durch die ältere Generation verkörpert werden, und den eigenen Zukunftsperspektiven wirkt) zu interpretieren. Wann immer vom rechten Flügel der Gewerkschaften – in extremster Form in der Zeitung »Einheit« der IG Bergbau und Energie – Schläge gegen die »Grünen« (oder die Anti-AKW- und die Friedensbewegung) ausgeteilt werden, die den Ober- bzw. Mittelschichten-Charakter dieser Bewegungen hervorheben, handelt es sich nicht um Klassenbewußtsein, sondern um die Mobilisierung von konservativen Vorurteilen, die in ihrem Kern die Kritik oder gar Infragestellung bestehender Herrschafts- und Machtverhältnisse in der Gesellschaft (aber auch in den Gewerkschaften selbst) diskreditieren soll.

Maßstab für die politische Bewertung der »Grünen« und der »neuen sozialen Bewegungen« kann also nicht allein ihre soziale Basis sein.[3] Ihre zukünftige politische Bedeutung wird sich vielmehr in der Auseinandersetzung um die Frage entscheiden, wie es ihnen gelingt, die soziale und politische Basis für ökologische, friedens- und wirtschaftspolitische Alternativforderungen zu erweitern. Die Abkapselung in einen illusionären ökologischen Fundamentalismus, der das Industriesystem insgesamt ablehnt (und damit die Kooperation mit allen Kräften, die an dieses System »gekettet« sind), muß letztlich jede Chance, die Bewegung für alternative gesellschaftspolitische Konzeptionen zu stärken, zunichte machen. Ohne Bewegungen in der Arbeiterklasse selbst, die auch ihren eigenen politischen und programmatischen Ausdruck finden werden, kann es keine Machtveränderungen geben, die den Weg für die Lösung der ökonomischen und ökologischen Krisen des Kapitalismus, für die Entwicklung eines neuen Systems der internationalen ökonomischen und politischen Kooperation, für eine Neubestimmung des Arbeitsbegriffs und eine neue Beziehung zwischen Gesellschaft und Technik und schließlich auch für die Etablierung eines neuen Typs der Demokratie und der Kultur öffnen können.

2.2. Gewerkschaften in der Krise?

Bei den englischen Unterhauswahlen vom 9. Juni 1983 stimmten nur 39 Prozent der Gewerkschaftsmitglieder für die Labour-Partei; im Jahre 1964 betrug dieser Anteil noch 73 Prozent (vgl. EG-Magazin, 1983. 7, S. 20). Die »Vertrauenskrise« zwischen den gewerkschaftlich organisierten Lohnabhängigen und der Sozialdemokratischen Partei, der immerhin einige der größten TUC-Gewerkschaften als »kollektive Mitglieder« angehören, kann also als eine wesentliche Ursache für die Wahlerfolge der Konservativen und ihrer reaktionären Premierministerin, Frau Thatcher, gelten. Diese hat nun angekündigt, auf dem Wege einer »Reform« den englischen Gewerkschaftern «demokratische Umgangsformen« beizubringen.

Auch die Stimmverluste der SPD bei den Bundestagswahlen vom 6. März 1983 werden in Wahlanalysen als vorläufiger Höhepunkt eines Trends bezeichnet, in dessen Verlauf sich die Bindung der Arbeiterschaft an die SPD gelockert hat. Dieser Trend hat auch die Arbeiter der Großbetriebe und die Gewerkschaftsmitglieder erfaßt. Zwar hat die SPD bei diesen Gruppen auch noch im März 1983 den größten Vorsprung vor der CDU/CSU; dennoch hat der z.T. drastische Abbau dieses Vorsprungs zu den entscheidenden Stimmgewinnen der CDU/CSU und zu ihrem eindrucksvollen Wahlsieg geführt. Über die Veränderung der politischen Bindung an die SPD im Gewerkschaftsbereich heißt es in einer Infas-Wahlanalyse: »Langfristig ist aber auch speziell unter Gewerkschaftsmitgliedern ein Erosionsprozeß in Etappen zu beobachten. Während die gewerkschaftlich organisierten Arbeiter in ihrer Gesamtheit bis 1980 verhältnismäßig stabil von der SPD gebunden werden konnten und der Einbruch erst 1983 einsetzte, haben sich organisierte Arbeiter in Großbetrieben in zwei Etappen von der SPD abgewendet, erstmals 1976 und in einem zweiten Schub 1983« (U. Feist u.a., in: GeMo 1983. 7, S. 420).

Die Bindungskraft der DGB-Gewerkschaften für das Wahlverhalten ihrer Mitglieder zugunsten der SPD ist also offenkundig geschwächt –

immerhin haben, grob geschätzt, etwa 40 Prozent der Gewerkschaftsmitglieder und mehr als 40 Prozent der Arbeiter der CDU/CSU ihre Stimme gegeben. Die Gründe, die für diese Verschiebung angeführt werden, ergeben zunächst ein widersprüchliches Bild: Die Vertrauens- und Kooperationskrise zwischen Gewerkschaften und SPD sei schon im Herbst 1981 bei den Großdemonstrationen der Gewerkschaften gegen die Haushaltsoperation '82 deutlich geworden. Schließlich hätten der Neue-Heimat-Skandal und die »Trendwende bei den Wirtschaftserwartungen«, der Vertrauensschwund gegenüber der beschäftigungspolitischen Kompetenz der SPD – vor allem auch bei Facharbeitern der Großbetriebe, die noch bis zu Beginn der 80er Jahre ihre soziale Situation als stabil und »krisenfest« beurteilten, dann jedoch zunehmend verunsichert wurden – die entscheidende Wende im Wahlverhalten dieser Gruppen herbeigeführt (vgl. ebd. S. 421/422). Dieses Bild ist schon deshalb widersprüchlich, weil die Verunsicherung der wirtschaftlichen und sozialen Erwartungen gerade bei den Gewerkschaftsmitgliedern keineswegs zwingend die Hinwendung zur CDU/CSU nahelegt; denn immerhin standen und stehen die Forderungen und programmatischen Vorschläge der DGB-Gewerkschaften zur Überwindung der Krise (u.a. Beschäftigungsprogramme, Verkürzung der Arbeitszeit, Sicherung der Realeinkommen und der staatlichen Sozialleistungen, Ausweitung der Mitbestimmung, Kontrolle der technologischen Entwicklung, sektorale Strukturpolitik) in einem deutlichen Gegensatz zur wirtschafts- und gesellschaftspolitischen Programmatik der CDU/CSU.

Daß die politische »Bindungsfähigkeit« der Gewerkschaftspolitik hier keinen Erfolg zu erzielen vermochte, muß also einerseits damit zusammenhängen, daß schon unter der sozialliberalen Koalition die Gewerkschaften tendenziell in eine höchst widersprüchliche Situation der politischen Isolation gerieten. Die Verwirklichung auch nur von einzelnen Bestandteilen des gewerkschaftlichen Anti-Krisen-Programms mußte an der politischen Grundlinie der sozialliberalen Koalition, die mit dem »Modell Deutschland« vorgegeben war, scheitern. Eine massive ideologische und politische Gegenmobilisierung der Gewerkschaften gegen diese Politik war jedoch angesichts der prinzipiellen Loyalität der überwiegenden Mehrheit der gewerkschaftlichen Führungsgruppen gegenüber einer SPD-geführten Regierung blockiert.

Damit verschärfte sich aber letztlich – sowohl für die SPD als auch für die DGB-Gewerkschaften – das Dilemma einer politischen Konstellation, in der Handlungs- und Führungsunfähigkeit bestimmend wurden. Die SPD verlor an Vertrauen in der Arbeitnehmerschaft und die Gewerkschaften wurden mehr und mehr mit dem Sachverhalt der Erfolglosigkeit ihrer Politik, der durch die herrschenden gesellschaftlichen und politischen Machtverhältnisse immer enger gezogenen Grenzen ihrer Handlungs- und Durchsetzungsfähigkeit konfrontiert. Zweifellos hat diese widersprüchliche Konstellation in erheblichem Maße die politische Verunsicherung – auch in der Form der individuellen Resignation – unter den gewerkschaftlich organisierten Arbeitern verstärkt und zugleich Teile von ihnen bewogen, ihre politischen Hoffnungen auf den »Konservativen Block« zu setzen. Um zu verstehen, warum die Gewerkschaften die »Wende« nicht verhindern konnten, ist daher ein kurzer Rückblick auf die Etappen jener Entwicklung notwendig, die die Gewerkschaften schließlich seit dem Ende der 70er Jahre an die Grenzen ihrer Handlungs- und Durchsetzungsfähigkeit geführt hat.

Als der DGB im Jahre 1979 sein 30jähriges »Jubiläum« feierte, konnte auf eine recht eindrucksvolle Erfolgsbilanz zurückgeschaut werden. Der frühere DGB-Vorsitzende L. Rosenberg hatte schon einige Jahre zuvor das gewerkschaftliche Erfolgsbewußtsein zusammengefaßt: »Es ist, daran ist kein Zweifel möglich, niemals in der Geschichte der deutschen Gewerkschaftsbewegung in so kurzer Zeit und mit größerem Erfolg mehr für die Arbeitnehmer erreicht worden als in den wenigen Jahren nach der völligen Zerstörung der wirtschaftlichen Grundlagen unseres Landes und der vorherigen Vernichtung aller gewerkschaftlichen Organisationen«. (zit. n. F. Deppe, Autonomie, 1979, S. 38) 1979 war aber auch schon die Erkenntnis vorhanden, daß die Gewerkschaftspolitik an die Schwelle einer neuen Epoche geraten war, in der ihre Handlungs- und Erfolgsbedingungen neu definiert werden mußten.

Für die Gewerkschaften waren die Jahre zwischen 1969 und der Mitte der 70er Jahre eine Periode, in der in vielen Bereichen die Stagnation (und partielle Erstarrung) der 60er Jahre aufgebrochen und durch neue Formen der Bewegung »von unten«, aber auch der Diskussion neuer programmatischer Ziele, insgesamt durch einen – zumindest für die Gewerkschaftsgeschichte etwa ab 1955 – neuen Typus der Verarbeitung neuer gesellschaftlicher und politischer Erfahrungen und der Formulierung gesellschaftspolitischer Reformziele überwunden wurde (vgl. F. Deppe u.a., Geschichte, 1977, bes. S. 410 ff.). Ich halte es für völlig verfehlt, den bestimmenden Inhalt dieser Periode als die Überwindung einer »Organisationskrise« zu charakterisieren, die durch staatliche (hier durch die sozialliberale Koalition seit 1969) und privatkapitalistische »Bestandsgarantien« für die Gewerkschaften (vor allem auf der betrieblichen Ebene) und eine binnenorganisatorische »Rationalisierung« in den Einzelgewerkschaften (vor allem durch die Anwendung der EDV und die Entwicklung neuer Leitungsstrukturen in den Apparaten) erreicht worden sei. Institutionelle Rationalisierung und die Kooperation mit Staat und Unternehmen sollen so in der Festigung eines »neo-korporativistischen Systems« zusammengewirkt haben (Streeck, 1981).

Natürlich ist nicht zu bestreiten, daß durch die Regierungsbeteiligung der SPD sowie durch das Reformprogramm der ersten Regierung der sozialliberalen Koalition politisch günstigere Bedingungen für die DGB-Gewerkschaften entstanden und daß z.B. durch die Novellierung des Betriebsverfassungsgesetzes (1972) über die freilich nur punktuelle Erleichterung der Arbeit der Betriebsräte auch die Gewerkschaftsmacht in den Betrieben erweitert werden konnte. Und ebenso wird man nicht jene empirischen Forschungsergebnisse in Zweifel ziehen können, die für diesen Zeitraum die Rationalisierung der Beitragskassierung, der Organisationsstrukturen im Apparat und schließlich eine Veränderung im Gefüge der Leistungen der Gewerkschaften für ihre Mitglieder eindeutig nachweisen. Dennoch vermag eine solche organisationssoziologisch verengte Analyse, die zudem unterstellt, im gegenwärtigen Kapitalismus sei der »Konflikt zwischen Kapital und Arbeit« als funktionales Element in einem »wohlfahrtsstaatlichen Organisationskomplex« institutionalisiert (ebd., S. 1), überhaupt nicht mehr die Spezifik der Klassenbeziehungen, das Verhältnis von Politik und Ökonomie, der Veränderungen im Hegemonietyp und der herrschenden ideologischen Muster zu begreifen.

Die »Wende« von 1969 steht vielmehr im Schnittpunkt vielfältiger sozial-ökonomischer und politisch-ideologischer Prozesse, in denen sich die Erosion des alten Hegemonietyps der sog. »Adenauer-Ära« verdichtet. Das Ende der langen Nachkriegs-Restaurationsperiode wird nicht nur über die Erfahrung vom »Ende des Wirtschaftswunders« bewußt, sondern auch durch den Übergang vom »Kalten Krieg« zur Entspannungspolitik und schließlich in erster Linie durch die fundamentale Krise der herrschenden ideologischen Normen und Alltagskonventionen, wie sie durch die Studenten- und Jugendbewegung der späten 60er Jahre offengelegt wird. Die Gewerkschaften und die Arbeiterklasse waren – zumal in der BRD – nicht die Initiatoren bzw. die »Avantgarde« dieser geistigen und moralischen »Übersetzung« der Krisenerfahrung in neue gesellschaftliche und politische Orientierung. Und doch wirkten alle diese konfliktreichen Übergangsformen auch auf das Bewußtsein der Arbeiterklasse ein. Der »Reformstau«, der in vielen gesellschaftlichen Bereichen zu politischen Lösungen drängte, wurde auch von Teilen der Arbeiterklasse, und hier besonders in den Gewerkschaften, aufgrund ihrer eigenen sozialen Erfahrungen wahrgenommen; denn es waren ja in erster Linie die Gewerkschaften gewesen, die schon vorher eine Verbesserung der – über die staatliche Politik vermittelten – Reproduktionsbedingungen der Arbeitskraft, Chancengleichheit im Bildungsbereich, Mitbestimmung und partielle Planung des gesellschaftlichen Reproduktionsprozesses gefordert hatten, und die nun auch – bei den ersten Anzeichen von wirtschaftlichen Krisenprozessen – als organisierte Macht erschienen, mit der die Verbesserung der Reallöhne durchgesetzt werden konnte.

Diese Verschiebung in den Kräftekonstellationen der Klassen und Klassenkräfte nach links vollzog sich seit Ende der 60er Jahre in nahezu allen hochentwickelten, kapitalistischen Gesellschaften Westeuropas, wobei freilich die konkreten politischen Prozesse und Klassenkämpfe durch die je spezifischen nationalen Traditionen und die damit gewachsenen politisch-ideologischen Kräftekonstellationen geformt wurden. In der BRD profitierte die SPD politisch von einer Modifikation der politisch-ideologischen Kräftekonstellationen, bei der objektiv die Lösung einer Anpassungs- und Modernisierungskrise des staatsmonopolistischen Kapitalismus (als Inhalt der dritten großen Nachkriegsepoche)[4] im Mittelpunkt stand, subjektiv aber eine Eigenbewegung von Teilen der Arbeiterklasse (die in der BRD zwischen 1969 und 1974 u.a. in der kontinuierlichen Streikpraxis zum Ausdruck kam), zugleich die Eigenbewegung von Teilen der Intelligenz und der Jugend als Triebkraft sowohl für diese Anpassungsprozesse als auch für die Entwicklung von politischen Positionen, die über das Ziel einer »Modernisierung« des Kapitalismus durch Reformen hinausführten und entsprechende Gegenmaßnahmen des »Sicherheitsstaates« schon zu Beginn der 70er Jahre hervorriefen.

Daß diese Bewegung keine grundlegende Veränderung der gesellschaftlichen Herrschafts- und Eigentumsverhältnisse erreichen konnte, hat einige mit Verbitterung erfüllt und auch die falsche Vorstellung genährt, derzufolge die Gewerkschaften selbst als eine Hauptstütze der Systemstabilisierung wirken. Dem konservativen Alltagsbewußtsein und Journalismus hingegen erschienen schon die bescheidenen Reformen dieser Periode sowie einige Erfolge der Gewerkschaftspolitik (Reallohnsteigerungen durch spontane und gewerkschaftliche Streiks, sozialpolitische Verbesserungen und die bescheidene Erweiterung von Arbeiterrechten in den Betrieben durch die Novellierung des Betriebsverfassungsgesetzes 1972) als ein entscheidender gesellschaftspolitischer Umbruch in der Geschichte der BRD, als eine Öffnung zum unaufhaltsamen Abgleiten in den »Sozialismus«. Solche – in der Regel äußerst primitiven – Denkfiguren dienten vor allem der gewaltigen Propagandaschlacht gegen die sozialliberale Reformpolitik in ihrer ersten Phase. Gleichwohl eignete solchen konservativen Beschwörungen stets doch ein Moment von Wahrheit; sie ahnten wohl, daß die »Fahnenflucht« der Intellektuellen zu progressiven, antiautoritären, radikaldemokratischen und auch marxistisch-revolutionären Positionen eine tiefe Hegemonie-Krise der alten ideologischen Staatsapparate und ihrer Eliten signalisierte – und sie ahnten zugleich, daß in zahlreichen Diskussionen, die zu dieser Zeit in den Gewerkschaften geführt wurden (z.B. über die »Humanisierung der Arbeit«, die Kontrolle der multinationalen Konzerne, über eine »arbeitnehmerorientierte Wissenschaft«, über echte Chancengleichheit und vieles andere mehr), die potentielle Grenzüberschreitung der Horizonte nicht nur einer Politik der »kapitalistischen Modernisierung«, sondern der Grundpfeiler der kapitalistischen Wirtschafts- und Gesellschaftsordnung sich ankündigte.

Schließlich konkretisiert auch die Ungleichzeitigkeit von politischer Reform und der Dynamik der sozialen Bewegungen einen Sachverhalt, der den Historikern der Arbeiterbewegung einigermaßen vertraut ist: Reformen des bestehenden Gesellschafts- und Herrschaftssystems hatten immer nur dann Aussicht auf Erfolg, wenn sich die herrschende Klasse und ihre politisch-ideologischen Apparate gezwungen sahen, angesichts einer drohenden bzw. realen Massenbewegung »von unten« Forderungen des reformistischen Flügels der Arbeiterbewegung einzulösen. Die Geschichte der deutschen November-Revolution von 1918/19 liefert für diesen Zusammenhang zahlreiche Belege (Anerkennung des 8-Stunden-Tages und der Gewerkschaften, Abschaffung des Drei-Klassen-Wahlrechtes und der Monarchie, Elemente von Sozialstaatlichkeit in der Weimarer Reichsverfassung usw. usf.). Der Niedergang der Weimarer Republik bis zum Jahre 1933 hat dann jedoch auch die »Gegenreform« der herrschenden Klasse zum Inhalt – bis zum bitteren Ende der gewaltsamen Liquidation der letzten »Errungenschaften« der November-Revolution und der Arbeiterbewegung selbst.

Entscheidend ist dabei jeweils das gesamte System der Klassenbeziehungen und seine Veränderung, das sich um das Machtzentrum des kapitalistischen Staates gruppiert – und: solche Veränderungen im System der Klassenbeziehungen leiten sich niemals ausschließlich aus den strategischen Konstellationen innerhalb eines »Klassenblocks« ab, sondern stets aus der – durch den Staat – vermittelten Wechselwirkung aller Klassenkräfte. Dabei spielen wiederum gesellschaftliche und individuelle Krisenerfahrungen eine bedeutende Rolle: Nach einer längeren Periode konservativer Stabilität wird sich die Krisenerfahrung in einer Verbreiterung der Massenbasis des um die Arbeiterbewegung gruppierten linken »Blocks« übersetzen. Nach einer Reformperiode, die auch von Kräften der Arbeiterbewegung gestaltet wird, bildet die Krisenerfahrung in der Regel den »Filter« für eine Rechtsverschiebung, in der auf der einen Seite die Handlungsfähigkeit der reformistischen Arbeiterbewegung geschwächt wird. Auf der anderen Seite wird aber dieser Prozeß oftmals begleitet von einer Umgruppierung und Kräfteverschiebung innerhalb des reaktionären Blocks. Diese resultiert in erster Linie aus den taktischen Differenzen über die Frage, wie die wachsende Massenunterstützung für die Rechte politisch organisiert und nutzbar gemacht werden soll und in welchem Ausmaß sich die Politik der konservativen Gegenreform im Rahmen der bürgerlich-parlamentarischen Legalität bewegen darf und kann. Die Weltwirtschaftskrise nach 1929 hat in diesem Sinne eine wesentliche »Filter«-Funktion für die Verschiebung im System der politischen Klassenbeziehungen ausgeübt.

Für die DGB-Gewerkschaften in der BRD begann schon 1975, als die offizielle Zahl der Arbeitslosen zum erstenmal die Millionen-Grenze überschritt, eine neue Phase ihrer politischen Entwicklung, die sich bis zur »Wende« von 1982/83 in zwei Etappen vollzog. Die erste dauerte etwa bis zum Anfang des Jahres 1979, also bis zum Abschluß des sog. »Stahlarbeiterstreiks« im Bezirk Essen der IGM. Hier wurde zum ersten Mal das Mittel des Arbeitskampfes angewandt, um eine Verkürzung der Wochenarbeitszeit (Ziel: 35-Stunden-Woche) und damit zugleich eine Sicherung von Arbeitsplätzen in der Stahlindustrie durchzusetzen. Die Streikstatistik weist für die Jahre 1976 bis 1979 (mit Ausnahme des Jahres 1977) eine Konzentration der Streikpraxis nach. Vor allem das Jahr 1978 bildete einen Höhepunkt in den sozialen Kämpfen zwischen Kapital und Arbeit. Offensichtlich nutzten die Gewerkschaften in dieser Etappe ihre gewachsene Organisationsmacht, die sie in der ersten Hälfte der 70er Jahre gewonnen hatten, aber auch das neu entwickelte Selbstbewußtsein in der Arbeiterklasse, das auch ein Ergebnis der Kampferfahrungen und der gewerkschaftspolitischen Lernprozesse der frühen 70er Jahre war, um angesichts der Verdichtung der Krisenprozesse auch durch gewerkschaftliche Kämpfe die Einkommenspositionen der Lohnabhängigen zu verteidigen (so z.B. im Druckerstreik von 1976).

Auf der anderen Seite wird jedoch der Inhalt der gewerkschaftlichen Kämpfe mehr und mehr durch die Erfahrung der konjunkturellen und strukturellen Krisenprozesse bestimmt. Die Forderung nach der »Wiederherstellung der Vollbeschäftigung« und nach staatlichen Beschäftigungsprogrammen (Vorschläge des DGB vom Juli 1977) rückt dabei ebenso ins Zentrum der gewerkschaftlichen Diskussion, wie die Konzeption, die »autonome Kraft« der Gewerkschaften (angesichts der ablehnenden Haltung der Bundesregierung gegenüber den wirtschaftspolitischen Forderungen des DGB) auf dem Gebiet der Tarifpolitik einzusetzen. Es ist symptomatisch, daß die großen tarifpolitischen Auseinandersetzungen dieser Etappe (vor allem 1978/79) nicht auf der Ebene der jährlichen Lohnrunden stattfanden, sondern mit dem Abschluß von Lohnrahmen- bzw. Manteltarifverträgen verbunden waren, in denen nicht die Lohnhöhe, sondern die Arbeitsbedingungen, die Arbeitszeit, Urlaubs- und Pausenregelungen, Grundsätze der Entlohnung und Eingruppierungsfragen Gegenstand der Verträge sind, die ihrerseits eine längere Laufzeit haben.

Trotz der Teilerfolge, die dabei erzielt wurden, aber auch unter dem Einfluß der Enttäuschung und der Proteste, die durch den erfolglosen Abbruch des Stahlarbeiterstreiks (erfolglos in bezug auf die zentrale Forderung »Einstieg in die 35-Stunden-Woche) hervorgerufen wurden, verbreitete sich bei Betriebsräten und Vertrauensleuten, bei Mitgliedern und Funktionären der Gewerkschaften mehr und mehr die Einsicht, daß die Gewerkschaften unter dem Druck der Krise und der politischen Machtkonstellation an die Grenze ihrer Durchsetzungsfähigkeit geraten waren. Diese Erfahrungen wurden in den nachfolgenden Jahren bis 1982/83 durch sektorale Strukturkrisen (Beispiel: Stahl- und Werftindustrie), durch den Zusammenbruch von zahlreichen Unternehmen, durch Fusionen und die Krise von großen Unternehmen (Beispiel: AEG, Grundig) dramatisch verstärkt. Der deutliche Rückgang der Streikaktivität nach dem Januar 1979 ist ein Indikator für diese tiefgreifende und krisenhafte Verunsicherung, die die Gewerkschaftspolitik bis in die Gegenwart erfaßt hat.

Josef Esser hat in einer vielbeachteten Arbeit »Gewerkschaften in der Krise« (1982) die These zu begründen versucht, daß diese Krise als das Ergebnis eines – strategisch bewußten – Autonomieverzichtes der Gewerkschaften zu fassen ist. Er resümiert: »Die gesellschaftliche und politische Stabilität ist durch die Gewerkschaften nicht gefährdet. Die gemeinsame, aus den Weltmarktzwängen resultierende ökonomische Interessenlage schmiedet weltmarktorientiertes Kapital, Staatsapparat und Gewerkschaften zu einem ›korporativistischen‹ Block zusammen, der gemeinsam die ›Modernisierung der Volkswirtschaft‹ zur Sicherung der internationalen Konkurrenzfähigkeit vorantreibt und zugleich aus der Funktionslogik dieses Weltmarktes herausfallende soziale Gruppen auf Dauer ausgrenzt«. (S. 64)

Esser folgt nicht der Konzeption von Streeck, der den Korporativismus als eine zwangsläufige, politische Effektivierungsstrategie begreift, die aus der inneren Funktionslogik und den Stabilisierungsimperativen der staatlichen wie der gewerkschaftlichen Apparate abgeleitet wird. Er begreift die Ökonomie als kapitalistische Ökonomie, die durch die krisenhafte Gesetzmäßigkeit der Kapitalakkumulation beherrscht wird; er begreift die Gesellschaft als Klassengesellschaft, die durch den Antagonismus von Kapital und Arbeit strukturiert ist; er begreift den Staat als kapitalistischen Staat, der die Sicherung des Gesamtsystems der Klassenbeziehungen gewährleistet – und er begreift die Gewerkschaften als Klassenorganisationen, die »Träger des ökonomischen Klassenkampfes« sind. Indem Esser aber diesen Zugang zur Gesellschafts- und Politikanalyse mit Gramsci's Theorie des «integralen Staates« verknüpft, der nicht nur die Gewalt der Klassenherrschaft repräsentiert, sondern auch »ideologische Hegemonie«, geistig-moralische Führung und Konsensus »von unten« organisiert, gelangt er zu einem marxistischen Korporativismus- bzw. Blockbildungskonzept, in das sich zunächst seine Aussagen über die Gewerkschaftsintegration in die Politik des »Modell Deutschland« bruchlos einzufügen scheinen.

Gewerkschaften sind für Esser »intermediäre Organisationen zwischen Gesellschaft und Staat«, daher keine »verstaatlichten« privaten Organisationen (Hirsch). In ihrer Praxis und Ideologie vermitteln sich die Reproduktionsinteressen der Arbeitskraft, das Kapitalverwertungsinteresse und schließlich das Interesse des Staates an der Systemsicherung, die nicht nur »gesamtwirtschaftliche Rationalität«, sondern auch die »Massenintegration« als Neutralisierung des Antagonismus von Kapital und Lohnarbeit erfordert. Die Gewerkschaftspolitik wird, sofern sie die existierenden gesellschaftlichen Verhältnisse und die herrschenden Politik-Konzeptionen nicht in Frage stellt, zum Ort der Vermittlung eines gesellschaftlichen Klassenkompromisses, dessen konkrete Gestalt nach Esser in den 70er Jahren als jener »selektive Korporativismus« des »Modell Deutschland« sichtbar wird, der die – auf die Sicherung der Konkurrenzfähigkeit des BRD-Kapitals auf den Weltmarkt gerichtete – Modernisierungspolitik akzeptiert und dabei in Kauf nimmt, daß die soziale Last der Krisen- und Anpassungsprozesse vor allem auf die sog. »Problem-« bzw. »Randgruppen« der Arbeiterklasse (Frauen, unqualifizierte Arbeitskräfte, Ausländer, Behinderte, Jugendliche), die ohnehin in den Gewerkschaften unterrepräsentiert sind, abgewälzt wird.

Betrachtet man einige Daten, in denen sich die sozialökonomische Entwicklung seit dem Ende der 70er Jahre widerspiegelt, so fällt zuerst der wachsende Widerspruch zwischen den gewerkschaftlichen Forderungen und der tatsächlichen Entwicklung auf – und dieser Widerspruch signalisiert zugleich die Position der Schwäche und Defensive, in die die DGB-Gewerkschaften geraten sind. Ich beschränke mich dabei zunächst auf einige allgemeine und grundlegende Forderungen, in denen auch die wesentliche Aufgabenstellung der Gewerkschaften: die Sicherung und Verbesserung der Reproduktionsbedingungen der Arbeitskraft, enthalten sind, nämlich auf die Sicherung der Reallöhne der Beschäftigten und der öffentlichen Sozialleistungen.

Die Reallöhne sind zwischen 1980 und 1983 um 5,5 Prozent zurückgegangen (vgl. Tab. 1).

Solche allgemeinen Daten vermitteln freilich nur ein höchst unvollständiges Bild von den Wirkungen der Krise auf die Lebenserfahrungen der Betroffenen. Für die relativ privilegierten Gruppen der Lohnabhängigen mag dieser Einkommensverlust noch keine drastische Reduzierung ihres Lebensstandards zur Folge haben – und gerade bei diesen Gruppen kann auch die konservative Propaganda auf eine gewisse »Opferbereitschaft« zählen, sofern diese durch die Angst vor dem Verlust des eigenen Arbeitsplatzes erhöht und zugleich in eine aggressive Haltung gegenüber angeblichen »Sündenböcken«, die die soziale Leistungsfähigkeit des Staates strapazieren, kanalisiert werden kann.

Ein ganz anderes Bild zeigt sich jedoch bei den Unterschichten und Randgruppen der Arbeiterklasse, die am härtesten von den Krisenfolgen betroffen sind. Hier ist längst die Bewältigung der Armut – mit den bekannten Folgen der Kriminalität, des Alkoholismus, der Entwurzelung und Verwahrlosung, steigender Selbstmordraten u.a.m. – zur massenhaften Alltagserfahrung geworden. Das »Memorandum '82« charakterisiert diesen Zusammenhang folgendermaßen: »Arbeitslosigkeit,

Tabelle 1: Löhne und Gehälter

	1980	1981	1982	1983
Tariflohn und Gehaltsniveau[1]	+ 6,7	+ 5,6	+ 4,1	+ 3,3
Bruttolohn und -gehaltssumme	+ 8,4	+ 4,3	+ 1,9	+ 1,2
Nettolohn und -gehaltssumme	+ 6,5	+ 3,8	+ 0,7	+ 0,1
Je Beschäftigten	+ 5,0	+ 4,4	+ 2,8	+ 2,0
Reallöhne[2]	– 0,5	– 1,5	– 2,5	– 1,0
Arbeitsproduktivität[3]	+ 0,8	+ 0,7	+ 0,8	+ 2,7

1 Auf Monatsbasis.

2 Nettolohn und gehaltssumme je Beschäftigten, bereinigt um den Anstieg im Preisindex der Lebenshaltung für alle Haushalte.

3 Bruttoinlandsprodukte je Erwerbstätigen.

Quelle: Blätter für deutsche und internationale Politik, 1984.2, S. 227.

soziale Demontage und Reallohnabbau haben schon im vergangenen Jahrzehnt immer mehr Menschen gezwungen, auf das letzte soziale Netz, die Sozialhilfe zurückzugreifen. Seit Ende 1973 hat sich die Zahl der Sozialhilfeempfänger um fast 25 Prozent auf 2,14 Millionen erhöht, der Sozialhilfeaufwand ist seitdem auf das Doppelte gestiegen« (S. 52).

Die Zahl der Arbeitslosen, die in den Jahren des Wachstums (1977—1980) unter die Ein-Millionen-Grenze gefallen war, hat sich seit 1981 (1,2 Mio) auf über 2 Mio im Jahresdurchschnitt 1983 erhöht. Da die Gewerkschaften auch immer den Anspruch formulieren, durch ihre Lohnpolitik (Nachfragesicherung), durch die betriebliche Interessenvertretung der Betriebsräte (Ausnutzung der Möglichkeiten des BtrVG, um Entlassungen zu verhindern oder möglichst gering zu halten) und schließlich auch durch ihren Druck auf die staatliche Wirtschafts- und Finanzpolitik (Forderung nach einem »Beschäftigungsprogramm«) Arbeitsplätze erhalten zu wollen, erhellen diese Daten auf drastische Weise die mangelnde Durchsetzungsfähigkeit der Gewerkschaftspolitik.

Auch bei der Analyse der sozialstatistischen Daten über die Arbeitslosigkeit bestätigt sich bei einer Differenzierung der Arbeitslosenquoten nach besonderen Beschäftigtengruppen (vgl. Tab. 2) die These, daß die sog. »Problemgruppen des Arbeitsmarktes« einer besonderen sozialen Diskriminierung und Verminderung ihrer Lebens- und Entwicklungschancen unterworfen sind.

Im Jahresgutachten 1982/83 des »Sachverständigenrates« wird ebenfalls auf die höchst ungleichmäßige Verteilung des Beschäftigungs-Risikos aufmerksam gemacht: »Hohe Arbeitslosigkeit wird umsomehr zu einem sozialen Problem, je stärker sie auf einzelne Personengruppen

Tabelle 2: Arbeitslosenquoten einzelner Beschäftigtengruppen 1975–1981

Jahr	alle	Frauen	20–25 Jahre	55–60 Jahre	o. abgeschl. Ausbildung	Teilzeit	Ausländer
1975	4,4	5,5	6,5	4,2	5,3	9,8	5,8
1976	3,9	5,4	6,0	5,2	4,6	10,2	3,8
1977	4,0	5,7	6,2	5,6	4,9	11,1	4,3
1978	3,8	5,5	5,8	5,6	5,1	10,9	4,6
1979	3,2	4,8	4,5	5,7	4,5	9,9	3,9
1980	3,5	5,1	5,1	5,5	5,4	10,3	4,8
1981	5,4	7,1	8,5	6,6		13,4	8,5

Quelle: Memorandum '82, S. 40.

konzentriert ist. Das Risiko, seinen Arbeitsplatz zu verlieren, wie auch das Risiko, längere Zeit arbeitslos zu bleiben, ist erfahrungsgemäß unterschiedlich verteilt. Wie die Untersuchung der Bundesanstalt für Arbeit vom Mai dieses Jahres (1982) zeigt, hat im Zuge des verschärften Beschäftigungsproblems das Risiko des Arbeitsplatzverlustes allgemein zugenommen, und nicht nur bei den sog. Problemgruppen, also etwa bei ungelernten, älteren Arbeitnehmern oder Arbeitnehmern, die aus gesundheitlichen Gründen keine volle Arbeitsleistung erbringen können; deren Chancen der Wiedereingliederung haben sich allerdings überdurchschnittlich verschlechtert. Schon bei gleichbleibendem Umfang der Arbeitslosigkeit haben es Arbeitskräfte, die zu den Problemgruppen zählen, schwer, einen neuen Arbeitsplatz zu finden; bei steigender Arbeitslosigkeit wie 1982 gilt dies umsomehr« (S. 54/55).

Allerdings stellt der Sachverständigenrat für 1982 auch eine überdurchschnittliche Zunahme der Arbeitslosigkeit bei den Bauberufen und in einer Reihe von Metall- und Elektroberufen, sowie bei den Organisations-, Verwaltungs- und Büroberufen fest (ebd., S. 56/57). Darin deutet sich jene reale bzw. befürchtete »relative Depravation« bei den »Stammarbeitern« an, die noch während der Krise 1975/76 ihre eigene ökonomische und soziale Lage als relativ sicher erlebten, die aber 1982/83 die Möglichkeit des individuellen Arbeitsplatzverlustes sehr viel pessimistischer bewerten und auch mit einer Verschlechterung der eigenen wirtschaftlichen Situation rechnen. Daß dieser »Erwartungsumschlag« bei den »Stammarbeitern« bei den Bundestagswahlen der CDU/CSU zugute gekommen ist, wurde bereits erwähnt (vgl. GeMo, 1983. 7, S. 425/426).

Auch auf dem Felde der staatlichen Sozialpolitik ist es den DGB-Gewerkschaften – trotz der Demonstrationswellen vom Herbst 1981 und 1982 – nicht gelungen, jene »Tendenzwende« zu verhindern, die nach Auffassung des »Memorandum '82« mit den ersten tiefen Einschnitten in Kernbereiche der Sozialpolitik signalisiert wurde: »Diese Wende, von konservativer Seite seit langem gefordert und vorbereitet, zielt auf eine grundsätzliche Infragestellung der in langen Auseinandersetzungen erkämpften sozialpolitischen Fortschritte und Leistungen. Zugunsten einer Stärkung der Marktkräfte, der privaten Unternehmen und ihrer Gewinn- und Herrschaftsinteressen wird das erreichte Maß an Sozialstaatlichkeit systematisch zurückgeschnitten. Auf die Jahre der sozialpolitischen Expansion (bis 1974) und der sozialpolitischen Stagnation (bis 1981) droht eine Phase der Sozialdemontage zu folgen, deren verheerende ökonomische, soziale und politische Konsequenzen schon jetzt abzusehen sind« (S. 315). Diese Warnung ist inzwischen längst von der Wirklichkeit eingeholt; denn die neue konservative Regierung hat in ihrer kurzen Amtszeit schon weitere Schnitte in das Sozialbudget vorgenommen.

Diese negative Bilanz der gewerkschaftlichen Interessenvertretung müßte bei einer ausführlichen historischen Analyse noch ergänzt werden um eine kritische Würdigung der gewerkschaftlichen Anstrengungen auf dem Felde gesellschaftspolitischer Reformen. Der DGB hat im März 1981 ein neues Grundsatzprogramm verabschiedet (vgl. Arndt u.a., 1981). Ich will hier nicht die Frage diskutieren, welchen Stellenwert solche Grundsatzprogramme – vor allem ihre Entstehungsgeschichte in der Organisation – für das Selbstverständnis der Gewerkschaften und namentlich für ihre Praxis haben. Allerdings gibt ein Programm immer Aufschluß darüber, welche Vorstellungen die Mehrheit der gewerkschaftlichen Führungsgruppen (die freilich auch dem Bewußtseinsstand der Mehrheit der Mitglieder entsprechen dürften) über die Rolle und die Aufgaben der Gewerkschaften in der Gesellschaft, über Wege und Ziele der Gewerkschaftspolitik haben. Dabei entspricht es dem Zweck eines Grundsatzprogramms, eher die grundsätzlichen gesellschaftspolitischen Forderungen als die je konkreten tarifpolitischen Aktivitäten zu akzentuieren. »Bei nüchterner Betrachtung erweist sich das neue Grundsatzprogramm auch als ein Katalog gewerkschaftspolitischer Defizite«. (Deppe, in: Ebd., S. 45) Der ganze Katalog von Forderungen – von den Arbeitnehmerrechten, der Humanisierung der Arbeit, der Mitbestimmung, über die Wirtschaftspolitik (Vollbeschäftigung, Rahmenplanung, Investitionslenkung) und die Sozialpolitik bis hin zum Umweltschutz, zur Bildungs-, Medien- und Kulturpolitik – markiert zunächst die fundamentale Differenz zwischen den Zielen der Gewerkschaftspolitik und der Regierungspolitik der sozial-liberalen Koalition seit dem »Reformknick« von 1973/74 – eine Differenz, die sich natürlich nach der »Wende« vertiefen wird.

Seit der Mitte der 70er Jahre sind keine Reformgesetze mehr durchgesetzt worden, die auch nur partiell den gewerkschaftlichen Grundforderungen entsprechen. Das »Mitbestimmungsgesetz« (1976) stieß auf die entschiedene verbale Ablehnung der Gewerkschaften, und das Urteil des Bundesverfassungsgerichtes (1979) zu diesem Gesetz hat die Möglichkeiten für eine »echte Parität« zusätzlich eingeengt. Im Bereich der Bildungs- und Wissenschaftspolitik hat die massive Gegenreform schon lange vor der »Wende« gewerkschaftlichen Reformpositionen politisch den Boden entzogen und die aktiven Gewerkschafter der GEW an den Schulen und Hochschulen oftmals in die totale Resignation getrieben. Überhaupt hat seit dem Beginn der Wirtschaftskrise und der Krise der sozialliberalen Reformpolitik die Rechtsprechung nicht nur des Bundesverfassungsgerichtes, sondern auch des Bundesarbeitsgerichtes – trotz einiger Zugeständnisse an gewerkschaftliche Forderungen – massiv die Tendenz zur Einschränkung der gewerkschaftspolitischen Handlungsspielräume flankiert und unterstützt. Auch hier fällt es den Gewerkschaften schwer, wirkungsvolle Gegenstrategien zu entwickeln (z.B. in der Frage der Aussperrung, aber auch im Bereich der rechtlichen Interpretation des Betriebsverfassungsgesetzes, die angesichts der Entlassungen und Betriebsstillegungen, aber auch angesichts der neuen Probleme, mit denen Betriebsräte und Gewerkschaften durch »neue Techniken« und arbeitsorganisatorische Rationalisierungsprozesse konfrontiert werden, einen besonderen Stellenwert gewonnen hat). Es kann nicht überraschen, daß mit der »Wende« von Seiten der Unternehmer eine neue Offensive eingeleitet wurde, die vor allem in den Betrieben den Abbau von materiellen und sozialen Leistungen, eine größere Flexibilität in der Regelung der Arbeitszeit durch Leiharbeit, Mehrarbeit, Jagd auf Kranke u.a.m., Arbeitsplatzvernichtung und schließlich einen konzentrierten Angriff auf die Betriebsverfassung und die Rechte der Betriebsräte zum Inhalt hat (vgl. IGM: Unternehmerverhalten in der Krise und gewerkschaftliche Gegenwehr, 1983).

Kehren wir zur zentralen These von Esser zurück, der die »Krise der Gewerkschaften« als das Ergebnis einer »strategisch bewußten« Entscheidung für die korporatistische Blockbildung von Unternehmern, Gewerkschaften und Staat bezeichnet. Die Bilanz der gewerkschaftlichen Mißerfolge bzw. Niederlagen seit 1979 scheint vordergründig mit Essers Behauptung vom »Autonomieverlust« sowie von der bereits vollzogenen Reduktion der gewerkschaftlichen Interessenorganisation auf »bestimmte Klassenfraktionen der Lohnabhängigen« (S. 267) übereinzustimmen. Zugleich läßt diese Bilanz aber berechtigte Zweifel an den Thesen von Esser aufkommen. Wenn die Politik des »Modell Deutschland« als ein »Block« der Zusammenarbeit divergierender sozialer und politischer Klasseninteressen bestimmt ist, als ein »gesellschaftlicher Klassenkompromiß«, so fragt man sich natürlich, worin eigentlich noch der Ertrag bzw. Vorteil dieses Kompromisses für die Gewerkschaften und die Lohnabhängigen bestehen soll. Daß die –gewerkschaftlich hoch organisierten – Gruppen der Fach- und »Stammarbeiter« von dieser weltmarktorientierten Modernisierungsstrategie profitieren (durch die Stabilität ihres Arbeitsplatzes und die Sicherung ihres relativ privilegierten Lebensstandards), kann allenfalls für die erste Phase des Krisenzyklus der 70er und 80er Jahre gelten. Inzwischen hat sich jedoch weitgehend die Erkenntnis durchgesetzt, daß in der Folge von Strukturkrisen in einzelnen Branchen und der Anwendung neuer Technologien ein massiver Abbau von Arbeitsplätzen erfolgt, der auch die Fach- und Stammarbeiter erfaßt (vgl. »IG Metall untersucht negative Folgen der Rationalisierung« in: Nachrichten, 1983. 8, S. 13 ff.). Im übrigen wäre zu fragen, was das Erklärungsmodell »Deutschland« noch taugt, um die wirtschafts- und gesellschaftspolitische Entwicklung seit 1979 – vor allem aber seit der »Wende« vom September 1982 – angemessen zu beschreiben und, was noch wichtiger ist, daraus richtige gewerkschaftspolitische Schlußfolgerungen zu ziehen. Gewiß, die Modernisierung der Kapitalstrukturen mit dem Ziel der Sicherung von außenwirtschaftlichen Positionen – also: Primat des Weltmarktes gegenüber dem Binnenmarkt – ist nach wie vor Leitlinie der – durch die Regierungspolitik geförderten – Kapitalstrategien. Auf der anderen Seite ist die zweite Dimension des »Modell Deutschland«, der korporativistisch gestützte sozial-ökonomische und sozialpolitische Kompromiß zwischen Kapital und Arbeit, längst einer offenen Konfrontations- und Disziplinierungsstrategie von Kapitalverbänden und Staat gegenüber den Gewerkschaften gewichen.

Essers Korporativismus-These ist daher mit Recht vorgehalten worden, daß sie die der »Klassenkollaboration« zugrundeliegenden gesellschaftlichen Machtverhältnisse ungenügend zur Kenntnis nimmt oder auch falsch bewertet. »Gegen diese These ist einzuwenden«, schreibt O. Jacobi, »daß mit ihr weniger eine neue Form korporativistischer Zusammenarbeit als vielmehr die Krise einer Gewerkschaftsbewegung beschrieben wird, die angesichts eigener Schwäche und politischer Alternativlosigkeit das kleinere Übel der Anpassung an den Modernisierungsprozeß wählt und versucht, ihm die soziale Schärfe zu nehmen« (G. Brandt u.a., 1982, S. 253). Am »Modernisierungskartell« sind keine gleich starken Partner beteiligt. In welchem Maße auch immer sozialpartnerschaftlich orientierte Gewerkschaften den Kooperationsverbund mit Kapital und Staat suchen, die Realisierung eines korporativistischen Steuerungssystems scheitert an der »Interessenlage des Kapitals«, das einerseits kooperative Gewerkschaften schätzt und fördert, das jedoch andererseits weiß, »daß eine auf Dauer gestellte korporatistische Austauschlogik das gesellschaftliche Kräfteverhältnis ändern würde« (ebd.). Jacobi sieht im Verlauf der 70er Jahre die Schaffung einer sozialökonomischen Lage, »in der nicht nur dem Kapital Sanktionsmittel zugewachsen sind, sondern auch der Staat in die Lage versetzt wurde, seine gegenüber den Gewerkschaften zunächst noch vorherrschende Kooperationsstrategie um Disziplinierungsstrategien zu erweitern«. (S. 254) Für den Beginn der 80er Jahre konstatiert Jacobi schließlich eine

Konstellation, in der zwar die kooperativen Strategien längst nicht vollständig durch disziplinierende Strategien gegenüber den Gewerkschaften abgelöst wurden, in der sich aber unverkennbar die disziplinierenden Strategien in den Vordergrund geschoben haben.

Esser formuliert als Anspruch, daß er die *konkrete* gewerkschaftliche Politik analysieren will. Deren Wahrheit liege nicht in Resolutionen und Reden, sondern in der Tarifpolitik, im konkreten Verhalten bei aktuellen Problemlagen sowie der Akzeptanz/Nichtakzeptanz der bei den Problemlösungen erzielten Resultate (S. 111). Gegen dieses Verfahren einer »empirischen Gewerkschaftsanalyse« ist auf den ersten Blick nichts einzuwenden. Es fragt sich aber, ob die von Esser ausgewerteten statistischen Daten wie die sozialwissenschaftlich-empirischen Untersuchungen zur Tarifpolitik, zu Betriebsstillegungen und zum Arbeiterbewußtsein tatsächlich ausreichen, um die Wirklichkeit angemessen zu beschreiben.

Greifen wir z.B. das Jahr der »Wende« 1982 heraus und versuchen, in einigen – gewiß groben – Zügen die gesellschafts- und gewerkschaftspolitische Entwicklung zu skizzieren. Das wirtschaftliche Wachstum verminderte sich in diesem Jahr um real 1,2 Prozent, die Industrieproduktion ging sogar um 3 Prozent zurück. Das Volumen des Welthandels reduzierte sich um 1 Prozent und ließ den Zuwachs der Exporte der BRD von 8,5 Prozent (1981) auf 2,7 Prozent absinken. Krisenverstärkend wirkte sich auf jeden Fall der Rückgang des privaten Verbrauchs (minus 2,2 Prozent) aus, der sowohl durch die weiter abgebauten Reallöhne (minus 2,3 Prozent) sowie durch das sprunghafte Ansteigen der Arbeitslosigkeit (von ca. 1,3 Mio. – 1981 auf 1,8 Mio.) verursacht wurde (vgl. Nachrichten 1983. 2, S. 11). Dabei darf nicht übersehen werden, daß der offizielle statistische Durchschnittswert der Arbeitslosigkeit nicht nur den tatsächlich höheren Umfang der Arbeitslosigkeit verschleiert, sondern daß durch diese Zahl die tatsächliche Betroffenheit kaum erfaßt werden kann. »Im Jahr 1982 beliefen sich die Zugänge bei den Arbeitslosen auf annähernd 4 Mio., d.h. jeder sechste Beschäftigte wurde im Jahre 1982 arbeitslos. Die Arbeitsämter konnten weniger als eineinhalb Millionen in neue Beschäftigungen vermitteln, davon etwa 600000 nur in vorübergehende Arbeitsverhältnisse. Die Relation von fast 4 Mio. neuen Arbeitslosen zu weniger als 1 Mio. Dauerbeschäftigungen macht deutlich, wie gering die Chancen der Weiterbeschäftigung 1982 waren – neben der absoluten Höhe der Arbeitslosigkeit ein zentrales Kriterium der Betroffenheit« (Dybowski u.a., 1983, S. 18).

Das Jahr 1982 war aber nicht nur das Jahr der schwersten ökonomischen Krise seit der Gründung der Bundesrepublik. Die innere Entwicklung stand auch im Zeichen einer Zuspitzung der weltpolitischen Interessengegensätze und Konfrontationslinien, die in Afghanistan, im Libanon und in Mittelamerika mit dem Mittel der direkten militärischen Gewalt ausgetragen wurden. Der britische Imperialismus demonstrierte brutal seine Macht im »Falkland-Krieg« und zwischen dem Iran und dem Irak begann ein langer und zäher Krieg – im Zentrum der Golf-Region, die die USA schon unter der Regierung Carter zu einer »Sicherheitszone« erklärt hatten, für die sie »Eingreiftruppen« bereitstellten und ausbildeten. In El Salvador führt ein von den USA gestütztes Militärregime einen blutigen Vernichtungskrieg gegen die Bevölkerung und die Befreiungsbewegung der FLMN; die US-Regierung verstärkt den Druck auf das befreite Nikaragua. Nach wie vor beherrschte die Polen-Krise die Szene dieses Jahres. Nachdem im Dezember 1981 der Ausnahmezustand erklärt worden war, erreichte die Welle der Polen-Solidarität im Westen ihren Höhepunkt, obwohl reaktionäre Strategen dieser Kampagnen innerhalb und außerhalb Polens ihr Ziel verfehlten, durch eine Zuspitzung der polnischen Krise – evtl. auch durch einen militärischen Eingriff der Warschauer-Pakt-Staaten – im Westen günstigere Bedingungen für die Aufrüstungs- und Konfrontationspolitik zu schaffen. Alle diese Konfliktfelder wurden schließlich »überdeterminiert« durch die politische Generallinie der seit Anfang 1981 amtierenden Reagan-Administration in den USA. Diese wollte die Polen-Krise nicht nur zu einem »Wirtschaftskrieg« vor allem gegen die Sowjetunion nutzen, der bald – auch am Widerspruch der westeuropäischen Regierungen – »zusammenbrach«, sondern forcierte ihr gigantisches Aufrüstungsprogramm und versäumte keine Gelegenheit, die antikommunistische Kreuzzugs-Mentalität des Kalten Krieges wiederaufleben zu lassen und zugleich die Raketenstationierung in Europa gegen den wachsenden Widerstand der Friedensbewegung in Europa und in den USA zu rechtfertigen und schließlich »termingerecht« Ende 1983 durchzusetzen.

Daß die wirtschaftlichen Krisenprozesse sowie die wachsende Spannung und Konfrontation auf dem Felde der internationalen Politik als allgemeine Rahmenbedingungen auch die gewerkschaftliche Diskussion und Politik bestimmen, wurde schon zu Beginn des Jahres 1982 durch die beiden zentralen Themen der DGB-Politik unterstrichen: Kampf gegen die Massenarbeitslosigkeit/Beschäftigungsprogramm und Frieden, Abrüstung und Entspannung. Schon im März 1981 hatte der DGB (neben der SPD-Bundestagsfraktion und einem »Sofortprogramm zur Bekämpfung der Arbeitslosigkeit«, das die »Memo-Gruppe« vorgelegt hatte) ein »Investitionsprogramm zur Sicherung der Beschäftigung durch qualitatives Wachstum« veröffentlicht, das für 5 Jahre mit 50 Milliarden DM ausgestattet werden sollte; im Juli 1981 konkretisierte der DGB gegenüber dem Bundeskanzler sein Spar- und Beschäftigungskonzept (vor allem: Einführung einer »Ergänzungsabgabe« für höhere Einkommen) (vgl. dazu Pfeiffer/Muhr, in: GeMo, 1981. 10, S. 574 ff., bes. S. 577 ff.; Höhnen, in: WSI-Mitteilungen, 1982. 10, S. 597 ff.). Zu Beginn des Jahres 1982 beherrschte die Debatte über ein »Beschäftigungsprogramm« der Bundesregierung die Innenpolitik. Dieses Programm – unter dem Titel »Gemeinschaftsinitiative für Arbeitsplätze, Wachstum und Stabilität« – wurde im Februar 1982 von der Bundesregierung verabschiedet. Der wichtigste Hebel für die »Ankurbelung des Wachstums« sollte – wie schon bei den beschäftigungspolitischen Maßnahmen der Jahre 1974/75 – eine zeitliche begrenzte Investitionszulage sein. Im Inhalt und politischen Schicksal dieses Programms kristallisierten sich bereits alle Widersprüche, die dann den Regierungswechsel vom Herbst 1982 herbeiführten. Obwohl die »Gemeinschaftsinitiative« schon ganz auf der beschäftigungspolitischen Rückzugslinie lag, die der vom Sachverständigenrat empfohlene »Konsolidierungskurs« (Abkehr von der staatlichen Beschäftigungspolitik) vorgegeben hatte (Zinn, GeMo 1981. 10, S. 601 ff.), sorgte nun der Druck der FDP in der Regierung und schließlich der Druck der CDU/CSU – über die konservative Mehrheit im Bundesrat – dafür, daß die Erwartungen der DGB-Gewerkschaften enttäuscht wurden: ». . . . Das Programm (ist) hinsichtlich der Förderung von öffentlichen Investitionen insgesamt zu gering dimensioniert, um wirksam die Arbeitslosigkeit abbauen zu können. Es ist obendrein zu einseitig auf Wirtschaft und Eigentümer zugeschnitten«. (Tofaute, in: WSI-Mitteilungen, 1982. 5, S. 273 ff., hier S. 281).

Auf dem Felde der Friedenspolitik hatte der DGB mit seinem eigenen »Friedensaufruf«, der zum Anti-Kriegstag am 1. 9. 1981 für eine Unterschriftenaktion in die Organisation gegeben wurde, zunächst den Versuch unternommen, die Gewerkschaften von der Friedensbewegung und vor allem vom »Krefelder Appell« abzugrenzen. Auch das für die Gewerkschaftsjugend erlassene Verbot, sich an der Friedensdemonstration der 300000 in Bonn (10. 10. 1981) offiziell zu beteiligen, lag noch ganz auf dieser Linie. Im Verlaufe des Jahres 1982 zeichnete sich jedoch immer deutlicher ein Scheitern dieser Abgrenzungsstrategie ab. Zu Beginn des Jahres faßten zahlreiche DGB-Landesbezirkskonferenzen-Beschlüsse, die sich klar gegen den NATO-»Nachrüstungsbeschluß« richteten und z.T. dazu aufforderten, die bevorstehenden Aktionen der Friedensbewegung zu unterstützen. Viele Gewerkschafter nahmen an den »Ostermärschen«, die erstmals 1982 wieder stattfanden, sowie an der großen Bonner Friedensdemonstration aus Anlaß des Reagan-Besuches in Bonn (Juni 1982) teil. Zugleich waren die gewerkschaftlichen Veranstaltungen zum Anti-Kriegstag am 1. 9. 1982 geprägt durch den weiteren Abbau von Schranken und wechselseitigen Vorbehalten zwischen Gewerkschafts- und Friedensbewegung. Symptomatisch für dieses gewandelte Verhältnis war schließlich die Frauenkonferenz der IG Metall (September 1982); denn die Frauen verabschiedeten – trotz energischer Interventionen des Vorsitzenden und seines Stellvertreters – eine Friedensresolution, in der auch der »Krefelder Appell« und die Ostermarsch-Bewegung positiv erwähnt wurden (vgl. Nachrichten, 1982. 10, S. 18 und S. 24).

Zu erwähnen bleibt noch der dritte Bereich, in dem die Gewerkschaften Anstrengungen unternahmen, um die Abwälzung der Krisenlasten auf die Lohnabhängigen und sozial Schwachen (Arbeitslose und Sozialempfänger, Rentner, Kranke und Behinderte, Studenten) zu verhindern. Nachdem schon die »Haushaltsoperation '82« den Protest der 70000 in Stuttgart (7. 10. 1981) hervorgerufen hatte, rief der DGB – noch vor dem Regierungssturz – angesichts der weiteren drastischen Beschränkungen des Sozialhaushaltes im Rahmen der »Operation '83« zu landesweiten Protestkundgebungen auf, an denen sich im Oktober und November 1982 ca. 600000 Menschen beteiligten. Zuvor hatte eine neue »Zumutbarkeitsanordnung« für Arbeitslose eine gewerkschaftliche Protestdemonstration in Nürnberg ausgelöst. Gleichzeitig kam es 1982 zu ersten Formen der Koordination der verschiedenen Arbeitslosen-Initiativen (Kongreß in Frankfurt vom Dezember 1982). Die DGB-Gewerkschaften haben große Schwierigkeiten, ein geradezu strukturelles Dilemma gewerkschaftlicher Politik (das etwa in der Weltwirtschaftskrise nach 1929 verhängnisvolle Wirkungen zeitigte) gegenüber den Arbeitslosen zu bewältigen – nämlich die Arbeitslosen nicht nur in den allgemeinen Vertretungsrahmen, der durch die wirtschafts- und gesellschaftspolitischen Forderungen zur Beseitigung der Massenarbeitslosigkeit abgesteckt wird, einzubeziehen (und dadurch deren Passivität zu verstärken), sondern in der gewerkschaftlichen Praxis selbst Organisations- und Aktionsformen zuzulassen, die die Arbeitslosen aktiv – z.T. auch autonom – in den gewerkschaftlichen Kampf einbeziehen. Dazu kommen oft noch Vorurteile eines Teils der Mitglieder und Funktionäre gegenüber den Rand- und Unterschichten der Arbeiterklasse – und auf der anderen Seite Widerstände von seiten der Arbeitslosen selbst, die selbst schon Vorurteile gegen die »Organisationen der Noch-Arbeitsplatzbesitzer« haben oder schlicht subjektive

Barrieren aufbauen, um nicht aus der individuellen Anonymität eines deklassierten Sozialstatus heraustreten zu müssen. Immerhin haben die verschiedenen Arbeitslosen-Initiativen bewirkt, daß nunmehr auch in einigen DGB-Kreisen diesen Problemen eine größere Aufmerksamkeit zuteil wird, obwohl gerade auf diesem Gebiet noch erhebliche Defizite abzuarbeiten sind.

Dieser knappe Überblick, der zunächst die gewerkschaftlichen Positionen und Initiativen auf dem Felde der Sozial-, Wirtschafts- und Friedenspolitik zum Gegenstand hatte, bestätigt keinesfalls die Behauptung, die Gewerkschaften verfolgten bewußt einen korporativistischen Steuerungsverbund zwischen Kapital, Staat und Gewerkschaften und seien – gleichsam als Gegenleistung – dazu bereit, die Grundorientierung der Wirtschafts- und Gesellschaftspolitik passiv hinzunehmen. Man mag beklagen und kritisieren, daß die Gewerkschaften – im Blick auf die Rettung der sozialliberalen Koalition – immer wieder Zurückhaltung bei der Umsetzung ihrer alternativen Programmatik in die Praxis eines gewerkschaftlichen Massenwiderstandes geübt haben. Aber schon diese Kritik trifft angesichts der tatsächlichen Protestbewegungen nur einen Teil der Gewerkschaften. Soll die politische Entwicklung dieses Jahres überhaupt in der Begrifflichkeit der Korporativismus-Theorie interpretiert werden, so liegt es nahe, vor allem in der Beziehung zwischen der Regierungspartei SPD und den DGB-Gewerkschaften vom Beginn eines Bruchs im korporativistischen Konsensus zu sprechen. Daß dieser Bruch auch die politische Bindungsfähigkeit der SPD gegenüber den gewerkschaftlich organisierten Lohnabhängigen untergraben hat, wurde bereits erwähnt; außerdem hatte dieser Prozeß wesentlichen Einfluß auf die strategische Grundentscheidung der herrschenden Klasse, möglichst bald einen Regierungswechsel zugunsten des konservativen Blocks herbeizuführen.

Die gewerkschaftliche Tarifpolitik des Jahres 1982 stand voll und ganz im Zeichen der Krisenprozesse und des konzentrierten Angriffs von Staat und Kapital auf die Arbeits- und Lebensbedingungen der Lohnabhängigen sowie auf die Macht der Gewerkschaften. Es zeigte sich, »daß die 80er Jahre für die Gewerkschaften und ihre Tarifpolitik die schwierigste Phase werden, die sie seit Bestehen der Bundesrepublik durchzumachen hatten« (H. Janßen, WSI-Mitteilungen, 1982. 9, S. 529). Die Lohnforderungen lagen bei 7 bis 8 Prozent und zielten auf die Reallohnsicherung. »Die Unternehmerverbände machten deutlich, daß sie einen Inflationsausgleich durch Tariferhöhungen nicht zulassen würden. Anders als im vergangenen Jahr, in dem sie Niedrigst-Abschlüsse propagierten mit dem Argument, daß dadurch nicht nur die

Arbeitslosigkeit reduziert, sondern auch die Inflation eingedämmt würde, und somit auch bei zwei bis drei v. H. Abschlüssen die Realeinkommen gehalten werden könnten, forderten sie für die diesjährige Tarifrunde offen den Reallohnverzicht zugunsten höherer Gewinne. Dementsprechend legten sie in den Verhandlungen meist sehr spät und dann nur sehr niedrige Angebote vor, propagierten sogenannte Null-Monate oder gar den Verzicht auf jegliche Tariferhöhung«. (Ingrid Kurz-Scherf u.a., in: WSI-Mitteilungen, 1982. 9, S. 519).

Die Ergebnisse lagen nach dem »Pilot-Abschluß« der IGM im gewerblichen Bereich bei ca. 4,2 Prozent (vgl. die Übersicht in: IMSF, Informationen, 1982. 2, S. 9). Im öffentlichen Dienst wurde eine Lohn- und Gehaltserhöhung vereinbart, die jahresdurchschnittlich nur 3,0 bis 3,1 Prozent betrug. Die »Sonderopfer« des öffentlichen Dienstes, die die Regierung schon seit 1981 eingeholt hatte, wurden also durch diese Einkommensminderungen gegenüber dem gewerblichen Bereich weiter erhöht. Obwohl IGM, IG Drupa und die Gewerkschaft ÖTV zu Warn- und Proteststreiks mobilisierten, erreichte der Druck dieser Bewegungen längst nicht die Intensität des Vorjahres (vgl. Tab. 3).

Die Unternehmer und die Regierung hatten also ihr Ziel erreicht. Sie hatten die Tarifpolitik als ein Kampffeld definiert, auf dem sie den absoluten Vorrang der Profite gegenüber der Reallohnsicherung verteidigten – und sie waren sich schon der Tatsache bewußt, daß die Angst vor dem weiteren Ansteigen der Arbeitslosigkeit sowie die Orientierung der Regierungspolitik ihren Machtinteressen entgegenkam. Daß sich diese harte Klassenpolitik auch auf andere Bereiche der Tarifpolitik erstreckt,

Tabelle 3: Offizielle Zahlen und tatsächliche Mindestzahlen der an Streiks und Aussperrungen Beteiligten 1975 bis 1982 in 1000

Jahr	Offizielle Zahlen	Mindestzahlen	v. H.
1975	36	55	64,5
1976	169	589	28,7
1977	34	226	15,0
1978	488	1126	43,3
1979	77	174	44,3
1980	45	632*	7,1
1981	253	3076	8,2
1982	40	477	8,4

* einschließlich Textil-Warnstreik
Quelle: IMSF, Informationen zur Wirtschaftsentwicklung und Lage der Arbeiterklasse, 1983.3, in: Nachrichten, 1983.9, S. 11.

wurde außerdem deutlich, als die IGM in Baden-Württemberg den Entwurf eines Lohnrahmentarifvertrages vorlegte (April 1982), mit dem nicht nur auf die negativen Folgen der Rationalisierung und des technologischen Wandels reagiert wird, sondern der darüber hinaus – so R. Bispinck – den großen Vorzug hat, »die zentralen betrieblichen Probleme der Gesundheitsgefährdung, des Qualifikationsabbaus und der drohenden Verschlechterung des Lohn-Leistungsverhältnisses auf tarifpolitischer Ebene handlungs- und konfliktfähig zu machen und auf diese Weise den Gewerkschaften die Möglichkeit zu eröffnen, auf dem Konfliktfeld ›Arbeitsbedingungen – Rationalisierung – Humanisierung der Arbeit‹ wieder in die Offensive zu gelangen« (WSI-Mitteilungen, 1982. 9, S. 570/71). Die Unternehmer haben diesen Entwurf für nichtverhandlungsfähig erklärt und stattdessen eine Polemik gegen die IGM eröffnet, die diese in die Rubrik der »Verfassungsfeinde« einordnet.

Im Verlaufe des Jahres 1982 haben aber auch die offenkundigen Niederlagen der gewerkschaftlichen Lohnpolitik dazu beigetragen, einen Prozeß des Nachdenkens und der Neuorientierung auf dem Gebiet der Tarifpolitik zu fördern. Im September 1982 wurden von einigen Gewerkschaftsvorständen die Weichen für die Auseinandersetzung um die 35-Stunden-Woche ab Ende 1983 gestellt (IGM, IG Drupa). Mit dieser Betonung der »qualitativen« Tarifpolitik wird die Auseinandersetzung um eine alternative Beschäftigungspolitik, die freilich nach Auffassung der Gewerkschaften durch entsprechende wirtschaftspolitische und gesetzliche Maßnahmen (z.B. Verkürzung der Lebensarbeitszeit) ergänzt werden muß, bewußt zum Inhalt tariflicher Regelungen erhoben, wobei von Anfang an die Unternehmer einen entschlossenen Widerstand gegen die Verkürzung der Wochenarbeitszeit angekündigt haben. Zur gleichen Zeit leitete die IGM im Bezirk Stuttgart zur Vorbereitung der Lohn-Tarifrunde vom Frühjahr 1983 die Aktion »Unternehmer auf dem Prüfstand« ein (vgl. Nachrichten, 1982. 11, Dok. I ff.). Im Vorfeld des Konflikts sollten damit die Argumentationen der Unternehmer und der konservativen Kräfte widerlegt und die Voraussetzungen für eine Massenmobilisierung in der Tarifrunde selbst geschaffen werden. Im Ergebnis von 3,2 Prozent kam diese Vorbereitung dann nicht mehr zur Geltung. Das hatte u.a. darin seinen Grund, daß der Vorstand der IGM (schon bei der Festsetzung der Forderungshöhe) dem Bezirk Stuttgart keine »Vorreiterrolle« zubilligen wollte, der »Leitabschluß« also in einem Bezirk erfolgte (NRW), in dem die Beteiligung und Mobilisierung der Mitglieder wesentlich schwächer geblieben war.

Schon zu diesem Zeitpunkt wurde aber eine weitere Schwäche der Gewerkschaftsbewegung deutlich. Auf dem Gebiet der »qualitativen

Tarifpolitik« kristallisierten sich zwei Konzeptionen heraus: auf der einen Seite die Forderung nach der Verkürzung der Wochenarbeitszeit (35-Stunden-Woche) auf der anderen Seite das Konzept der sog. »Tarifrente«, das den Lohnabhängigen die Möglichkeit eröffnen soll, im Alter von 58 Jahren mit 75 v.H. des letzten Bruttoeinkommens aus dem Arbeitsleben auszuscheiden (vgl. WSI-Mitteilungen, 1982. 9, S. 527). Während die 35-Stunden-Woche inzwischen von einem Block von Gewerkschaften vertreten wird, die eher die »linke Flanke« des politischen DGB-Spektrums repräsentieren (IGM, IG Drupa, HBV, GHK), befürworten Gewerkschaften vom »rechten Flügel« des DGB (IG ChPK, Gewerkschaft NGG) die »Tarifrente« oder gar – wie die Gewerkschaft Textil und Bekleidung – einen »Investivlohn«, d.h. Lohnabzüge, die für die Investitionen der Unternehmen zur Verfügung gestellt werden sollen.

Die ideologischen Differenzen zwischen Teilen der Gewerkschaftsführungen, die schon in den Jahren zuvor in den Debatten über die Gewerkschaftsgeschichte oder das neue DGB-Grundsatzprogramm aufgebrochen waren (und die zum Anlaß des 50. Jahrestages der faschistischen Machtübertragung erneut von rechts hochgespielt wurden), übertragen sich nun auch auf einen Kernbereich der unmittelbaren gewerkschaftlichen Interessenvertretung. Daß die Führung der IG ChPK im März 1983 einem Tarifvertrag zustimmte, der (für 12 Monate) eine Lohnerhöhung von nur 2,5 Prozent, dafür aber den Einstieg in die Verkürzung der Wochenarbeitszeit für Arbeitnehmer ab 58 Jahre vorsah, konnte nur als demonstratives Zeichen des Bruchs der gewerkschaftlichen Solidarität angesehen werden; denn immerhin hatte auch der DGB-Bundeskongreß im Mai 1982 die »Entschlossenheit« aller Einzelgewerkschaften bekräftigt, »durch ein gemeinsames Vorgehen eine Verkürzung der tariflichen Wochenarbeitszeit mit dem Ziel der 35-Stunden-Woche durchzusetzen« (vgl. Nachrichten, 1982, 7, S. 21). Die Festschreibung der allgemeinen 40-Stunden-Woche bis 1987 durch die IG ChPK konnte daher nur diejenigen Kräfte ermutigen, die in einem Auseinanderbrechen der gesamtgewerkschaftlichen »Einheitsfront« für die 35-Stunden-Woche einen entscheidenden Faktor sehen, um den Gewerkschaften im Frühjahr 1984 eine Niederlage beizubringen.

Im Jahre 1982 häuften sich aber auch die Probleme und Schwierigkeiten der betrieblichen Interessenvertretung. Die sprunghaft gestiegene Zahl der Insolvenzen sowie das hohe Niveau der Fusionen (vgl. Tabelle 4) deuten nur unvollständig die Vielzahl der sozialen und rechtlichen Probleme an, mit denen Belegschaften, Betriebsräte und Gewerkschaftsfunktionäre angesichts der Welle von Betriebsschließungen und Unternehmenszusammenschlüssen konfrontiert waren.

Tabelle 4: Insolvenzen und Fusionen

	1970	1975	1976	1977	
Insolvenzen	4201	9195	9361	9562	
Fusionen	305	448	453	554	
	1978	**1979**	**1980**	**1981**	**1982**
Insolvenzen	8722	8319	9144	11653	15877
Fusionen	558	602	635	618	600

Quelle: IMSF, Informationen, 1983.1, in: Nachrichten, 1983.3, S. 9.

Die Strukturkrisen in der Stahl- und Werftindustrie hatten sich vorher bereits abgezeichnet; die Kampagne »Hoesch-Stahlwerk jetzt!« in Dortmund erreichte Ende 1980/Anfang 1981 ihren ersten Höhepunkt. 1982 reagierten Beschäftigte und Gewerkschaften mit Protestdemonstrationen oder Warnstreiks z.B. gegen die Schließung des Schalker-Vereins oder gegen die Fusion der Bremer-Vulkan-Werft mit der Werft AG Weser. Ende des Jahres stand die »Sanierung« des ARBED-Stahlkonzerns, und damit das Schicksal der gesamten Stahlindustrie des Saargebiets im Mittelpunkt des Interesses. Auch hier reichten Protestdemonstrationen nicht aus, um Arbeitsplatzvernichtung und schließlich auch »freiwilligen« Lohnverzicht zu verhindern. Die neue Bundesregierung band die Bewilligung von Subventionen ausdrücklich an die Zustimmung der IG Metall und der Betriebsräte, auf einen Teil des für die Belegschaft vertraglich vereinbarten Weihnachtsgeldes für die Jahre 1983 und 1984 zu verzichten.

Ohnmächtiger Protest kennzeichnete auch die gewerkschaftlichen Reaktionen auf die Krise des AEG-Konzerns, die im Jahre 1982 durch das »Abstoßen« ganzer Produktionsbereiche (Neff, Bauknecht, AEG-Nachrichtentechnik, Telefunken u.a.) und durch Werksschließungen »bereinigt« werden sollte. Gewerkschaften und Betriebsräte konnten auf den Ablauf dieses »Krisenmanagement«, das von den Kredit gegebenden Großbanken abgewickelt wurde, keinen Einfluß nehmen (vgl. Die Mitbestimmung, 1983. 1), zumal sie auch selbst über keine Konzepte verfügten, um die eigene Ohnmacht zu überwinden. Die AEG-Krise war jedoch nur der spektakulärste Fall. Die Dokumentation der IGM »Unternehmerverhalten in der Krise und gewerkschaftliche Gegenwehr« (Januar 1983) belegt an einer Vielzahl von Fällen: »Es gehört zum betrieblichen Alltag der Krise, daß vorhandene Schutzrechte nicht beachtet werden, daß Arbeitgeber nichts unversucht lassen, solche Rechte zu umgehen oder außer Kraft zu setzen« (S. 148).

Gerade im Betrieb erfahren Beschäftigte, Vertrauensleute und Betriebsräte tagtäglich die Übermacht des Kapitals über die Arbeit. Unter dem Druck von massiven Drohungen, die letztlich immer auf den Verlust des Arbeitsplatzes bezogen sind, werden sie genötigt, Teilentlassungen, Umsetzungen oder neuen Rationalisierungsmaßnahmen zuzustimmen oder sich erworbene Rechte – durch Tarifverträge oder Betriebsvereinbarungen – abhandeln zu lassen. Sie werden gedemütigt, als Bittsteller bei den Unternehmensleitungen oder Regierungen zu Kreuze zu kriechen und dabei immer neue Unterwerfungs-Zugeständnisse zu machen. Daß solche Erfahrungen das gewerkschaftliche Selbstbewußtsein nicht stärken und deshalb auch in alle anderen Bereiche der gewerkschaftlichen Politik ausstrahlen, braucht nicht gesondert begründet werden. Es bleibt derzeit nur zu hoffen, daß solche entmobilisierenden Erfahrungen sich in das »kollektive Gedächtnis« der Betroffenen einschreiben und zur gegebenen Zeit auch als emotionale Triebkraft eines neuen Typs gesellschaftsverändernder Praxis reaktiviert werden.[5]

In einigen Fällen haben sich 1982 Belegschaften durch Betriebsbesetzungen gegen Betriebsschließungen und Arbeitsplatzvernichtung zur Wehr gesetzt (Video-Color, Rockwell-Golde, Pokorny-Demag, Hertel, Enka; vgl. Hautsch/Semmler, 1983). Nicht immer wurden Erfolge erzielt. Gleichwohl bedeutet die Entwicklung dieser Kampfform, die in der BRD – im Unterschied zu anderen westeuropäischen Ländern wie Italien und Frankreich – kaum eine eigenständige Tradition hat, einen wichtigen Schritt in einem Lernprozeß, der die individuelle Ohnmacht oder auch das Versagen des sozialpartnerschaftlichen Interessenausgleichs produktiv wendet und darin auch den perspektivischen Anspruch auf die Übernahme der Betriebe durch die Arbeiter selbst geltend zu machen vermag. Diese – wie immer auch schwach entwickelte – Perspektive ist auch in den »alternativen Praxisansätzen« enthalten, die in Konzepten für eine alternative Fertigung (z.B. für die Lösung der Schiffsbaukrise in den norddeutschen Werften oder auch für den gesamten Komplex der »Rüstungs-Konversion«) in jüngster Zeit entwickelt worden sind. Träger dieser Initiativen sind meist Vertrauensleute, Betriebsräte und Gewerkschafter, die die Defensive des bloßen Protestes überwinden und zugleich die objektiven Möglichkeiten einer friedlichen und umweltfreundlichen Produktionsumstellung, die die Arbeitsplätze sichern könnte, konkretisieren wollen. Wie immer auch solche Konzepte nach ihren ökonomischen und politischen Realisierungschancen bewertet werden mögen, so demonstrieren sie doch gleichzeitig die intellektuelle und konzeptive Fähigkeit der Arbeiterklasse, nicht nur den Zweck der Produktion, sondern auch ihren Inhalt entsprechend qualitativ höherwertiger gesellschaftlicher Bedürfnisse zu gestalten (vgl. Kritisches Gewerkschaftsjahrbuch, 1982/83, S. 105 ff.; Huffschmid, 1981; Die Mitbestimmung, 1982. 12).

Dieser knappe Überblick über einige der wirklichen gesellschafts- und gewerkschaftspolitischen Konflikt- und Handlungsfelder im Jahre 1982 ergibt ein komplexes und widersprüchliches Bild. Dieses zeigt die Gewerkschaften in der Defensive. Nicht nur im wirtschafts-, sozial- und tarifpolitischen Bereich erlitten sie Niederlagen – die gefährlichste Bedrohung der Gewerkschaftsmacht dürfte sich dagegen in den Betrieben selbst, an der Basis und im wirklichen Zentrum des gewerkschaftlichen Wirkens vollziehen. Die Desorientierung, die gerade hier vielfach manifest wurde, verstärkte sich im Laufe des Jahres 1982 durch den Neue-Heimat-Skandal, der im Februar vom »Spiegel« aufgedeckt wurde. Daß die Gewerkschaftsvorstände von der »Bereinigung« dieser Affäre absorbiert wurden und daß in einigen Gewerkschaften die Aufmerksamkeit der Führungsapparate in hohem Maße von der Frage in Anspruch genommen wurde, wie die Nachfolge für ausscheidende Vorsitzende und Vorstandsmitglieder zu regeln sei (so beim DGB selbst, bei der Gewerkschaft ÖTV, bei der DPG, der IG BSE und schließlich bei der IG ChPK), hat gewiß nicht dazu beigetragen, solche Erscheinungen der Niederlage, der Defensive und der Desorientierung »von oben« offensiv anzugehen und zu überwinden.

Auf der anderen Seite hat dieser Jahresüberblick Konturen einer gewerkschaftlichen Gegenwehr – von der Unterstützung der Friedensbewegung über die Demonstrationen gegen Sozialdemontage bis zu den Betriebsbesetzungen – und auch Keimformen neuer und alternativer programmatischer und strategischer Konzepte, Ansätze einer politischen Neuorientierung in der Gewerkschaftsbewegung erkennen lassen: Die Orientierung auf die 35-Stunden-Woche gehört dazu ebenso wie die öffentliche Unterstützung des Memorandums »Alternativen der Wirtschaftspolitik« durch Hunderte von hauptamtlichen Funktionären, die – gewiß noch zurückhaltende – Öffnung für Diskussionen der Ökologie- und Alternativ-Bewegung (so beim Kongreß »Zukunft der Arbeit«, Bielefeld, Oktober 1982), die – immer noch unzureichende – Öffnung zur Arbeitslosenbewegung und schließlich die Aufmerksamkeit, die auch in einem Teil der Gewerkschaftspresse der Diskussion über »alternative Produktion« und Rüstungskonversion zuteil geworden ist.

Auf jeden Fall legen aber die Ergebnisse dieser Analyse die Schlußfolgerung nahe, daß die Gesamtkonstellation überhaupt nicht durch die These von der bewußten, strategischen Entscheidung der Gewerkschaften für einen korporativistischen Steuerungsverbund zwischen Staat, Kapital und Arbeit zu beschreiben ist. Im Gegenteil – die gesamte Entwicklung seit 1979, die sich in den Ereignissen des Jahres der »Wende« verdichtet, belegt eine wachsende Polarisierung in den Beziehungen von Kapital und Arbeit, einen sich intensivierenden Prozeß der Erosion sozialpartnerschaftlicher Kompromisse. Die Spezifik dieses Prozesses liegt darin, daß diese Polarisierung nicht auf der politischen Ebene einer offenen Konfrontation der Klassenkräfte erscheint, sondern daß sie zunächst zu einer nachhaltigen Veränderung in den Kräftekonstellationen zwischen Kapital und Arbeit zu Lasten vor allem der Gewerkschaftsbewegung geführt hat. Die Gewerkschaftspolitik wird gleichsam »in die Zange genommen«. Sie wird durch objektiv-gesellschaftliche Krisenprozesse und deren Vermittlung in der Herrschaftsstrategie des Staates wie des Kapitals, aber auch in der Bewußtseinsentwicklung eines großen Teils der lohnabhängigen Beschäftigten unter Druck gesetzt, in ihren Handlungsmöglichkeiten eingeengt begrenzt und in die Defensive getrieben. Natürlich spielt es für die Herausbildung dieser Gesamtkonstellation eine Rolle, daß sich die Politik der DGB-Gewerkschaften in der langen Periode des relativ störungsfreien kapitalistischen Wachstums – durchaus erfolgreich – in der Regel der Methode des sozialpartnerschaftlichen Interessenausgleichs, die stets noch die Anerkennung der Grundverfassung der kapitalistischen Wirtschafts- und Gesellschaftsordnung beinhaltet, bedient hat. Ein Bruch mit dieser Methode ist aber keine Frage des subjektiven Wollens oder der bloß intellektuellen Einsicht; er kann sich nur über Erfahrungen und Lernprozesse vermitteln, die schließlich – auch nach massiven Niederlagen – zu einer Neuorientierung drängen.

Obwohl Esser durch den Rekurs auf Gramsci und die kritische Aneignung der neueren marxistischen Politiktheorie die gröbsten Defizite des »Neokorporativismusparadigmas« vermeidet (vgl. seine Kritik, S. 246 ff.), so teilt er doch eine fundamentale Schwäche dieses Ansatzes: daß nämlich die innere widersprüchliche Struktur der Vergesellschaftungsprozesse, die neuen Formen der Klassenkooperation und der Anpassung des politischen Systems notwendig machen, insofern ausgeblendet werden, als sie nicht auf das Handlungspotential sozialer und politischer Kräfte bezogen werden, in denen sich die Möglichkeit der Überwindung und Aufhebung jener Formen der »Sozialpartnerschaft« verkörpert. Esser wundert sich daher auch über Autoren, die offenbar immer noch von den Gewerkschaften »alternative Deutungsmuster« –

ganz zu schweigen von »alternativen Praxisformen« – erwarten (vgl. S. 216). Für die gewerkschaftspolitische Praxis sind solche Festschreibungen allerdings wenig hilfreich. Letztlich treiben sie diejenigen Kräfte, die in den Gewerkschaften für eine alternative und autonome Politik eintreten, in die totale Resignation – sofern sie nicht dem Rat folgen, ihre politischen Hoffnungen auf die Arbeiterbewegung aufzugeben und sich den »neuen sozialen Bewegungen« anzuschließen. Seine Hinweise auf eine andere Gewerkschaftspolitik, die sich den Zwängen des Korporativismus zu entziehen vermag, bleiben daher auch abstrakt und blaß: so fordert er z.B. ein neues Technik- und Staatsverständnis, das die Illusion von der Gesellschafts- und Interessenneutralität der Produktivkräfte wie des Staates abstreift (S. 195), und postuliert: »An Autonomie und politischem Klassenkampf orientierte Gewerkschaften eignen sich kaum für eine kapitalfunktionale Zusammenarbeit« (S. 249).

Das Problem ist hier schon richtig formuliert – nur, der Zugang zur Lösung des Problems ist durch den Ansatz von Esser blockiert. In der gegenwärtigen Situation scheint es außerordentlich schwierig, das reale Ausmaß der gewerkschaftlichen Defensive, der Niederlagen und der strategischen Desorientierung genau zu bestimmen. Das gilt im übrigen auch für die Lohnpolitik der Gewerkschaften. Der Hinweis auf die Reallohneinbußen ist notwendig, um die wachsende Diskrepanz zwischen gewerkschaftlichen Forderungen und Erwartungen der Lohnabhängigen und der Realität – als einer Struktur von Machtbeziehungen – zu verdeutlichen. Dennoch reicht dieser Hinweis nicht aus, um die Machtposition der Gewerkschaften in der Struktur des gesamten Systems der Klassenbeziehungen zu erfassen. Wir werden wahrscheinlich erst später von Historikern und Politikwissenschaftlern erfahren, ob die Ergebnisse der Tarifrunden der frühen 80er Jahre tatsächlich Ausdruck eines substantiellen Machtverlustes der Gewerkschaften waren oder ob diese nach wie vor über starke Defensivpositionen verfügten, um der Politik der »Wende« im wirtschafts-, lohn- und sozialpolitischen Bereich Schranken zu setzen und um der Verwertungsstrategie des Kapitals bestimmte Wege aufzuzwingen, die von einer »optimalen« Variante der Krisenüberwindungsstrategie vom Standpunkt der Profitproduktion weit entfernt sind.

Nach den Erfahrungen der 70er und frühen 80er Jahre ist es für die Gewerkschaften zu einer entscheidenden Frage geworden, wie sie sich aus dem »Zangengriff« der objektiven Krisenprozesse und der politisch-ideologischen Machtkonstellationen befreien können, ohne der Illusion anheim zu fallen, daß schon bei jedem der vielen alltäglichen Konfliktfälle im »Guerillakampf zwischen Kapital und Arbeit«

(K. Marx) das Blatt gewendet werden könnte. Selbst der Zwang, in den betrieblichen, tariflichen und allgemeinen politischen Auseinandersetzungen die »Verteidigungslinien« weiter zurückstecken zu müssen, braucht nicht notwendig zu bedeuten, daß die Arbeiterklasse und die Gewerkschaften als wesentlicher Machtfaktor im System der gesellschaftlichen Klassenbeziehungen ausgeschaltet worden sind. Viel wichtiger erscheint dagegen die Frage, ob in diesen »Gefechten«, die immer auch mit Niederlagen enden können, die Desorientierung – auf der politisch-strategischen Ebene des organisierten Handelns wie auf der Ebene des gewerkschaftlichen und politischen Bewußtseins der Lohnabhängigen – und damit der Zwang zur Anpassung und Unterwerfung zunimmt oder ob dabei Lern- und Klärungsprozesse stattfinden, die ihrerseits Weichenstellungen für die zukünftigen Auseinandersetzungen ermöglichen. Der Inhalt dieser Auseinandersetzungen wird – wie ich am Ende des vorangehenden Abschnittes entwickelt habe (vgl. w.o., S. 43 ff.) – durch den Zerfall der hegemonialen Kapazität des herrschenden Blocks, klassenübergreifenden Konsensus zu stabilisieren, sowie durch den Versuch, die Herstellung dieses Konsensus durch direkte politische Gewalt, durch eine gewaltsame Verschiebung der gesellschaftlichen Machtkonstellationen zum autoritären Staat, zu ersetzen, bestimmt werden.

Gramsci hat den Prozeß des »Aufsteigens« von der »Basis« zum «Überbau« als »Katharsis«, also: als einen »Reinigungsprozeß« bezeichnet. Er wollte damit nicht nur ein Problem der »Philosophie der Praxis« thematisieren, das die Vermittlung von sozialökonomischen Basisstrukturen und den verschiedenen »Stockwerken« des politisch-ideologischen Überbaus zum Gegenstand hat. Ihm ging es dabei auch um eine Grundfrage des Klassenkampfes und der Strategie der revolutionären Arbeiterbewegung, über die er in der faschistischen Kerkerhaft – zum Zeitpunkt einer schweren Niederlage der Arbeiterbewegung – nachdachte. Der »Reinigungsprozeß« vollzieht sich in dem Maße, wie sich die bewußten, organisierten Kräfte der Klasse aus dem »ökonomistischen Korporatismus«, d.h. der unmittelbaren, immer berufsständisch bornierten Interessenvertretung, lösen und die Fähigkeit gewinnen, die Arbeiterklasse und andere »subalterne« soziale Kräfte zu einem »historischen Block« zusammenzuschließen, der auch auf dem Felde des ideologischen und politischen Klassenkampfes die Perspektive eines neuen, befreienden Typs der Gesellschaftlichkeit und der Menschlichkeit zu vertreten vermag. Hegemonie bedeutet für ihn in diesem Sinne »geistig-moralische Führung«, die eben nicht nur ökonomische und soziale, sondern auch ideologische und ethische Dimensionen umfaßt.

Die Gewerkschaftsbewegung der BRD befindet sich derzeit nicht in einer Phase der »Katharsis«; sie ist vielmehr in erster Linie damit beschäftigt, die Wirkungen der Krisenprozesse, der Veränderung der politischen Machtkonstellationen und auch des epochalen Wandels der gesellschaftlichen Strukturen mehr oder weniger bewußt zu »verarbeiten«. Dabei können sich aber Lernprozesse vollziehen, die jene »Katharsis« einleiten – und auf jeden Fall gehört es zu den Aufgaben der marxistischen Kräfte in der Gewerkschaftsbewegung, durch ihre theoretische und praktische Arbeit diese Prozesse zu fördern bzw. abzukürzen.

Wo setzt diese Intervention ein? Wie verbindet sie sich mit den aktuellen Verteidigungskämpfen und den Tagesaufgaben der Gewerkschaftspolitik? Da ich die einzelnen Felder der gesellschafts- und gewerkschaftspolitischen Auseinandersetzungen in den kommenden Jahren in einem gesonderten Kapitel behandeln werde (s.w.u., S. 246 ff.), beschränke ich mich zum Abschluß dieses Abschnitts auf zwei Aspekte, die die strategische Gesamtorientierung der Gewerkschaftspolitik wie die Politik der Arbeiterbewegung insgesamt berühren:

Ich erinnere mich recht gut, wie Willi Bleicher, der 1981 verstorbene frühere Bezirksleiter der IGM Stuttgart, in einem Gespräch über gewerkschaftliche Grundsatzfragen immer wieder betonte: Die Gewerkschaften sind ihrem Wesen nach reformistisch! Er wollte damit einerseits die jüngeren Kolleginnen und Kollegen vor Illusionen über den Charakter und die Möglichkeiten des gewerkschaftlichen Kampfes warnen – und andererseits faßte sich in dieser Bestimmung auch die Erfahrung eines marxistisch gebildeten Funktionärs der Arbeiterbewegung zusammen, der darum weiß, daß das gewerkschaftliche Streben nach der Verbesserung der Arbeits- und Lebensbedingungen der Lohnabhängigen die materiell-gesellschaftliche Basis der Eigentums- und Klassenverhältnisse des Kapitalismus nicht in ihrer Substanz angreift. Daher wußte ein Funktionär wie Willi Bleicher auch sehr genau, daß die Erfolge des gewerkschaftlichen Ringens, die im zähen Kampf, unter harten Entbehrungen, aber auch in – oftmals blendenden – konjunkturellen »Schönwetterperioden« errungen wurden, immer wieder durch kapitalistische Krisen und Gegenangriffe der Reaktion nicht nur auf die »sozialen Errungenschaften« der Gewerkschaften, sondern auf die Bestands- und Existenzfähigkeit der gesamten Arbeiterbewegung in Frage gestellt werden können. Lebensgeschichtlich haben Willi Bleicher und viele andere Antifaschisten diese Reaktion durch den Sieg des Faschismus, in der »Nacht« des Widerstandes und der Konzentrationslager, erfahren und durchstanden.

Mit der »Wende« von 1982 (und, wie wir gesehen haben, ihrer Vorgeschichte) ist eine Konstellation entstanden, die auch jüngere Gewerkschafter an die Erfahrungen älterer Generationen der Arbeiterbewegung heranführt. Aber jede geschichtliche Epoche hat ihre eigenen Strukturen und inneren Gesetzmäßigkeiten; daher kann das unverzichtbare »Lernen aus der Geschichte« das bewußte Handeln in der Gegenwart nur in dem Maße unterstützen, wie es sich mit der Gegenwartsanalyse verbindet. Unter Krisenbedingungen zeigt sich zuerst, daß die »Schutzfunktionen« der Gewerkschaften an Bedeutung gewonnen haben, daß aber gleichzeitig in der Beschränkung auf diese Schutzfunktionen eben jene ökonomischen Grundverhältnisse, die immer wieder Krisen hervorbringen, und jene Herrschaftsverhältnisse, die gerade in Krisenperioden immer wieder die abhängige und subalterne Lage der eigentumslosen Lohnabhängigen festschreiben, nicht zu verändern sind. Zu seiner Zeit hat Karl Marx diese Einsicht wie folgt formuliert: »Gewerkschaften tun gute Dienste als Sammelpunkte des Widerstandes gegen die Gewalttaten des Kapitals. . . . Sie verfehlen ihren Zweck gänzlich, sobald sie sich darauf beschränken, einen Kleinkrieg gegen die Wirkungen des bestehenden Systems zu führen, statt gleichzeitig zu versuchen, es zu ändern, statt ihre organisierten Kräfte zu gebrauchen als einen Hebel zur schließlichen Befreiung der Arbeiterklasse, d.h. zur endgültigen Abschaffung des Lohnsystems« (MEW, 16, S. 152).

Aus den Erfahrungen des vergangenen Jahrzehnts sind es vor allem zwei Lehren, die in die produktive Bearbeitung der Gegenwartsaufgaben einbezogen werden sollten. Erstens muß sich die Gewerkschaftspolitik von der Erwartung lösen, daß ihre Erfolge von der Wiederherstellung einer ungebrochenen Dynamik des kapitalistischen Wachstums abhängen und daß sie daher selbst die »gesamtwirtschaftliche Aufgabe« haben, ihren »verantwortungsbewußten« Beitrag zur Verwirklichung dieses Ziels zu leisten. Die Notwendigkeit dieser Umorientierung resultiert nicht nur aus den inneren Akkumulationsgesetzmäßigkeiten des gegenwärtigen Kapitalismus, der die weitere Entwicklung der Produktivkräfte und des gesellschaftlichen Reichtums nur um den Preis einer Vertiefung der sozialökonomischen Widersprüche zu gewährleisten vermag. Sie resultiert auch aus dem historisch erreichten Niveau der kapitalistischen Produktivkraftentwicklung und Vergesellschaftung, das jedes weitere Wachstum, das den Zwecken der Profitproduktion und der Machtsicherung (vor allem auch über die Steigerung der Rüstungsproduktion) unterliegt, nur um den Preis einer substantiellen Bedrohung des »Stoffwechselprozesses von Mensch und Natur« zuläßt. Die

Überlegung, daß auch die Gewerkschaften ihren Beitrag zur Entwicklung und Durchsetzung eines Modells des »qualitativen Wachstums« zu leisten haben, weist daher in die richtige Richtung.

Zweitens sind im vergangenen Jahrzehnt die Grenzen einer gewerkschaftlichen Gestaltungspolitik deutlich geworden, die durch gesellschaftspolitische Reformen die Lebensbedingungen der Vielen verbessern und bestehende Herrschaftsverhältnisse demokratisieren will, ohne daß die Veränderung wesentlicher Systemstrukturen in die programmatischen Perspektiven der Gewerkschaften aufgenommen wird (z.B. Mitbestimmung als Demokratisierung der Leitungsstrukturen der Unternehmungen, Humanisierung der Arbeit als Aufhebung von Belastung und Entfremdung, Bildungsreform als Verwirklichung von Chancengleichheit). Das Scheitern solcher Initiativen, das auch der »Wende« von 1982 den Weg bereitete, führt letztlich auch an die Frage nach dem Charakter des Staates heran; denn immerhin hat auch die Praxis einer sozialdemokratisch geführten Regierung den Sachverhalt bestätigt, daß die Durchsetzung von Reformen, die auch nur in Teilbereichen der Gesellschaft bestehende Herrschaftsverhältnisse modifizieren könnten, sich nicht nur an den konkreten politischen Machtkonstellationen, sondern auch an der allgemeinen Aufgabe des Staates bricht, solche Reformen nach Maßgabe der Systemsicherung (und dazu gehört auch die Sicherung eines Systems der Klassenbeziehungen, das die Stabilität des Gesamtsystems nicht aufsprengt) zuzulassen und zu betreiben.

Ein entscheidendes Problem besteht für die Gewerkschaften darin, ein politisches Handlungsdefizit auszugleichen, das insbesondere im Bereich der gesellschafts- und reformpolitischen Forderungen auffällt. Die DGB-Gewerkschaften haben für nahezu alle aktuellen wirtschafts-, sozial- und gesellschaftspolitischen Konflikte eigene Konzepte und alternative Forderungen ausgearbeitet. Aber oftmals reicht das gewerkschaftliche Engagement nicht über eine Presseerklärung hinaus. Offenkundig besteht hier ein Politikbedarf, der nicht nur der strategischen Reflexion, sondern auch der Entwicklung neuer Formen der Mobilisierung und der gewerkschaftspolitischen Aktion notwendig werden läßt. Es handelt sich dabei auch um ein Dilemma, das mit dem Selbstverständnis der Einheitsgewerkschaft verknüpft ist. Die Unabhängigkeit der Einheitsgewerkschaft verbietet es, daß sie über einen »direkten politischen Arm« in Parlamenten und Regierungen verfügt. Daß die Einheitsgewerkschaft nicht mehr »Transmissionsriemen« einer Partei ist bzw. sein soll (in der Geschichte der deutschen Arbeiterbewegung betrifft dieser Zusammenhang in erster Linie das Verhältnis von SPD und

Gewerkschaften), muß zunächst als eine historische Errungenschaft der Gewerkschaftsbewegung anerkannt werden. Gleichwohl stellt sich damit die Frage, in welchen Formen – diese Unabhängigkeit der Einheitsgewerkschaft einmal unterstellt – die gewerkschaftliche Intervention in den politischen Raum erfolgt. In den Parlamenten sitzen Abgeordnete, die zugleich Gewerkschaftsmitglieder sind (vgl. Gewerkschafter im 10. Deutschen Bundestag, in: GeMo, 1983. 7, S. 449 ff.). Ihr politisches Verhalten als Parlamentarier läßt jedoch nicht erkennen, daß sie sich als »Gewerkschaftsfraktion« begreifen. Im Gegenteil – in ihrer überwiegenden Mehrheit haben sie stets noch den Primat der Partei- und Fraktionsinteressen anerkannt und – z.B. bei den Entscheidungen über das Mitbestimmungsgesetz (1976) oder über die Wirtschafts- und Beschäftigungspolitik – die gewerkschaftlichen Forderungen mit dem Hinweis auf die realen politischen Kräfteverhältnisse bzw. die Koalitionsverpflichtungen ignoriert. Faktisch hat also diese »Achse« Gewerkschaften-Parlamente als Blockade gewerkschaftlicher Politik gewirkt.

Der frühere DGB-Vorsitzende H.O. Vetter hat schon 1972 grundsätzliche Überlegungen zur politischen Gestaltungsfähigkeit der DGB-Gewerkschaften entwickelt. Dabei stellte er die Frage, ob im Verhältnis der Einheitsgewerkschaft zu den Parteien nicht »kritischer Abstand« not tut. »Ganz deutlich zeigt sich dies, seitdem sich die politischen Parteien zu Volksparteien gewandelt haben. Arbeiterparteien alten Stils gibt es nicht mehr. Damit verstärkt sich für die Gewerkschaften die Aufgabe, mehr noch als bisher als Zusammenschluß der Arbeitnehmerschaft Ziele zu entwickeln und zu verfolgen. Nicht, daß die Gewerkschaften Parteiersatz werden sollten. Wir müssen jedoch aus uns selbst heraus politische Konzeptionen zur Befreiung und Gleichberechtigung der Arbeitnehmerschaft, politische Modelle für die Gesellschaft von morgen entwickeln. Auf der Grundlage solcher Modelle müssen wir in die Parteien hineinwirken – nicht umgekehrt« (nach: Leminsky/Otto, 1974, S. 72). Nach den ersten Erfahrungen mit der Krise 1975/76 und der »Einheitsfront der Reformgegner aus Wirtschaft, Politik und Justiz« hat Vetter dann 1978 den »Ausbau der autonomen Handlungsmöglichkeiten der Gewerkschaften« gefordert: »Wir müssen uns sehr viel mehr auf unsere eigene Kraft verlassen. Wir müssen die eigenen Handlungsmöglichkeiten suchen und auswerten. D.h.: ein Schwergewicht liegt auf der Erweiterung der Tarifpolitik und ihrer Verzahnung mit einer gewerkschaftlichen Betriebs- und Unternehmenspolitik« (zit. n. Deppe, 1979, S. 31/32).

Im Lichte der politischen Entwicklung seit 1979 erscheinen diese Überlegungen freilich nicht als eine Beschreibung der tatsächlichen gewerkschaftspolitischen Praxis. Sowohl das »Hineinwirken« in die Parteien als auch die Entwicklung der »eigenen Kraft« haben sich nicht als erfolgreiche Methoden der Politik erwiesen. Auch die gesellschaftspolitische Gestaltungsfähigkeit, die z.B. durch Tarifverträge (etwa auf dem Gebiet der »Humanisierung der Arbeit« oder auch durch Schutzklauseln gegenüber den Wirkungen der »neuen Techniken«) ausgeübt werden können, sind an Grenzen gestoßen – obwohl mit der Auseinandersetzung um die 35-Stunden-Woche eine Phase der Tarifpolitik eröffnet wird, in der die strategische Gesamtkonstellation der Klassenbeziehungen und der Machtverhältnisse ins Zentrum rücken wird.

Die Frage nach dem autonomen Politikbedarf der Gewerkschaften führt daher notwendig zur Analyse der Möglichkeiten, über die die Gewerkschaften im vorstaatlichen bzw. außerparlamentarischen Bereich verfügen, um ihre Forderungen und Ziele im Kernbereich des politischen Machtsystems zur Geltung zu bringen. Die Bedeutung außerparlamentarischer Bewegungen im politischen System der bürgerlichen Gesellschaft ist zunächst auch eine Folge der formalen Trennung von Staat und Gesellschaft, zugleich aber auch Merkmal des Klassencharakters politischer Herrschaft im Kapitalismus. Nach dem klassisch-liberalen Modell von Herrschaft war die Ökonomie als ein »politikfreier« Raum bestimmt, der möglichst wenig durch Staatsintervention in seiner freien Bewegung gehemmt werden sollte. Solange noch das Zensus-Wahlrecht die Arbeiterbewegung daran hinderte, in die Parlamente einzudringen, mußte sich jede soziale Bewegung der Volksmassen im außerparlamentarischen Raum artikulieren, wobei der Staat als außerökonomische Repressionsgewalt – konkret mit Polizei, Militär und Justiz – einschritt, um Ruhe und Ordnung zu sichern. Das Anwachsen der Macht der Arbeiterbewegung im 20. Jahrhundert hat wichtige Veränderungen in der Funktionsweise des politischen Systems erzwungen. Die beständige Intervention des Staates in den ökonomischen Reproduktionsprozeß sowie in das System der sozialen Beziehungen ist zu einer politischen Aufgabe geworden, die für die »Zähmung« des Klassengegensatzes unabdingbar ist. Es ist daher nicht länger möglich, die »soziale Frage« als eine »private Frage« zu behandeln. Die Sozialstaats-Politik muß fortan dafür Sorge tragen, daß den sozialen Gegensätzen – und damit auch den politischen Klassenkonflikten – ihre Spannung und potentielle Sprengkraft genommen wird. Das kann aber nur erreicht werden, wenn erstens das Wirtschaftswachstum die materielle Basis für einen wachsenden Staatsanteil am gesellschaftlichen Wertprodukt zuläßt und wenn zweitens in der Arbeiterbewegung (vor allen in den Gewerkschaften) die integrationistischen Kräfte dominieren, die bereit sind, für verbesserte staatliche Sozialleistungen und die politisch-institutionelle Anerkennung ihrer Organisationen den Preis der Anerkennung der kapitalistischen Wirtschaftsverfassung und des bürgerlichen Staates zu zahlen (zum »Integrationismus«, vgl. Deppe, 1979, S. 163 ff.). Dieser Kompromiß – Integration des Reformismus auf der Ebene des Staates – »impliziert zum einen eine Entpolitisierung der autonomen Klassenaktion; denn die Autonomie von Basisbewegungen und deren Politisierung gegen den Staat bzw. außerhalb des institutionalisierten und legalisierten Rahmens der Klassenzusammenarbeit tendiert eo ipso dazu, diesen Rahmen selbst in Frage zu stellen bzw. zu sprengen. Zum anderen ergibt sich hieraus als Konsequenz, daß die Bewertung der gesellschaftlichen und politischen Situation als ›revolutionär‹ energisch zurückgewiesen werden muß« (Deppe, 1981, S. 79).

Integrationismus bedeutet mithin nicht allein eine Bewußtseinsform (sozialpartnerschaftliches Denken), sondern stets auch einen instituionalisierten Praxiszusammenhang, der – auf die Gewerkschaften bezogen – sich in einem Netzwerk von Kooperations- und Beteiligungsformen im System der staatlichen Verwaltung, aber auch der vor-staatlich institutionalisierten Konfliktregulierung von Kapital und Arbeit materialisiert. Die historische Forschung über den Niedergang der Weimarer Republik und der Arbeiterbewegung bis 1933 hat in den vergangenen Jahren den Tatbestand hervorgehoben, daß die Paralyse – namentlich der ADGB-Gewerkschaften – mit dem Einsetzen der ökonomischen und politischen Krise auch eine Folge ihrer »Staatsfixierung«, d.h. ihrer Unfähigkeit war, sich zu einem Zeitpunkt von der Illusion des über den »Sozialstaat« vermittelten Klassenkompromisses zu lösen, als die Kräfte der kapitalistischen Reaktion schon längst diesen Kompromiß aufgekündigt hatten und die Offensive gegen den »Sozialstaat« und die Demokratie angetreten hatten (vgl. Deppe/Roßmann, 1981, bes. S. 15 ff.). Auf diese Weise wurde die Fähigkeit der Arbeiterbewegung, durch außerparlamentarische Aktion und Bewegung (vom Lohnkampf bis hin zur antifaschistischen Aktion) der Reaktion entgegenzutreten, systematisch blockiert.

Wir befinden uns heute nicht in einer Situation, die mit der der Jahre 1930 bis 1932 gleichgesetzt werden könnte. Gleichwohl kann auch in der Gegenwart der »Politikbedarf« nur noch durch die bewußte Hinwendung zu neuen Formen des außerparlamentarischen Widerstandes auch der gewerkschaftlich organisierten Lohnabhängigen ausgeglichen werden. Die Machtverteilung in den Parlamenten entscheidet wohl über die strategischen Grundorientierungen der herrschenden Politik; aber sie entscheidet nicht darüber, wie gesellschaftlich relevante Bedürfnisse,

Widersprüche und Probleme in Konflikte und allgemein akzeptierte Gegenstände der Politik »übersetzt« werden. Das hängt in hohem Maße von dem Druck ab, den außerparlamentarische Bewegungen auszuüben vermögen. Die Ökologie- und die Friedensbewegung haben es vermocht, in einer relativ kurzen Zeitspanne neue politische Themen, die vom Block der herrschenden Parteien weitgehend ignoriert wurden oder auch – wie beim »Nachrüstungsbeschluß« – eindeutig beantwortet schienen, zu zentralen politischen Konfliktfeldern werden zu lassen. Die politische Macht, die außerparlamentarische Massenbewegungen so auszuüben vermögen, besteht nicht nur in der Gegenöffentlichkeit, mit der sie die Aufmerksamkeit auf ihre Forderungen lenken; sie wächst zugleich mit der Furcht der herrschenden Parteien, auch nur geringe Legitimationsverluste für die herrschenden »Grundwerte« oder auch nur geringe Verschiebungen in den Wählerpotentialen könnten die Struktur des Parteiensystems und damit die institutionell-ideologische Basis der politischen Machtkonstellation in der BRD entscheidend verändern.

Die Gewerkschaften können »neue soziale Bewegungen« und deren Aktionsformen nicht einfach kopieren. Sie können aber durch ein vorurteilsfreies Studium dieser Bewegung lernen, daß sich einmal in zahlreichen programmatischen Positionen dieser Bewegungen soziale Probleme und Widersprüche kristallisieren, die auch von erheblichen Teilen der Lohnabhängigen als Widersprüche erfahren werden. Und sie können lernen, daß durch außerparlamentarischen Druck solche Probleme zu zentralen, alle politischen Kräfte bewegenden Fragen erhoben werden. Für die Gewerkschaftspolitik wird dabei notwendig die Wirtschafts- und Sozialpolitik, die Frage nach der Qualität des Wachstums und nach der gesellschaftlichen Kontrolle der Produktivkraftentwicklung im Mittelpunkt stehen. Sobald aber Alternativen der Wirtschaftspolitik und der Produktion, Forderungen zur Arbeitszeitverkürzung und zur Beschäftigungssicherung, Überlegungen zur Organisierung der Arbeitslosen, Modelle einer alternativen Nutzung von Technologien und Energien einfließen in eine systematische außerparlamentarische Mobilisierung (bei der sich klassische Formen der Massendemonstrationen mit Formen des Arbeitskampfes, aber auch mit vielen neuen Aktionsformen, wie sie von den neuen sozialen Bewegungen entwickelt sind, verbinden können), wird auch die gesamtpolitische Diskussion über diese Fragen einen neuen Inhalt und Stellenwert gewinnen.

2.3. Die »geistig-moralische Wende« und die Antwort der Arbeiterbewegung.

Hervorragende Intelligenz gehört nicht unbedingt zu den Qualifikationsmerkmalen führender Politiker unserer Zeit. Stattdessen sind eher Willensstärke, Lust an der Macht, charismatische Ausstrahlung (die sich heute vor allem über die Wirkung im Fernsehen definiert) sowie die Fähigkeit zur Beherrschung von politischen Machtapparaten gefragt. Es gehört zur politischen Kultur eines jeden Landes und ihrer Tradition, daß sich eine spezifische Struktur der Beziehung von Intellektualität, Kultur und Politik formt, die weitgehend das Profil der »politischen Klasse« und ihrer Spitzen-Repräsentanten prägt. In Italien z.B. machen – von der kommunistischen bis zur christdemokratischen Partei – viele führende Politiker durch die Qualität ihrer wissenschaftlichen und politischen Arbeiten auf einen besonderen Typ der Synthese von geistiger Arbeit und praktischer Politik aufmerksam. Auch die politische Kultur Frankreichs lebt von dem Anspruch, daß die französische Sprache, Literatur sowie die Kunst ihre Besonderheit, ja (gelegentlich – bis hin zur Linken – chauvinistisch übersteigert) ihre Einzigartigkeit ausmachen. Der Begriff »Nation« ist selbst in seiner bonapartistischen und gaullistischen »Besetzung« immer auch auf die Ideale der französischen Revolution sowie auf die Tradition der französischen Kultur bezogen worden.

In den USA und in Großbritannien hingegen verkörpern die Konservativen Ronald Reagan und Margaret Thatcher gleichsam den Prototyp des Anti-Intellektualismus. Überhaupt scheint es ein Unterscheidungsmerkmal zwischen Parteien der konservativen Rechten und der progressiven-radikaldemokratischen oder sozialistisch-revolutionären Linken zu sein, daß politisch engagierte Intellektuelle eher bei der Linken als bei der Rechten zu finden sind. Das mag damit zusammenhängen, daß vor allem in den angelsächsischen Ländern die besten Nachwuchskräfte der herrschenden Klassen nicht für's »politische Geschäft«, sondern für das wirkliche »Business« ausersehen waren. Daher wurden die Berufspolitiker lange Zeit als notwendige, aber doch als »subalterne Geschäftsträger« betrachtet. Darüber hinaus liegen jedoch die Ursachen für die größere Anziehungskraft, die die »Linke« auf Intellektuelle auszuüben vermag, im Selbstverständnis und der historischen Funktion der Intellektuellen selbst begründet; denn diese repräsentieren eben jenes Potential der Gesellschafts- und Ideologiekritik, das seit der Aufklärung die Kritik an den herrschenden Verhältnissen in Gesellschaft und Politik, an der geistigen Unmündigkeit der Volksmassen, wie sie durch mangelnde Bildung oder religiösen Wahn festgeschrieben wurden, formuliert und immer wieder die praktische Verbindung mit demokratischen und sozialen Bewegungen gesucht hat, die sich die Aufhebung jener Verhältnisse und damit die politische und soziale Emanzipation zum Ziel setzten. Die »konzeptiven Ideologen« (Marx) des modernen Konservatismus dagegen – von Edmund Burke bis Johannes Groß – sind durchweg elitär und antidemokratisch. Die – gelegentlich vorhandene – formale Schärfe ihrer Intellektualität schlägt nur zu oft in einen irrationalen Dezisionismus um, der sich nicht nur gegen die Vernunft als Maßstab der Erkenntnis und des Handelns, sondern vor allem auch gegen die moderne »Massendemokratie« wendet.

Schließlich steht der Anti-Intellektualismus des Konservatismus auch in einem engen Zusammenhang mit seiner eigenen sozialen Basis. Da sich die »Grundwerte« der Profitproduktion und der Geschäftemacherei – schon seit dem Ende des 19. Jahrhunderts – nun einmal schlecht für eine massenwirksame, politische Ideologieproduktion eignen, muß die konservative »Weltanschauung« immer wieder auf die Ideologie des kleinbürgerlichen Mittelstandes (bzw. in den USA den »Common Sense« der Farmer des mittleren Westens) zurückgreifen. In diesem Milieu dominieren Traditionsbewußtsein und Religion; hier verbindet sich das Selbstbewußtsein des Kleineigentümers, das sich auf Arbeit, Familie und eine festgefügte Weltordnung gründet, mit der Ablehnung all jener »modernistischen« Werte, die der industriell geprägten, großstädtischen Lebenswelt und ihren Wertmustern eigen sind. Nur zu oft schlägt die Angst, die diese fremde »neue Welt« erzeugt – als Angst vor der Bedrohung der materiellen Existenz, aber auch als Angst vor der geistig-moralischen Entwurzelung –, um in den offenen Haß gegen jene, die die »neue Welt«, ihren Anspruch auf Rationalität, Liberalität und Emanzipation, aber auch ihre Widersprüche verkörpern. Intellektuelle, Journalisten, Politiker, aber auch die Arbeiterbewegung, der Marxismus, die anonymen Apparate der Macht und schließlich auch Ausländer, Fremde, Juden usw. erscheinen als die »Mächte des Bösen«, die zusammenwirken, um die gute »alte Welt« und ihre festgefügte Wertordnung aus den Angeln zu heben.

Ernst Bloch hat schon 1935 den deutschen Faschismus mit den politischen Wirkungen der »Ungleichzeitigkeit« in Verbindung gebracht, die den krisenhaften kapitalistischen Vergesellschaftungsprozeß durch die Aktivierung von »vorkapitalistischem Material« abstützt. »Die Vergangenheit wird vom Kleinbürgertum heute freilich geschönt, es setzt sein Unerfülltes gerade mit dem relativ Besseren der Vergangenheit gemischt dem Jetzt entgegen. . . . Die anachronistische Verwilderung der Erinnerung wird erst durch die Krise freigesetzt und antwortet auf deren objektiv revolutionären Widerspruch mit einem subjektiv wie objektiv reaktionären, nämlich eben ungleichzeitig. Nur wird der ungleichzeitige Widerspruch, ist er auch durch wachsende Verelendung, Zersetzung, Entmenschlichung im Schoß des Spätkapitals, durch das Unertragbare seiner objektiv gleichzeitigen Widersprüche freigesetzt, dem Kapital, als ungleichzeitiger, vorerst nicht gefährlich. Im Gegenteil, das Kapital gebraucht das ungleichzeitig Konträre wo nicht Disparate zur Ablenkung von seinen streng gegenwärtigen Widersprüchen; es gebraucht den Antagonismus einer noch lebendigen Vergangenheit als Trennungs- und Kampfmittel gegen die in den kapitalistischen Antagonismen sich dialektisch gebährende Zukunft« (zit. n. Lenk, Ideologie, S. 131).

Der Kanzler der neuen konservativen Bundesregierung, Helmut Kohl, bezieht sich in seiner ersten Regierungserklärung (13. 10. 1982) ausdrücklich auf Ernst Bloch: Unter der Führung von CDU/CSU und von Konrad Adenauer hätten die Deutschen nach 1945 wieder »die Würde des aufrechten Ganges« gelernt (S. 8). Es wäre natürlich überflüssig, die Frage zu verfolgen, ob Kohl sich ernsthaft in jene Tradition des aufrechten demokratischen sozialistischen Ganges stellen will, die das Werk von Bloch auszeichnet. Der CDU-Kanzler wird nicht müde, sich als den Nachfahren Konrad Adenauers darzustellen; und damit stellt er sich bewußt in eine Traditionslinie konservativer deutscher Politik, in der sich intellektuelle Schlichtheit mit einem durch und durch kleinbürgerlichen – durch die katholische Soziallehre überformten – Weltbild paart, aber zugleich durch einen ausgeprägten Willen zur Macht, durch eine gehörige Skrupellosigkeit im Umgang mit der eigenen Partei, aber vor allem mit dem politischen Gegner, ergänzt wird. Wenn Helmut Kohl vor dem Parteitag der CDU (25./26. 5. 1983) erkennt: »Es sind nicht nur Taten, es sind auch Gebete, die Geschichte bewegen«, (S. 28) so nimmt er – mit der gebotenen Würde – seinen festen Platz in dieser Traditionslinie ein.

Auch bürgerliche Journalisten attestieren dem neuen Bundeskanzler, daß er im Unterschied zu seinem Vorgänger nicht als Experte auf dem Gebiet der Nationalökonomie und der Weltwirtschaftspolitik zu glänzen versucht und daß ihm auch die Neigungen eines Franz-Josef Strauß fremd sind, der auf sein Profil als Historiker besonderen Wert legt. Das Image des Helmut Kohl scheint eher um jene Begriffe konstruiert, die er in seinen Reden unendlich variiert, vermittels derer er die Menschen »draußen im Lande« anruft und die im Zentrum seines Programms der »Erneuerung der geistig-moralischen Grundlagen der Politik« (ebd., S. 18) stehen. In seiner Kritik an linken »Systemveränderern« kommt er so recht in Fahrt und schüttet vor den Parteifreunden sein Herz aus:

»Liebe Freunde, ist es nicht merkwürdig: Ausgerechnet jene, die die Kälte der modernen technischen Zivilisation besonders heftig anprangern, sind zugleich die schärfsten Kritiker der althergebrachten Wertordnung? Mit Begriffen wie Treue und Heimat, Pflichterfüllung und Vaterland, menschlicher Wärme und Familie treiben sie ihren Spott. Die neue Gesellschaft, der neue Mensch, die die Linken in der SPD einst schaffen wollten, sind Utopie geblieben. Aber ihr Umpflügen oder, wie andere sagen, ihr Tiefpflügen in unserer Gesellschaft hat doch diese Orientierungskrise mit ausgelöst, die zu einer tiefen geistig-moralischen Verunsicherung vieler Menschen geführt hat« (S. 17). Das Programm der Wende lautet also: »In den geistig-moralischen Grundfragen unserer Zeit wieder festen Boden zu gewinnen« (S. 18). Mit dem konservativen Vor-Denker Hermann Lübbe teilt Kohl die Auffassung, »daß es gerade in einer Zeit raschen wirtschaftlichen und technologischen Wandels mehr denn je darauf ankommt, gemeinsame Werte, Tugenden und Traditionen zu bewahren«. (ebd.) »Die für die Politik geforderte Wertneutralität versandet in der Wirklichkeit des Materiellen« (ebd.) – mit dieser tiefschürfenden Erkenntnis gibt der Kanzler seinem Erneuerungs-Programm den letzten Schliff.

Das hohle Pathos solcher Phrasen, die dem »Volk. . . . neue Hoffnung, neue Zuversicht, neues Selbstvertrauen« (13. 10. 1982, S. 26) vermitteln, aber auch die »Tugenden der Klugheit, des Mutes und des Maßes« (ebd., S. 7) zur Geltung bringen sollen, hat nicht nur Walter Jens betroffen gemacht. Gleichwohl verlangt die Auseinandersetzung mit der »Wende« eine eingehende Analyse dieses Programms der geistig-moralischen Erneuerung; denn erstens kann der »ideologische Diskurs« des Konservatismus nicht von seiner politischen Wirkung auf das Massenbewußtsein abgelöst werden und zweitens bleibt zu fragen, welchen Stellenwert dieses Programm im Gesamtkonzept der neuen Rechtsregierung einnimmt, welches Potential einer Radikalisierung der konservativen Politik sich in ihm bereits andeutet (vgl. dazu den ausgezeichneten Aufsatz von K. Naumann, in: Blätter, 1983.6).

»Erneuerung« bedeutet für die neue Rechtsregierung: »Weg von mehr Staat, hin zu mehr Markt; weg von kollektiven Lasten, hin zur persönlichen Leistung; weg von verkrusteten Strukturen, hin zu mehr Beweglichkeit, Eigeninitiative und verstärkter Wettbewerbsfähigkeit« (Kohl, 13. 10. 1982, S. 11). Die Verwirklichung dieses Programms verlangt von den Bürgern »Opfer« und die »Bereitschaft zur Solidarität« (ebd.). Dazu gehören Lohnverzicht und die Bereitschaft, die Reduzierung sozialstaatlicher Leistungen hinzunehmen. Als »Gegenleistung« verspricht der Konservatismus mehr »Freiheit«, mehr »Menschlichkeit« und »Wärme« und schließlich auch mehr »Sicherheit«. Der Staat soll »auf seine ursprünglichen Aufgaben« zurückgeführt werden (ebd. S. 20); denn die Festigung der Freundschaft mit den USA und der NATO soll die äußere Sicherheit und zugleich Handlungsspielräume in der Ost- und Deutschlandpolitik gewährleisten. Der Staat – so formuliert Kohl in der Gedankenwelt des Spätmittelalters oder auch der »Zwei-Reiche-Lehre« von Martin Luther – muß stark sein, um die »Macht des Bösen« zu bezwingen; denn: »Solange die Macht des Bösen in und um uns nicht überwunden ist, verlangt eine verantwortliche Friedenspolitik auch nach entsprechenden Sicherungen für Frieden und Freiheit nach innen und außen« (25./26. 5. 1983, S. 20).

Welchen Stellenwert hat die »geistig-moralische Erneuerung« für dieses Programm? Sie soll nicht nur aus der »Orientierungskrise« herausführen, sondern zugleich die Menschen für jene Opferbereitschaft konditionieren, die ihnen jetzt auf wirtschafts- und sozialpolitischem Gebiet abverlangt wird. Die Menschen sollen begreifen, daß der Sinn des Lebens in Gesellschaft und Staat nicht in der beständigen Verbesserung des materiellen Wohlstandes und in der Erwartung staatlicher Wohlfahrtssicherung liegen kann, sondern sich in persönlicher Leistung, in der Unterwerfung unter marktwirtschaftliche Normen, insgesamt in einer neu gewonnenen »Freiheit« von der Bevormundung durch den »anonymen, bürokratischen Wohlfahrtsstaat« (13. 10. 1982, S. 22), durch den »Machbarkeitswahn von Sozialingenieuren« (25./26. 5. 1983), erfüllen. Angst, Einsamkeit, der Mangel an Geborgenheit und Mitmenschlichkeit (13. 10. 1982, S. 21) werden durch den »Wärmestrom« einer neuen Menschlichkeit überwunden.

Dabei steht die Wiederaufwertung der Familie an erster Stelle: »Das Fundament für eine Gesellschaft der Mitmenschlichkeit ist die Familie. Hier lernen die Menschen Verhaltensweisen, die unsere Gesellschaft prägen: Liebe und Vertrauen, Toleranz und Rücksichtnahme, Opferbereitschaft und Mitverantwortung« (4. 5. 83, S. 12). Natürlich wird in diesem Zusammenhang auch die »großartige Leistung« der Kirchen gewürdigt, denn der religiöse Glaube – christliche Ethik und Nächstenliebe – haben einen bedeutenden Anteil an der Festigung dieses gemeinsamen »Wertebewußtseins« (ebd., S. 19). Bleibt noch die »patriotische Pflicht« (25./26. 5. 1983, S. 28), in der sich die Hingabe an das »Ganze« mit der Aufgabe aller Deutschen verbindet, »die Nation zu bewahren« und »die deutsche Geschichte (mit ihrer Größe und ihrem Elend) in ihren europäischen Bezügen und Bedingungen« wieder zur »geistigen Heimat« der jungen Generation werden zu lassen (4. 5. 1983, S. 32, vgl. dazu auch K. Schönwalder, Blätter, 1983. 8).

Die ideologische Struktur der »Ungleichzeitigkeit« (Bloch) trägt also auch dieses Programm der »geistig-moralischen Wende«. Es zielt in erster Linie darauf ab – wie der konservative Historiker Michael Stürmer formulierte –, die »Fähigkeit zu entwickeln, materielle Verzichte gelassen zu tragen« (nach: Naumann, 1983, S. 855). Materielle Opfer sollen durch einen Zugewinn von nichtmateriellen Werthaltungen und Gratifikationen ausgeglichen, ja belohnt werden. Da aber diese Opfer zunächst von den Vielen, von der Masse der Lohnabhängigen, Rentner und der von staatlichen Sozialleistungen Abhängigen verlangt werden, gewinnen solche Appelle eine spezifische, klassenpolitische Dimension. Die Freiheit des marktkonformen Verhaltens leitet sich von der Freiheit der Kapitalverwertung und Profitproduktion ab – und diese Freiheit folgt der objektiven Logik der Gesetze der Kapitalakkumulation, die schon Ende der 60er Jahre in ersten Analysen zur Entwicklung der Einkommens- und Vermögensverteilung die Erkenntnis erzwang: Wer hat, dem wird gegeben! Die Funktion der »geistig-moralischen Erneuerung« besteht daher zunächst einmal darin, die sozialen Spannungen, die potentiellen Klassenkonflikte, die die Verwirklichung des wirtschafts- und sozialpolitischen Programms der neuen Regierung auslösen könnte, ideologisch zu neutralisieren.

Das Bekenntnis zur »Erneuerung« des Kapitalismus reicht aber nicht aus, um diese Neutralisierung zu erreichen. Überzeugte Konservative können sich wohl an den Thesen des Amerikaners George Gilder (1983) erfreuen, die die Zeitschrift »Capital« als »Pflichtlektüre« empfiehlt. Da heißt es: »Wir müssen uns damit abfinden, daß wir trotz des Überflusses, den uns die kapitalistische Wirtschaft beschert, immer in einer Welt voller armer Menschen leben werden« (S. 86/87). Die Lösung des Problems der sozialen Ungleichheit erscheint Gilder als einfach: »Der einzige zuverlässige Weg (aus der Armut) führt immer über Arbeit, Familie und Glauben. Wer der Armut entkommen will, muß nicht nur arbeiten, er muß mehr arbeiten als diejenigen, die über ihm auf der sozialen Leiter stehen. Bisher hat das jede Generation der unteren Schicht eingesehen. Aber die Armen von heute. . . . weigern sich, hart zu arbeiten« (S. 88). Wenn auch bei Gilder die konservative Dreifaltigkeit von »Arbeit, Familie und Glauben« mit der Werthaltung des Bundeskanzlers harmoniert, so stößt sein unverhohlener Zynismus doch in solchen Ländern auf Schranken, in denen die Strategie der herrschenden Klasse ein System von Klassenbeziehungen zu berücksichtigen hat, in dem Macht und Einfluß der sozialistischen und kommunistischen Arbeiterbewegung sowie der Gewerkschaften noch längst nicht so weit zurückgedrängt bzw. ausgeschaltet sind wie in den USA. Hier muß der Appell an die Opferbereitschaft mit dem Rekurs auf die katholische Soziallehre, mit dem Angebot des »Dialogs« an »verantwortungsbewußte« Gewerkschaften, mit dem Angebot, auf dem Gebiet der Vermögenspolitik aktiv zu werden, mit dem Versprechen, das »soziale Netz« in seiner Substanz zu sichern und lediglich seinen Mißbrauch zu beenden, verbunden werden.

Dennoch zeichnet sich die »geistig-moralische Wende« dadurch aus, daß hier der konservative Staat direkt an die Bürger – als Individuen – appelliert. Ganz in der Tradition der autoritär-konservativen Staatsideologie erscheinen die Interessenverbände – und hier vor allem die Gewerkschaften – als Organisationen, die den Staat handlungsunfähig machen oder – wie Carl Schmitt formulieren würde – »entpolitisieren«, und dabei schreiben sie zugleich den Zustand der »Unmündigkeit« der Bürger fest. Klaus Naumann hat diese Funktion des neuen »herrschaftlichen Diskurses« prägnant beschrieben: » ›Politische Führung‹ des Staates besteht darin, die als Inhalt des ›Gemeinwohls‹ erklärten Interessen der ›freien Marktwirtschaft‹ und des ›westlichen Bündnisses‹ konsequent durchzusetzen, und die ›geistige Führung‹ des Staates sorgt dafür, daß dies in der Bevölkerung konsensfähig bleibt bzw. wird. Angestrebt wird ein ›autoritärer Populismus‹ (Hall), nach dessen Idealvorstellungen sich der populistische Appell ›von oben‹ an die ›gesunden, leistungsfähigen Kräfte‹ und ›echten Werte‹ und die ›eigenen‹ Bedürfnisse und Vorstellungen der ›mündigen Bürger‹ unten nahtlos decken – nicht zuletzt deshalb, weil Konflikte autoritär unterdrückt und klein gehalten werden können« (S. 866).

Dieser »herrschaftliche Diskurs« ist zunächst darin ideologisch, daß er die Funktion der Rechtfertigung und Verschleierung herrschaftlicher Interessen hat. »Ideologische Urteile wollen soziale Gegebenheiten absichern, legitimieren, aufwerten. Sie sind von konservierender Natur« (W. Hofmann, 1968, S. 54). Die »geistig-moralische Wende« soll in diesem Sinne die Freiheit der kapitalistischen Marktwirtschaft und die Ordnungs- und Gewaltfunktion des bürgerlichen Staates absichern. Sie soll aber – durch den Appell an den Irrationalismus der althergebrachten Werte, des Familienglücks und des Glaubens – nicht nur diese klassenpolitische Intention verschleiern, sondern zugleich den Widerspruch verhüllen, daß durch die Förderung der Kapitalakkumulation und neuen Techniken (Kohl: »Wir wollen den Weg freigeben für die Anwendung moderner Techniken und die Entwicklung neuer Technologien, vor allem im Kommunikationswesen«, 13. 10. 1982 S. 9/10) eben jene Modernisierungs- und Vergesellschaftungsprozesse vorangetrieben werden, die die sozialökonomischen Widersprüche vertiefen und eben jene »althergebrachten Werte« weiter auflösen, an die der Kanzler appelliert. Und schließlich bezieht sich der Irrationalismus des ideologischen Programms der »Wende« auch auf reale gesellschaftliche Erfahrungen selbst; denn er übersetzt die Angst, Verunsicherung und Entfremdung, die nicht nur die Krisenerfahrung, sondern auch die konkreten Formen der »Verdinglichung« der gesellschaftlichen und zwischenmenschlichen Beziehungen im heutigen Kapitalismus hervorbringen, in ein Programm der Lebensbewältigung, das in der Unterwerfung unter die neue Führung, in der aggressiven Abwehr gegen die »Mächte des Bösen« und die Schuldigen an der Krise und schließlich in der Hinwendung zu neuen, nicht-materiellen Werten eine neue Stabilität gewinnen soll.

Hier nun wird die politische Herausforderung dieses Programms der »geistig-moralischen Erneuerung« für die Arbeiter- und Gewerkschaftsbewegung offensichtlich. Es geht nicht nur um Rechtfertigung und Legitimation von Herrschaftsinteressen, die mit dem Instrument der Ideologiekritik entlarvt werden können. Vielmehr handelt es sich um den Versuch, ideologische Sinnvermittlung »von oben« mit vorherrschenden Deutungsmustern der bedrohlich gewordenen gesellschaftlichen Realität im Alltag zu verketten – und dabei politische Einstellungen und Verhaltensweisen zu fördern, die den einzelnen Bürger motivieren, nicht nur materiellen Verzicht zu leisten, sondern zugleich eine neue Beziehung zu Staat und Gesellschaft einzugehen. Idealbild des Neo-Konservatismus ist nicht der Bürger, der die Wende und ihre Opfer passiv erduldet, sondern der aktiv das Programm der »Erneuerung« trägt und unterstützt und eben darin seine Bedürfnisse nach Orientierung, Stabilität und Anerkennung »von oben« zu befriedigen weiß. Daß dieser Typ der ideologischen Aktivierung gegen die Politik und Wertorientierung der Arbeiterbewegung gerichtet ist, vermag leicht eingesehen zu werden; denn hier werden nicht Solidarität und kollektives Handeln derer angesprochen, die Widerstand gegen ihre gesellschaftliche Abhängigkeit und die zugrunde liegenden Herrschaftsverhältnisse leisten, sondern individuelle Anpassung und Unterwerfung, die Bereitschaft, rationale Kritik dieser Verhältnisse und die Perspektive ihrer Veränderbarkeit durch den Glauben an die »althergebrachten Werte« zu ersetzen.

Die Bedeutung des ideologischen Klassenkampfes ist in der Arbeiterbewegung – als Kampf um die Bewußtseinsentwicklung der Arbeiterklasse – früh erkannt worden. Friedrich Engels hatte 1874 die »Stärke und Unbesiegbarkeit der deutschen Bewegung« darin erkennen wollen, daß sie den »Kampf nach seinen drei Seiten hin – nach der theoretischen, der politischen und der praktisch-ökonomischen (Widerstand gegen die

Kapitalisten) – im Einklang und Zusammenhang und planmäßig« führt (MEW, 7, S. 541). Dennoch hat die Arbeiterbewegung die Erfahrung machen müssen, daß die theoretische Klarheit (z.B. in der Analyse der ökonomischen Krisenprozesse und der Klassenverhältnisse) längst nicht ausreicht, um diesen Kampf erfolgreich zu bestehen. Vor allem in der Weltwirtschaftskrise nach 1929 und in der Auseinandersetzung mit dem Faschismus wurde die Arbeiterbewegung mit dem Sachverhalt konfrontiert, daß in der »Massenpsychologie des Faschismus« ideologische Formen politisch bedeutsam wurden, die sich der rationalistischen Kritik von Intellektuellen ebenso entzogen wie den programmatischen Alternativen und Perspektiven der Arbeiterbewegung. Die faschistische Ideologie, die ganze Inszenierung der Politik-Rituale der Nazis zielte ja darauf ab, den Menschen angesichts ihrer Erniedrigung in der Welt der kapitalistischen Krise und angesichts des Autoritätszerfalls des politischen Systems eine Orientierung zu geben, die sie aus dieser Erniedrigung herausheben sollte, ihnen das Gefühl vermittelte, nicht als Angehöriger einer Klasse oder einer Partei, sondern als Deutscher einer überlegenen Rasse anzugehören, an einer Bewegung teilzuhaben, die die Ehre und Größe Deutschlands wiederherstellt.

Es war also gerade der Appell an nicht-materielle und irrationalistische Werte, der die Erfolge der Faschisten begleitete. Umso größer die Angst vor den Folgen der Krise, umso größer die Desorientierung im Begriff der wirklichen gesellschaftlichen Hintergründe der Krise – umso größer war offenkundig die Bereitschaft, im blinden Gehorsam gegenüber dem Führer und einer neuen gesellschaftlichen Elite, in der Anerkennung des ganzen mystischen Irrationalismus der NS-Ideologie eine neue Identität zu finden, in der sich die Lust an der Unterwerfung mit der offenen Aggressivität gegen Juden, Marxisten, Intellektuelle, »Systempolitiker« usw. paarte.[6] Die psychologischen Mechanismen, die in dieser Massenbasis des Faschismus zur Geltung kamen, sind seit Freuds »Massenpsychologie und Ich-Analyse«, vor allem aber seit W. Reichs »Massenpsychologie des Faschismus« vielfach analysiert worden. Wenn auch die Reduktion der Faschismus-Problematik auf die Psychoanalyse oder auf die Ideologietheorie nicht akzeptiert werden kann (denn die psychischen Prozesse sind niemals als individuelle, sondern immer nur als Momente und Formen objektiver Vergesellschaftungsprozesse und ihrer Widersprüche angemessen zu begreifen), so hat diese Problematik doch der »politischen Psychologie« die Aufgabe gestellt, das Potential einer irrationalistischen Übersetzung der Krisenerfahrung in Bewußtseinsformen zu analysieren, die gleichsam offen sind für den autoritär-populistischen Appell von oben, die wie in der Religion so auch in der irrationalistischen Blut- und Boden-Mystik, im Chauvinismus und Führerkult, in der »Abfuhr« von Aggressivität und Angst gegen Fremde und Minderheiten, Entschädigung für die realen Erfahrungen der Unterdrückung, Abhängigkeit und Unsicherheit suchen und angeboten bekommen.

Wir erleben gegenwärtig eine Renaissance solcher Mechanismen. Alte und junge Neo-Nazis, die ihre neuen Anhänger meist aus den durch die Krise besonders betroffenen Gruppen der arbeitslosen Jugendlichen rekrutieren, suchen nicht nur in der Symbolwelt der neuen rechtsradikalen »Subkultur« und im Führer- und Kameradschaftsmythos solche Entschädigungen. Sie lenken auch unverhüllt ihren Haß in der Form der Gewaltkriminalität auf Ausländer und »Linke«. Vor allem die Ausländerfeindlichkeit, die auch unter den Lohnabhängigen verbreitet ist, erscheint ihren »Führern« als ein Hebel, um aus der politischen Isolation auszubrechen. Man wird der neuen konservativen Regierung nicht vorhalten können, daß sie sich mit ihrem Programm der »geistig-moralischen Erneuerung« unmittelbar den primitivsten Varianten des Neo-Faschismus öffnet. Auch die Ideenwelt der »Rechtsaußen« der neuen Regierung an der Spitze des Innenministeriums (Zimmermann und Spranger) wird über die Berufung auf ihre christliche Verantwortung stets den Unterschied zur rechtsradikalen Szene herauskehren. Dennoch werden gerade hier immer wieder Brücken geschlagen zwischen dem autoritär-populistischen Diskurs »von oben« und der rechtsradikalen Ideologie und Aktivität. In dem Maße, wie einerseits Kommunisten und Friedensbewegung als permanente Bedrohung der inneren Sicherheit ausgegeben werden, die Rückführung von Ausländern gefordert wird (bis hin zur lebensbedrohenden Auslieferung von politischen Flüchtlingen an die Militärdiktatur in der Türkei, wo diese mit Ermordung, Folter und KZ zu rechnen haben), Nachfolgeorganisationen der SS »reingewaschen« werden und schließlich auch die Freiheit der Kunst diskriminiert wird, im gleichen Maße wird die rechtsradikale Szene ermuntert, nur noch offensiver aufzutreten.

Es ist noch zu früh, den Erfolg des Programms der »geistig-moralischen Wende« zur Diskussion zu stellen. Die Wahrheit der neuen konservativen Regierung wird erst dann offenbar werden, wenn die Periode der »Flitterwochen« und der »Sonntagsreden« vorbei ist, wenn die praktische Politik Antworten geben muß auf Fragen nach nicht einzulösenden Wechseln (Beispiel: »Lehrstellenlüge«), wenn sich die Volksbewegung gegen die Raketenstationierung aktiver in die politischen Auseinandersetzungen einschaltet, wenn erste Positionen des aktiven Widerstandes von Seiten der Gewerkschaften eingenommen werden.

Schon früh sind allerdings die Stationen einer weiteren Rechtsverschiebung, also der zweiten Etappe der »Wende« markiert worden. Auf dem Felde der Wirtschafts- und Sozialpolitik hat E. Albrecht (CDU) mit seinen 10 Thesen zum Problem der Arbeitslosigkeit für eine Weichenstellung plädiert, die u.a. die Verpflichtung, Sozialpläne (bei Betriebsstillegungen) aufzustellen, die Kündigungs- und Jugendschutzbestimmungen, die Mitbestimmung zur Disposition stellt und zugleich für eine grundlegende Neuorientierung bei der Finanzierung des »sozialen Netzes«, für eine drastische Senkung der Unternehmensbesteuerung und für eine reale Senkung der Arbeitskosten plädiert (vgl. Frankfurter Rundschau, 27. 8. 1983). Auch der Vorschlag des CDU-Abgeordneten George, die Reallöhne der Arbeitnehmer um mindestens zehn Prozent zu senken, liegt auf dieser Linie. Auf dem Felde der »inneren Sicherheit« schließlich hat die bereits verabschiedete Verschärfung des Demonstrationsstrafrechtes sowie die Vorbereitung auf den »heißen Herbst« bereits punktuell erkennen lassen, wie die Autorität des Staates im Blick auf kommende soziale und politische Auseinandersetzungen erhöht werden soll. Hier zeichnen sich die Grundlinien einer Politik ab, deren Erfolg in zugespitzten Krisensituationen in hohem Maße davon abhängen wird, ob die populistische Anrufung des »Volksganzen« im Sinne der »geistig-moralischen Erneuerung« zugleich als Schutzschild für den Ausbau des autoritären Staates und die Sicherung des monopolkapitalistischen Wirtschaftssystems fungieren kann.

Diese knappen Bemerkungen zum Inhalt und zur Funktion des Programms der »geistig-moralischen Erneuerung« sollen zunächst einmal unsere Aufmerksamkeit auf den Sachverhalt lenken, daß die Kritik nicht bei dem Nachweis seiner Rechtfertigungs- und Verschleierungsfunktion oder gar beim distanzierten Amüsement über die geistigen »Nebelbomben« des neuen Bundeskanzlers verharren kann. Das Programm der »geistig-moralischen Erneuerung« muß vielmehr in doppelter Weise ernst genommen und politisch beantwortet werden. Zum einen bildet es eben jenen Bestandteil des autoritär-populistischen Diskurses, der darauf abzielt, der Angst, den Ohnmachtsgefühlen, der Entfremdung vieler Menschen eine konservative »Erlösung« anzubieten und diese durch neue Formen der Unterwerfung unter den Staat, unter das »Ganze«, unter die »althergebrachten Werte« zu festigen, um auf diese Weise »Opferbereitschaft« und ein neues Selbstwertgefühl im Kampf gegen die »Mächte des Bösen« zusammenzuschweißen. Das Programm appelliert gerade darin an den »autoritären Charakter«, der in der neueren deutschen Geschichte immer wieder Adressat und Material konservativer und reaktionärer Politik gewesen ist.

Indem aber dieses Programm zum anderen an real vorhandene Ängste anknüpft, wird seine Ideologie, ihre Vervielfältigung durch die ideologischen Staatsapparate selbst zu einem politisch manifesten Faktor; denn sie organisiert Erfahrungen, Deutungsmuster, Fragmente von Weltanschauungen und Formen des falschen Bewußtseins in Richtung nicht nur auf politische Einstellungen und Werthaltungen (konservatives Alltagsbewußtsein), sondern auf soziales und politisches Verhalten, das die »Wende« selbst aktiv trägt. Es ist gerade diese Funktion der konservativen Ideologie, die die Frage und schließlich die Forderung nach einem geistig-moralischen Gegenentwurf der demokratischen und Arbeiterbewegung aufwirft. Diese Antwort ist schon deshalb – auf einer ersten Stufe der Reaktion – notwendig, weil die neo-konservative Propaganda nicht müde wird zu behaupten, die Linke habe geschichtlich die Substanz ihres geistig-moralischen Anspruchs restlos verbraucht: die sozialistisch-revolutionäre Utopie sei in der Unmenschlichkeit des Kommunismus erstarrt; die sozialliberale Verheißung »mehr Demokratie wagen!« sei in Technokratie, staatlicher Bevormundung und »im Materiellen versandet« – und schließlich finde der Sozialismus überhaupt nur noch bei der frustrierten, aber letztlich kalten Rationalität von Intellektuellen Resonanz.

Viele Gewerkschafter haben schon in der jüngsten Zeit erfahren, daß die ideologischen Vergesellschaftungsprozesse, die mit der »Wende« einhergehen, unmittelbar die Rahmenbedingungen ihrer eigenen Politik strukturieren. Je mehr sich gewerkschaftliche Interessenvertretung in partikulare Ziele aufspaltet, je mehr sie sich auf den klassischen »Trade-Unionismus« reduzieren läßt, umsomehr wird sie mit Schranken ihrer Macht konfrontiert, die einerseits in der gesellschaftlichen Macht des Kapitals und des Staates, andererseits aber in den ideologischen Machtverhältnissen, die in die Gewerkschaftsbewegung selbst – über das Bewußtsein von Mitgliedern und Funktionären – eingreifen, ihre Wurzel haben. Jede gewerkschaftliche Mobilisierung für wirtschaftspolitische und betriebliche Maßnahmen der Arbeitsplatzsicherung – bis hin zum Kampf um die 35-Stunde-Woche – wird z.B. unterhalb der Schwelle der notwendig zu entwickelnden Kampffähigkeit bleiben, solange ein beträchtlicher Teil der Mitglieder und vor allem der nicht organisierten Lohnabhängigen davon überzeugt bleibt, daß der hohe Ausländeranteil an den Beschäftigten die wirkliche Ursache für die Wirtschaftskrise und die Massenarbeitslosigkeit sei. Aber schon bei den »normalen Lohnrunden« sind die Wirkungen zu spüren, die der Appell an die »Opferbereitschaft« sowie an die »Solidarität mit den Arbeitslosen« zeitigt. Das »schlechte Gewissen« marschiert auch dort mit, wo von den Gewerkschaften eine intensive Aufklärungsarbeit über den ideologischen Gehalt dieser Appelle geleistet worden ist. Viele Lohnabhängige – vor allem im öffentlichen Dienst – glauben insgeheim doch daran, daß Lohnverzicht Arbeitsplätze sichert, daß man in Krisenzeiten den Gürtel enger schnallen muß, daß Bescheidenheit gegenüber den Unternehmern eine angemessene Form der Solidarität mit den noch Schwächeren sei. Solche Einstellungen werden natürlich immer wieder von neuem durch jenes Verantwortungsbewußtsein für das »Gemeinwohl«, das Teile der gewerkschaftlichen Führungsgruppen zumal in Tarifrunden demonstrieren, intensiviert. Aber sie erhellen doch eine wesentliche Aufgabe gewerkschaftlicher Politik (die bewußten Funktionären selbstverständlich ist): Daß nämlich im Zuge der Entwicklung und der Vertretung von Einzelforderungen stets auch der Gesamtzusammenhang der Gesellschafts- und Krisenanalyse, mehr noch: der Gesamtzusammenhang gewerkschaftlicher Alternativvorstellungen einbezogen werden muß, und daß nur auf diese Weise die notwendige Einsicht in die ökonomische, aber auch die moralische Legitimation der Forderungen erzeugt und gefestigt werden kann.

Die Überlegungen zu einem geistig-moralischen Gegenentwurf zur Politik und Ideologie der konservativen »Wende« können sich jedoch nicht auf diese – eher selbstverständlichen – Vermittlungen von Gewerkschaftspolitik und Gesellschaftskritik, von Tageszielen und längerfristigen Forderungen, beschränken. Noch wichtiger ist es, mit der Kritik des konservativen Wertesystems eben auch jene geistigen und moralischen Werte der Arbeiterbewegung zu verdeutlichen, die ihrerseits die zahlreichen Einzelforderungen verbinden und über die sich überhaupt erst der Zusammenhang zwischen der Perspektive des Kampfes für eine bessere Welt und der Einsatz- und Opferbereitschaft derer, die diese Bewegung aktiv gestalten und tragen, herstellt. Diese Rekonstruktion ist nicht einfach, denn sie verlangt die Fähigkeit, die Geschichte neu anzueignen und die Gegenwart vom Standpunkt einer Gesamtbetrachtung des historischen Charakters der bürgerlich-kapitalistischen Gesellschaft zu analysieren – und sie verlangt die Fähigkeit, Widersprüche – auch in der Geschichte der Arbeiterbewegung – nicht nur zu reflektieren, sondern praktisch zu bearbeiten.

Darüber hinaus muß jede – auch noch so vorsichtige – Öffnung zur Beschäftigung mit der demokratischen Alternative zur konservativen »geistig-moralischen Erneuerung« notwendig mit jenem fest verwurzelten Pragmatismus in Konflikt geraten, der nicht nur in der alltäglichen gewerkschaftlichen Praxis, sondern im ganzen Selbstverständnis des integrationistischen Flügels der Arbeiterbewegung vorherrschend geworden ist und der sich noch im Image vom hoch-qualifizierten »Macher mit Augenmaß und Sachkompetenz« (Helmut Schmidt) widerspiegelt. Pragmatismus bedeutet aber nicht nur »Theorieverlust«, den die Jungsozialisten immer wieder beklagten. Er bedeutet in letzter Instanz auch geistig-moralischen Orientierungsverlust für große Teile der Lohnabhängigen und wirkt daher als »Auflöser« bzw. als Blockade von Klassenbewußtsein. Pragmatismus erzeugt immer auch jene Orientierungskrise, die sich einstellen muß, wenn die Lohnabhängigen über einen langen Zeitraum davon überzeugt wurden, die bestehenden Verhältnisse (und die Politik ihrer Bewahrung) seien allemal das Beste, was jemals erreicht wurde – und wenn schließlich durch ökonomische und politische Krisenprozesse eben jener Glaube durch die Wirklichkeit selbst erschüttert und in Frage gestellt wird. Der integrationistische Pragmatismus kann darauf nur eine Antwort geben: Die Verhältnisse so zu nehmen, wie sie sind, das »Beste« daraus zu machen und gleichzeitig jeden Versuch abzuwehren, alternative Modelle des politischen Denkens und Handelns anzunehmen. Um nicht mißverstanden zu werden, will ich schon hier festhalten, daß diese Kritik des Pragmatismus nicht eine allgemeine Diskreditierung der gewerkschaftspolitischen Alltagspraxis beinhaltet. Diese Praxis der alltäglichen Interessenvertretung wird – wie im vorangehenden Abschnitt gezeigt wurde – in der Krise sogar wichtiger; der Hinweis auf die Notwendigkeit einer demokratischen Alternative zur konservativen »moralisch-geistigen Erneuerung« soll zunächst nur daran erinnern, daß die Verselbständigung dieser Praxis gegenüber dem Bewußtsein vom notwendigen, inneren Zusammenhang der vielfältigen Praxisfelder und auch gegenüber der Bereitschaft, neue Erfahrungen auch in neue Perspektiven von Praxis zu übersetzen, zur letztlich defensiven und orientierungslosen »Handwerkelei» führen muß.

Ich habe nicht die Absicht, ein eigenes Alternativ-Programm vorzustellen. Das ist Aufgabe eines kollektiven Lernprozesses, nicht der individuellen Reflexion. Ich kann mich allenfalls – soweit zunächst die historischen Dimensionen dieser Problematik berührt sind – darauf beschränken, die Umrisse eines solchen Projektes zu skizzieren. Auf dem Gebiet der sozialwissenschaftlichen und sozialgeschichtlichen Forschung können dabei wichtige Hilfestellungen geleistet werden; denn nach wie vor bestehen erhebliche Defizite, um den Charakter der bürgerlichen Herrschaft, vor allem aber die ideologischen Mechanismen bei der »Verteidigung der alten Ordnung« genauer zu erfassen. Es sei nur kurz erinnert an die marxistische Diskussion über das Klassenbewußtsein, die zu Beginn der 70er Jahre eine äußerst wichtige Etappe im

Selbstverständigungsprozeß der linken Intelligenz sowie in der »Rekonstruktion des Marxismus« darstellte. Liest man heute diese Texte von neuem, erscheint vieles fremd und schwer verständlich – vor allem die Konzentration auf die von der Marxschen Kritik der politischen Ökonomie abgeleitete »ökonomische Formbestimmung« des Bewußtseins, die zwar die verschiedenen Formen des notwendig falschen Bewußtseins zu rekonstruieren vermochte, in denen sich – über die Zirkulationssphäre des Warentausches und der Geldform – die Mystifikationen der Kernstruktur der kapitalistischen Gesellschaft (das Kapitalverhältnis als gesellschaftliches Ausbeutungs- und Herrschaftsverhältnis) manifestieren, die aber gleichzeitig den Zugang zum Begriff jener ausserökonomischen, ideologischen Vergesellschaftungsprozesse versperrte, die die Integration der Individuen in das bestehende Herrschaftssystem regulieren. Erst die Rezeption von Gramsci hat danach den Blick geweitet für die vielfältigen Formen der Vermittlung von »Basis« und »Überbau« und damit auch für die institutionellen und ideologischen Prozesse, in denen sich politische und geistig-moralische Hegemonie reproduziert.

Die »Verteidigung der alten Ordnung« (vgl. Milliband, 1977, S. 43 ff.) vollzieht sich stets über ein Netzwerk von Institutionen (Familie, Kirchen, Schule, Massenmedien, Vereine usw.), in denen konservative Wertvorstellungen und -haltungen im Alltag weitergegeben und eingeübt werden: religiöser Glaube, Nationalismus, Traditionspflege, Disziplin und Unterwerfung, Anpassungsfähigkeit. Die Bedeutung dieser »ideologischen Apparate« bzw. »politischen Sozialisationsagenturen« hat sich im Verlauf der Geschichte der kapitalistischen Gesellschaft verändert. So hat z.B. der Einfluß der Kirchen und der Religion (obwohl er nach wie vor außerordentlich bedeutsam für die ideologische Herrschaftssicherung ist) gegenüber dem Einfluß der Massenmedien und der ideologischen Funktion neuer Formen der Massenkultur (man denke nur an die Gewaltkultur, die sich in den Fußball-Stadien entwickelt hat) nachgelassen. Bei der Erforschung dieser Zusammenhänge darf freilich nicht außer acht gelassen werden, daß diese Traditionen der Alltagskultur keineswegs monolitisch wirken und eindimensional im Sinne der »Verteidigung der alten Ordnung«, der Erzeugung eines konformen, sozialen Verhaltens funktionieren. In allen Gesellschaften gibt es neben der Tradition der Konformität auch die Tradition des Nonkonformismus und des Dissens, der Rebellion sowie der autonomen Abgrenzung der »Volkskultur« gegenüber den herrschenden ideologischen Mustern und Apparaten.

Arno Klönne hat in der Diskussion des »Forums: Perspektiven gewerkschaftlichen Handelns in der Krise« die »historische Substanz« der Arbeiterbewegung und der Gewerkschaften darin bestimmt, »daß sie das Recht auf soziale Egalität, auf ein menschenwürdiges Leben für alle zum Springpunkt politischer Entscheidungen machen«. Daher können sie sich auch in der Gegenwart »nicht auf Konzepte einlassen, die auf die Frage nach einer Sicherung der materiellen Existenz für alle und zu gleichen Bedingungen keine Antwort suchen oder diese Frage kulturpessimistisch beiseite schieben« (GeMo 1982.4, S. 204). Die Arbeiterbewegung des 19. Jahrhunderts hatte sich das Programm der französischen Revolution von 1789 »Freiheit – Gleichheit – Brüderlichkeit« zu eigen gemacht, diesem jedoch zugleich einen neuen Inhalt gegeben. Sie entstand nicht nur aus der Auflehnung gegen materielles Elend, Entfremdung und politische Unterdrückung. Ihr Anspruch auf »geistig-moralische Führung« konnte sich erst in dem Maße entwickeln, wie sie die Kritik und Negation des herrschenden Systems der Ökonomie, der Politik und der Moral mit dem Projekt einer neuen Gesellschaftsordnung verband, in der durch die Vergesellschaftung der Produktionsmittel und durch die kollektive Planung des Reproduktionsprozesses die Voraussetzungen geschaffen werden sollten, Klassenherrschaft und politische Gewalt ebenso aufzuheben wie Krisen und materielle Not, zwischenmenschliche Entfremdung und geistige Unterdrückung. Die sozialistische Theorie war – nach dem Anspruch von Marx und Engels – gerade darin politisch, daß sie sich mit den wirklichen Bewegungen und Organisationen der Arbeiterklasse verband; und sie war darin wissenschaftlich, daß sie die geschichtliche Möglichkeit dieser Gesellschaftsveränderung nicht aus dem Bewußtsein und dem subjektiven Wollen des Proletariats und seiner »organischen Intellektuellen«, sondern aus den inneren Entwicklungsgesetzen und -widersprüchen der kapitalistischen Gesellschaftsformation ableitete und begründete.

Die »große Kraft der Solidarität«, die immer wieder enorme individuelle und kollektive Energien freisetzte, entsprang auch der alltäglichen Arbeits- und Lebenserfahrung und festigte sich in den ökonomischen und politischen Klassenkämpfen selbst. In ihr wirkte schon ein mächtiges Alternativ-Prinzip gegenüber der herrschenden Moral. Der Kapitalismus kann nur existieren, indem er die Subjekte »atomisiert«, sie als formal gleiche und freie Individuen den Zwangsgesetzen der Konkurrenz unterwirft. Das Verhältnis von »Basis« und politisch-ideologischem Überbau im Kapitalismus zeichnet sich gerade dadurch aus, daß – um die Stabilität des Systems zu sichern – diese strukturelle Atomisierung durch den Staat und die »ideologischen Apparate« im außerökonomischen Bereich überbrückt und »gebunden« werden muß.

Da sich diese Bindung aber niemals von der Doppelstruktur der Konkurrenz – Konkurrenz der Individuen als freie Tauschsubjekte und Antagonismus von Lohnarbeit und Kapital – emanzipieren kann, ja stets die Sicherung dieser ökonomischen Grundverhältnisse verfolgen muß, muß sie notwendig zu ideologischen Formen greifen, in denen Gemeinschaftlichkeit, sei es als direkte Unterwerfung unter das durch den Staat repräsentierte Gemeinwohl (»illusorische Gemeinschaftlichkeit«, Marx), sei es als metaphysische und irrationalistische Mystifizierung der zwischenmenschlichen Beziehungen (Beispiel: Religion und Nationalismus) bestimmt ist (vgl. Deppe, 1982).

Der Humanismus, der dem Prinzip der proletarischen Solidarität innewohnt, vertritt ein Programm der Gemeinschaftlichkeit, das gerade diesen Widerspruch aufhebt. Schon in den ersten Phasen des Kampfes der Arbeiterbewegung manifestiert sich die Aufhebung des Konkurrenzprinzips nicht nur in den ersten gewerkschaftlichen Zusammenschlüssen, sondern auch in den vielfältigen Formen der genossenschaftlichen Selbsthilfe, in denen einerseits das Überleben gesichert wird, andererseits aber das Prinzip einer neuen gesellschaftlichen Organisationsform und einer neuen Moral der zwischenmenschlichen Solidarität praktiziert und antizipiert wird. Auch die »moralische Ökonomie«, die als Forderung nach einer »gerechten« Wirtschaftsordnung in den Volksbewegungen des 18. Jahrhunderts gegenwärtig und dabei auch durch vorkapitalistische Denkformen bestimmt ist (vgl. Thompson, 1980, bes. S. 66 ff.), wirkt an der Herausbildung dieses neuen Typs der Solidarität mit; denn in ihr macht sich auch perspektivisch der Anspruch geltend, die »Wolfsgesetze« der Konkurrenz durch eine Organisationsform der Gesellschaft aufzuheben, in der die Arbeits- und Lebensverhältnisse einschließlich des gesamten politischen Systems nicht mehr durch die Gesetze der Profitproduktion und der »Ausbeutung des Menschen durch den Menschen«, sondern durch die individuellen und gesellschaftlichen Bedürfnisse, durch kollektive Einsicht, bewußte Gestaltung des Lebensprozesses und Selbstbestimmung bewegt werden.

Es ist diese »neue Moral«, die die Arbeiterbewegung zu einer politischen Kraft geformt hat, die neben ihren ökonomischen und politischen Zielen immer auch das Prinzip der Solidarität und der Egalität vertreten hat und die der »herrschenden Moral« entgegentrat: dem Chauvinismus und der Kriegsverherrlichung setzte sie die Völkerverständigung, den Frieden und das Prinzip der »Internationale« entgegen; der Rassismus und alle Formen des Sozialdarwinismus wurden zurückgewiesen; seit Bebel's »Die Frau und der Sozialismus« setzten sich die fortschrittlichen Teile der Arbeiterbewegung für die Befreiung der Frauen aus patriarchalischen und kapitalistischen Unterwerfungsformen ein und wirkten auch in der Praxis für einen neuen Typus der Beziehung zwischen Mann und Frau, zwischen Eltern und Kindern; die »Bildungsbestrebungen« der Arbeiterbewegung haben nicht nur auf Klassenschranken des herrschenden Bildungssystems reagiert, sondern zugleich – gegen die herrschenden religiösen und irrationalistischen Weltanschauungen – einen Zugang zur rationalen Erkenntnis der Welt und der Natur, der Geschichte und des Menschen vermittelt; gegen den »Führerkult« und die Verherrlichung der Diktatur durch den Faschismus verteidigte sie die demokratischen und sozialistischen Ideale der politischen Selbstbestimmung.

Diese Aufzählung bleibt unvollständig – aber sie deutet doch an, daß die Arbeiterbewegung der Gegenwart nicht zu erschrecken braucht, wenn sie durch das Programm der neu-konservativen »geistig-moralischen Erneuerung« herausgefordert wird, ihre eigene Geschichte nach Alternativen und Gegenpositionen zu befragen. Natürlich führt die Arbeit mit diesen Fragen zu Differenzierungen und zum Begreifen von Widersprüchen, die auch in der Arbeiterbewegung selbst wirken. Einerseits ist zu lernen, daß Elemente dieser historisch überlegenen Moral immer auch von bürgerlichen bzw. kleinbürgerlichen, radikal-demokratischen Strömungen – oftmals im Zusammenwirken mit der Arbeiterbewegung – vertreten wurden, daß also auch auf der Ebene der geistig-moralischen Alternative Bündnisse möglich und notwendig sind. Auf der anderen Seite werden wir mit den verschiedenen Strömungen in der Arbeiterbewegung, mit ihrer Konfrontation, mit Fehlentwicklungen und Niederlagen konfrontiert. Den Anspruch zu verteidigen, daß die geistig-moralische Substanz der Arbeiterbewegung der Ideologie der Herrschenden und der konservativen »Erneuerung« auch in der Gegenwart überlegen ist, kann nicht bedeuten, diese Widersprüche zu verschweigen oder die Geschichte der Arbeiterbewegung als einen quasinaturgesetzlichen Prozeß des beständigen »Vorwärts-Stürmens« zu mystifizieren. Die Proletarier sind keine »Götter« – wie Marx in der »Heiligen Familie« formulierte – sondern – »in den Lebensbedingungen des Proletariats (sind) alle Lebensbedingungen der heutigen Gesellschaft in ihrer unmenschlichen Spitze zusammengefaßt« (MEW, 2, S. 38). Daher ist es auch unvermeidlich, daß sich der Kampf der Klasse und ihrer Organisationen immer in dem Widerspruch zwischen den realen Wirkungen dieser unmenschlichen Bedingungen und dem theoretisch postulierten, in der Praxis der Solidarität stets nur partiell realisierten Anspruch auf deren Überwindung bewegen muß. Dialektisches Lernen aus der eigenen Geschichte schließt daher nicht nur die Bereitschaft ein, solche Widersprüche mit besonderer Aufmerksamkeit zu analysieren, sondern deren Bearbeitung auch in die konkrete Bestimmung des Gegenwartshandelns einfließen zu lassen.

Schließlich führt auch die Beschäftigung mit der Geschichte des geistig-moralischen Anspruchs der Arbeiterbewegung an die Frage heran, wie es kommen konnte, daß viele dieser Traditionen verschüttet wurden und aus dem »kollektiven Gedächtnis« der heutigen Arbeiterklasse verdrängt sind, warum es also angesichts der Krise des Kapitalismus und der konservativen »Wende« mit zu den wichtigsten Aufgaben gehört, diesen Schutt abzuräumen, die Erkenntnis der geistig-moralischen Substanz der Arbeiterbewegung von neuem einzubringen in die gewerkschaftliche und politische Antwort auf die »Wende«, wieder jenen Klassenstolz zur Geltung zu bringen, der als Motto dem Film von Willi Bleicher vorangestellt ist: »Du sollst dich nie vor einem lebenden Menschen bücken«. Dabei wird die Beschäftigung mit den Wirkungen des »Wirtschaftswunders«, des »Kalten Krieges« und des sozialpartnerschaftlichen Pragmatismus in der Arbeiterbewegung selbst aber auch – und zwar nicht nur am Beispiel der Lebensgeschichte von Willi Bleicher (vgl. jetzt Benz, u.a., 1983) – die Erkenntnis frei machen, daß die Tradition des »aufrechten Ganges« niemals vollständig verschüttet bzw. liquidiert wurde. Die ungebrochene Moral der Antifaschisten, die sich nach 1945 für eine antifaschistisch-demokratische Neuordnung einsetzten, wurde zwar im »CDU-Staat« Konrad Adenauers nicht als die anständige Seite der neueren deutschen Geschichte gewürdigt; aber sie hat doch wesentlich dazu beigetragen, auch in der Gewerkschaftsbewegung immer wieder demokratische und sozialistische Gegenmachtpositionen (von der Auseinandersetzung um Remilitarisierung und Atomwaffen bis hin zum Kampf gegen die Notstandsgesetze) zur Geltung zu bringen. Der Geist und die Moral, die in dieser Tradition Bestand hatten, unterschieden sich fundamental von der »herrschenden Moral« der Adenauer-Ära, an die jetzt der neue Bundeskanzler anknüpfen möchte. Hier war noch jene »große Kraft der Solidarität« lebendig, deren Inhalt nicht durch die Gesetze der Konkurrenz, durch das individuelle Streben nach Reichtum und Macht, durch den Irrationalismus der »althergebrachten« Werte und Traditionen und damit auch durch die Verstrikkung in die Verbrechen des Faschismus, sondern durch die Erfahrung einer kollektiven Klassenlage, die Erfahrung von materieller Not und politischer Unterdrückung, durch die Schrecken der imperialistischen Kriege dieses Jahrhunderts zu Disziplin, Handlungsvermögen, Widerstandskraft und einem ganz anderen Typ von Opferbereitschaft – nämlich der Opferbereitschaft für eine bessere, friedliche und humane Welt – geformt worden war.

Diese geistig-moralische Alternative der Arbeiterbewegung zu formulieren und politisch wirksam werden zu lassen, ist keine Aufgabe des Augenblicks. Und doch ist sie nicht voraussetzungslos. In der gewerkschaftlichen Kulturarbeit der vergangenen Jahre sind nicht nur verschüttete Traditionen – z.B. die Lieder der Arbeiterbewegung, in denen sich ja immer wieder auch ihr geistig-moralischer Anspruch auf die Zukunft artikuliert – neu angeeignet worden; vielmehr verbindet sich dieser historische Lernprozeß mit der Entwicklung neuer Formen kultureller Praxis, in denen das Bedürfnis nach humanen Arbeits- und Lebensbedingungen, nach Frieden, nach Selbsttätigkeit und nicht-entfremdeten zwischenmenschlichen Beziehungen, also das Bedürfnis nach einer kämpferischen Solidarität einen eigenständigen Ausdruck gefunden hat. Aber auch das Zusammenwirken von Gewerkschafts- und Friedensbewegung wird über das konkrete politische Ziel, die Raketenstationierung zu verhindern, hinaus das Bewußtsein entwickeln, daß durch den Friedenskampf nicht nur alle Seiten der unmittelbaren gewerkschaftlichen Interessenvertretung berührt werden, sondern daß hier zugleich eine geistig-moralische Auseinandersetzung stattfindet, in der letztlich auch die doppelte Frage nach der Verhinderung einer menschheitsvernichtenden Katastrophe *und* nach einer humanen und rationalen Gestaltung der Welt gestellt ist. Wären die Aggressions- und Kriegsplanungen der Reagan-Administration weniger bedrohlich, könnte man sich mit dem kritischen Hinweis begnügen, hier inszeniere in unserer Epoche die herrschende Klasse einer untergehenden Gesellschaftsformation ein neues Szenario zu der Losung der untergehenden Feudalklassen im Frankreich des 17. Jahrhunderts: »Nach uns die Sintflut«! Da aber angesichts des heutigen Standes der gegenseitigen Vernichtungspotentiale, des schon vorhandenen »Over-Kill« und der neuen Rüstungs- und Vernichtungstechnologien die Katastrophe nur zu schnell ausgelöst werden kann, kommt es darauf an, der dekadenten Moral der Reagan, Weinberger, Colin Gray u.a., deren menschenverachtender Zynismus auch durch die zur Schau gestellten Frömmigkeit kaum noch verhüllt werden kann, offen die Moral einer neuen humanen, friedlichen und auf dem Prinzip der genossenschaftlichen Solidarität aufgebauten Gesellschafts- und Weltordnung als politisches Programm entgegenzustellen.

3. Historische Erfahrungen – Aspekte einer politischen Krisengeschichte des 20. Jahrhunderts

Die hochentwickelten kapitalistischen Länder in Nordamerika und Europa erfreuten sich seit 1950 über einen Zeitraum von mehr als zwei Jahrzehnten einer außergewöhnlichen Stabilität: Die ökonomische Wachstumsdynamik übertraf die Durchschnittswerte aller vorangegangenen Jahrzehnte, die Reallöhne der abhängig Beschäftigten stiegen kontinuierlich an, die Arbeitslosenquote wurde in einigen Ländern auf Werte unter 1 Prozent gedrückt. Große politische Auseinandersetzungen und Erschütterungen blieben aus; bis zum Ende der 60er Jahre hielten sich (von wenigen regionalen Ausnahmen, wie z.B. in Skandinavien, abgesehen) konservative Parteien bzw. Mitte-Rechts-Koalitionen an der Regierung. Diese Erfahrungen, die dazu von der herrschenden sozialwissenschaftlichen Meinung als endgültige historische Ablösung des »alten« Kapitalismus und als Überwindung der Klassengesellschaft ausgegeben wurden, haben oftmals den Blick für das innere Krisenpotential dieser Gesellschaften, aber auch für die veränderten globalen Existenzbedingungen des kapitalistischen Systems getrübt – und dazu die falsche Vorstellung genährt, als ob wir in einem relativ krisenfreien und stabilen Jahrhundert lebten. Auch der Pessimismus von Teilen der linken Intelligenz, die die Erwartung der progressiven Veränderbarkeit der gesellschaftlichen Macht- und Herrschaftsverhältnisse in den USA und Westeuropa längst aufgegeben haben, scheint von dieser Sichtweise beeinflußt.

In Wirklichkeit ist aber dieses Jahrhundert wie kaum ein anderer Abschnitt der Weltgeschichte durch tiefgreifende Erschütterungen und Umwälzungen gekennzeichnet. Die beiden Weltkriege stellen nur schreckliche Höhepunkte in einer kontinuierlichen Kette von militärischen Konflikten dar, deren Schwerpunkt sich mehr und mehr in die Regionen der ehemaligen Kolonien und Halbkolonien in Afrika, Asien und Lateinamerika verlagert hat. Immerhin ist in diesem 20. Jahrhundert diese Welt zu einem waffenstarrenden Arsenal von konventionellen und atomaren Vernichtungspotentialen geworden, die zum Ausgang dieses Jahrhunderts eine für die Menschheit historisch ganz neue Frage aufwerfen: wie nämlich das Überleben der Menschheit gegen die Destruktivkräfte, die ihre eigenen wissenschaftlichen und technischen Fertigkeiten hervorgebracht haben, gesichert werden kann. Die Kriege standen meist im Schnittpunkt von welt- und innenpolitischen Krisen; selbst die »Atempausen« zwischen den Kriegen waren durch Wirtschaftskrisen, das Elend der Nachkriegsperioden, harte Klassenkämpfe und autoritäre-faschistische Gegenschläge belastet. Daß dies ein Jahrhundert extremer Krisenanfälligkeit und einer enormen Konzentration von Gewalt ist, macht schon darauf aufmerksam, daß es sich um eine Epoche bedeutender Veränderungen in den Machtstrukturen und Herrschaftsverhältnissen der »Weltgesellschaft« handelt. Etwa um die Mitte des Jahrhunderts – also kurz nach dem Ende des zweiten Weltkrieges – war die Beherrschung der Welt durch die bürgerlich-kapitalistischen Staaten, die im 16. Jahrhundert begonnen hatte, endgültig zuende. Mit dem Scheitern des Versuchs, die Sowjetunion im zweiten Weltkrieg zu liquidieren, festigte sich nicht nur das weltpolitische Gewicht der Sowjetunion; es entwickelte sich auch ein System sozialistischer Staaten. Weltgeschichtlich nicht minder bedeutsam ist der Zusammenbruch des Kolonialsystems, das durch die »imperialistische Aufteilung der Welt« entstanden war. Die weltpolitischen Hegemonial- und Konfliktkonstellationen waren bis zum Ende des ersten Weltkrieges noch durch die Konkurrenzverhältnisse zwischen den kapitalistischen Großmächten in Europa geprägt. Bis in die Gegenwart festigten sich jedoch »Konfliktformationen«, die historisch zwar durch die widersprüchliche Dynamik des modernen Kapitalismus produziert wurden,[1] in denen aber gleichwohl antikapitalistische und antiimperialistische Kräfte entscheidende Gegenmachtpositionen errungen haben, die die herrschende Politik in den kapitalistischen Metropolen seitdem zwingen, diese Gegenmacht in alle ihre strategischen Kalküle und Planungen einzubeziehen.

Aber auch die Innenpolitik in den Zentren der kapitalistischen Welt blieb von diesen globalen Strukturveränderungen in der »Internationalen Gesellschaft« nicht unberührt. Das 20. Jahrhundert ist das Jahrhundert der Arbeiterbewegung – genauer gesagt: für die herrschenden Klassen – vor allem in Europa – wird der Umgang mit der »sozialen Frage« sowie mit den politischen Parteien der Arbeiterbewegung und den Gewerkschaften zum Brennpunkt ihrer Innenpolitik. Zwar hat es in den hochentwickelten kapitalistischen Gesellscharten Westeuropas in diesem Jahrhundert bislang keine erfolgreiche sozialistische Revolution gegeben. Dennoch war die Frage der Systemsicherung und -stabilisierung in allen Entwicklungsetappen determiniert durch die Bewältigung und Regulierung der Klassenbeziehungen im staatsmonopolistischen Kapitalismus. Die strategischen Antworten auf diese Grundfragen waren jeweils abhängig von den ökonomischen Reproduktionsbedingungen, von den Konkurrenzverhältnissen und Machtstrukturen auf dem Weltmarkt sowie dem internationalen wie nationalen Kräfteverhältnis der Klassen. Ob es sich – wie in den kurzen Nachkriegsperioden (nach 1918/19 und nach 1945) – um die Abwehr einer grundlegenden Veränderung der Herrschafts- und Eigentumsverhältnisse, um die Einbeziehung des Reformismus in den Staat oder um die Integrationspolitik im Zeichen der Wohlfahrts- und Sozialstaatlichkeit oder schließlich auch um die faschistische, gewaltsame Ausschaltung der Demokratie und der Arbeiterbewegung handelte – immer reagierte die herrschende Politik auf den Anpassungsdruck, der nicht nur durch die monopolkapitalistischen Vergesellschaftungsprozesse, sondern auch durch das Kräfteverhältnis der Klassen erzeugt wurde. Die Arbeiterbewegung – vor allem ihr linker Flügel – hat in dieser wechselhaften – und immer auch durch extreme politische Gewalt charakterisierten – Geschichte vielfach Niederlagen hinnehmen müssen. Ihre Kämpfe haben jedoch Form und Inhalt bürgerlicher Herrschaft maßgeblich beeinflußt; denn die politischen Herrschaftsformen (Technokratie plus plebiszitäre Massendemokratie) sowie die zunehmende Intervention des Staates in den gesellschaftlichen Reproduktionsprozeß (Staatsinterventionismus), die sich nach dem Ende des zweiten Weltkrieges für eine lange Periode festigten, entstanden im Zusammenhang mit dem zunehmenden gesellschaftlichen Charakter der Produktivkräfte *und* der anwachsenden (nationalen und internationalen) Herausforderung durch die Arbeiterklasse und den Sozialismus (vgl. Therborn, 1978, S. 54).

Diese ersten Hinweise auf den krisenhaften und gewaltsamen Charakter dieses Jahrhunderts lassen schon erkennen, daß zwischen den großen sozialen und politischen Veränderungen und der Anwendung außerökonomischer Gewalt ein unmittelbarer Zusammenhang besteht. Wann immer Völker für ihre nationale Unabhängigkeit von kolonialer bzw. neo-kolonialer Abhängigkeit und Ausbeutung eintraten, wann immer die Volksmassen für die Beseitigung der Herrschaft des Monopolkapitals oder einheimischer landbesitzender Oligarchien kämpften, wann immer die Arbeiterklasse und ihre Organisationen (oft mit politisch höchst divergierenden Zielen) aktiv wurden, um die Macht des Kapitals oder der aristokratischen Elemente des herrschenden Blocks einzuschränken oder aufzuheben – stets wurden diese Bewegungen mit der ideologischen, politischen und militärischen Gewalt der herrschenden Klassen konfrontiert, die diese demokratischen und sozialen Veränderungen nicht freiwillig hinzunehmen bereit waren. Die Erfahrungen eines jeden Gewerkschafters, der heute lernt, daß auch die geringsten Fortschritte in der Verbesserung der Arbeits- und Lebensbedingungen den Unternehmern und dem Staat mühsam abgerungen werden mußten und immer wieder – zumal in Zeiten der Krise – in harten Kämpfen verteidigt werden müssen, können daher durchaus verallgemeinert werden: Der »rote Faden«, der die Krisengeschichte des 20. Jahrhunderts durchwirkt, konkretisiert sich in der beständigen Auseinandersetzung zwischen Kapital und Arbeit und den vielfältigen politisch-ideologischen Formen, die dieser Kampf annimmt.

Welchen Nutzen kann die Beschäftigung mit der politischen Krisengeschichte des 20. Jahrhunderts haben? In der jüngsten Zeit haben Historiker, Ökonomen und Politikwissenschaftler das Modell der »langen Wellen« wiederentdeckt. Es besagt, »daß die industrielle Entwicklung seit der französischen Revolution in langfristigen Perioden verläuft, die zwischen 40 und 60 Jahre dauern können, und deren jede sich als eine Folge von Aufstieg Abstieg darstellt, von beschleunigter und verlangsamter Entwicklung, von Flut und Ebbe, so daß in jede Periode gewissermaßen eine ›gute‹ und eine ›schlechte‹ Zeit fällt, ganz wie die fetten und die dürren Jahre in der Bibel« (Huber, 1982, S. 16). Das Interesse an diesem Modell ist offensichtlich in den Gegenwartserfahrungen begründet; denn die späten 70er und frühen 80er Jahre sind eine Periode des Umbruchs und des Übergangs. Daß eine lange Periode der relativen Stabilität und Prosperität (in den Zentren der kapitalistischen Welt) zu Ende gegangen ist, bedarf keiner besonderen Erläuterung. Welches aber die ökonomischen und politischen Kernstrukturen sowie die nationalen und internationalen Machtverhältnisse einer neuen »langen Welle« bzw. Entwicklungsperiode der kapitalistischen Gesellschaft sein werden, kann nicht mit Gewißheit prognostiziert werden; denn die Formen des Umbruchs und Übergangs werden immer auch durch Inhalt und Ergebnis der politischen Kämpfe bestimmt, in denen sich die krisenhaften ökonomischen und sozialen Vergesellschaftungsprozesse politisch, ideologisch und kulturell »übersetzen«.

Von der Seite der Produktivkraftentwicklung her können freilich genauere prognostische Bestimmungen gewonnen werden. Auf jeden Fall wird die neue »lange Welle« durch die Verallgemeinerung der »neuen Techniken« – und zwar nicht nur der Mikroelektronik und der neuen Kommunikationstechnologien, sondern auch der Gentechnik, Biomasse, Solartechnik und Ökotechnik – bestimmt sein. Und damit kann auch schon eine Aussage über den sozialen Inhalt dieses epochalen Umbruchs getroffen werden: Im Zentrum werden soziale und politische Auseinandersetzungen stehen, die durch den Widerspruch zwischen der enormen Produktivitätssteigerung durch diese neuen Techniken und der Verwertungslogik des Kapitals hervorgebracht werden. Ökonomisch wird sich die Frage stellen, wie die Profitproduktion und -aneignung angesichts der riesigen Kapitalaufwendungen, die die erfolgreiche Anwendung der neuen Techniken erfordert, und angesichts der Realisierungsprobleme, die durch Massenarbeitslosigkeit in den kapitalistischen Metropolen und die mangelnde Zahlungsfähigkeit der Entwicklungs- und Schwellenländer verschärft werden, zu sichern ist. Politisch wird sich daraus die Frage ergeben, wie der Staat und die ideologischen Vergesellschaftungsprozesse jene Konfliktpotentiale bewältigen oder neutralisieren können, die in der Folge jener sozialökonomischen Widersprüche notwendig entstehen.

Der Friedensforscher Senghaas hat darauf aufmerksam gemacht, daß zwischen den langen ökonomischen Zyklen und den Konfliktkonstellationen auf dem Felde der internationalen Politik ein unmittelbarer Zusammenhang besteht. »Warum interessieren gerade heute wiederum solche Vorstellungen über lange Wellen der Konjunktur und über Hegemoniezyklen? Der Grund dürfte darin bestehen, daß wir derzeit einerseits den Übergang von einer langen weltwirtschaftlichen Aufschwungsphase in eine erneute lange Abschwungphase miterleben *und* gleichzeitig eine entsprechende Veränderung in der internationalen Machtstruktur, die in einer Zerbröckelung der einst unumstrittenen Hegemonialposition der USA begründet ist. Das Zusammentreffen beider Entwicklungen dürfte besondere Gefahren für den Weltfrieden heraufbeschwören. Denn nach aller historischen Erfahrung wächst die Wahrscheinlichkeit von Kriegen dann besonders, wenn ein weltwirtschaftlicher Abschwung dazu führt, daß Verteilungskonflikte nicht nur innerhalb von Gesellschaften, sondern auch zwischen ihnen sich häufen. Nicht umsonst ist dann oft die Rede von ›Handelskriegen‹, die sich in der Geschichte nicht selten in offene militärische Auseinandersetzungen ausweiten. Auch dürfte die Konfliktträchtigkeit internationaler Politik dann zunehmen, wenn die Vormachtstellung einer ehedem eindeutigen Hegemonialmacht *relativ* zu schwinden beginnt, sei es als Ergebnis eigener innerer Schwäche und – was in der Regel ebenso wahrscheinlich ist – als Folge der Herausbildung von neuen, offensiv auftretenden Gegenmächten. In einer solchen weltwirtschaftlichen und weltpolitischen Konstellation ist zu erwarten, daß die alte Hegemonialmacht entweder versucht, sich an die veränderten Umweltbedingungen anzupassen oder aber, daß sie sich bemüht, durch besondere, wenngleich in der Regel aussichtslose Anstrengungen die einmal eingenommene Vormachtstellung wiederzugewinnen, um weiterhin die alte weltpolitische Rolle spielen zu können« (GeMo, 1983.3, S. 140).

Ich habe nicht die Absicht, hier die Theorie der »langen Wellen« zu überprüfen. Das Modell erklärt nichts und gerät sogar in die Nähe einer spätantiken oder (z.B. bei Machiavelli) frühbürgerlichen Geschichtsphilosophie, die sich an die methaphysische Vorstellung vom beständigen Aufstieg und Zerfall der Staaten klammert, wenn nicht zugleich die historische Tendenz der antagonistischen Vergesellschaftungsprozesse im Kapitalismus berücksichtigt wird. Es kann aber eine Hilfestellung bieten, um die längerfristigen Veränderungen in den Handlungs- und Kampfbedingungen der Arbeiterbewegung genauer zu erfassen. Die Fragestellungen, die dabei zu verfolgen sind, sollten aus den aktuellen Erfahrungen abgeleitet werden. Deren erste Analyse hat gezeigt, daß die Gewerkschaftsbewegung in den letzten Jahren nicht offensiv und mit einer klaren Alternativkonzeption auf die Krise des Kapitalismus, auf die sozialen und technologischen Widersprüche, in denen sich der Übergang in eine neue Epoche konkretisiert, sowie auf die politisch-ideologische Rechtsverschiebung geantwortet hat. Nach einer Periode des Machtzuwachses und der gesteigerten gewerkschaftspolitischen Aktivität ist sie in die Defensive geraten, die noch durch die Desorientierung im Massenbewußtsein der Lohnabhängigen (Entsolidarisierung, Offenheit für konservative Deutungsmuster, Verlust von kollektiver Handlungsbereitschaft) verstärkt wird. Zwar zeichnen sich Ansätze einer Neuorientierung in verschiedenen Bereichen der Interessenvertretung ab; gleichwohl kann nicht exakt vorausgesagt werden, ob und wann sich diese Ansätze mit der Bereitschaft zu massivem Widerstand »von unten«, zum Kampf für diese Alternativen verbinden (vgl. w.o. S. 64 ff.). Wenn also die Realität nicht die Erwartung eines Umschwungs in die aufsteigende Phase eines neuen Kampfzyklus der Arbeiterklasse stützt, so drängt sie doch zu der Einsicht, daß – verbunden mit dem krisenhaften Übergang in eine neue Epoche – ein Tief- und Wendepunkt zwischen zwei längerfristigen Kampfzyklen erreicht ist.

Der nachfolgende Rückblick auf einige Etappen der politischen Krisengeschichte soll zum einen verdeutlichen, daß diese Erfahrungen keineswegs neu sind. Es wird sich zeigen, daß die Verarbeitung von ökonomischen Krisenprozessen im Bewußtsein und der Handlungsbereitschaft der Lohnabhängigen wie in der strategischen Orientierung der Organisationen der Arbeiterbewegung meist ungleichzeitig verläuft. Mit anderen Worten: Veränderungen in der Struktur und in der Dynamik des ökonomischen Wachstums produzieren einen »Problemstau«, der erst in einem schrittweisen Lernprozeß politisch bearbeitet wird und der oft zu einer Blockade der Handlungsfähigkeit führt, die dann erst bei einer Zuspitzung zur politischen Krise durchbrochen wird.

Diese entsteht nach J. Hirsch dann, »wenn aufgrund der strukturellen Widersprüche des bürgerlichen Herrschaftsapparates die ideologische Integration der Massen zusammenzubrechen droht und/oder die Herstellung des ›Kompromißgleichgewichtes‹ des Blocks an der Macht nicht mehr gelingt, d.h. hegemoniale Fraktionskämpfe offen ausbrechen« (Hirsch, 1976, S. 142).

Die Kampfzyklen der Arbeiterbewegung (vgl. Deppe, 1981, S. 54 ff.) sind also durch die bloße Analyse der Binnen-Prozesse in der Arbeiterklasse und ihren Organisationen nicht hinreichend zu begreifen. In der kapitalistischen Gesellschaft werden die Kampfbedingungen vorab nicht durch die Arbeiterklasse, sondern durch die ökonomischen Gesetzmäßigkeiten, die objektiven Vergesellschaftungsprozesse und die politisch-ideologischen Strategien der Herrschenden definiert. Daher entwickelt sich dieser Kampf stets in einem System von Klassenbeziehungen, das auf der politischen Ebene als das um den Staat gruppierte Kräfteverhältnis der Klassen erscheint. Veränderungen in diesem System werden immer auch maßgeblich durch die Reaktionen des bürgerlichen Herrschaftsapparates auf Krisenprozesse bestimmt. Die entscheidende Frage dabei ist die, ob und zu welchem Zeitpunkt die herrschende Klasse mit Hilfe des Staates dazu übergeht, die Krise der Kapitalverwertung und die Gefahr eines anwachsenden Einflusses der Arbeiterbewegung mit dem Mittel der direkten, politischen Gewalt nach innen und außen überwinden zu wollen. Der Vorrang der »politischen gegenüber der bürgerlichen Gesellschaft« –, so hebt A. Kramer in einem Aufsatz über »Gramsci's Interpretation des Marxismus« hervor – ist ein »Kennzeichen von Übergangssituationen«: »Um die Umwälzung des bestehenden historischen Blocks zu verhindern, greift die Bourgeoisie zurück auf die Unterdrückungsinstrumente der politischen Gesellschaft. Die Herrschaft wird ausschließlich durch den unmittelbar physischen Zwang ausübenden Staatsapparat aufrechterhalten. Diese ›extreme Form der politischen Gesellschaft‹ (Gramsci) kennzeichnet also eine historische Situation, in der das bisherige hegemoniale System zerstört und noch nicht durch ein anderes ersetzt worden ist oder – wenn die Schaffung eines ›neuen‹ historischen Blocks mißlingt – sich noch nicht wieder konsolidiert hat« (Kramer, 1975, S. 90).

In den folgenden Abschnitten will ich versuchen, einige Aspekte des Epochenwandels sowie der Hegemonie- und Kampfzyklen historisch zu konkretisieren. Der Thematik dieses Buches entsprechend werde ich mich vor allem auf Zusammenhänge konzentrieren, die die Bearbeitung von ökonomischer und politischer Krisenerfahrungen in den Strategien des »Blocks an der Macht« und in der Arbeiterklasse, damit auch Probleme der »Ungleichzeitigkeit« der politischen Reaktionsweisen auf diese Prozesse betreffen.

3.1. Vom Kaiserreich zur Weimarer Republik.

Im Jahre 1909 veröffentlichte Karl Kautsky, damals der führende Theoretiker der deutschen Sozialdemokratie und der II. Internationale, seine Schrift »Der Weg zur Macht. Politische Betrachtungen über das Hineinwachsen in die Revolution.« Darin vertrat er die Auffassung, daß sich nunmehr – nach einer langen Periode der relativen Stabilität des Kapitalismus, die mit der Niederschlagung der Pariser Kommune (1871) begonnen habe – eine Epochenwende vollziehe: »Wir haben Gründe anzunehmen, daß jetzt endlich der lang ersehnte Zeitpunkt naht, in dem der Bann der politischen Stagnation gebrochen wird und wieder frisches, fröhliches Leben des Kämpfens und siegreichen Vordringens auf dem Wege zur politischen Macht ersteht« (Kautsky, 1972, S. 62).

Kautsky hatte in der Tat den Epochenwandel richtig vorausgesehen; in den imperialistischen Staaten und in der Weltpolitik ging eine Periode des Wachstums, der Ausdehnung des Weltmarktes und der relativen Beständigkeit zu Ende. Eine neue Periode zugespitzter weltpolitischer Gegensätze und Konflikte und verschärfter Klassengegensätze kündigte sich an. Er begriff schon, daß das internationale Wettrüsten auf einen Krieg zutrieb und daß die steigenden Rüstungskosten über Steuern und Preissteigerungen vor allem auf die Arbeiterklasse abgewälzt wurden. Die militärischen »Randkonflikte« seiner Zeit erkannte er so als Vorspiel für einen großen europäischen Krieg. Kautsky wollte zwar mit gutem Grund keine Prognose über die bevorstehende politische Entwicklung abgeben; dennoch bezeichnete er die »allgemeine Unsicherheit« als die vorherrschende Erscheinung dieses krisenhaften Übergangs: »Sicher, daß wir in eine Periode allgemeiner Unruhe, steter Machtverschiebungen eingetreten sind, die, wie immer ihre Formen und ihr Dasein sein mögen, nicht eher mehr in einem Zustande länger dauernder Ruhe enden kann, als bis das Proletariat die Kraft erlangt hat, die Kapitalistenklassen politisch und ökonomisch zu expropriieren und damit eine neue Ära der Weltgeschichte zu inaugurieren« (eb. S. 112).

Der erstaunliche historische Optimismus von Kautsky soll uns hier zunächst nicht weiter beschäftigen. Wie die Daten über das Wachstum der Produktion von Industrie und Handwerk zeigen (vgl. Tab. 1 und Schaubild I), handelt es sich nicht um eine schwere ökonomische Krise;

Tabelle 1: Daten zur ökonomischen, sozialen und politischen Entwicklung 1900 bis 1913

Jahr	Produktion Industrie/ Handwerk[1])		Arbeits-einkommen pro Jahr[2])		Lebens-haltungs-kosten[3])	Arbeitslosen-quote[4])		Streiks ausgefallene Arbeitstage[5])		Freie Gewerkschaften Mitglieder[6])		SPD-Mitglieder[8])		Wahlen – Reichstag[7])					
														SPD		Zentrum		Konservative	
	1913 = 100	1900 = 100	Mark	1900 = 100	1900 = 100	%	≈ 2,6 = 100	in 1000	1900 = 100	in 1000	1905 = 100	in 1000	1905 = 100	%	Mandate	%	Mandate	%	Mandate
1900	61,4	100	843	100	100	2,5	96	3188,6	100	680,4	50								
1901	58,7	95	847	100	101	7,2	276	2311,6	72	677,5	50								
1902	60,2	98	857	101	102	3,2	123	1326,8	41	733,2	54								
1903	64,8	105	879	104	102	2,7	103	2815,5	88	887,7	66			31,5	81	19,6	100	9,9	54
1904	67,5	109	902	106	103	2,1	80	3623.0	113	1052,1	78								
1905	70,0	114	928	110	107	1,6	61	14536,2	455	1344,8	100	384,3	100						
1906	73,0	118	975	115	113	1,2	46	8176,3	256	1689,7	125	530,5	138						
1907	78,7	128	1018	120	114	1,6	61	6204,5	194	1865,5	138	587,3	152	28,8	43	19,3	105	9,4	60
1908	78,0	127	1020	120	114	2,9	111	2258,9	70	1831,7	136	633,3	164						
1909	81,4	132	1030	122	117	2,8	107	2812,9	88	1832,7	136	720,0	187						
1910	85,5	139	1063	126	120	1,9	73	4582,0	143	2128,0	158	836,6	217						
1911	90,7	147	1102	130	124	1,9	73	7731,3	242	2421,5	180	970,1	252						
1912	97,2	158	1135	134	130	2,0	76	7711,8	241	2583,5	192	982,9	255	34,6	110	16,2	91	9,2	43
1913	100,0	162	1163	137	130	2,9	111	8819,3	276	2525,0	187	1085,9	282						

Quellen:
1) W. G. Hoffmann, Das Wachstum der deutschen Wirtschaft seit der Mitte des 19. Jahrhunderts, Berlin/Heidelberg/New York 1965, S. 393.
2) Ebd., S. 471.
3) J. Kuczynski, Darstellung der Lage der Arbeiter in Deutschland von 1871 bis 1900, Berlin 1962, S. 443.
4) F. Niess, Geschichte der Arbeitslosigkeit, Köln 1979, S. 223.
5) K. Tenfelde/ H. Volkmann (Hrsg.), Streik. Zur Geschichte des Arbeitskampfes in Deutschland während der Industrialisierung, München 1981, S. 305.
6) W. Hirsch-Weber, Gewerkschaften in der Politik, Köln und Opladen 1959, S. 145.
7) Statistisches Bundesamt, Bevölkerung und Wirtschaft 1872–1972, Stuttgart, Berlin 1972, S. 136.
8) D. Fricke, Die deutsche Arbeiterbewegung 1869 bis 1914, Westberlin 1976, S. 245.

denn auch zum Ausgang der »Belle Epoque« bis 1913 wird noch einmal ein kräftiges Wachstum erzielt. Und doch bahnt sich in dieser Zeit eine schwere politische Krise an, die schließlich 1914 in den ersten Weltkrieg einmündet. Nach dem Ende der sog. »langen Depression« um die Mitte der neunziger Jahre des 19. Jahrhunderts folgte bis zur Zeit vor dem ersten Weltkrieg eine »lange Welle« der ökonomischen Expansion. Die Ursachen dieser Bewegung waren nach E. Mandel: »Die Kapitalanlagen in den Kolonien, der Durchbruch des Imperialismus, die Verallgemeinerung der Monopolisierung, zusätzlich von nur langsam ansteigenden Rohstoffpreisen profitierend und durch die zweite technologische Revolution (die verbreitete Anwendung des Elektro- und Explosionsmotors in sämtlichen Industriezweigen) mit stark gewachsener Arbeitsproduktivität und stark steigender Mehrwertrate begünstigt, erlauben eine allgemeine Hebung der Profitrate, die die rasch wachsende Akkumulation des Kapitals erklärt. Starke Expansion des Weltmarkts (Asien, Afrika, Ozeanien)« (Mandel, 1972, S. 124).

Im Deutschen Reich folgte nach der Krise 1907 bis 1909 eine Konjunkturperiode, in der die Industrieproduktion einen Höhepunkt erreichte. An der Produktionssteigerung hatten diejenigen Industriezweige den größten Anteil, die mit der Schwerindustrie, vor allem mit der Rüstungsproduktion, am engsten verbunden waren. In der zweiten Hälfte des Jahres 1913 begann eine neue Überproduktionskrise, die bald auch auf die Eisen- und Kohlenindustrie übergriff. Die Arbeitslosenquote stieg von 1,9 Prozent (1910) auf 3,2 Prozent (1914) – diese Angaben vermitteln freilich angesichts der Ungenauigkeit der Statistiken zu dieser Zeit ein höchst unzulängliches Bild der sozialen Wirklichkeit. Obwohl die führenden Wachstumsindustrien dieser Zeit, die Elektro- und Chemieindustrie, fast ungestört ihren Aufstieg fortsetzten, so zeigten doch »die letzten Jahre bis 1914, daß die Schwierigkeiten, die sich der Entfaltung des zyklischen Aufschwungs entgegenstellten, größer wurden; eine Zeit der Verlangsamung des industriellen Wachstums, insbesondere auch in den führenden kapitalistischen Ländern, kündigte sich an« (Mottek u.a. 1974, S. 192). Der Druck der Überkapazitäten und der relativen Verengung des Marktes wurde stärker. »Der versuchte Ausweg der Schwerindustrie, eine akute Absatzkrise zu vermeiden, bestand einmal in der Außenhandelsexpansion, verbunden mit Kapitalexport und zum anderen in der Ausweitung des staatlichen Absatzmarktes mittels Steigerung der Rüstungsnachfrage: Das aber bedeutete eine Verschärfung der internationalen Spannungen und Widersprüche« (ebd., S. 194/195).

Die politische Vorkriegskrise wurde also einerseits durch die Desta-

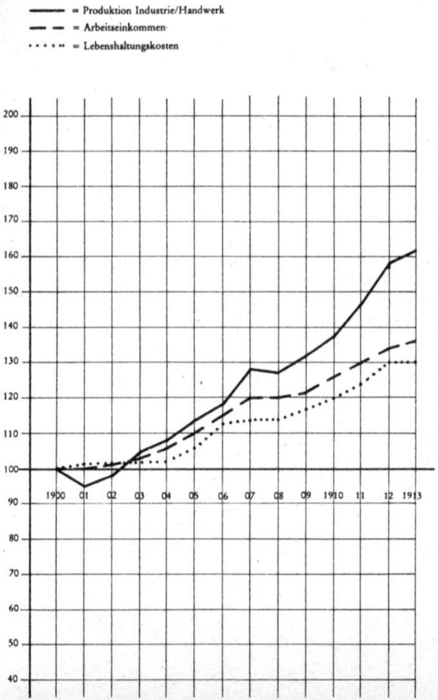

Schaubild 1: Produktion, Arbeitseinkommen und Lebenshaltungskosten 1900–1913

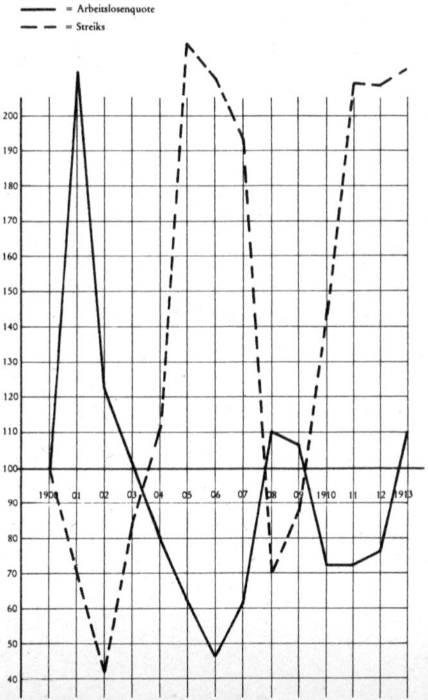

Schaubild 2: Arbeitslosenquote und Streiks 1900–1913

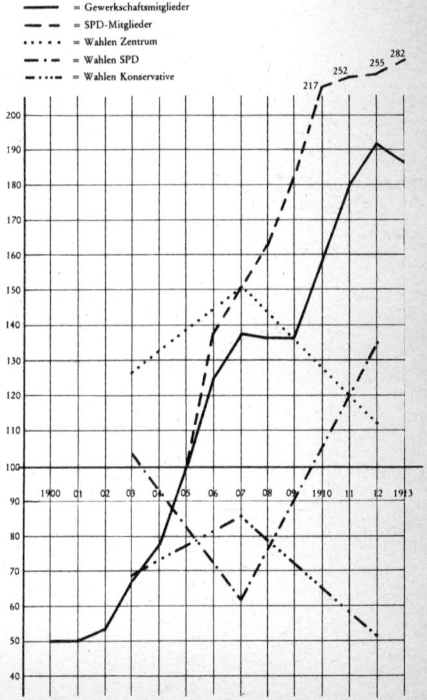

Schaubild 3: Mitglieder Gewerkschaften und SPD/Wahlen 1900–1913

bilisierung der internationalen imperialistischen Machtverhältnisse bestimmt. Der – um die Schwerindustrie gruppierte und vom herrschenden Block der Staatsbürokratie, der Militärführung und den Rechtsparteien politisch organisierte – aggressive Flügel der herrschenden Klasse ging zunehmend dazu über, sich auf die Durchsetzung seines Hauptziels: Veränderung des imperialistischen Kräfteverhältnisses zugunsten des Deutschen Reiches mit militärischer Gewalt vorzubereiten. Dabei spielte aber nicht nur der Druck der Kapitalüberschüsse eine Rolle. Bei den strategischen Optionen der herrschenden Klasse dieser Zeit mußte immer auch der innere Klassengegensatz von Kapital, Feudalaristokratie und autoritärem Staatsapparat auf der einen und der Arbeiterklasse und der sozialdemokratischen Bewegung (SPD, freie Gewerkschaften und Genossenschaften) auf der anderen Seite als potentielle Gefährdung nicht nur der Kriegspolitik nach außen, sondern auch des ökonomischen und politischen Gesamtsystems in Rechnung gestellt werden. Ende 1905, als die Welle der Streiks einen Höhepunkt erreicht hatte, war dem Kaiser dieser Zusammenhang klar geworden: »Daß wir wegen unserer Sozialdemokraten keinen Mann aus dem Lande nehmen können, ohne äußerste Gefahr für Leben und Besitz der Bürger. Erst die Sozialisten abschießen, köpfen und unschädlich machen, wenn möglich per Blutbad und dann Krieg nach außen; aber nicht vorher und nicht à tempo« (nach: Fischer 1979, S. 20).

Nach 1910 hatte sich die Kräftekonstellation im Innern jedoch entscheidend verändert – und damit kommen wir zu dem zweiten Element der politischen Vorkriegskrise. Die Daten, die in Tab. I sowie in den Schaubildern I–III (die lediglich der optischen Verdeutlichung einiger sozialer und politischer Prozesse dienen sollen) enthalten sind, ermöglichen einen ersten Zugang zum Begriff dieser Veränderung. Vor allem das Schaubild III zeigt für die Zeit ab 1909 eine Fortsetzung des steil ansteigenden Wachstumstrends der Mitglieder der SPD und der Freien Gewerkschaften. Zugleich erzielte die SPD bei den Reichstagswahlen des Jahres 1912 einen bedeutenden Erfolg, während Zentrum und Konservative, die Parteien der »schwarz-blauen Koalition« im Reichstag, Verluste hinnehmen mußten. Aufschlußreich sind auch die Prozesse, die das Schaubild II zusammenfaßt. Bis zum Jahre 1910 besteht ein eindeutiger Zusammenhang zwischen der konjunkturellen Entwicklung, der Arbeitslosenquote und der Streikhäufigkeit: Zieht das ökonomische Wachstum an, fällt die Arbeitslosenquote und – mit einer geringen Zeitverzögerung – steigt die Streiktätigkeit sprunghaft an. Umgekehrt geht die Streiktätigkeit zurück, wenn die Arbeitslosenquote aufgrund verminderten ökonomischen Wachstums sich erhöht. 1912/13 aber kehrte sich der Trend um: Trotz des Ansteigens der Arbeitslosenquote stieg die Zahl der durch wirtschaftliche Streiks ausgefallenen Arbeitstage noch einmal deutlich an. Dabei darf nicht außer acht gelassen werden, daß die statistischen Angaben über wirtschaftliche Streiks die politische Bewegung in der Arbeiterklasse nur höchst unzureichend widerspiegeln. Ab 1910 kam es zu einer neuen Welle von Massendemonstrationen, die zunächst eine Wahlrechtsreform (Abschaffung des preußischen Drei-Klassen-Wahlrechts) und danach den Kampf gegen Militarismus und Kriegsgefahr zum Inhalt hatten. Daß jetzt in der SPD der zweite Teil der »Massenstreikdebatte« (nach den Diskussionen 1905/06) abgehandelt wurde, bestätigt nur den Sachverhalt, daß sich – wie Kautsky dies vorausgesagt hatte – die Gegensätze zwischen Kapital und Arbeit in der offenen politischen Konfrontation zuspitzten. Auch die von Tilly und Hohorst zusammengetragenen Protestfälle lassen ab 1910 ein Ansteigen der Protesthäufigkeit erkennen, das nur mit den revolutionären Stimmungslagen der Jahre 1830 und 1848 bis 1850 vergleichbar ist (vgl. Schaubild 4).

Angesichts dieser Entwicklung mußte sich für die herrschende Klasse der Zusammenhang von Außen- und Innenpolitik neu stellen. Fritz Fischer beschreibt einige dieser Überlegungen wie folgt: »Auch in dieser Krise (der zweiten Marokko-Krise 1911) war neben dem außenpolitisch-ökonomischen Moment (Marokko-Mittelafrika), das eine Machtprobe mit Frankreich, ja mit der Entente, beinhaltete, unterschwellig ein innenpolitisches Kalkül des Wilhelminischen ›Machtkartells‹ im Spiel. Wenn die schwerindustrielle ›Post‹ am 26. August 1911 in einem Krieg ›neben der Klärung unserer prekären politischen Lage‹ vor allem auch die ›Gesundung vieler politischer und sozialer Zustände‹ gewährleistet sieht; und das ›Armeeblatt‹ lapidar schrieb: ›Für die inneren deutschen Verhältnisse wäre ein großzügiger Waffengang auch recht gut, wenn er auch den einzelnen Familien Tränen und Schmerzen bringt‹. Als nun, kurz darauf im Januar 1912 die Sozialdemokratie zur stärksten Fraktion im Reichstag aufstieg, so daß es für einen Staatsstreich, den die Alldeutsch-Konservativen forderten, zu spät schien, verstärkten sich die Hoffnungen auf die heilsamen innenpolitischen Wirkungen eines Krieges« (F. Fischer, a.a.O., S. 22/23).

Für die herrschende Klasse kam es darauf an, die Krise zugunsten der Sicherung und Expansion ihrer ökonomischen und politischen Herrschaft zu überwinden. Der politische Weg, den sie einschlug, hatte nicht nur den Widerstand der Arbeiterklasse und ihrer Organisationen im Innern und die gewaltsame Konfrontation mit den imperialistischen Konkurrenten auf der internationalen Bühne zu kalkulieren. Zudem erfor-

Schaubild 4: Protesthäufigkeit nach Jahren

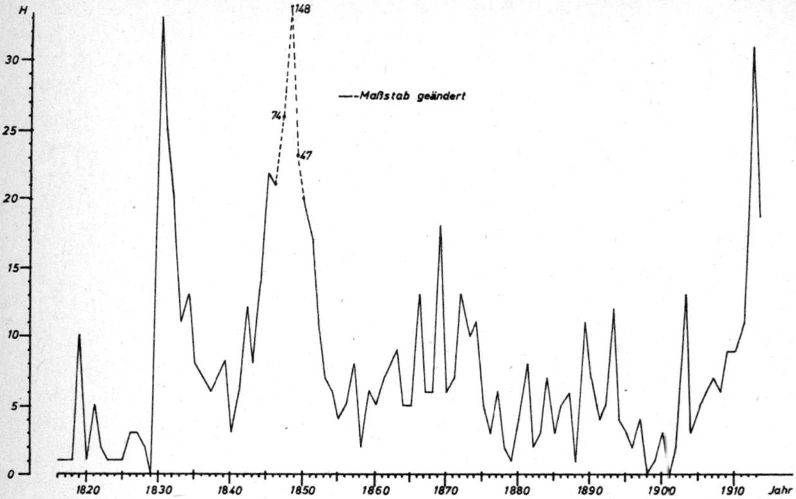

Es handelt sich um kollektive gewaltsame »Protestfälle« mit mindestens 20 Teilnehmern – darunter werden z. B. Zusammenrottungen und Demonstrationen, die sich gegen die bestehende Ordnung richteten und zu gewaltsamen Zusammenstößen zwischen Polizei oder Militär und Demonstranten führten, gerechnet. Als Quellenbasis wurden systematisch Zeitungsberichte ausgewertet. Es darf nicht davon ausgegangen werden, daß diese Fallsammlung absolut vollständig ist; es steht jedoch zu vermuten, daß sie sowohl zeitlich als auch regional gesehen eine Auswahl darstellt, die sich der wirklichen Verteilung – die wir freilich nicht kennen – gut annähert. Darüber hinaus handelt es sich um die gegenwärtig wohl umfassendste Fallsammlung für Deutschland. *Quelle:* Tilly, Richard und Gerd Hohorst, Sozialer Protest in Deutschland im 19. Jahrhundert: Skizze eines Forschungsansatzes, demnächst in: Jarausch, Konrad (Hrsg.), Quantifizierung in der Geschichtswissenschaft. Düsseldorf 1975 (Droste-Verlag).

Nach: G. Hohorst u. a., Sozialgeschichtliches Arbeitsbuch. Materialien zur Statistik des Kaiserreichs. 1870–1914. München 1975, S. 130/131.

derte die Lösung dieser krisenhaften Widersprüche, daß die Konkurrenz- und Konfliktverhältnisse innerhalb des herrschenden Blocks zumindest abgeschwächt wurden. Dabei ging es zum einen um Teile des Kleinbürgertums, die bereit waren, sich für die sozialdemokratische Wahlrechtsreform-Kampagne zu öffnen und die auch eher zum Pazifismus als zur alldeutsch-chauvinistischen Kriegsbegeisterung neigten (Bildung der linksliberalen Fortschrittlichen Volkspartei im Jahre 1910). Andererseits durfte die Konkurrenz zwischen den führenden Monopolgruppen (die auch in zwei verschiedenen Unternehmerverbänden organisiert waren) um die Beherrschung des Staatsapparates und seiner Politik auf keinen Fall einen Punkt erreichen, bei dem die gesamte Position des Monopolkapitals gegenüber der ausländischen Konkurrenz und gegenüber der Arbeiterklasse geschwächt worden wäre und womit die politische Krise eine qualitativ neue Stufe erreicht hätte. Obwohl die beiden Monopolgruppierungen (Schwerindustrie – »neue Industrien«: Elektro-, Chemie-Industrie) darin übereinstimmten, daß die Differenz zwischen der ökonomischen Potenz und der weltpolitischen »Unterbewertung« der Macht des deutschen Imperialismus durch Gewalt ausgeglichen werden müsse, bestanden auf dem Gebiet der Wirtschafts-, Handels- und Sozialpolitik zahlreiche strategische und taktische Differenzen. Der Losung der Montanindustriellen »Gegen Sozialdemokraten helfen nur Soldaten!« stand das Bemühen der flexibleren und »moderneren« Kapitalisten gegenüber, durch sozialpolitische Teilreformen das revolutionäre Potential in der Arbeiterklasse zu neutralisieren und kooperationsbereite Teile der sozialdemokratischen und gewerkschaftlichen Führung in den Staat zu integrieren (Gossweiler, 1971, bes. S. 21 ff.). Die Kriegspolitik – deren Vorbereitung ebenso wie der Eintritt in den Krieg selbst – diente demnach auch dazu, eine gemeinsame politische Linie zur Lösung der bis 1914 akkumulierten sozialen und politischen Widersprüche gewaltsam durch den autoritären Obrigkeitsstaat zu erzwingen, die Raub- und Eroberungspolitik als »Bindemittel« zur Dämpfung der zwischenmonopolistischen Konkurrenz, die allgemeine Kriegsbegeisterung oder auch nur die Bereitschaft zur »Vaterlandsverteidigung« als ideologisches Bindemittel für das Kleinbürgertum und auch für das Proletariat und schließlich auch die Etablierung eines Systems der staatsmonopolistischen Kriegswirtschaftsverwaltung dazu zu benutzen, führende Vertreter der »neuen Industrien« und des rechten Flügels der Arbeiterbewegung in den imperialistischen Staat zu integrieren.

Welche Ursachen hatte der Aufschwung der »Protestfälle« sowie der Streikbewegungen vor 1914? Nach langen Jahren eines kontinuierlichen wirtschaftlichen Aufschwungs, der auch zu einer relativen Verbesserung der Lebensbedingungen führte, war nun in verschiedenen Erfahrungsbereichen eine »Wende« zu spüren: Die Preissteigerungen und die Verlangsamung der Lohnsteigerungen konfrontierten Teile der Arbeiterklasse mit Reallohnverlusten (vor allem die Bergleute, die sich 1912 mit einem – im Ergebnis freilich gescheiterten – Massenstreik zur Wehr setzten); die wachsende Kriegsgefahr rief zunächst – auch unter der Führung der SPD, die maßgeblich an den Friedensaufrufen der II. Internationale (die noch einmal 1912 in Basel bekräftigt wurden) mitgewirkt hatte – massenhafte Protestbereitschaft gegen die imperialistische Kriegspolitik hervor (bis zu den »Friedensdemonstrationen« vom Juli/August 1914); und schließlich provozierte die Weigerung der preußischen Regierung, das Drei-Klassen-Wahlrecht abzuschaffen, Anfang 1910 eine Welle von Massenversammlungen und -protesten. Julian Marchlewski hat damals die Stimmung in der Arbeiterklasse wie folgt charakterisiert: »Für die Arbeiterklasse ergab sich die bittere Lehre, daß in der jetzigen Phase der kapitalistischen Produktion auch die ›fetten Jahre‹ nur den Unternehmern zugute kommen, nicht aber denen, die durch ihrer Hände Arbeit die Werte schaffen« (Deutsche Geschichte, 2, 1967, S. 747).

Karl Kautsky hatte in dem bereits erwähnten Buch »Der Weg zur Macht« auch die neuen Kampfbedingungen der Arbeiterbewegung, die sich aus der Epochenwende ergaben, analysiert. In dem Maße – so behauptete er –, wie sich die weltwirtschaftlichen und -politischen Widersprüche zuspitzen, politisieren sich die Kämpfe der Arbeiterklasse. Die gewerkschaftlichen Auseinandersetzungen um Löhne und Arbeitsplätze, die Kämpfe für Frieden und Demokratie gewinnen einen neuen Inhalt. Die herrschende Klasse ist dazu übergegangen, die inneren und äußeren Hindernisse der Kapitalakkumulation und ihrer Machtexpansion mit direkter Gewalt zu beseitigen. Daher führt – so Kautsky – jeder Widerstand gegen diese Politik an die Machtfrage heran.

Die von der sozialdemokratischen Bewegung dieser Zeit – nach den Organisations- und Wahlerfolgen der vergangenen beiden Jahrzehnte – anerkannte Trennung des ökonomischen vom politischen Kampf, also die »Arbeitsteilung« von Gewerkschaften und Partei, erweist sich ebenso wie die Trennung von Tagesaufgaben und dem »Endziel« der proletarischen Revolution als eine Schranke, die die Anpassung an die neuen Kampfbedingungen erschwert.

Das Buch von Kautsky stiftete einige Verwirrung. Der Parteivorstand der SPD versuchte, die zweite Auflage zu blockieren, und das »Correspondenzblatt« der freien Gewerkschaften antwortete mit einer wütenden Polemik. Kautsky wurde der »Feindseligkeit« gegen die Gewerkschaften beschuldigt; er leugne ihre »positiven Erfolge«, mache ihre Organisationsarbeit verächtlich. Kautsky erwiderte, daß er diese Erfolge keineswegs gering bewerte. »Ich behauptete bloß, wir dürften nicht erwarten, daß die Gewerkschaften durch *rein gewerkschaftliche Methoden* das Proletariat in Deutschland noch einmal so mächtig vorwärts bringen würden, wie es ihnen von 1895 bis 1907 gelang. Nicht das Vorwärtsbringen, sondern die *Methode* wird damit in Frage gestellt« (S. 10). Er macht darauf aufmerksam, »daß die relative Bedeutung des politischen und des ökonomischen Kampfes innerhalb der Arbeiterbewegung im Fortgang der kapitalistischen Entwicklung wechselt« (S. 11). Das Festhalten an den alten gewerkschaftlichen Methoden sowie am »Errungenen« müsse notwendig die Machtlosigkeit gegenüber den neuen, aggressiven Strategien der herrschenden Klassenkräfte nach sich ziehen. »Überwindung der Rüstungspolitik, Überwindung der Beherrschung des Staates durch Krautjunker und Schlotjunker, also Demokratisierung des Reiches, das werden jetzt die wichtigsten praktischen Aufgaben des deutschen Proletariats. Sie müssen gelöst werden, soll sein Aufstieg seinen Gang nehmen. Mit rein gewerkschaftlichen Methoden sind sie sicher nicht zu lösen. Ebenso sicher aber nicht ohne starke, kampffähige und ihrer Kraft bewußte Gewerkschaften« (S. 12). Kautskys Prognosen waren von außerordentlicher Präzision. Aber schon ab 1910 – vor dem Hintergrund der Massenbewegung für die Wahlrechtsreform – grenzte er sich als Wortführer des »Marxistischen Zentrums« gegen die vor allem von Rosa Luxemburg vertretene revolutionäre Linke in der Partei ab (Grunenberg, Massenstreikdebatte, 1970). Während Luxemburg – wie Kautsky noch 1909 – vom Beginn einer revolutionären Phase ausging, in der die Massenbewegungen in den politischen Massenstreik mit der Losung »Demokratische Republik« übergeführt werden müßten, setzte Kautsky dieser »Niederwerfungsstrategie« sein Konzept der »Ermattungsstrategie« entgegen. Kautsky verstand darunter die Praxis, »den Krieg gegen den bestehenden Staat und die bestehende Gesellschaft in einer Weise zu führen, die das Proletariat beständig stärkt, seine Gegner beständig schwächt, ohne sich dabei zu einer Entscheidungsschlacht provozieren zu lassen, so lange wir die Schwächeren sind« (ebd. S. 186). Er wollte also nicht den politischen Massenstreik verwerfen, sondern lediglich in der konkreten politischen Situation das »Kräftesammeln« in den Vordergrund rücken, um eine katastrophale Niederlage der Arbeiterbewegung zu vermeiden.

Der rechte Flügel in der Partei – vor allem in der Partei- und Gewerkschaftsführung – wollte jedoch weder von der »Niederwerfungs-« noch von der »Ermattungsstrategie« etwas wissen. Er versuchte, die Massenbewegung dieser Periode (von den Wahlrechtsdemonstrationen über die Streiks bis hin zum Wahlerfolg des Jahres 1912) als ein Druckmittel zu benutzen (und gleichzeitig zu begrenzen), um in Reichstag und in Länderparlamenten die Öffnung zu einer Koalitionspolitik mit den Liberalen (Anfänge des »Sozialliberalismus«) durchzusetzen und um die klassischen Forderungen der Reformpolitik umso wirksamer zu vertreten. Gleichzeitig stärkten organisatorische Reformen in der Partei, Eingriffe in das Pressewesen u.a.m., die Position des rechten Flügels, wobei vor allem die Gewerkschaftsführung auf der möglichst unpolitischen Vertretung der unmittelbaren Tagesinteressen der Lohnabhängigen bestand (vgl. ausführlich, Fülberth/Harrer, 1974, S. 84 ff.).

Während also auf der einen Seite die Politik des herrschenden Blocks immer eindeutiger die Kriegsvorbereitung und den Krieg selbst als Mittel zur Lösung der sich verdichtenden, krisenhaften Widersprüche begriff, vollzog sich innerhalb der sozialdemokratischen Arbeiterbewegung eine Rechts-Links-Differenzierung, die die spätere Spaltung schon im Keim vorwegnahm. Obwohl erst in der zweiten Hälfte des Krieges und in der revolutionären Nachkriegskrise diese Differenzierung organisatorische Konsequenzen zur Folge hatte (USPD, 1917, KPD 1918/19) und zugleich im Massenbewußtsein nachvollzogen wurde, so zeichnete sich doch schon vor 1914 – und vor allem dann bei Kriegsbeginn im August 1914 – eine Linie sozialdemokratischer Politik ab, die bereit war, für ihre staatspolitische Anerkennung sowie für die Anerkennung von Teilen ihres Reformprogramms den hohen Preis eines Klassenkompromisses zu entrichten, der – vor allem dann mit dem Eintritt in den Krieg – als ein Block des »nationalen Notstandes« zur Bewältigung einer »Existenzkrise der Nation« installiert wurde.

Es mag zunächst als ein Widerspruch erscheinen, daß diese sozialpartnerschaftliche Integrationspolitik dominant wurde, als sich gerade in der Arbeiterklasse ein Radikalisierungsprozeß anzudeuten schien, wie er in der höheren Streik- und Demonstrationsbereitschaft zum Ausdruck kam. Daß er verhüllt wurde und dann in der chauvinistischen Welle vom August 1914 zugunsten der Kriegspolitik aufgelöst wurde, hatte zahlreiche Ursachen: Zum einen bediente sich auch der rechtssozialdemokratische Integrationismus einer radikalen Rhetorik und er identifizierte sich zugleich mit den unmittelbaren Interessen und Forderungen, die in den Massenaktionen zur Geltung kamen (Demokratisierung, Lohnsteigerung, Abwehr der Kriegsgefahr). Wenn solche Aktionen immer wieder »von oben abgewürgt« wurden (z.B. die Wahlrechtsdemonstrationen im Frühjahr 1910 oder der Bergarbeiterstreik im

März 1912), konnte dies daher noch als taktisches Manöver mißverstanden werden. Zudem entsprach diese Politik auch dem Bewußtsein großer Teile der Arbeiterklasse selbst, die zwar eine Reform der bestehenden Verhältnisse und eine schrittweise Verbesserung ihrer Lebensbedingungen (wie in den Jahren zuvor) – aber eben keinen gewaltsamen, revolutionären Bruch wollten, und die sich dem Einfluß der herrschenden Vaterlands- und Kriegspropaganda nicht entziehen konnten. Schließlich hat auch die quantitative und organisatorische Schwäche der Linken, die bei Kriegsausbruch in offene Hilflosigkeit umschlug, verhindert, daß die erhöhte kämpferische Bereitschaft in der Arbeiterklasse mit der politischen Perspektive revolutionärer Veränderungen verbunden werden konnte.

So war es unvermeidlich, daß mit dem Ausbruch des Krieges eine Situation entstand, in der die strategische Kalkulation des herrschenden Blocks voll aufging. Ich will weder die Ereignisse dieser Periode im einzelnen rekapitulieren noch die Debatte aufgreifen, in welchem Ausmaß tatsächlich die deutsche Arbeiterklasse vom Hurra-Patriotismus der »Augusttage« erfaßt und auf die Straße getrieben wurde (vgl. Deppe, u.a., Blätter, 1979.4, S. 489 ff.). Vielmehr interessiert hier in erster Linie die Frage, wie angesichts der Zuspitzung der politischen Krise klassenübergreifender Konsensus mobilisiert werden konnte, der die sozialökonomischen Erfahrungen der Massen neutralisierte bzw. in den Hintergrund treten ließ. Der Krieg bedeutet die Verabsolutierung der Gewalt, die allen politischen Verhältnissen innewohnt. Die Verschleierung der tatsächlichen ökonomischen und politischen Machtinteressen, um derentwillen der Krieg geführt wird, vollzieht sich in jener ideologischen Form einer extremen »illusorischen Gemeinschaftlichkeit«, wie sie sich in der Vaterlandsverteidigung sowie im Appell an die höchste Form der Opferbereitschaft – nämlich die Bereitschaft, das Leben zu geben – konzentriert. Es gibt – wie der Kaiser proklamierte – keine Parteien mehr, sondern nur noch Deutsche. Alle stehen in der »Stunde der höchsten Gefahr« zusammen, um den »Mächten des Bösen« zu wehren. Sie stellen ihre partikularen Interessen zurück, sie unterwerfen sich freiwillig dem politischen Zwangssystem, das mit dem Ausbruch des Krieges installiert wird, und ihre Opfer werden – bis zum Extrem des »Heldentodes« – mit dem Heiligenschein des nationalen Gemeinwohls versehen.

Dieser politisch-ideologische Mechanismus der Krisenbewältigung, der auch Ende 1914 große Teile der Arbeiterklasse gefügig machte, konnte nur funktionieren, weil die Führung der SPD und der Gewerkschaften Anfang August 1914 auf diese Linie der »Gemeinschaftlichkeit« (Burgfriedens-Politik) überging, die Propaganda vom »Verteidigungskrieg« voll übernahm und die Beteiligung im Apparat der imperialistischen Kriegspolitik durch den demonstrativen Verzicht auf alle Kampfmittel sowie durch eine zum Teil zügellose chauvinistische Propaganda in der Presse der Arbeiterbewegung honorierte. Erst im Verlaufe des Kriegs brach dieser reaktionäre »nationale Block« auseinander – bis dann im Jahre 1918 eine revolutionäre Situation heranreifte. Die Widerspruchskonstellationen, die sich schon in der politischen Vorkriegskrise abgezeichnet hatten, wurden jetzt durch die Kriegserfahrung selbst erhärtet. Auf der einen Seite bereitete die Kriegsniederlage eine Polarisierung innerhalb der herrschenden Klasse vor: Während die aggressivsten Kräfte auf unbedingte Offensive, Annexionsfrieden und Verschärfung der Diktatur nach innen orientierten, gingen die »gemäßigteren« Kräfte des Monopolkapitals angesichts der zunehmenden Aussichtslosigkeit, den Krieg zu gewinnen, auf Positionen über, die nach außen einen »Verständigungsfrieden« und nach innen die Herstellung einer politischen Bündnisachse mit dem rechten, integrationistischen Flügel der Arbeiterbewegung anstrebten. Auf der anderen Seite hat die Kriegserfahrung – an der Front wie in der Kriegswirtschaft – allmählich die Opferbereitschaft der Arbeiterklasse zerstört und Positionen des Widerstandes aufgebaut, in denen sich der Protest gegen die unerträglichen Lebensbedingungen mit der Forderung nach der Beendigung des Krieges und – in den linken, organisierenden Zentren des Widerstandes – nach einer revolutionären Umwälzung der Herrschaftsverhältnisse im eigenen Land verband. So entwickelte sich auch im »Lager« der Arbeiterbewegung eine Polarisierung, die dann ab 1918/19 in der Spaltung ihres rechten und linken Flügels manifest wurde: Während der rechte Flügel die Politik der »Klassenzusammenarbeit« auch während und nach der Revolution fortsetzte (jetzt freilich mit den gemäßigten Kräften des Monopolkapitals und auf dem Boden der Republik, die durch den Zusammenbruch des alten Herrschaftsapparates und den Druck der Massenbewegung erzwungen worden war), konzentrierte sich die Linke auf politische Kämpfe, in denen die Verteidigung der Lebens- und Überlebensinteressen der Lohnabhängigen mit der Frage der politischen Macht, der Infragestellung der Staatsmacht und der gesellschaftlichen Macht des Kapitals, verschmelzen sollte.

Kautsky hatte also recht, als er 1909 prognostizierte, in der bevorstehenden Epoche seien mit den klassischen Methoden gewerkschaftlicher Politik keine Erfolge mehr zu erzielen. Und – wenn man die Entwicklung ab 1917/18 berücksichtigt – auch Rosa Luxemburg hatte richtig vorausgesehen, daß in einer Periode der zugespitzten politischen Krise der politische Massenstreik zur wirksamsten und notwendigen Waffe des proletarischen Klassenkampfes wird. Beide hatten aber 1909/10 nicht vorausgesehen, daß mit dem Eintritt in den Krieg zunächst einmal eine geradezu unglaubliche Wende nach rechts durchgesetzt werden konnte, die große Teile der Arbeiterklasse an den herrschenden Block und seine Ideologie band und zugleich eine tiefgreifende Spaltung der sozialdemokratischen Arbeiterbewegung einleitete. Erst nachdem die herrschenden Klassen mit dem Kriegseintritt die nationalistische Homogenität und Opferbereitschaft bis zum Extrem gesteigert hatten (und dabei alle sozialökonomischen Konflikte aus dem »politischen Feld« gleichsam herausdrückten) und erst nachdem das Scheitern dieser Strategie, die Krise mit den Mitteln der unmittelbaren, militärischen Gewalt und der ihr entsprechenden ideologischen Massenmobilisierung zu lösen, im Verlaufe des Krieges (ab Ende 1915) auch für die Volksmassen physisch und materiell erfahrbar wurde – erst jetzt reifte im politischen Krisenzyklus eine Konstellation heran, in der – als Folge der militärischen Niederlagen und ihrer Rückwirkungen auf den Herrschaftsapparat wie die alltäglichen Lebens- und Arbeitsbedingungen der Arbeiterklasse – jede Aktion und Forderung nach der Verbesserung der Lebensmittelversorgung, nach einer Lockerung der Kriegsdiktatur (vor allem in den Betrieben der Rüstungsproduktion), nach der Beendigung des Krieges zugleich eine politische Forderung war. Diese wurde nämlich nicht nur mit der offenen Gewalt der staatlichen Repressionsapparate konfrontiert, sondern signalisierte gerade das Auseinanderbrechen jenes nationalistischen Konsensus, der den herrschenden Klassen die Kriegspolitik als Mittel zur Sicherung ihrer Herrschaftsinteressen und zur Neutralisierung des inneren Klassenantagonismus von Lohnarbeit und Kapital überhaupt erst ermöglicht hatte.

Der politische Krisenzyklus verlief also in verschiedenen –kurz aufeinander folgenden – Phasen: Ab 1910 zeichnet sich der Epochenwandel ab und wird von einigen Theoretikern des linken Flügels der Arbeiterbewegung deutlich – auch in seinen politischen Konsequenzen – erkannt. Die Arbeiterbewegung reagiert auf die neuen Widersprüche mit einer Welle von politischen Demonstrationen und Streiks. Der aggressive Flügel des herrschenden Blocks bereitet den Krieg als Mittel zur Überwindung jener Schranken vor, die seiner Machtexpansion auf dem Weltmarkt wie im eigenen Lande entgegenstehen. Beim Ausbruch des Krieges kommt es zu einer »Wende nach rechts«, zur Bildung eines »nationalistischen Blocks«, dessen Bindungsfähigkeit gegenüber der Arbeiterklasse auch durch die Einbeziehung des rechten Flügels der Arbeiterbewegung in den imperialistischen Herrschaftsapparat erhöht wird.

Erst im Verlaufe des Krieges, als die weltpolitischen Ziele der Kriegspolitik scheitern, der Herrschaftsapparat »von der Spitze her« zerfällt und »von unten« her sich Massenwiderstand, der ab 1917 die Form von politischen Massenstreiks annimmt, formiert, entwickelt sich eine revolutionäre Situation, in der der nationalistische, klassenübergreifende Konsensus vom August 1914 zerbricht und eine Umgruppierung der Klassenkräfte erzwungen wird.

Die Arbeiterklasse hatte also zunächst die Ziele, für die sie in der Periode der Polarisierung vor 1914 eintrat (Demokratisierung, Verhinderung eines Krieges, Lohnsteigerung) nicht erreichen können. Im Gegenteil – mit Kriegsbeginn erfolgte gerade auf diesen Gebieten ein furchtbarer Rückschlag, der freilich zunächst durch die chauvinistische Begeisterung verschleiert wurde. Erst in dem Maße, wie durch die Kriegserfahrungen selbst die wirklichen Ziele der herrschenden Klasse für die Massen erfahrbar und erkennbar wurden, konnte auch dieser Rückschlag bewußt werden. Die Niederlage der Arbeiterbewegung wurde daher mit einer zeitlichen Verzögerung verarbeitet – jetzt war jedoch angesichts des Scheiterns der Kriegszielpolitik der Herrschaftsapparat des alten Systems enorm geschwächt und konnte nur darauf hoffen, durch ein Bündnis mit dem rechten Flügel der Sozialdemokratie (das freilich erhebliche politische und wirtschaftliche Zugeständnisse erforderte) den revolutionären Ansturm auf die Macht zu überstehen. Unsere Analyse hat jedoch verdeutlicht, daß diese Verzögerung durch die »geistig-moralische Wende« vom August 1914 nachhaltig beeinflußt wurde. Zugleich scheint sich die – auch durch die Analyse des vorangehenden Kapitels unterstützte – Vermutung zu bestätigen, daß der »autoritär-populistische Diskurs von oben«, die nationalistische »Anrufung des Volkes« nicht nur dazu dient, Herrschaftsinteressen und -strategien ideologisch zu verschleiern, sondern vor allem über die Neutralisierung von sozialen und ökonomischen Konflikt- und Widerspruchserfahrungen bei der Masse der »Subalternen« eine Massenbasis für die Politik der reaktionären Wende zu mobilisieren.

3.2. Die Krise der Weimarer Republik

Die gesamte Periode der Weimarer Republik unterscheidet sich in ihren sozialökonomischen und politischen Strukturmerkmalen grundlegend von der Vorkriegsentwicklung. Während wir hier ein kontinuierliches ökonomisches Wachstum bis 1913 sowie eine – vor allem über die Weltmarktkonkurrenz vermittelte – Verdichtung von politischen Krisenprozessen in der unmittelbaren Vorkriegsphase festgestellt haben,

Tabelle 2: Daten zur ökonomischen, sozialen und politischen Entwicklung 1920 bis 1933

Jahr	Industrieproduktion[1])	Arbeitseinkommen Industrie/Handwerk[2])		Lebenshaltung/Preisindex[3])	Arbeitslosenquote[4])		Streiks – ausgef. Arbeitstage[5])		Freie Gewerksch./Mitglieder[6])		Wahlen – Reichstag[7])					
											Arbeiterblock		Rechtsradik.		Bürgerl. Mitte	
	1928 = 100	Mark	1928 = 100	1928 = 100	in %	1928 = 100	in 1000	1928 = 100	Mio.	1928 = 100	%	≈ 100	%	≈ 100	%	≈ 100
1920	54	./.	./.	./.	./.	./.	15444	181	8,5	170	41,7	113	15,1	49	41,0	146
1921	65	./.	./.	./.	1,8	28	22596	265	8,1	162						
1922	70	./.	./.	./.	1,1	17	23383	274	8,5	170						
1923	46	./.	./.	./.	4,1	65	11014	129	7,6	152						
1924	69	1332	66	86	4,9	77	13427	157	5,0	100	33,9	92	26,0	85	33,9	120
											35,3	96	23,5	77	37,0	131
1925	81	1677	83	93	3,4	53	11259	132	4,5	90						
1926	78	1711	85	93	10,0	158	886	10	4,3	86						
1927	98	1854	92	97	6,2	98	2869	33	4,5	90						
1928	100	2001	100	100	6,3	100	8519	100	5,0	100	40,5	110	16,8	55	33,3	118
1929	100	2131	106	101	8,5	134	1852	21	5,3	106						
1930	87	2131	106	97	14,0	222	3600	42	5,2	104	37,6	102	25,3	83	27,0	96
1931	70	1947	97	89	21,9	347	1569	18	4,8	96						
1932	58	1651	82	80	29,9	475	1127	13	3,9	78	36,1	98	43,2	142	18,3	65
											37,3	101	41,4	136	18,2	64
1933	66	1586	79	78	25,9	411	70	0	./.	./.	30,6	83	51,9	170	15,9	56

Quellen:
1) D. Petzina u. a., Sozialgeschichtliches Arbeitsbuch, III, München 1978, S. 61.
2) W. G. Hoffmann, Das Wachstum der deutschen Wirtschaft, a.a.O., S. 471.
3) D. Petzina u. a., a.a.O., S. 107.
4) Ebd., S. 119.
5) Ebd., S. 114.
6) F. Deppe/W. Roßmann, Wirtschaftskrise, Faschismus, Gewerkschaften 1929–1933, Köln 1981, S. 41.
7) D. Petzina n. a., a.a.O., S. 74. Arbeiterblock: SPD, USPD, KPD; Rechtsradikale: NSDAP, DNVP; Bürgerliche Mitte: DVP, BVP, Zentrum, DDP, Wirtschaftspartei.

vermittelt schon ein erster Blick auf die ökonomische und soziale Entwicklung zwischen 1919/20 und 1930 ein vollständig verschiedenes Bild (vgl. Tab. 2 und Schaubilder 4 bis 6). Nur in der Phase der »relativen Stabilisierung« (1924—1928/29) findet ein kräftiges Wirtschaftswachstum statt, das von einer Erhöhung der Arbeitseinkommen begleitet wird. Allerdings muß bei der Analyse der Reallohnentwicklung beachtet werden, daß diese – nach Angaben von J. Kuczynski – »nur einmal, im Jahre 1928, das Vorkriegsniveau von 1913/14 (erreichen). Sie stiegen mit einer Unterbrechung im Jahre 1926 von 1924 bis 1928 und gingen dann, diesmal ohne Unterbrechung, bis 1932 zurück, als sie sich um rund 15 Prozent unter dem niedrigen Stand von 1924 bewegten und weniger als zwei Drittel der Reallöhne von 1928 ausmachten« (Kuczynski, 1966, S. 218). Die gesamte Periode vom Beginn des ersten bis zum Beginn des zweiten Weltkrieges (1914—1939) ist also durch den Rückgang der materiellen Produktion, die Zerrüttung des Welthandels, die Verelendung der Arbeiterklasse und durch wachsende Verwertungsschwierigkeiten des Kapitals, die dann in der Weltwirtschaftskrise nach 1929 kulminieren, charakterisiert.

Die Schaubilder lassen deutlich die Drei-Phasen-Einteilung der Weimarer Republik erkennen:

Die nachrevolutionäre Phase dauert bis 1923. Es handelt sich hier offenbar um eine hochpolitisierte Zeit; denn einige der ›normalen‹ sozialökonomischen Gesetzmäßigkeiten sind außer Kraft gesetzt. Bei insgesamt schwachem – 1923 unter dem Einfluß der Inflation und der Ruhrbesetzung noch einmal stark abfallendem – Wirtschaftswachstum, bleibt gleichzeitig die Quote der Arbeitslosigkeit auf einem niedrigen Niveau. Diese ungewöhnliche Beziehung weist ebenso wie der enorme Anstieg der Streiktätigkeit bis 1922 auf eine Kräftekonstellation der Klassen hin, in der das Kapital ökonomisch und politisch relativ schwach war und auf der anderen Seite die Macht der Arbeiterbewegung gestärkt worden war. Nicht nur die Streikpraxis (die freilich mehr und mehr defensiven Charakter gewann), sondern auch die Mitgliederzahlen der Gewerkschaften und die Stimmanteile des »Arbeiterblocks«[2] bei den Wahlen – bei gleichzeitiger Schwäche des rechtsradikalen, antirepublikanischen Blocks – unterstreichen diese Linksverschiebung im Kräfteverhältnis der Klassen. Die Radikalisierung und Politisierung der Arbeiterklasse, die der Weltkrieg bewirkt hatte, hielt auch noch nach dem gescheiterten »Ansturm auf die Macht« an. Der Widerstand gegen die fortdauernde materielle Verelendung verband sich mit der Verteidigung der sozialpolitischen Errungenschaften der November-Revolution (vor allem: 8-Stunden-Tag) und dem Kampf zur Abwehr reaktio-

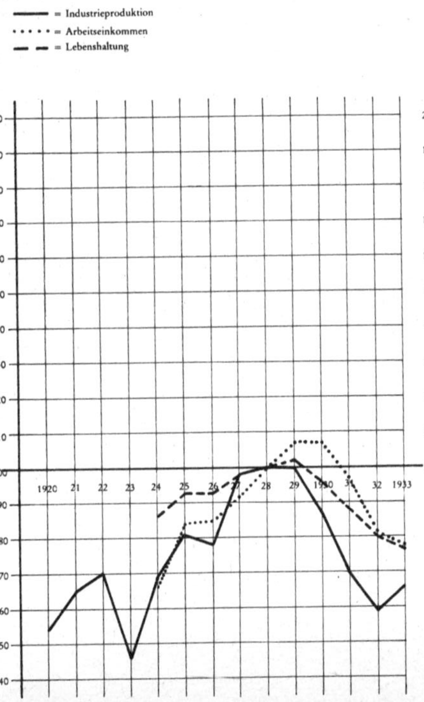

Schaubild 5: Industrieproduktion, Arbeitseinkommen, Lebenshaltung 1920–1933

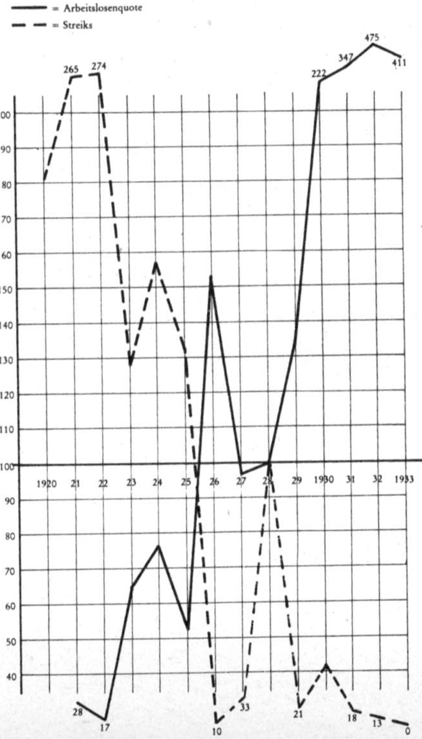

Schaubild 6: Arbeitslosigkeit und Streiks 1920–1933

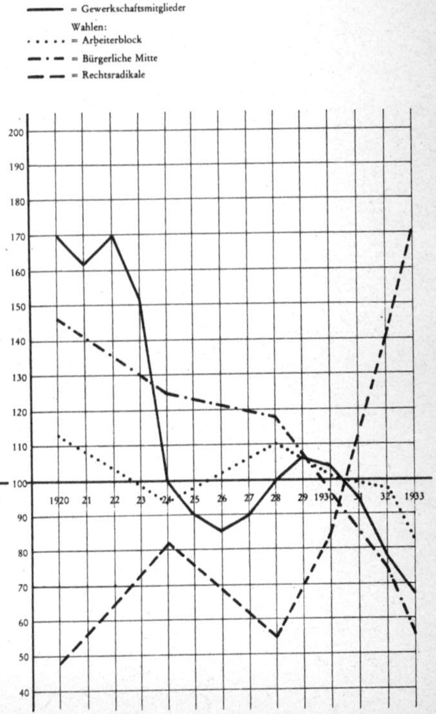

Schaubild 7: Gewerkschaftsmitglieder, Wahlen 1920–1933

närer Anschläge auf die Republik (Kapp-Putsch 1920). Die Kampffähigkeit der Arbeiterklasse, die auch in der außergewöhnlichen Verdichtung der politischen Streiks zum Ausdruck kam (vgl. Tab. 3), wurde durch die Vollbeschäftigung und durch die Konzentration auf einheitliche Zielsetzungen (z.B. Verteidigung des 8-Stunden-Tages, Kampf gegen die Inflation 1922/23) erleichtert (Stolle, 1980, S. 242 ff.).

In der Phase der »relativen Stabilisierung« stellen sich kurzfristig wieder »normale« Verhältnisse her. Die Industrieproduktion erhöht sich um gut 30 Prozent; die Arbeitslosenquote folgt jetzt wieder den Schwankungen der Konjunktur (vgl. das Jahr 1926), bewegt sich aber auf einem wesentlich höheren Niveau als in der Vorkriegszeit. Auch die Streiktätigkeit reflektiert jetzt wieder den Druck der sozialökonomischen Gesetzmäßigkeiten: sie fällt ab 1924 kontinuierlich ab und erreicht nur im Jahre 1928 einen letzten Höhepunkt. Darin spiegeln sich natürlich nicht nur ökonomische Prozesse wieder, denn die Stabilisierung der Weimarer Republik vollzieht sich nicht nur in der Folge der Währungsstabilisierung und der Lockerung der Reparationsverpflichtungen durch den Dawes-Plan, sondern auch auf dem Boden einer schweren politischen Niederlage, die die Arbeiterklasse in den Kämpfen bis zum Spätherbst 1923 hatte hinnehmen müssen. Der Einbruch bei den Gewerkschaftsmitgliedern (Verlust von 4 Mio. Mitgliedern zwischen 1920 und 1925) signalisiert diesen Wandel ebenso wie der Stimmverlust des Arbeiterblocks (bei starken Gewinnen der Rechten) bei den Reichstagswahlen des Jahres 1924. Dennoch deutet sich zum Ende dieser Phase (1928/29) eine »Erholung« der Arbeiterbewegung an. Die Er-

Tabelle 3: Politische Streiks 1918–1923

Jahr	Zahl der Streiks	betroffene Betriebe	Gesamtzahl der in diesen Betrieben Beschäftigten	Höchstzahl der gleichzeitig Streikenden einschl. der gezwungen Feiernden	Summe der durch Streiks entfallenen Arbeitstage
1	2	3	4	5	6
1918	241	6302	1760385	934300	3766456
1919	902	12871	3568403	2593636	12934768
1920	4408	149535	7260500	6797179	36504142
1921	435	2768	716596	513497	3751504
1922	160	4824	443573	352565	346306
1923	47	3506	470672	320801	1032952

Quelle: Tenfelde/Volkmann (Hrsg.), Streik, München 1981, S. 312.

schöpfung, die der Niederlage von 1923 gefolgt war, scheint nunmehr – auch angesichts der veränderten ökonomischen und politischen Rahmenbedingungen – durch neue Ansätze der Kraftentfaltung überwunden zu werden: Die Zahl der Gewerkschaftsmitglieder steigt noch einmal an und bei den Wahlen des Jahres 1928 erzielt die Linke beträchtliche Stimmengewinne, während der Rechtsblock starke Verluste hinnehmen muß.

Die Krise der Weimarer Republik beginnt mit dem Einbruch der Konjunktur ab 1930 und der Vervielfachung der Arbeitslosenzahl. Jetzt wirken die ökonomischen Gesetzmäßigkeiten wie ein brutaler Hebel, der – natürlich flankiert durch die politische Offensive der Rechtskräfte und des Faschismus – die Arbeiterklasse in die Defensive trieb, fortschreitend entmachtete und schließlich die Zerstörung der Republik wie die Vernichtung der Arbeiterbewegung einleitete. Alle Indikatoren, die die Macht und Kampffähigkeit der Arbeiterbewegung ausdrücken, rutschen jetzt dramatisch nach unten ab: Die Streikpraxis ebenso wie die Anzahl der Gewerkschaftsmitglieder. Die Stimmanteile des »Arbeiterblocks« bleiben zwischen 1930 und der November-Wahl 1932 konstant[3] – gleichwohl signalisiert nunmehr der steile Anstieg der NSDAP-Stimmen, der vor allem durch Einbrüche in die »bürgerliche und kleinbürgerliche Mitte« begünstigt wird, die »Wende nach rechts«, die dann am 30. Januar 1933 mit der Einsetzung des ersten Kabinetts Hitler politisch zementiert wird.

Diese Daten vermittel natürlich ein unzulängliches Bild von den sich verändernden Beziehungen und Kräfteverhältnissen der Klassen sowie der politischen und ideologischen Strategien, mit denen die organisierten Klassenkräfte und der Staat auf die Veränderungen im ökonomischen Reproduktionsprozeß und den Machtstrukturen reagierten. Und doch hat uns die knappe Interpretation der Daten schon ganz dicht an die Problematik herangeführt, zumal wir jetzt – nach der Analyse des »Vorkriegszyklus« – die Entwicklung des Systems der Klassenbeziehungen in der Weimarer Republik nicht voraussetzungslos betrachten. Der herrschende Block, der 1914 die militärische und ideologische Mobilisierung für den Krieg als Instrument zur Überwindung der Krise genutzt hatte, mußte 1918 eine schwere Niederlage hinnehmen. Die Republik, als Ergebnis der November-Revolution, und der »Versailler-Vertrag« als Diktat der siegreichen imperialistischen Konkurrenten waren gleichsam die Eckpfeiler dieser Niederlage und wurden deshalb auch von der völkischen, deutsch-nationalen Propaganda attackiert, die die »Überwindung von Versailles«, den Kampf gegen die »Novemberverbrecher« und »Verzichtspolitiker« in den Mittelpunkt rückte.

Die politische Strategie des Monopolkapitals und der politischen Kräfte, die es um sich zu gruppieren vermochte, mußte sich auf die Beseitigung von zwei entscheidenden – eng miteinander verflochtenen – Hindernissen für die Sicherung und Entfaltung ihrer Macht konzentrieren: Auf der einen Seite ging es darum, mit der Rekonstruktion und Modernisierung des Produktionsapparates erneut auf dem Weltmarkt an eine Spitzenposition zu gelangen. Dazu mußte vor allem der Druck der Reparationen auf die Akkumulationsfähigkeit des deutschen Kapitals gelockert werden. Auf der anderen Seite mußte die Republik stets als ein Unsicherheitsfaktor für die Realisierung dieser Strategie erscheinen – nicht nur, weil sie 1919 in der Form eines Klassenkompromisses begründet wurde, in dem die Sicherung des Privateigentums mit dem (freilich niemals verwirklichten) Anspruch auf Sozialstaatlichkeit und die »Parität« von Kapital und Arbeit (so die Weimarer Reichsverfassung im Art. 165) verbunden war, sondern auch, weil die politische Form der demokratischen Republik den Parteien der Arbeiterbewegung einen größeren Freiheitsraum für ihre Betätigung und – über Wahlen – den Zugang zur Teilhabe an der staatlichen Macht eröffnete. Obwohl der realistischer denkende Flügel des Monopolkapitals – zumal in Perioden zugespitzter Klassenauseinandersetzungen wie nach 1918/19 – die Notwendigkeit solcher Kompromisse mit der SPD durchaus anerkannte, so mußte er eine sozialdemokratische Regierungsbeteiligung (ebenso wie die rechtlich institutionalisierte Kooperation mit den Gewerkschaften) immer auch als Zeichen der eigenen Schwäche ansehen. Die Verwirklichung der Hauptziele des deutschen Imperialismus, die Überwindung der Niederlage des ersten Weltkrieges, war blockiert, solange der Staatsapparat und seine Macht nicht uneingeschränkt für die »Revanche für 1918« – nach innen und außen – eingesetzt werden konnte, sondern in seiner Handlungsfähigkeit durch sozialstaatliche und -politische Ansprüche der Arbeiterbewegung sowie durch eine Außenpolitik behindert war, die auf dem Wege der »Verständigung« (vor allem nach Westen) den Druck der Diskriminierungen des Versailler-Vertrages zwar lockerte, aber nicht bereit und in der Lage war (u.a. auf Grund der begrenzten Schlagkraft der Reichswehr), diese Auflagen mit Gewalt zu beseitigen.

Erst in der Krise nach 1930 reiften mit dem Aufschwung des Faschismus Bedingungen heran, um diese strategische Linie vollständig durchzusetzen. Allerdings war in den vorangegangenen Phasen die gesellschaftliche und politische Macht des Kapitals Schritt um Schritt restauriert worden. Ging es in der revolutionären Nachkriegsperiode – mit Unterstützung der Sozialdemokratie und des rechten Flügels der Freien

Gewerkschaften – noch um die Abwehr des revolutionären »Ansturms auf die Macht« und damit von grundlegenden Veränderungen der Herrschafts- und Eigentumsverhältnisse, so konnte schon ab Ende 1923 zu einem systematischen Ausbau der bürgerlichen Machtverhältnisse übergegangen werden. Mit Hilfe von ausländischem – vor allem amerikanischem – Kapital wurde nicht nur die Wirtschaft angekurbelt; vielmehr wurde jetzt – durch außerökonomischen wir direkten ökonomischen Zwang – die gesellschaftliche Macht des Kapitals über die Arbeit – vor allem in den Betrieben selbst – gefestigt. Das erste rein bürgerliche Kabinett der Weimarer Republik verfügte daher über Notverordnungen das Zwangsschlichtungssystem (dessen politische Wirkung erst in der Weltwirtschaftskrise voll zur Geltung kam) sowie die Aufhebung des 8-Stunden-Tages. Diese Schwächung der Gewerkschaften, die noch durch die »Massenflucht« der Gewerkschaftsmitglieder verstärkt wurde, erlaubte nunmehr den Unternehmern die Durchsetzung einer umfassenden Rationalisierung der Produktions- und Arbeitsmethoden (Taylorisierung, Fordismus), die mit Arbeitsintensivierung, Dequalifizierungsprozessen und einer enormen Freisetzung von Arbeitskräften einherging. E.C. Schöck hat den Zusammenhang zwischen der Rationalisierung und den Veränderungen des politischen Kräfteverhältnisses von Kapital und Arbeit wie folgt charakterisiert: »Die Niederlage 1924, die den Unternehmern erneut die zeitliche ungehemmte Verfügungsgewalt über die Ware Arbeitskraft verschaffte, sowie die Krisenphase 1925/26 und die sie begleitende Arbeitslosigkeit, die es den Unternehmern ermöglichte, die Schwäche der Arbeiterklasse nun auch innerbetrieblich für eine ungeheuer gesteigerte Arbeitsintensität auszunutzen, müssen als entscheidende Einschnitte und Voraussetzungen für das Kräfteverhältnis ab 1928 gewertet werden« (Schöck, 1977, S. 175).

Gleichwohl zeichnet sich das System der Klassenbeziehungen bis 1930 noch durch ein relatives »Gleichgewicht« aus: Die Restauration der gesellschaftlichen Macht des Kapitals vollzog sich im Rahmen der republikanischen Institutionen, die 1928 einen Wahlverfolg der SPD und deren Regierungsbeteiligung (Kabinett Hermann Müller) zuließen und zugleich Zugeständnisse auf sozialpolitischem Gebiet (z.B. die gesetzliche Neuregelung der Arbeitslosenversicherung 1927) erzwangen. Diese Gleichgewichtsbeziehung wurde erst mit dem Beginn der Wirtschaftskrise in Frage gestellt. Die Kapitalverbände eröffneten schon 1929 ihre Offensive. Als Instrumente wurden nunmehr die »Kapitalbildung«, d.h. die Beseitigung von tarif- und sozialpolitischen sowie von arbeitsrechtlichen Schranken der Profitproduktion sowie eine konsequente staatliche »Deflationspolitik« gefordert, die im Innern die

Staatsausgaben (eben vor allem im sozialpolitischen Bereich) und nach außen die Reparationsschulden vermindern sollte. Aus der Interessenlage des Kapitals stellte sich also die »Gewerkschaftsfrage« zunächst als Problem der Kapitalverwertung: Die Macht der Gewerkschaften mußte ökonomisch durch die Wirkungen der Krise, vor allem durch den Druck der »Reservearmee« der Arbeitslosen, substantiell geschwächt werden – und zugleich mußte dieser Druck durch politische Eingriffe des Staates flankiert werden, die die Tariffreiheit (durch das Instrument der Zwangsschlichtung und der Notverordnungen) beseitigen und über die Kürzung der staatlichen Sozialleistungen unmittelbar auf die Unter- und Randschichten der Arbeiterklasse abwälzen.

Die politische Rechtsverschiebung, die ab 1930 in drei Etappen über die Präsidialkabinette Brüning (1930—1932), Papen und Schleicher, und dann – am 30. Januar 1933 – durch das erste Präsidialkabinett Hitler durchgesetzt wurde, folgte dieser Logik. Ernest Mandel hat diese »Lösung der Gewerkschaftsfrage«, wie sie während der Weltwirtschaftskrise in Deutschland bis zum Sieg des Hitler-Faschismus erfolgreich betrieben wurde, wie folgt beschrieben; dabei hat er zugleich die allgemeine Interessenkonstellation herausgearbeitet, die in jeder Periode der kapitalistischen Krise der Auseinandersetzung um die Gewerkschaftsfrage zugrunde liegt: »Gelingt es freilich dem Kapital, die Gewerkschaften und andere Selbstverteidigungsorganisationen der Arbeiterklasse – auch die politischen – entscheidend zu schwächen, ja zu zerschlagen; gelingt es ihm, das Proletariat soweit zu atomisieren und einzuschüchtern, daß jegliche Form kollektiver Verteidigung unmöglich und die Arbeiterschaft wieder in die vom Standpunkt des Kapitals ›ideale‹ Ausgangsposition einer verallgemeinerten Konkurrenz von Arbeiter gegen Arbeiter versetzt wird, dann ist es sehr wohl möglich, 1. die Reallöhne unter dem Druck der Erwerbslosigkeit bedeutsam zu senken; 2. auch in der auf die Krise folgenden Phase des Aufschwungs den Arbeitslohn nicht mehr auf den einstigen Ausgangspunkt zurückkehren zu lassen, d.h. den Wert der Ware Arbeitskraft kurzfristig zu senken; 3. durch Manipulation, Abzüge und Gaunereien jeglicher Art den Preis der Ware Arbeitskraft sogar unter diesen gesenkten Wert zu drücken; 4. gleichzeitig die durchschnittliche gesellschaftliche Arbeitsintensität deutlich zu erhöhen und sogar tendenziell den Arbeitstag zu verlängern. Das Ergebnis all dieser Änderungen kann nur ein rasches und bedeutsames Wachstum der Mehrwertrate sein« (Mandel, 1972, S. 148/149).

Die Zerstörung des relativen Gleichgewichts der Klassenkräfte ist jedoch niemals ein ausschließlich ökonomischer Vorgang. Obwohl die Notverordnungs-Kabinette schon in der politischen Form der Präsidialdiktatur die wirtschafts- und gesellschaftspolitische Programmatik des Reichsverbandes der Deutschen Industrie (RDI) exekutierten (dazu noch – im Falle des Brüningschen Kabinetts – mit der »Tolerierung« durch SPD und ADGB), bestanden nach wie vor erhebliche Unsicherheitsfaktoren und Defizite: Die Bestandsfähigkeit des politischen Systems gegenüber einem Linksrutsch bei den Wahlen gehörte dazu ebenso wie die abnehmende Integrationsfähigkeit der Parteien der »bürgerlichen Mitte« und schließlich die Unsicherheit darüber, ob sich die Radikalisierung der Teile der Arbeiterklasse, die sich der KPD zuwandten, nicht doch zu einer revolutionären Infragestellung des Gesamtsystems erweitern könnte bzw. ob nicht doch in der Arbeiterbewegung – etwa durch »Druck von unten« und durch spontane Massenaktionen – die Einheitsfront verwirklicht werden könnte. Außerdem hatte der aggressive Flügel des Monopolkapitals auch in der Periode der »relativen Stabilisierung« nicht das Ziel aufgegeben, die Niederlage im ersten Weltkrieg durch den erneuten gewaltsamen »Griff nach der Weltmacht« wettzumachen.

Hier nun bot sich die faschistische Lösungsform der Krise an. Wie immer auch Teile des Kapitals bis Ende 1932 eine gewisse Distanz gegenüber der NSDAP wahrten, so wußten sie doch den Sachverhalt zu schätzen, daß die Massenmobilisierung und die »geistig-moralische Wende« nach rechts, die diese Partei mit ihrem Programm der gewaltsamen »Erneuerung« Deutschlands und der Korrektur der Ergebnisse des ersten Weltkrieges erreicht hatte, zugleich einen Aktivposten für die radikalste Variante der kapitalistischen Krisenüberwindungsstrategie bildete. In der epochalen Krise der bürgerlich-kapitalistischen Gesellschaft der Zwischenkriegsperiode, die durch den Weltkrieg, die Oktober-Revolution in Rußland, die Weltwirtschaftskrise und in einigen Ländern durch die Krise des bürgerlichen Parlamentarismus sowie insgesamt durch eine tiefe Krise des auch im Alltag verhaltensrelevanten »althergebrachten Wertesystems« erschüttert war, in dieser Krisensituation resultierte die strukturelle Offenheit der monopolkapitalistischen wie der kleinbürgerlichen Interessen für den Faschismus zunächst einmal aus der Erfahrung, daß die Homogenität der bürgerlichen politischen Herrschaft nicht mehr durch den spontanen Prozeß der politischen Willensbildung (im Rahmen der Institutionen des bürgerlich-parlamentarischen Systems) sowie durch die Integration gesellschaftlicher Interessenwidersprüche auf der Ebene des Staates und der ideologischen Vergesellschaftungsprozesse gesichert werden kann. Diese Krise wird eben darin politisch, daß der Staat nicht mehr die »maßgebende politische Einheit« ist (Carl Schmitt). Die Massendemokratie (mit der Polarisierung des politischen Kräftefeldes) und der Kompromiß der »Sozialstaatlichkeit« produzieren einen »Ausnahmezustand«; der Staat wird darin handlungsunfähig, daß er gleichsam zur »Beute« organisierter gesellschaftlicher Interessen wird *und* daß er nicht mehr in der Lage ist, den Klassengegensatz zu bändigen. Gerade hier greift das faschistische Programm der »politisch-ideologischen Revolution« ein; denn es proklamiert die »organische Vereinigung aller Kräfte der Bourgeoisie in einem einzigen Organismus unter der Kontrolle einer einzigen Zentrale« (Gramsci), die gewaltsame Zerstörung der bürgerlichen Demokratie und der Arbeiterbewegung, also eine »geistig-moralische Erneuerung« über den autoritären Staat, der die Eigentumsverhältnisse sichert und alle »zersetzenden Elemente« gewaltsam ausschaltet. Die »akut faschistische Situation« entsteht aber – wie Opitz gezeigt hat – erst dann, wenn das »Versagen aller Instrumente der monopolkapitalistischen Integration« (Opitz, 1974, S. 588) offenkundig wird – und eine solche Situation war im Deutschen Reich Ende 1932/Anfang 1933 herangereift.

Die Eingabe beim Reichspräsidenten Hindenburg, mit der führende deutsche Industrielle, Bankiers und Großagrarier im November 1932 nicht nur die weitere Beseitigung des »bisherigen parlamentarischen Parteienregimes«, sondern auch die Beteiligung von Hitler und der NSDAP an der Macht forderten, illustriert noch einmal besonders deutlich die innere Struktur der Kriseninterpretation und der politischen Lösungsstrategie des reaktionären Blocks. Darin heißt es u.a.: »Wir bekennen uns *frei von jeder engen parteipolitischen Einstellung* (i.e.: »Gemeinwohl«-Orientierung, F.D.). Wir erkennen in der nationalen Bewegung, die durch unser *Volk* geht, den verheißungsvollen Beginn einer Zeit, die durch *Überwindung des Klassengegensatzes* die unerläßliche *Grundlage für einen Wiederaufstieg der deutschen Wirtschaft* erst schafft. Wir wissen, *daß dieser Aufstieg noch viele Opfer erfordert.* Wir glauben, daß diese *Opfer* nur dann *willig gebracht* werden können, wenn die größte Gruppe dieser nationalen Bewegung (i.e.: die NSDAP, F.D.) führend an der Regierung beteiligt wird« (nach: Kühnl, 1975, S. 161). Eine der wichtigsten Funktionen der NSDAP wird also darin gesehen, daß sie das Volk ideologisch und politisch für die Opfer bereit macht, die der neue Aufschwung der Wirtschaft erfordert.

Die Krise der Arbeiter- und Gewerkschaftsbewegung in der Endphase der Weimarer Republik ist in den vergangenen Jahren intensiv bearbeitet und diskutiert worden. Auf der einen Seite lebten gelegentlich die alten Konfrontationsmuster aus der Periode der extremsten Spaltung der Arbeiterbewegung wieder auf; andererseits hat die aktuelle Krisenerfahrung immer wieder Fragen nach geschichtlichen Parallelen aufgeworfen (zuletzt beim Sturz der sozialliberalen Regierung, der die Erinnerung an den Sturz des sozialdemokratisch geführten Kabinetts Hermann Müller im Jahre 1930 wachrief). Ich will die Ergebnisse dieser Debatten nicht im einzelnen wiederholen (vgl. zuletzt Deppe/Roßmann, 1983), sondern mich darauf beschränken, die wichtigsten Einsichten für den Zusammenhang von Krisenprozeß, Klassenauseinandersetzungen und die Politik der Arbeiterbewegung zu rekapitulieren:

Die Arbeiterklasse wurde durch die Krisenerfahrung geschwächt und verunsichert. Schon nach der Niederlage von 1923/24 war eine gewisse »Erschöpfung« eingetreten. Jetzt riefen die Massenarbeitslosigkeit und der sozialpolitische Kahlschlag, aber auch der Aufschwung der faschistischen Massenbewegung Angst und Verunsicherung hervor. Die Atomisierung der Arbeiter in der Konkurrenz ums Überleben wirkte also auch in dieser Krisenperiode, obwohl die politische Bindung der Arbeiterschaft an die politischen Organisationen der Arbeiterbewegung und an die Gewerkschaften, deren Organisationsmacht freilich durch starke Mitgliederverluste ausgehöhlt wurde, relativ stabil blieb. Gleichwohl wurde die Schwäche der Arbeiterbewegung durch die Spaltung und Konfrontation zwischen SPD/ADGB und KPD verstärkt. Deren Wurzeln reichen weit zurück (zumindest bis in die Zeit des ersten Weltkrieges, vgl. w.o., S. 122ff.). Angesichts der Krisenerfahrung polarisierten sich jedoch die strategischen Grundorientierungen von KPD und SPD umso schärfer. Die SPD war nicht bereit und in der Lage, einen Bruch mit der Logik der Klassenkooperation, des sozialpartnerschaftlichen Integrationismus zu vollziehen, die sich zunehmend gegen sie selbst richtete. Die Illusion, daß noch die »Tolerierung« der Brüning-Regierung den Bestand der Republik gegen den Angriff der faschistischen Reaktion sichern könne, mußte letztlich die Handlungsunfähigkeit und Glaubwürdigkeit von SPD und ADGB substantiell schwächen. Die legalistische Fixierung auf den Staat, dessen demokratische Legitimation nicht nur »von außen« bedroht, sondern »von innen« schon längst unterminiert war, verhinderte zusammen mit dem starren Antikommunismus und der bürokratischen Unbeweglichkeit der SPD-Führung die Entwicklung einer neuen politischen Linie, in der der Kampf für die Verteidigung der Republik und die Abwehr des Faschismus mit neuen Formen des außerparlamentarischen und gewerkschaftlichen Kampfes für die Verteidigung der unmittelbaren Lebensinteressen und eine Perspektive sozialistischer Umgestaltungen (damit auch neue Formen des einheitlichen Handelns der gesamten Arbeiterbewegung) hätte verbunden werden können. Der oftmals beklagte »Immobilismus« des Reformismus in dieser Periode hatte daher auch zur Folge, daß in der Arbeiterklasse selbst Handlungsunfähigkeit, Ohnmachtsgefühle und schließlich auch Resignation sich ausbreiteten.

Die KPD reagierte strategisch auf die Krise mit einer »revolutionären Offensive«: Die »Todeskrise« des Kapitalismus wurde als Beginn einer neuen Phase revolutionärer Massenkämpfe angesehen, wobei es für die Kommunisten auch darauf ankommen sollte, die sozialdemokratische Hegemonie in der Arbeiterbewegung zu ihren Gunsten zu überwinden, um auf diese Weise eine ideologisch-politische Barriere für die revolutionäre Mobilisierung der Arbeiterklasse zu beseitigen. Zwar propagierte die KPD immer wieder die »Einheitsfront« im Kampf gegen den Faschismus, die ökonomische Krise und die Anschläge auf die Demokratie. Gleichwohl hatte sie immer wieder den Kampf gegen den »Sozialfaschismus« der SPD dermaßen überzogen, daß ihre durchaus ernsthaften Bemühungen in den Jahren 1932 und Anfang 1933, auch mit den Führungen von SPD und ADGB Kampfmaßnahmen gegen die Reaktion durchzuführen, ins Leere gingen – bei den Führungen der angesprochenen Organisationen ebenso wie bei der großen Mehrheit ihrer Mitglieder, die man noch für die revolutionäre »Einheitsfront von unten« gewinnen wollte.

Die Gewerkschaften wurden zeitweilig zum »Schlachtfeld der feindlichen Brüder«. Da jedoch die linke Opposition in den ADGB-Gewerkschaften seit dem Ende der 20er Jahre keine bedeutende Rolle mehr zu spielen vermochte, entbrannte der Streit weniger in der Organisation, sondern bei Demonstrationen, Streiks oder Betriebsrätewahlen. Und doch waren es nicht in erster Linie diese internen Kämpfe im »Arbeiterblock«, die die schrittweise Entmachtung der Gewerkschaftsbewegung verursachten. Die ADGB-Gewerkschaften hatten bis 1928 mehrheitlich ein Politik-Modell akzeptiert, das von der Vorstellung eines krisenfreien, »organisierten Kapitalismus« (Hilferding) ausging, die Rationalisierung fast ausschließlich unter dem Gesichtspunkt der »sozialen Abfederung« bewertete und das schließlich den Eingriff des Staates in die Beziehungen von Lohnarbeit und Kapital (z.B. über das Schlichtungswesen oder über Sozialpolitik und Arbeitsrecht) prinzipiell als positiv anerkannte. Mit dem Beginn der Krise wurde diese Konzeption in Frage gestellt; aber die Gewerkschaften zögerten lange, um sich politisch auf die neue Situation einzustellen. Die neuen Antworten, die dann mit den Plänen für Arbeitsbeschaffungsmaßnahmen und schließlich mit dem Programm zum »Umbau des kapitalistischen Wirtschaftssystems« 1932 gegeben wurden, kamen nicht nur zu spät. Sie zeichneten sich außerdem durch den strukturellen Mangel aus, daß sie sich an den (längst in die konservative Präsidialdiktatur verwandelten) Staat und an die ohnmächtige sozialdemokratische Reichstagsfraktion richteten. Daher zeigten sie keinen Weg für eine autonome gewerkschaftliche Aktionsperspektive, die die eigenen Mitglieder, aber auch die Nicht-Organisierten und die Arbeitslosen für den Kampf gegen die Krisenfolgen und die Notverordnungspolitik hätte mobilisieren können. Obwohl führenden Gewerkschaftern durchaus bewußt war, daß »an der Basis« im Verlaufe des Jahres 1932 (bis zur Herbst-Streikwelle) die Bereitschaft zur Gegenwehr, auch die Bereitschaft zum einheitlichen Handeln der Arbeiterparteien stärker geworden war und daß – nach dem »Papen-Staatsstreich« gegen die Preußische Regierung vom 20. Juli 1932 – viele (auch sozial-demokratische) Arbeiter und Funktionäre kampfbereit waren und ein entschlossenes Handeln ihrer Führung (bis hin zum Generalstreik, der die Frage des bewaffneten Widerstandes aufgeworfen hätte) erwarteten, verharrten sie auf einer Position des Immobilismus, der Abschottung nach links, des Appells an die Disziplin, der Illusion, durch die Wahl der SPD noch eine Veränderung des Kräfteverhältnisses herbeiführen zu können. Die »Öffnung nach rechts«, die dann ab Ende 1932 von Teilen der ADGB-Führung betrieben wurde, d.h.: die zunehmende Distanz gegenüber der SPD und die Anbiederungsversuche an die Nazi-Diktatur, die im April 1933 mit dem ADGB-Aufruf zum 1. Mai 1933 einen beschämenden Höhepunkt erreichten, waren so auch die Konsequenz einer Politik, die weitgehend passiv auf die Krise reagiert hatte und letztlich ihr Heil in der Rettung der Organisation suchen mußte.

Diese strategische Schwäche der Arbeiterbewegung wurde von ihren Gegnern jedoch nicht zum Anlaß genommen, den »sanften Weg« der Integrations- oder Kompromißpolitik zu wählen. Im Gegenteil – die faschistische Lösungsform der Krise nutzte diese Schwächen aus, um die Arbeiterbewegung vollständig zu vernichten. Aus der Sicht der Profitproduktion und der kapitalistischen Herrschaftssicherung repräsentierte die organisierte Arbeiterbewegung – auch im Zustande extremer Spaltung und Desorientierung – nach wie vor ein gewaltiges Stör- und Bedrohpotential. Die herrschende Klasse fürchtete vor allem das Erstarken der revolutionären KPD seit 1930; die russische Oktober-Revolution und die erfolgreiche Verteidigung der Sowjetmacht in den Bürger- und Interventionskriegen hatte ebenso wie der Schrecken der Novemberrevolution die Furcht vor der revolutionären Alternative verstärkt, zumal angesichts der realen Verelendung der Volksmassen in der Weltwirtschaftskrise die von der KPD propagierte reale Utopie eines »Sowjetdeutschlands« (in dem aufgrund des höheren Industrialisierungsgrades auch ein höheres Lebensniveau als in der Sowjetunion möglich sei) bei Teilen der Arbeiterklasse mobilisierenden

Anklang fand. Aber die herrschende Klasse fürchtete auch den Reformismus – nicht nur aufgrund der organisatorisch-politischen Macht, die SPD und ADGB nach wie vor repräsentierten, sondern auch aufgrund der Tatsache, daß das Kapital bei einer Wende der Konjunktur damit rechnen mußte, mit den »aufgestauten« Forderungen der reformistischen Arbeiterbewegung konfrontiert zu werden. Schließlich spielte bei den politischen Planungen des reaktionären Blocks auch stets die Überlegung eine Rolle, daß im Falle eines Zusammengehens der Arbeiterparteien – sei es durch spontanen Druck von unten, sei es durch bewußte politische Korrekturen des bisherigen Kurses – schlagartig eine Veränderung des politischen Kräfteverhältnisses zu Gunsten der Arbeiterbewegung eintreten könnte. Die Arbeiterbewegung jener Zeit leitete ihre Macht nämlich nicht nur aus ihren politischen und gewerkschaftlichen Organisationen ab. Die Klassenidentität des proletarischen »Lagers« stützte sich zudem auf die Vielzahl der kulturellen Organisationen und Selbsthilfeverbände, die den proletarischen Lebenszusammenhang wie das Klassenbewußtsein der Arbeiter stabilisierten und in denen – trotz der zum Teil verheerenden Wirkungen der politischen Spaltung – sich doch immer auch wieder Ansätze zum einheitlichen Handeln und Widerstand entwickelten.

Die Niederlage des Jahres 1933 war – vor allem auch im Blick auf die schrecklichen Folgen der faschistischen Diktatur bis 1945 – die schwerste, die die Arbeiterbewegung in ihrer bisherigen Geschichte erlitten hat. Vor 1914 reagierten die herrschenden Klassen durch die Vorbereitung des Krieges auf die Verwertungsprobleme des Monopolkapitals, die Weltmarktkonkurrenz *und* auf die wachsende Macht der Arbeiterbewegung und setzten dabei mit dem Ausbruch des Krieges im August 1914 eine »geistig-moralische Wende« nach rechts (chauvinistische Kriegsbegeisterung) durch, die auch die überwiegende Mehrheit der Arbeiterbewegung integrierte. Im Jahre 1933 vernichtete der Faschismus – mit Unterstützung der herrschenden Klasse – die Demokratie und die Arbeiterbewegung, um auf diese Weise die Voraussetzungen für die Realisierung der mittelfristig zentralen und alle politischen und ökonomischen Einzelfragen übergreifenden Zielsetzung des deutschen Imperialismus zu schaffen: Die Revanche für die Niederlage im ersten Weltkrieg und die gewaltsame Erringung einer hegemonialen Weltmarkt- und Weltmachtposition, die ihrerseits eben nicht nur die Ausschaltung der Arbeiterbewegung und der politisch-ideologischen Konkurrenzverhältnisse und Machtkämpfe innerhalb der herrschenden Klasse durch die Etablierung einer terroristischen Diktatur, sondern auch Aufrüstung, Militarisierung der Gesellschaft, Liquidierung der

Fesseln des Versailler Vertrages als Mittel der Kriegsvorbereitung erforderten.

Die Arbeiterbewegung war in der Weimarer Republik – trotz der Spaltung – stärker als in der Periode vor dem ersten Weltkrieg. Ihr Machtpotential bildete – zumindest aus der Sicht der konservativen Staatsrechtslehre dieser Zeit – gleichsam eine strukturelle Konstante der politischen Krise der bürgerlich-kapitalistischen Ordnung. Diesem Sachverhalt trug die reaktionäre Krisenüberwindungsstrategie insofern Rechnung, als sie einerseits neue Formen der ideologischen Massenmobilisierung durch den Faschismus akzeptierte, andererseits mit terroristischer Gewalt gegen die Arbeiterbewegung vorging. Diese Politik scheiterte nicht am Widerstand von innen. Erst als der deutsche Imperialismus und der faschistische Staat im zweiten Weltkrieg ihre Kräfte maßlos überschätzten und nach den ersten militärischen Erfolgen die Sowjetunion überfielen (um auf diese Weise das Ziel der imperialistischen Raub- und Eroberungspolitik mit dem Ziel der Vernichtung des ersten sozialistischen Staates zu verbinden), bahnte sich der Umschwung in den internationalen Kräfteverhältnissen an, der zum Zusammenbruch des Jahres 1945 hinführte. Im ersten Weltkrieg hatten sich schon nach einer relativ kurzen Zeit aus der Arbeiterbewegung die Kräfte des Widerstandes gegen die Kriegspolitik formiert, die die »Wende nach links« vorbereiteten. Jetzt dauerte es zwölf Jahre, bis die Arbeiterbewegung daran gehen konnte, die Niederlage des Jahres 1933 in der Praxis der antifaschistisch-demokratischen Neuordnung zu verarbeiten. Die faschistische Krisenüberwindungsstrategie und Kriegspolitik (die noch durch die Massenvernichtung der Juden und der slawischen Völker überhöht wurde) hatte nicht nur zur Katastrophe der Kriegsverwüstungen geführt, sondern auch die Position des deutschen Imperialismus enorm geschwächt: Im Ergebnis des zweiten Weltkrieges mußten territoriale Verluste hingenommen werden, Deutschland war von den Alliierten der Anti-Hitler-Koalition besetzt und schließlich entwickelte sich in der SBZ und dann in der DDR ein sozialistisches Gesellschaftssystem, in dem die ökonomische und politische Macht des Kapitals beseitigt wurde.

Gleichwohl entstand nunmehr für die Arbeiterbewegung keineswegs automatisch ein »Freiraum« oder ein »Machtvakuum«, in dem sie ohne größere Widerstände ihre Neuordnungspläne hätte durchsetzen können. Die neuen Kräftekonstellationen in der Weltpolitik – mit den beiden neuen Hegemonialmächten USA und UdSSR –, die freilich insgesamt eine Schwächung des Imperialismus bedeuteten (nicht nur in Deutschland, sondern auch im gesamten Europa, wo nach der Befreiung vom Faschismus die Arbeiterbewegung und die Linke an der Macht beteiligt wurden), determinierten nunmehr auch die innenpolitischen Kräftekonstellationen und Handlungsspielräume. Die »Restauration« des Kapitalismus, die ab 1947/48 in den Westzonen und in Westeuropa forciert wurde und sich schließlich gegen das Neuordnungsprogramm der Arbeiterbewegung durchsetzte, war daher nicht nur ein Ergebnis der relativen Schwäche sowie von Fehlorientierungen in der Arbeiterbewegung. Sie konnte nur in dem Maße erfolgreich sein, wie die neue Konfrontationspolitik des »Kalten Krieges« und der Systemkonkurrenz eine neue, tiefe Spaltung in der Arbeiterbewegung (mit der Bindung ihres reformistischen Flügels an die USA-Politik) produzierte, und zugleich – was noch wichtiger gewesen ist – die Rehabilitation der durch die Kollaboration mit dem Faschismus und durch die Folgen des Krieges diskreditierten herrschenden Klasse, die sich nunmehr unter das »Schutzschild« der US-amerikanischen Politik begab, ermöglichte (vgl. Deppe, 1982, Einheitsgewerkschaft).

3.3. »Bonn ist nicht Weimar«?

Im zweiten Kapitel habe ich die »Wende« und ihre Vorgeschichte ausführlich behandelt. Ich kann mich daher hier darauf beschränken, die Verlaufsformen wie die innere Struktur des Krisenprozesses kurz zu umreißen und dabei zusammenfassend einige besondere Merkmale des gegenwärtigen Krisenzyklus anzusprechen.

Die Symptome der ökonomischen Labilität werden zunächst durch die in Tab. 4 sowie in den Schaubildern 8 – 10 zusammengefaßten Daten nur unzureichend wiedergegeben. Das Wirtschaftswachstum hat sich insgesamt verlangsamt. Die Industrieproduktion, die sich noch in den 60er Jahren jahresdurchschnittlich um 5,3 Prozent erhöhte, verminderte sich im Durchschnitt der 70er Jahre auf ein Wachstum von nur noch 2,3 Prozent pro Jahr. Deutlich sind die beiden zyklischen Abschwungsperioden: 1973 bis 1975 und 1980 bis 1982 zu erkennen. Die Investitionstätigkeit ist in den 70er Jahren drastisch zurückgegangen – der Anteil der verarbeitenden Industrie an den Investitionen sank von 26,4 Prozent (1970) auf 17,6 Prozent (1978). Die Arbeitslosenquote stieg in diesem Zeitraum kontinuierlich an, lediglich gebremst in den Aufschwungsjahren 1979 und 1980. Dabei signalisiert schon der chronische Charakter der Massenarbeitslosigkeit, daß die Verbesserung der Beschäftigungssituation nach der Krise 1974/75 nicht durch zyklische, sondern durch strukturelle Faktoren, die namentlich durch Rationalisierungsprozesse in der Folge der Anwendung der »neuen Techniken«

Tabelle 4: Daten zur ökonomischen, sozialen und politischen Entwicklung 1970 bis 1982

Jahr	Industrieproduktion[1])	Reallohnposition der Arbeitnehmer[2])	Verbraucherpreise[3])	Arbeitslose[4])		Streiks ausgefallene Arbeitstage[5])		Mitglieder DGB-Gewerkschaften[6])		Wahlen (Bundestag)[7]) SPD		FDP		CDU/CSU		Grüne
	1975 = 100	%	%	in 1000	1975 = 100	in 1000	≈ 911 = 100	in 1000	1970 = 100	%	≈ 42,4 = 100	%	≈ 8,47 = 100	%	≈46,85 = 100	
1970	99	+ 3,4	+ 3,4	149	13	93	10	6713	100							
1971	100	+ 1,2	+ 5,3	185	17	4484	492	6869	102							
1972	104	− 1,0	+ 5,5	246	22	66	7	6986	104	45,8	108	8,4	99	45,8	97	
1973	109	+ 0,0	+ 6,9	273	25	563	61	7168	106							
1974	107	+ 2,4	+ 7,0	582	54	1051	115	7406	110							
1975	100	− 1,8	+ 6,0	1074	100	69	7	7365	109							
1976	108	− 1,6	+ 4,5	1060	98	534	58	7400	110	42,6	100	7,9	93	48,6	103	
1977	110	− 0,2	+ 3,6	1030	95	24	1	7471	111							
1978	113	− 0,9	+ 2,6	993	92	4281	469	7752	115							
1979	119	+ 0,4	+ 4,5	876	81	483	53	7844	116							
1980	118	+ 1,7	+ 5,5	889	82	128	14	7883	117	42,9	101	10,6	125	44,5	94	1,5
1981	116	− 0,4	+ 5,9	1272	118	58	6	7957	118							
1982	113	− 1,9	+ 5,0	1838	171	13	0	7950	118	38,2[8])	90	7,0	82	48,5	103	5,6

Quellen:

1) Sachverständigengutachten 1982/83, S. 261; IPW-Berichte, 1983.8, S. 23.
2) Ebd., S. 69.
3) Sachverständigengutachten 1979/80, S. 13; Sachverständigengutachten 1982/83, S. 18.
4) Ebd., 1982/83, S. 50.
5) Kritisches Gewerkschaftsjahrbuch 1982/83, S. 154; IPW-Berichte, 1983.8, S. 44.
6) G. Brandt u. a., Anpassung an die Krise: Gewerkschaften in den 70er Jahren, Frankfurt/New York 1982, S. 93; Kritisches Gewerkschaftsjahrbuch 1982/83, S. 150.
7) G. Fülberth, Geschichte der Bundesrepublik, Köln 1982, pass.; Blätter für deutsche und internationale Politik, 1983.4.
8) Wahlen 1983.

Schaubild 8: Industrieproduktion, Reallohnposition, Verbraucherpreise 1970 bis 1982

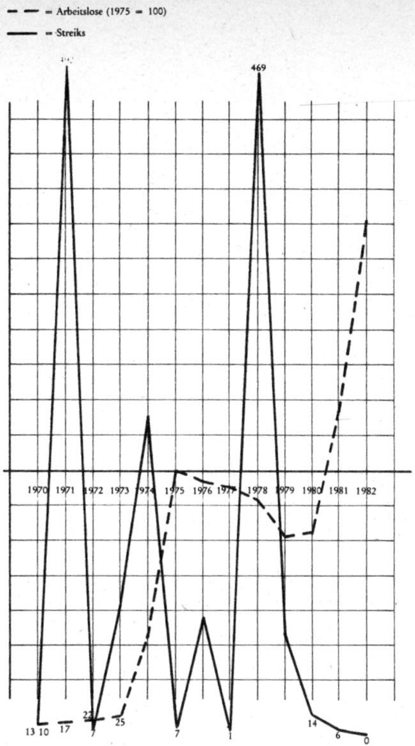

Schaubild 9: Arbeitslose, Streiks 1970–1982

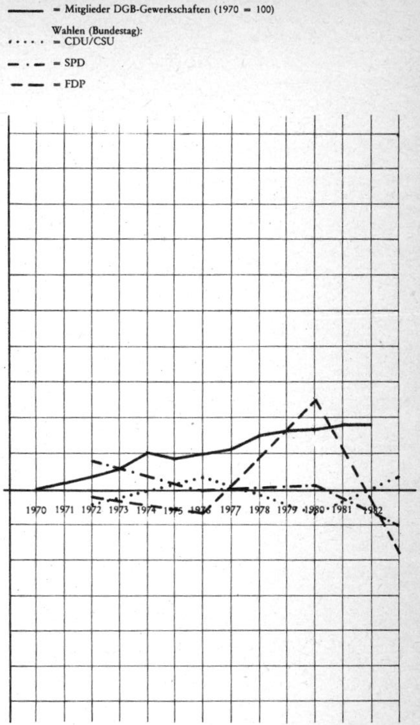

Schaubild 10: Gewerkschaftsmitglieder/Wahlen 1970–1983

wirken, blockiert wurde. Schließlich zeigen auch die Angaben über die Entwicklung der Verbraucherpreise, daß sich nicht nur das Inflationstempo beschleunigte (60er Jahre: plus 2,7 Prozent pro Jahr; 70er Jahre: plus 5,1 Prozent pro Jahr), sondern daß sich die Preisentwicklung – auch unter dem Einfluß von Erschütterungen des Preisgefüges auf dem Weltmarkt (»Erdölschock«) – gegenüber dem Wachstumszyklus verselbständigte. Zusätzlich kam es in den 70er Jahren zu einer drastischen Beschleunigung der Staatsverschuldung. So stieg in der BRD der Anteil der Nettokreditaufnahme an den Ausgaben der zentralen Haushalte von 4,9 Prozent (1970) auf knapp 12 Prozent (1980), erreichte aber im Jahre 1975 mit 22 Prozent einen Höhepunkt (vgl. dazu insgesamt Kowalski, 1983, S. 10 ff.).

Allerdings vermitteln diese Daten auch Zusammenhänge zwischen ökonomischen, sozialen und politischen Prozessen, die schon aus der Analyse früherer Krisenzyklen bekannt sind. Besonders deutlich fällt ab 1979/80 eine Verdichtung von Widerspruchskonstellationen auf, in denen sich die Veränderung des Kräfteverhältnisses der Klassen zuungunsten der Arbeiterklasse widerspiegelt. Ab 1980 verschlechtert sich – mit dem erneuten konjunkturellen Einbruch – die Reallohnposition der Arbeitnehmer. Gleichzeitig geht die Streiktätigkeit mit dem Ansteigen der Arbeitslosigkeit auf ein extrem niedriges Niveau zurück. Die Wahlergebnisse vermitteln auch einen Eindruck davon, in welchem Maße die politischen Stimmungen von der ökonomischen Konjunktur beeinflußt werden. Der sozialliberale Block profitiert jeweils von den Aufschwungsphasen 1970 bis 1972 und 1976 bis 1979. Die CDU/CSU hingegen – und dann 1983 die neue Rechtskoalition – steigert ihre Stimmanteile nach den Abschwüngen von 1973 bis 1975 und von 1980 bis 1982.

Gleichwohl signalisiert die Entwicklung der Anzahl der Gewerkschaftsmitglieder eine Besonderheit: Der positive Trend, der vor allem in den beiden Wachstumsphasen wirkte, kam zwar Anfang der 80er Jahre zum Stillstand. Doch sind – trotz der alarmierenden Mitgliederverluste – bislang unter dem Druck der Krisenwirkungen noch keine substantiellen Einbrüche in das gewerkschaftliche Mitgliederpotential gelungen. Auch die offiziellen Angaben über die Streiktätigkeit sind unzureichende Indikatoren für das gesellschafts- und sozialpolitische Klima; denn immerhin belegt die Auswertung der sog. »informellen« Streiks durch das »Archiv für soziale Bewegungen« des IMSF, daß die amtliche Arbeitskampfstatistik nur eine geringe Aussagekraft hat, denn seit 1980 ist der Anteil der offiziellen Zahlen an den tatsächlichen Mindestzahlen von Arbeitsniederlegungen erheblich zurückgegangen (vgl. w. o. S. 69).

Jeder historische Vergleich von Krisensituationen muß sich davor hüten, Parallelen zu übertreiben. Gewiß, das Wesen der kapitalistischen Krise besteht darin, daß in ihr die Grenzen des Kapitals an die Oberfläche treten: Der »Konflikt zwischen Ausdehnung der Produktion und Verwertung« macht sich – wie Marx im dritten Band des »Kapital« nachwies – periodisch »in Krisen Luft«: »Das Mittel – unbedingte Entwicklung der gesellschaftlichen Produktivkräfte – gerät in fortwährenden Konflikt mit dem beschränkten Zweck, der Verwertung des vorhandenen Kapitals. Wenn daher die kapitalistische Produktionsweise ein historisches Mittel ist, um die materielle Produktivkraft zu entwikkeln und den ihr entsprechenden Weltmarkt zu schaffen, ist sie zugleich der beständige Widerspruch zwischen dieser ihrer historischen Aufgabe und den ihr entsprechenden gesellschaftlichen Produktionsverhältnissen« (MEW, 25, S. 260). Entsprechend seiner immanenten Verwertungs- und Herrschaftslogik sucht das Kapital, jede Krise dazu zu nutzen, jene Schranken der Verwertung und der Produktivkraftentwicklung zu beseitigen, die sich der »Reinigungsfunktion« der Krise in den Weg stellen. Dazu gehört – wie unsere bisherige Analyse gezeigt hat – nicht nur die Vernichtung von überschüssigem Kapital sowie die Erschließung neuer Anlagesphären und Märkte. Vielmehr erheischt die Logik der Profitproduktion, daß in Krisenperioden auch jene politischen Schranken beseitigt werden, die die Bewegungsfreiheit des Kapitals einschränken: Die Macht der organisierten Arbeiterbewegung – und namentlich der Gewerkschaften –, die die Flexibilität der Löhne »nach unten« behindert, die institutionalisierte bzw. gesetzlich fixierte Intervention des Staates in den Reproduktionsprozeß, die entweder »soziale Kosten« verursacht oder – wie im Fall von Mitbestimmungsrechten der Gewerkschaften und der Betriebsräte – die betriebliche und gesellschaftliche Macht des Kapitals modifiziert – und schließlich auch die je historisch-konkreten Macht- und Kräfteverhältnisse auf dem Weltmarkt und in der Weltpolitik, soweit diese als Schranke der Expansionsfähigkeit der nationalen Kapitale oder gar als Schranke der Macht des Imperialismus überhaupt wirken.

Die großen Kriseneinbrüche des vergangenen Jahrhunderts markieren demnach auch Übergänge zwischen verschiedenen Stufen bzw. Stadien der Entwicklung der kapitalistischen Gesellschaftsformation. In ihnen vollzieht sich nicht nur eine Reorganisation der Kapitalstrukturen (Monopolisierung), sondern auch der stofflichen Beziehung zwischen Kapitalverwertung und Produktionsbedingung und schließlich auch der Formen der Arbeitsteilung (zwischen den Sektoren der Produktion und Distribution, im Produktionsprozeß selbst und auf dem Weltmarkt). Da aber die Kapitalverwertung als Motor eines antagonistischen Vergesellschaftungsprozesses wirkt und da die allgemeine Systemerhaltung, die Außen- und Außenwirtschaftspolitik und die Regulierung der Klassenbeziehungen stets der Interventation des Staates bedarf, wird der Kampf um den Ausweg aus der Krise stets in politischer Form geführt – und zwar nicht nur als ein Kampf um die Staatsmacht, sondern auch als ein Kampf um hegemoniale Positionen, Ideologien und Strategien, die auf eine Reorganisation des politischen Herrschaftssystems und des »Blocks an der Macht« zielen.

Die Überwindung seiner Entwicklungsschranken überläßt das Kapital niemals nur den spontanen ökonomischen und sozialen Gesetzmäßigkeiten (z.B. den Wirkungen der Massenarbeitslosigkeit). Stets wurden in Krisensituationen Herrschaftsstrategien konzipiert, die diese Gesetzmäßigkeiten durch direkte politische Interventionen, durch die Anwendung repressiver politischer Gewalt nach innen und außen flankierten. Daß diese Gewaltanwendung im 20. Jahrhundert unvorstellbare Dimensionen erreicht hat, reflektiert zugleich die veränderten Kräftekonstellationen von Kapital und Arbeit, von Kapitalismus und Sozialismus. Vom Standpunkt der Verwertungslogik und der Herrschaftssicherung des Kapitals aus sind eben vor allem die Krisenperioden stets auch darin politisch, daß sie nicht nur die Gefahr einer Systemveränderung, sondern auch eines Verlustes hegemonialer Positionen in der Auseinandersetzung mit dem Sozialismus beinhalten.

Auch in der Arbeiterbewegung ist diese Politisierung des Klassenantagonismus in Krisenperioden immer wieder erkannt und diskutiert worden. Freilich hat die bisherige Analyse eine wichtige Differenzierung bei der Verarbeitung dieses Sachverhaltes verdeutlicht: Am linken Flügel der Arbeiterbewegung wurden stets Antworten gegeben, in denen sich die Kritik an der Unwirksamkeit von Politikformen und -inhalten, die in Stabilitätsperioden durchaus erfolgreich waren, mit der Forderung verband, den real vorhandenen Ansätzen bzw. Möglichkeiten des Massenwiderstandes durch die Orientierung auf die Machtfrage und auf qualitative Veränderungen der bestehenden Eigentums- und Herrschaftsverhältnisse eine Perspektive zu geben. Am rechten Flügel der Arbeiterbewegung dagegen reflektierte sich das Bewußtsein von der krisenhaften Politisierung aller gesellschaftlichen Beziehungen in der Regel in einer erhöhten Bereitschaft, durch die Integration in den Staat dem »Gemeinwohl« zu dienen und die Opferbereitschaft sowie die aktive Teilhabe an der Entschärfung der politisch-ideologischen Polarisierung durch die Anerkennung der Organisation und ihrer Führungsapparate sowie durch die Hoffnung auf spätere sozialpolitische Erfolge nach der gemeinschaftlichen Überwindung der Krise zu legitimieren. Es wäre also ganz falsch, den integrationistischen Flügel der Arbeiterbewegung als »unpolitisch« bzw. »nur-tradeunionistisch« zu bezeichnen. Seine positive Beziehung zum bürgerlichen Staat und seine Grundkonzeption, durch die Integration der Lohnabhängigen in den Staat die Klassengegensätze abzuschwächen, prädestinieren ihn nachgerade dazu, in Krisenperioden eine aktive politische Rolle zu spielen.

Beim historischen Vergleich von Krisenperioden muß aber auch stets der besondere Charakter der jeweiligen Krise beachtet werden. Der gerade in der innenpolitischen Diskussion der BRD oft strapazierte Satz »Bonn ist nicht Weimar« kann zwar angesichts der Dauerarbeitslosigkeit und der staatlichen Deflations- und Restriktionspolitik nicht mehr mit jenem Ton der Selbstgefälligkeit und der Überheblichkeit vorgetragen werden wie noch in den 60er Jahren – und doch eignet ihm nach wie vor ein Moment von Wahrheit; denn es gibt in der Tat ganz wichtige sozialökonomische und politische Unterschiede zwischen der Krise der Weimarer Republik und der Krise der entwickelten, »reifen« Bundesrepublik:

Die Krise nach 1929 erfolgte namentlich in Deutschland nach einer Periode der relativen Stagnation, von Verzerrungen des Wachstums durch den Krieg und die revolutionäre Nachkriegsperiode. Der Rückgang der Produktion sowie der Anstieg der Arbeitslosigkeit nahmen daher dramatische Formen an, die in der Perzeption der Arbeiterbewegung durchaus als »Zusammenbruch« der Funktionsfähigkeit des Kapitalismus interpretiert werden konnten. Die Krise der 70er Jahre dagegen bezeichnet eine Wende zur Stagnation nach einer langen Periode des außergewöhnlichen Wachstums, der Vollbeschäftigung, der Verbesserung der Reallöhne der Lohnabhängigen, des Ausbaus eines »Netzes« der sozialen Sicherheit, eines außerordentlich hohen Niveaus der Weltmarktverflechtung, das der Kapitalismus bis dahin nicht gekannt hatte. »Die reale Industrieproduktion und damit der materielle Reichtum, der in unserem Lande zur Verteilung steht (ist) heute ziemlich genau zehn mal so groß wie im Krisenjahr 1932« (Judick, 1983, S. 255). Der Anstieg der Arbeitslosen auf die Zahl von 2,5 Mio. und mehr als 1 Mio. Kurzarbeiter ist schlimm genug; aber im Vergleich zu 1932 wird doch deutlich, daß die Arbeitslosenquote sich bislang auf einem bedeutend niedrigeren Niveau gehalten hat. Außerdem verfügt der Staat heute – trotz der Einschnitte in das »soziale Netz« – über sehr viel mehr materielle Ressourcen, um den Verelendungsprozessen entgegenzuwirken.

Während der Krise 1929 bis 1932 ging der Welthandel um gut 25 Prozent zurück. Auch hier verschärfte die Krise die Zerrüttung der Weltwirtschaft, die seit dem ersten Weltkrieg zum nationalen bzw. kolonialen Protektionismus eingesetzt hatte. In den 70er Jahren erhöhte sich das Volumen des Welthandels noch einmal kräftig, wobei schon die Ungleichmäßigkeit zwischen den exportstarken und den exportschwachen Ländern – widerspiegelt in den Disparitäten der Leistungsbilanzen, der Währungsstabilität und der Devisenreserven, der Verschuldung und des Zinsniveaus – ein ständiges, wenn auch wirkungsloses internationales Krisenmanagement notwendig machten. Gleichwohl besteht die Besonderheit der gegenwärtigen Krise gerade darin, daß sie aufs engste mit dem außerordentlich hohen Niveau der internationalen Verflechtung der Produktion und des Austauschs, der Direktinvestitionen und der internationalen Kredite verflochten ist, das in den beiden Jahrzehnten zwischen 1950 und 1970 erreicht wurde und das vielfältige Formen der transnationalen Integration und Regulierung hervorgebracht hat. Erst 1982 erfolgte zum ersten Mal ein realer Rückgang des kapitalistischen Welthandels um 2 Prozent (IPW-Berichte, 1983.8, S. 35). Zugleich werden im Sachverständigen-Gutachten 1982/83 – wie auch in den Jahren zuvor – die Gefahren des Protektionismus beschworen: »Protektionistische Tendenzen haben in der Einschätzung der weltwirtschaftlichen Lage eine immer größere Bedeutung gewonnen. Diejenigen Kräfte, die sich, auch im eigenen Interesse, für einen freien Welthandel einsetzen und von denen man sich wirksamen Widerstand gegen die Einführung neuer oder die Verfestigung alter protektionistischer Praktiken erhoffen könnte, sind gegenwärtig weit schwächer als während der Liberalisierungsphase der 50er und 60er Jahre« (S. 28).

Die Weltmarktkrise des Kapitals verwandelt die Konkurrenzbeziehungen der nationalen Kapitale in den »Kampf der feindlichen Brüder«, die nicht nur die Wirkungen der Krise durch deren Abwälzung auf andere Nationen mildern wollen, sondern auch danach streben, die Reorganisation der Verwertungsbedingungen mit einer Neustrukturierung der internationalen Arbeitsteilung sowie mit einer Neuverteilung der Macht im System der Weltpolitik zu verbinden. Gegenwärtig erscheint dieser Kampf nicht nur in den verschiedenen Formen des Protektionismus, sondern u.a. auch in der Form des »Zinskrieges« zwischen den USA sowie Westeuropa und Japan, in der Konzentration der nationalen Wirtschafts- und Währungspolitik auf die Verbesserung der Leistungsbilanzen. Dennoch werden angesichts des hohen außenwirtschaftlichen Verflechtungsgrades und angesichts der weltweiten politischen Kräfteverhältnisse den führenden imperialistischen Mächten traditionelle Wege der Krisenbewältigung abgeschnitten. Die »Autarkiepolitik« kann dabei nicht mehr als eine realistische Alternative gelten und die

Möglichkeit einer »Abwälzung« der Krisenlasten von den reichen kapitalistischen Metropolen auf die armen Rohstofflieferanten der Dritten Welt wird – obwohl dieser Mechanismus vermittels der Weltmarktpreise und der »Terms of Trade« nachhaltig wirkt – schon dadurch begrenzt, daß die extrem hohe Verschuldung der meisten Entwicklungsländer nicht nur deren Kaufkraft extrem vermindert, sondern auch das internationale Kreditsystem zunehmend einer Zerreißprobe aussetzt. Auch der traditionelle Weg der Kriegsvorbereitung erscheint heute angesichts der militärischen Vernichtungspotentiale und des Systemgegensatzes von Kapitalismus und Sozialismus als eine wahnwitzige Alternative. Und doch werden wir sehen, daß neben den vielfältigen Formen der Integration, also nicht der gewaltsamen Auflösung der Krisenwidersprüche, zu denen in der Gegenwart das Kapital gezwungen ist, auch diese Variante der Krisenbewältigung, die zu einer Forcierung der Aufrüstung und zu neuen strategischen Kalkülen eines Atomkrieges gegen die UdSSR führt, in der Politik der USA-Regierung die Oberhand gewonnen hat.

Die »Zwischenkriegskrise« hatte sich in einem sozialen Milieu entwickelt, in dem die dominanten kapitalistischen Produktions- und die ihnen entsprechenden Klassenverhältnisse in ein nach wie vor stark vor-kapitalistisches Milieu eingebettet waren. Das regionale Entwicklungsgefälle im damaligen Deutschen Reich war ebenso wie die Rolle des alten, nicht-lohnabhängigen Kleinbürgertums sowie der ostelbischen Großgrundbesitzer, die zwar kapitalistisch produzierten, aber spätfeudal-aristokratisch dachten, ein Element dieser Ungleichzeitigkeit, in der sich auch der besondere »preußisch-deutsche Weg« zum Imperialismus widerspiegelte (vgl. Deppe/Fülberth, 1982, Preußen). Die Krisenverarbeitung hat – wie schon im vorangehenden Kapital gezeigt wurde (vgl. S. 93 ff.) – besonders reaktionäre, zum Faschismus direkt hinführende Deutungsmuster entstehen lassen – und ein erheblicher Teil des Führungspersonals in den Schaltstellen der staatlichen Machtapparate rekrutierte sich gerade aus diesem Milieu.

In der Folge des Krieges (z.B. Verlust der »Ostgebiete«) und der großen Industrialisierungswelle seit dem Beginn der 50er Jahre vollzog sich daher auch ein »Modernisierungsschub«, der zwar nicht – wie die bürgerlichen Ideologen unterstellten – die Klassengegensätze aufhob, der aber zahlreiche dieser vorkapitalistischen Elemente der Sozialstruktur vernichtete und der zugleich tendenziell die Lebensweise der Menschen nivellierte. Die »Amerikanisierung« des Alltags und der Kultur bedeutete u.a., daß auf der Ebene des Massenkonsums die Klassengegensätze nicht mehr in der Form einer extremen Polarisierung der Lebensbedingungen erscheinen. Die soziale Basis dieses Wandels ist im kontinuierlich steigenden Anteil der »Arbeitnehmer« an den Erwerbstätigen zu erkennen: Im Jahre 1982 erreichte er 87,5 Prozent – 1933 betrug er nur 67,1 Prozent. Wichtig ist hier zunächst einmal der Sachverhalt, daß die Erfahrung und Deutung der gesellschaftlichen Realität über einen langen Zeitraum durch den Status des »Arbeitnehmers« und schließlich auch der zunehmenden materiellen Prosperität sowie der relativen Nivellierung der Lebensweise geprägt worden ist. Disparitäten wurden eher über gesellschaftspolitische Randkonflikte, die nicht direkt auf den Gegensatz von Kapital und Arbeit zu beziehen sind, oder auch durch unterschiedliche soziale Erfahrungen verschiedener Arbeitnehmergruppen (etwa zwischen Facharbeitern und Ungelernten, im Handel und im privaten wie staatlichen Dienstleistungssektor) wahrgenommen. Mit anderen Worten: Die lange Welle der Nachkriegskonjunktur reproduzierte eine kapitalistische Klassengesellschaft, in der zwar die objektiven Klassenverhältnisse fortbestanden und sich sogar klarer polarisierten, in der aber die Erfahrung dieser Klassengegensätze im gesellschaftlichen und politischen Bewußtsein weitgehend neutralisiert wurden. Sozialwissenschaftliche Untersuchungen haben zwar immer wieder nachgewiesen, daß die Mehrzahl der Lohnabhängigen nach wie vor die gesellschaftliche Klassenspaltung und die subalterne Lage der Arbeiterklasse wahrnehmen. Zugleich wurde aber auch deutlich, daß diese Wahrnehmungen zwar noch in die gewerkschaftlichen Bindungen einfließt, aber kaum noch für die politischen Einstellungen und Verhaltensweisen handlungsrelevant ist.

Während also die Krise nach 1929 in einen proletarischen Erfahrungszusammenhang eingriff, der durch die Klassenspaltung und durch Gewalt (als die Form der Politisierung dieser Spaltung) bestimmt war, trifft die Krise der 70er Jahre auf ein System der Klassenbeziehungen, in dem die Gewaltverhältnisse verschleiert sind, ein hohes Maß an Integration und rechtlich-institutioneller Regulierung von sozialen und politischen Konflikten verwirklicht worden ist. Diese Veränderung macht sich auch in der Reaktionsweise unterschiedlicher Generationen auf die Krisenerfahrung geltend: Die älteren Generationen erwarten eher eine durch den Staat vermittelte, institutionalisierte Konfliktbearbeitung, die das Gesamtsystem der sozialen Beziehungen und des Konsensus nicht in Frage stellt; bei den jüngeren Generationen zeigt sich hingegen eine weitaus größere Bereitschaft, Modelle der Krisenlösung und Konfliktverarbeitung auch außerhalb des vorgegebenen politischen sowie rechtlich-institutionellen Handlungsrahmens zu akzeptieren und zu suchen.

Beim Vergleich der Funktionsbedingungen des politischen Systems in den beiden Krisenperioden scheint eine einfache Antwort möglich – und diese gehört zugleich zum herrschenden geschichtlichen Selbstverständnis der BRD: Die Weimarer Republik sei durch die Schwäche der demokratischen Parteien und durch den Radikalismus von links und rechts zerstört worden. Die Stabilität der BRD beruhe dagegen auf der »Solidarität der Demokraten« und wirksamen Ausschaltung des Radikalismus aus dem politischen Leben. Daß es sich dabei um einen jener konservativen »Geschichtsmythen« handelt, der in erster Linie die aktive Rolle der Industrie und der gesellschaftlichen Eliten bei der Zerstörung der Demokratie sowie bei der Machtübertragung an den Faschismus verschleiern soll, erscheint nach der Analyse des letzten Abschnitts plausibel. Die Wirksamkeit politischer Ideologien bindet sich freilich stets daran, daß sie ein Moment von Wahrheit und Realitätsbezug enthalten. Bislang blieb das demokratische System der BRD in der Tat wesentlich stabiler als in der Weimarer Republik. Ökonomische Krisen haben bei den Wahlen nur geringfügige »Ausschläge« im Kräftefeld der Parteien ausgelöst: In der Krise 1966/77 schaffte die neofaschistische NPD den Sprung in einige Landtage – und ab 1979 haben die »Grünen« das ökologische, radikal-demokratische und z.T. sozialistische Protest- und Oppositions-Potential erfolgreich gebunden. Die Wahlen vom 6. März 1983 haben aber ebenso wie die Landtagswahlen dieses Jahres den »demokratischen Parteien« (wie sie sich selbst nennen) weit mehr als 90 Prozent der Stimmen zugeführt. Die prinzipielle Koalitionsfähigkeit zwischen diesen Parteien der »Mitte« hat bislang auf jeden Fall eine Rechts-Links-Polarisierung zwischen großen Blöcken und damit eine Radikalisierung der politischen Verhältnisse erfolgreich verhindert.

Gleichwohl erschließt sich aus der Betrachtung der parlamentarischen Kräftekonstellationen nur die Oberfläche des politischen Herrschaftssystems. Der Mechanismus der politischen Integration und Konfliktneutralisierung durch Wahlen kann nur solange wirken, wie die sozialen und ideologischen Vergesellschaftungsprozesse eine politisch-relevante Radikalisierung größerer Teile der Bevölkerung verhindern und wie der staatliche Herrschaftsapparat tendenziell von der ideologischen Wirkungsweise der »politischen Öffentlichkeit« abgekoppelt wird. Insofern besteht zunächst ein enger Zusammenhang zwischen den – zuvor charakterisierten – sozialen Vergesellschaftungsprozessen und der Stabilität des politischen Systems. Die bürgerliche Hegemonie im Spätkapitalismus hat zur Voraussetzung, daß in der Alltagserfahrung der Massen (Arbeit, Familie, Freizeit) die Klassengegensätze weitgehend neutralisiert sind und daher die herrschenden Ideologien und Konventionen auch als Deutungsmuster für diese Erfahrungen »greifen« und akzeptiert werden. Solche Muster werden noch durch Ideologie und Praxis der herrschenden Parteien verstärkt, die als »Volksparteien« ihre subjektive Klassenbindung demonstrativ aufgegeben haben. Auf dieser Grundlage können Formen des politischen Radikalismus marginalisiert und dann auch repressiv ausgeschaltet werden (KPD-Verbot, 1956, »Extremistenerlaß« 1972, Kampf gegen den Terrorismus etc.). Diese Formen der Integration reichen jedoch nicht aus, um die Stabilität des Gesamtsystems zu gewährleisten. Der Ausbau der sozial-integrativen wie der repressiven Staatsapparate, des Interventions- wie des Sicherheitsstaates, demonstriert den Zwang zur kontinuierlichen Regulierung und Kontrolle der gesellschaftlichen und Klassen-Beziehungen. Auf der einen Seite sind also die politischen Verhältnisse im Spätkapitalismus bislang nicht durch jene offene Polarisierung der politischen Kräfte charakterisiert, wie sie in der Weimarer Republik vorherrschend waren und selbst noch dafür sorgten, daß auch die krisenhafte Alltagserfahrung durch diese gespaltenen, politisch-ideologischen Überbaustrukturen gefiltert und gedeutet wurde. Auf der anderen Seite resultierte offensichtlich aus der inneren Logik der permanenten Systemregulierung – neben der sozialpolitischen Entschärfung von Konfliktpotentialen – der Zwang zum Ausbau der Sicherheitsorgane des Staates und auch der militärischen Gewaltpotentiale.

Welche Wirkungen übt die Krise auf das politische System aus? Obwohl sich die Wirtschaftskrise noch längst nicht in eine politische Krise übersetzt hat, greift sie doch jene Regulierungsmechanismen an, die die integrative Lösung sozialer Konflikte und Widersprüche bewerkstelligt haben. Sie zersetzt zunächst die Fähigkeit des Staates, durch sozial-politische Kompromisse weiterhin einen Zustand der »Befriedung« herzustellen. Der Appell an die »Opferbereitschaft« tritt an die Stelle einer Politik, die aktiv die Beseitigung dieser Widersprüche proklamiert. Die Re-Privatisierung des »sozialen Risikos« entspricht ja gerade der herrschenden Vorstellung, die Krise könne durch eine Entpolitisierung der Ökonomie, durch die Rückbesinnung des Staates auf seine »eigentlichen Ordnungsfunktionen«, überwunden werden. Zum anderen produziert die Krise Legitimationsdefizite im politischen System selbst. Angesichts der Stabilität der »demokratischen Parteien« in der BRD erscheint es zwar reichlich übertrieben, mit C. Offe von einer Entinstitutionalisierung, letztlich »Entstaatlichung« beim Austrag politischer Konflikte zu sprechen (Argument, 1980. 124, S. 812/3); gleichwohl gibt es doch viele Symptome, die eine wachsende Unzufriedenheit in der Bevölkerung mit den herrschenden Parteien, einen Vertrauensschwund in staatliche Problemlösungskompetenz, allgemein einen »Überdruß an der Politik« und auch Ansätze einer alternativen Form von Politik – in den »neuen sozialen Bewegungen« und Protestformen – erkennen lassen. Solche Bruchstellen des herrschenden politischen Konsensus sind selbst höchst widersprüchlich: Sie markieren eine Offenheit für den »autoritär-populistischen Diskurs von oben« (vgl. dazu Kap. 2, S. 85 ff.), aber auch die Möglichkeit des Umschlages einer diffusen Protesthaltung oder der Unzufriedenheit mit den herrschenden gesellschaftlichen und politischen Verhältnissen in organisierte Bewegungen, die sich für Konzepte einer alternativen Politik der Krisenüberwindung engagieren.

Das spätkapitalistische Herrschaftssystem erweist sich also insgesamt als relativ flexibel, um das Übergreifen der Wirtschaftskrise in eine politische Radikalisierung und Polarisierung zu hemmen. Da aber diese Fähigkeit von der »politisch-vermittelten« Regulierung von hochkomplexen Vergesellschaftungsprozessen abhängt, ist dieses System extrem störanfällig. Störungen dieser Regulierung durch die Krise – z.B. die »Überlastung« der staatlichen Haushalte durch die Kosten, die die Arbeitslosigkeit verursacht – lösen gleichsam »Kettenreaktionen« aus, die nicht nur neuen Regulierungsbedarf produzieren, sondern auch massive Widersprüche und Konflikte innerhalb des Staatsapparates auslösen (z.B. durch die Überwälzung von Sozialkosten auf die kommunalen Haushalte, die längst an die Grenze der Handlungsfähigkeit gelangt sind). Wenn auch diese Regulierungskrisen – solange sie nicht in eine Hegemoniekrise überspringen – nicht den Bestand des kapitalistischen Systems gefährden, so verstärken sie doch die Widersprüche im Reproduktionszusammenhang des kapitalistischen Systems, die ihrerseits Antworten der politischen und gesellschaftlichen Kräfte herausfordern, die Auseinandersetzung um alternative Strategien zur Bewältigung der Krise in die Öffentlichkeit tragen und schließlich auch die Integrationsmuster der Alltagserfahrung mehr und mehr beeinflussen.

Jede Strukturkrise des Kapitals verlangt eine »Restrukturierung« der Formen, in denen bislang sich die gesellschaftliche Reproduktion organisierte (Altvater, 1983, S. 80 ff.). Für das Kapital und die ihm aggregierten politischen Kräfte geht es – wie wir gesehen haben – darum, schon frühzeitig die krisenbedingte Schwäche der Arbeiterbewegung (durch die Wirkungen der Massenarbeitslosigkeit oder durch die »Krise des Wohlfahrtsstaates«) zu nutzen, neue Herrschaftsstrategien zu formulieren und ideologisch zu propagieren, um das Übergreifen der Wirtschaftskrise in eine Hegemoniekrise, in ein Auseinanderbrechen des Machtapparates »von der Spitze her«, zu verhindern. Die Politisierung der sozialen Widersprüche und Konflikte erfolgte in der Regel durch solche strategische Optionen des »Blocks an der Macht«: Die Lösung der krisenhaften Widersprüche durch direkte politische Gewalt – nach außen, um die Position auf dem Weltmarkt und in der Weltpolitik zu verbessern, nach innen, um die Machtpositionen der Arbeiterbewegung zu schwächen oder gar zu liquidieren und um zugleich einen neuen Typus des klassenübergreifenden, ideologischen Herrschaftskonsensus zu etablieren, der eben durch die gleichsam erlösende, »Knoten-durchschlagende« Funktion dieser Gewalt und durch eine neue – höchst irrationalistische – politische Romantik, die den »Mythos der Gewalt« und der »Volksgemeinschaft« an die Stelle der rational-bürgerlichen Prinzipien der Rechtsförmigkeit und des äquivalenten Tausches in der bürgerlichen Gesellschaft sowie der gesellschaftlichen Klassenspaltung treten läßt, neue Formen einer rechtsextremen, politischen Massenkultur mobilisiert (Steil, 1984).

Die »große Krise« der 70er und 80er Jahre hat »Restrukturierungsstrategien« in den Vordergrund treten lassen, die einerseits dem Grad der Vergesellschaftungsprozesse und der Produktivkräfte, der internationalen Verflechtung der Produktion und des Austauschs, der nach wie vor wirkenden Integrationskraft des politischen Systems, andererseits dem Kräfteverhältnis von Kapital und Arbeit, von Kapitalismus und Sozialismus im nationalen Rahmen wie auf dem Felde der Weltpolitik Rechnung tragen. Da ich diese Optionen des Neo-Konservatismus im zweiten Kapitel über »die Wende« ausführlich behandelt habe, kann ich mich hier darauf beschränken, wesentliche Elemente dieser strategischen Optionen zusammenzufassen: Mehr Markt statt Sozialstaat; Abbau der Gewerkschaftsmacht zugunsten der »individuellen Freiheit«; Ausbau der staatlichen Ordnungsfunktionen – ideologische Mobilisierung gegen »Kollektivismus« und Kommunismus, Appell an nationalistische und rassistische Bewußtseinsformen, Opferbereitschaft und ein neuer Begriff von »Führung«, der letztlich auf die Diskreditierung des Parlamentarismus und der pluralistischen Öffentlichkeit zielt (Goldschmidt/Hund, 1983).

Der Weltmarkt und die Weltpolitik sind in der gegenwärtigen Krise – mehr als je zuvor in früheren Krisenperioden – der Bezugsrahmen solcher strategischer Überlegungen und Entscheidungen. Der Kampf um die Sicherung von Hegemonie kann in der gegenwärtigen Epoche überhaupt nicht von den weltwirtschaftlichen und -politischen Machtverhältnissen abstrahiert werden. Aus der Sicht der jeweiligen entwickelten kapitalistischen Nationen ist es gleichsam zu einer Überlebensfrage geworden, wie sie einerseits durch die Modernisierung der Produktion im

Inneren sowie durch verstärkte Kapitalexporte, andererseits durch die Abwehr von Protektionismus die außenwirtschaftliche Position des nationalen Kapitals stärken. Das export-orientierte »Modell Deutschland« vertrat diese Strategie, die dazu noch die Vorteile des inneren »sozialen Kompromisses« ausnutzen wollte, schon Mitte der 70er Jahre. Selbst in Frankreich, wo seit 1980 eine Linksregierung den Ausweg aus der Krise mit einem Programm verfolgt, das Elemente einer links-keynesianischen Wirtschaftspolitik mit Fragmenten sozialistischer Vergesellschaftung, Planung und Demokratisierung kombiniert, macht sich der Druck der Weltmarktkonkurrenz und -krise als eine beständige Schranke für die Einlösung der programmatischen Ziele geltend. Dennoch ist die Problematik der Hegemonie aus der Sicht dieser »subimperialistischen Nationen« nicht angemessen zu erfassen. Die Position und Politik der USA, als der westlichen Führungsmacht, ist vielmehr entscheidend für die weltwirtschaftlichen und -politischen Auseinandersetzungen, die massiv auf die verbündeten Staaten in Westeuropa und Japan zurückwirken.

Der relative Hegemonieverlust der USA begann schon in den 60er Jahren, als Westeuropa (abgesehen von Großbritannien) und Japan durch Produktivitätssteigerungen ihre Konkurrenzfähigkeit gegenüber den USA beträchtlich verbessert hatten. Schwere außenpolitische Niederlagen (z.B. im Vietnam-Krieg), wachsende Konflikte mit den westeuropäischen Staaten (vgl. Kissinger, 1982, S. 153 ff., »Das Europa-Jahr«), Erfolge der sozialistischen Staaten und weiterer antiimperialistischer Befreiungsbewegungen waren der politische Ausdruck dieses Wandels. Das Programm von Ronald Reagan läßt sich daher in der Formel »die USA müssen wieder die Nr. 1 werden« zusammenfassen. Die Mittel zur Verwirklichung dieses Programms treiben gerade jene Politisierung der Konkurrenz- und Machtverhältnisse in der Weltpolitik voran, die zugleich die außerökonomische Gewalt als Mittel der Krisenüberwindung und der Neustrukturierung der ökonomischen wie politischen Strukturen im internationalen System in den Vordergrund treten läßt. Die Steigerung der militärischen Nachfrage durch neue, gigantische Aufrüstungsprogramme und monetäre Maßnahmen (z.B. der »Zinskrieg«), die die Position der US-Währung gegen die der wichtigsten Konkurrenten stärken und dort die wirtschafts- und geldpolitischen Maßnahmen zur Abwehr der Krise unterminieren, gehören derzeit in den Katalog der Mittel, die die US-Regierung anwendet, um ihre hegemonialen Ziele zu erreichen. Die Abkehr von der Politik der Entspannung, die bewußte Konfrontation mit den sozialistischen Staaten und den Befreiungsbewegungen fungiert dabei gleichsam als Schutzschild, um auch die konservativen Kräfte in Westeuropa und Japan, die bei handels- und währungspolitischen Fragen durchaus nach autonomen Positionen gegenüber den USA streben, ideologisch und vor allem militär-politisch an die Führungsrolle der USA zu ketten.

Wie diese inner-imperialistischen Konfliktpotentiale und Konkurrenzverhältnisse letztlich in der Form einer neuen Machtstruktur des internationalen Systems und der Arbeitsteilung gelöst werden, kann jetzt gewiß nicht vorausgesehen werden. Auf jeden Fall wird jedoch dabei – sofern es gelingt, den abenteuerlichsten Varianten der US-Politik, die den »atomaren Erstschlag« und die »Gewinnbarkeit eines atomaren Krieges gegen die Sowjetunion« ernsthaft prüfen, einen Riegel vorzuschieben – die gewachsene ökonomische und politische Potenz der EG-Staaten und Japans eine Rolle spielen. Diese Zusammenhänge werfen im übrigen ein neues Licht auf die politische Funktion der Friedensbewegungen – vor allem in Westeuropa und der BRD. Diese mögen wohl der Angst vor der – rational kaum noch zu kontrollierenden – Rüstungsspirale sowie vor der näherrückenden atomaren Katastrophe der Menschheit ihre wichtigsten Antriebskräfte verdanken. Zugleich aber bilden diese Bewegungen eine authentische politische Kraft, die die Perspektive einer politischen Weltordnung jenseits der US-amerikanischen Hegemonie zu artikulieren vermag. Die »Abkoppelung« der europäischen Sicherheit und Zusammenarbeit von der US-amerikanischen Hegemonie, damit auch das Herauslösen konservativer Kräfte aus jenen Zwangsmechanismen, die ihre europäischen Interessen in der Unterwerfung unter die US-Hegemonie gleichsam ersticken, könnte daher »Freiräume« und »Atempausen« schaffen, die die imperialistische Logik der Politisierung der Krisenprozesse (durch deren gewaltsame Lösung) unterbrechen und zugleich der Alternative einer neuen europäischen Friedensordnung eine größere Durchsetzungsfähigkeit verleihen.

In den kritischen Gewerkschaftsanalysen der vergangenen Jahre ist oftmals der Satz des sozialdemokratischen Politologen Franz Neumann zitiert worden, den dieser ein Jahr vor der Machtübernahme des Faschismus in Deutschland geschrieben hat: »Geschichtlich hat das Verhältnis von Staat und Gewerkschaften vier Stadien durchlaufen: Vom Verbot über die Duldung zur Anerkennung und zur Inkorporierung der Koalition« (nach: Müller-Jentsch, 1976, S. 151). Sowohl die Analyse des zweiten Kapitels als auch die – gewiß kursorische – Betrachtung der politischen Krisengeschichte des 20. Jahrhunderts haben freilich nachgewiesen, daß diese bestechend schlichte Erkenntnis der historisch widersprüchlichen Krisengeschichte des Kapitalismus – auch in seiner spätkapitalistischen Phase – nicht gerecht zu werden vermag. Weder die Geschichte des Kapitalismus noch die der Arbeiterbewegung lassen sich nach Maßgabe einer solchen eindimensionalen Kontinuitätslinie der Integration der Gewerkschaften in den Staat angemessen beschreiben. Es handelt sich dabei offensichtlich um eine Variante jenes systemtheoretisch eingefärbten »Politizismus«, der die Widersprüche im Reproduktionszusammenhang des kapitalistischen Systems negiert oder mit der Anerkennung des »organisierten Kapitalismus« für überwunden glaubt. Die historische Analyse zeigt, daß zwischen den von Neumann genannten vier Stadien jeweils Brüche liegen, die ihrerseits durch Verwertungskrisen des Kapitals, Hegemoniekrisen im politischen System sowie durch heftige Klassenauseinandersetzungen bestimmt sind. Die Formen, in denen die Duldung und Anerkennung der Gewerkschaften sich jeweils durchsetzt, sind »in letzter Instanz« von den ökonomischen Entwicklungsbedingungen sowie von den je konkreten Kräfteverhältnissen der Klassen abhängig. Stets geht es dabei um die partielle Lösung und Institutionalisierung des »Grundwiderspruchs« von Kapital und Arbeit – und auch die verschiedenen Formen der »Inkorporierung« (von der gewaltsamen Inkorporation etwa im Zeichen des »Vaterländischen Hilfsdienstgesetzes« von 1916 oder der Etablierung der »Deutschen Arbeitsfront« nach 1933 bis hin zum freiwilligen »Korporativismus« der Weimarer Republik oder der BRD nach 1967) zielen auf die Neutralisierung von sozialen und politischen Widerspruchskonstellationen, die die Stabilität des Gesamtsystems bedrohen können.

Die historische Analyse hat aber auch deutlich werden lassen, daß solche Formen des institutionalisierten Klassenkompromisses höchst labil sind. Zum einen haben sie materielle Ressourcen zur Voraussetzung, die nur durch ökonomisches Wachstum, die Vermehrung des gesellschaftlichen Reichtums, erzeugt werden können. Zum anderen bedeuten sie nicht nur eine zeitweilige Festschreibung des Kräfteverhältnisses von Kapital und Arbeit, sondern ermöglichen der Arbeiterbewegung auch einen zeitweiligen Einfluß auf die Form und Funktion des bürgerlichen Staates (selbst wenn dieser Einfluß sich nicht in der direkten Beteiligung an der Staatsmacht, sondern in einer Veto-Macht konkretisiert). Die historische Diskontinuität im Verhältnis von Arbeiterbewegung und bürgerlichem Staat wird nun gerade dadurch erzeugt, daß die herrschende Klasse und ihre politisch-ideologischen Machtapparate immer dann den zeitweiligen Klassenkompromiß aufgekündigt haben, wenn aufgrund der Verwertungskrisen des Kapitals seine materielle Basis zerstört und zugleich die politische Macht des Staates massiv eingesetzt wurde, um die politischen Rahmenbedingungen für eine Reorganisation des Verwertungsprozesses neu zu strukturieren und dabei die Macht der Arbeiterbewegung zu schwächen oder gar auszuschalten (von der Ebene des Betriebes bis auf die Ebene des politischen Systems). Die Gewalt, die zur Verwirklichung dieser Ziele mobilisiert wurde, hat – wie wir gesehen haben – zu schweren Niederlagen der Arbeiterbewegung geführt. Aber sie hat auch in den beiden Weltkriegen politische Krisen des »Blocks an der Macht« nach sich gezogen, die nicht nur das internationale Kräfteverhältnis von Kapitalismus und Sozialismus entscheidend verändert haben, sondern gleichzeitig der herrschenden Klasse jeweils neue Formen der Anpassung (etwa mit der Anerkennung der Demokratie und von Elementen der Sozialstaatlichkeit) aufgezwungen haben. Die Krisenerfahrung der späten 70er Jahre und frühen 80er Jahre bestätigt diese Zusammenhänge, obwohl sich die Veränderungen im System der Klassenbeziehungen und der Klassenstrategien niemals als bloße Kopie historischer Vorbilder, sondern im Kontext jener Vergesellschaftungsprozesse und politisch-ideologischen Formen realisieren, die sich in der langen Periode der relativen Stabilität und Prosperität entwickelt haben. Daß die Arbeiterbewegung – und namentlich die Gewerkschaften – unter dem Druck der Wirtschaftskrise und der konservativen »Wende nach rechts« in die Defensive geraten, erscheint beim historischen Vergleich nahezu als eine Gesetzmäßigkeit. Die Ungleichzeitigkeit in der politischen Verarbeitung dieser Erfahrungen in der Arbeiterbewegung, die wir für die Niederlage von 1914 und für die Niederlage von 1933 festgestellt haben, macht auf einen weiteren Sachverhalt aufmerksam (den ich freilich nicht als »Gesetzmäßigkeit« bezeichnen möchte): Die Kritik von linken Minderheitspositionen an der vorherrschenden Strategie in der Arbeiterbewegung, die sich noch am Modell der vergangenen Prosperitäts- und Ruheperiode orientiert, hat immer auch den Inhalt und die Perspektiven jener Bewegungen und Kämpfe antizipiert, die dann nach dem Scheitern der imperialistischen Gewaltpolitik ausgelöst und vorangetrieben wurden.

4. Die »historische Tendenz« des Kapitalismus und die Politik der Arbeiterbewegung

Die bisherige Analyse hat an das Verständnis von Beziehungen zwischen Ökonomie und Politik, von Kapitalverwertungskrise und politischen Strategien herangeführt. Dabei ist zunächst deutlich geworden, daß zwischen den »kleinen« Krisen und den »großen« Krisen unterschieden werden muß. Sofern die Jahre der ökonomischen Stagnation bzw. einer Verminderung der Wachstumsraten sich im Rahmen eines langfristigen Aufschwungtrends bewegen (wie in der BRD von 1948/49 bis zum Ende der 70er Jahre), entsteht kaum ein »Problemstau«, der auf eine Neu-Definierung der wirtschafts- und gesellschaftspolitischen Konzepte und Strategien der politischen Kräfte drängt. Solche »kleinen Krisen« üben eine Reinigungsfunktion aus. In ihnen vollzieht sich die Anpassung der stofflichen Voraussetzungen der Produktion sowie der kapitalistischen Verwertungsbedingungen an das erreichte Niveau der Vergesellschaftung. Im entwickelten staatsmonopolistischen Kapitalismus werden diese Anpassungsprozesse vor allem durch den Staat vermittelt. D. h.: Die Proportionalität von Wachstum und Kapitalverwertung, von Weltmarkt und Binnenmarkt, von Produktivkraftentwicklung und der Qualifikation des Arbeitsvermögens, von individueller und gesellschaftlicher Reproduktion der Arbeitskraft muß durch die Intervention und Steuerung über den Staat hergestellt werden. In der BRD hat z. B. die Krise von 1966/67, in der sich allerdings schon die Wende zum Ende des »Wirtschaftswunders« andeutete, einen Schub neuer staatlicher Interventionsinstrumentarien ausgelöst.

In den »großen Krisen« dagegen erzwingen die Widersprüche der Kapitalverwertung neue wirtschafts- und gesellschaftspolitische Strategien, die jedoch stets dem jeweiligen Vergesellschaftungsgrad der Produktivkräfte entsprechen müssen. Die Beziehungen von Kapitalverwertung und Produktivkraftentwicklung, von Staat und gesellschaftlicher Reproduktion, von Kapital und Arbeit werden politisch neu definiert. Dabei vollzieht sich diese politisch-strategische Übersetzung ökonomischer Entwicklungswidersprüche keineswegs nach Maßgabe einer bewußten und rationellen Artikulation der ökonomischen und Klasseninteressen. Diese werden vielmehr gebrochen und gefiltert; denn der Kampf um die Funktionalisierung der politischen Macht für eine solche umfassende Reorganisation der Formen, in denen die gesellschaftliche Reproduktion bislang stattgefunden hatte, vollzieht sich im politischen Kräftefeld, in dem unterschiedliche und antagonistische Interessen und Kräfte miteinander ringen: die konkurrierenden Interessen von Kapitalfraktionen, die Ansprüche von Mittelschichten, fraktionelle Interessen in der Arbeiterklasse – und schließlich auch das durch den Staat repräsentierte allgemeine Interesse an der Regulierung der Klassenbeziehungen zum Zwecke der Systemsicherung. Die relative Selbständigkeit des Staates beruht ja gerade darauf, daß er in seiner institutionellen Struktur und seiner konkreten Tätigkeit diese Widersprüche in dem Sinne zu vereinheitlichen hat, daß sich eine dominante Linie der herrschenden Politik durchsetzt.

Peter Heß hat in einem neueren Aufsatz, der sich mit den »Grenzen des Kapitals« beschäftigt, die These vertreten, daß unter dem Druck der »großen Krise« des Kapitals zugleich die staatliche Steuerungskapazität gesellschaftlicher Widersprüche reduziert wird und dabei der Gegensatz zwischen der begrenzten Klassenfunktion des Staates und seinen (aus dieser Funktion selbst noch hervorgehenden) allgemeinen Aufgaben der Systemsicherung evident und zugleich zum Gegenstand politischer Auseinandersetzungen wird: »Die Widersprüche des staatsmonopolistischen Kapitalismus treten massiver in Erscheinung: das Fortschreiten des kapitalistischen Vergesellschaftungsprozesses, der gesellschaftlichen Maßstäbe der Produktion, der gesellschaftlichen Macht des Kapitals, die der Staat gegenüber den privatmonopolistischen Verfügern über die Produktionsbedingung – aber gleichzeitig zu ihren Gunsten – vertreten muß; der Gegensatz zwischen der Rolle des Staates als Instrument der herrschenden Klasse überhaupt und als ›Zusammenfassung der bürgerlichen Gesellschaft‹, in der er eine große Vielfalt von Interessen zu berücksichtigen hat, die z. T. das Kapital in der Verfolgung seiner engeren Ziele überhaupt nichts angehen. Diese miteinander verflochtenen Gegenstände bedeuten zum einen . . ., daß alle diese Erfordernisse dem engen Ziel des Kampfes der individuellen Monopolkapitale gegen die Senkung ihrer Profitrate untergeordnet werden müssen. Sie bedeuten zum anderen, daß der Staat ganz allgemein *diese* Gesellschaft erhalten muß, um auch den Kapitalismus zu erhalten, daß er als Instrument des Monopolkapitals auch allgemeine Gesellschaftsaufgaben zu erfüllen hat, die mit dem Stand der Gesellschaftsentwicklung zu tun haben und die nur partiell oder nur indirekt mit ihrem spezifischen monopolkapitalistischen Charakter« (Heß, 1983, S. 1370/71).

Die Widersprüche, die in den Perioden der Krise und Stagnation ausgetragen werden, sind jedoch niemals ausschließlich auf die Kapitalverwertungsprobleme sowie auf die Auseinandersetzung um die Beherrschung des Staates zu beziehen. Natürlich handelt es sich dabei um die beiden bestimmenden Formen des Grundwiderspruchs in der kapitalistischen Gesellschaft – aber diese erscheinen nicht in reiner Form. Ihre Formverwandlung ist zum einen ein Ergebnis der relativen Selbständigkeit der ideologischen und politischen Übersetzung gesellschaftlicher Grundkonflikte. Zum anderen jedoch zeichnet es gerade die Perioden der »großen Krisen« aus, daß sich in ihnen nicht nur das Problem der Anpassung der Kapitalstrukturen und der Produktion an den Vergesellschaftungsgrad der gesellschaftlichen Arbeit, sondern zugleich »überzyklische Krisentendenzen« (Huffschmid, 1983, S. 240 ff.) verdichten. Der Ausweg aus der Krise muß daher stets diesen überzyklischen Krisentendenzen, die sich in der vorangehenden langen Periode des Wachstums entwickelt haben und die sich nun mit der Verwertungskrise des Kapitals verbinden, Rechnung tragen. Daß die früheren Regulierungskrisen (1873/75 bis in die 80er Jahre, 1929/32 bis zum Ausbruch des Zweiten Weltkrieges, vgl. Kowalski, 1983, S. 7, und D. Klein, IPW-Berichte, 1983, S. 22 ff.) sich über einen längeren Zeitraum erstreckt haben, bestätigt nur die These, daß die Überwindung der Krise auch von der Reorganisation jener Bedingungen abhängt, die diese überzyklischen Widersprüche hervorgebracht haben. Im letzten Kapitel haben wir gesehen, daß das Kapital aufgrund seiner immanenten Verwertungs- und Herrschaftslogik gezwungen ist, bei der Lösung dieser Widersprüche bestimmte Wege einzuschlagen – der Übergang zur gewaltsamen Korrektur des Kräfteverhältnisses zwischen den Kapitalfraktionen und den imperialistischen Staaten auf dem Weltmarkt sowie des Kräfteverhältnisses von Kapital und Arbeit war dabei immer wieder Ausdruck der Tatsache, daß das Kapital in letzter Instanz zu einer »organischen« Lösung seiner antagonistischen Vergesellschaftungslogik unfähig ist.

Das Zusammenwirken von zyklischen und überzyklischen Krisentendenzen bedeutet für unsere Analyse der Bedingungen, Inhalte und Perspektiven der Gewerkschaftspolitik zunächst zweierlei:

– Die Auswege aus der Krise, die sich streng nach der kapitalistischen Logik (Förderung der Investitionen und der Profite) richten, können nur um den Preis einer Verschärfung überzyklischer Krisentendenzen zeitweiligen Erfolg haben. Jörg Huffschmid hat diesen Widerspruch im Blick auf die derzeit herrschenden wirtschaftspolitischen Konzeptionen wie folgt beschrieben: »Die traditionelle Strategie zur Krisenbekämpfung ist die Förderung der privaten Investitionen und des Wachstums der Produktion. Um auf diesem Wege jedoch die Arbeitslosigkeit in spürbarem Umfang abzubauen, müßten Wachstumsraten der Investitionen und des Sozialprodukts erreicht werden, die weit über den realistischerweise im zyklischen Aufschwung zu erwartenden liegen. Versuche, solche Steigerungen dennoch, etwa in einem wachstumspolitischen Gewaltakt, herbeizuführen, würden die Lebensbedingungen der Menschen auf andere Weise gefährden. Sie würden die ökologische Krise verschärfen und die natürlichen Grundlagen der Wirtschaft untergraben: die Verschmutzung des Wassers, die Verpestung der Luft, das Sterben der Wälder, der Angriff auf die Ozonschicht der Atmosphäre und die Schadstoffbelastung von Lebensmitteln haben während der über eineinhalb Jahrhunderte dauernden Periode kapitalistischer Entwicklung in Deutschland zugenommen und mittlerweile eine kritische Schwelle erreicht, deren Überschreiten mit unkalkulierbaren Risiken und möglicherweise mit katastrophalen Folgen für die Gesundheit und das Leben der Menschen verbunden wäre« (Huffschmid, 1983, S. 235). – Für die Arbeiter- und Gewerkschaftsbewegung ergeben sich daraus zunächst die folgenden Schlußfolgerungen: erstens bestätigt sich hier der illusionäre Charakter der von einigen Funktionären und nicht wenigen Lohnabhängigen aufrechterhaltenen Hoffnung, man müsse nur den krisenhaften Prozeß des »Gesundschrumpfens« (d. h. auch der sektoralen »Strukturbereinigung« in der Wirtschaft, z. B. bei Stahl und im Schiffsbau) aushalten und durchstehen, um später wieder in den Genuß der sozialen »Wohltaten« eines erneuten Aufschwungs zu gelangen (vgl. Esser, in: GEMO, 1983. 10, S. 675 ff.). Zweitens konfrontiert aber dieses Zusammenwirken von zyklischen und überzyklischen Krisentendenzen die Arbeiterbewegung mit der Aufgabe, ihren Kampf für alternative Konzepte der Wirtschafts- und Gesellschaftspolitik nicht nur auf den engeren Bereich der unmittelbaren, materiellen Interessenvertretung der Lohnabhängigen (Arbeitsplatz- und Lohnsicherung, Abwehr der Intensivierung der Arbeit, der Dequalifikation der Arbeitskraft u. a. m.) zu beschränken, sondern zugleich Konzepte zu entwickeln, die – vom Standpunkt der Lebensbedürfnisse der Arbeiterklasse aus – Auswege aus der Krise, die die Lebensbedingungen in ihrer Totalität erfaßt hat, zu zeigen.

In den vergangenen Jahren sind – ausgehend von der ersten Studie des Club of Rome über die »Grenzen des Wachstums« – zahlreiche Bücher erschienen, die sich mit »globalen« oder Welt-Problemen beschäftigen. Dabei werden das Wachstum der Bevölkerung und des Hungers, die ökologische Krise, die Verknappung der Rohstoffressourcen, die Sicherung der Energieversorgung und schließlich auch die militärische Hochrüstung genannt (z. B. Opitz, Hrsg., Weltprobleme, 1982). Die globale

Krise des Kapitalismus verschärft diese Widersprüche; denn vor allem die Länder der Dritten Welt werden durch den Rückgang des Welthandels sowie durch die Intensivierung der innerimperialistischen Konkurrenz weiter zurückgeworfen. Gerade in denjenigen Ländern, in denen im vergangenen Jahrzehnt Industrialisierungsprozesse forciert wurden, brechen nunmehr die ökonomischen, sozialen und ökologischen Widersprüche um so heftiger auf. Diese Debatte über die »Weltprobleme« spiegelt zum einen den moralischen Protest gegen die zunehmende soziale Ungleichheit, die Polarisierung von Reichtum und Armut im »Nord-Süd-Verhältnis«; zum anderen wird sie durch die Angst inspiriert, das Fortschreiten der Ausbeutung der Dritten Welt und der natürlichen Ressourcen müsse zu einer Katastrophe führen, die die Überlebens-Fähigkeit der Menschheit selbst in Frage stellt. Dabei stellt sich freilich oft auch die Illusion ein, eine neue Form der »Weltpolitik«, die von der Machtstruktur des Weltmarktes und des internationalen politischen Systems abstrahiert, könne diese Probleme lösen.

Wann immer jedoch diese Fragen auf der Ebene von theoretischen Modellen erörtert werden, geht eine wesentliche – politisch höchst bedeutsame – Erkenntnis verloren: Daß nämlich diese Widersprüche, die sich in der Dritten Welt konzentrieren, durch deren imperialistische und neo-kolonialistische Abhängigkeit und Ausbeutung erzeugt worden sind; daß die fortbestehende Abhängigkeit dieser Länder vom Imperialismus (die sich innenpolitisch über die Herrschaft von Oligarchien oder Militärdiktaturen fortsetzt) deren ökonomische, soziale und kulturelle Emanzipation blockiert, und daß der Kampf der Volksmassen gegen diesen Typus der Abhängigkeit und Unterdrückung zugleich die härtesten Repressionsmaßnahmen von seiten der Herrschenden hervorruft. Die Kämpfe, die gegenwärtig Mittel- und Lateinamerika erschüttern, zeichnen sich durch vielfältige nationale und kulturelle Besonderheiten aus – auf der einen Seite die Verteidigung der Revolution in Nicaragua, der bewaffnete Kampf in El Salvador und Guatemala, auf der anderen Seite der nationale Protest und Widerstand, der den Sturz der Militärdiktatur in Chile beschleunigen soll. Und doch zeichnet es alle diese Bewegungen aus, daß mit der Befreiung des Volkes von extremer politischer Unterdrückung zugleich die »imperialistische Kette« der Abhängigkeit und Unterentwicklung zerrissen werden soll.

Gewiß handelt es sich bei diesen Volksbewegungen um die »Entladung« lang aufgestauter Entbehrung und Empörung. Gleichwohl ist der Zusammenhang zwischen dieser neuen Welle revolutionärer Aktivität in dieser Region und der kapitalistischen Weltwirtschaftskrise nicht zufällig. Die Krise hat die ökonomische Labilität dieser Länder bis hin zum katastrophalen Kollaps (wie er z. B. in den Raten der Inflation und der Arbeitslosigkeit, aber auch in der finanziellen Abhängigkeit von den Metropolen zum Ausdruck kommt) gesteigert und damit die soziale Ungleichheit sowie das Massenelend weiter vorangetrieben. Sie hat aber auch den Handlungsspielraum der herrschenden Oligarchien und Militärcliquen drastisch eingeschränkt. So wird hier eine Krisenüberwindungsstrategie ins Werk gesetzt, die in den hochentwickelten kapitalistischen Ländern bislang noch im Hintergrund gehalten wird: der Einsatz der staatlichen Repressionsgewalt, um jeden Widerstand mit militärischen Mitteln zu ersticken. Gleichwohl treten ganz unverhüllt die imperialistischen Dimensionen dieser Politik zutage; denn die USA unterstützen nicht nur jene Diktaturen, die auf diese Weise ihr Überleben zu sichern trachten, sie organisieren zugleich den konterrevolutionären Angriff auf die Sandinistische Revolution in Nicaragua und haben die »rote Insel« Grenada überfallen. Unter der Reagan-Administration hat die US-Politik auf den Anspruch verzichtet, der »Retter« für die von Hunger, Armut und Unterdrückung geplagten Völker Mittel- und Lateinamerikas zu sein. Sie proklamiert (und praktiziert) nunmehr offen die gewaltsame Ausschaltung von Bewegungen und Regierungen, die eine Gefahr für die »Sicherheit« der USA bilden könnten – und: diese Politik ist inzwischen längst auf den Nahen Osten ausgedehnt worden, wo die USA direkt in den Libanon-Konflikt eingegriffen haben.

Ich will diese Überlegungen hier nicht weiter vertiefen. Sie sollen zunächst einmal darauf aufmerksam machen, daß für die Arbeiterbewegung eine Analyse der Krise notwendig ist, die über eine bloß ökonomische oder nationale Wahrnehmung von Widersprüchen der kapitalistischen Entwicklung hinausgeht.[1] Die gegenwärtige Krise ist gerade darin eine strukturelle Krise, daß sich in ihr ein Bruch vollzieht, der die Gesamtheit der Vergesellschaftungsprozesse (auch in ihren internationalen Verflechtungen) ergreift, durchdringt und die Frage ihrer Neu-Strukturierung aufwirft. Dieser Bruch erscheint in den Grenzen des Kapitals. Die Krise der Kapitalverwertung bedeutet allgemein, daß ein wachsender Teil des gesellschaftlichen Reichtums nicht mehr in Kapitalform entwickelt werden kann. Daher sind umfassende Kapitalvernichtungsprozesse notwendig. Das Kapital muß sich durch fortschreitende Zentralisation (Monopolisierung) an die neuen Akkumulationserfordernungen und den über die nationale und internationale Konkurrenz vermittelten Zwang zur Produkivkraftentwicklung anpassen. Der Staat muß intervenieren, um sowohl durch Umverteilung die privaten Kapitalaufwendungen für die profitbringende Nutzung des neuen Effektivitätspotentials zu vermindern, als auch den gesamtgesellschaftlichen Reproduktionsprozeß an die rasche Entwicklung der Produktivkräfte anzupassen.

In den bisherigen Krisen des Kapitalismus haben sich diese Grenzen stets als relative, d. h. als hinausschiebbar und überwindbar, erwiesen. Unsere historische Krisenanalyse hat freilich gezeigt, daß z. B. die letzte Periode der »großen Depression« vom Beginn des Ersten Weltkrieges bis zum Ende des Zweiten Weltkrieges dauerte, daß sich in ihr Phasen der relativen ökonomischen Stabilisierung und der scharfen Depression, der Zuspitzung der sozialen und politischen Klassenauseinandersetzungen und der extremen Repression gegen die Arbeiterbewegung und schließlich auch der Externalisierung der Gewalt in der Form des Krieges abwechselten. Der marxistische Ökonom A. G. Frank hat daher – in einer Analogie zur sogenannten »Zwischenkriegskrise« – den historischen Platz der gegenwärtigen Krise wie folgt bestimmt: »Wir befinden uns noch in den zwanziger Jahren und sind noch nicht einmal in die dreißiger Jahre hineingelangt« (Frank, 1983, S. 3). Das soll heißen: Wir befinden uns zu Beginn der achtziger Jahre noch längst nicht am Tiefpunkt und – was im Hinblick auf die politischen Auseinandersetzungen noch wichtiger ist – die Restrukturierung der Arbeitsteilung und der sozialen wie politischen Kräfteverhältnisse, die die Krise letztlich erzwingt, steht noch bevor. Diese Prognose beruht vor allem auf der Erkenntnis, daß die Mittel, die bisher angewandt wurden, um die Verwertungsschranken des Kapitals hinauszuschieben, nicht nur unzureichend sind, sondern daß sie selbst noch krisenverschärfend wirken. Das gilt für die Anwendung der neuen Produktionstechniken und Kommunikationstechnologien ebenso wie für den ganzen Komplex der »Sanierungsmaßnahmen«, die im Zeichen der »Austeritätspolitik« eingeleitet wurden, um die Inflation zu bremsen, die Staatsverschuldgung abzubauen und insgesamt die staatlichen Ausgaben von den konsumtiven zu den investiven Ausgaben zu verlagern. Schon heute ist zu erkennen, in welchem Umfang durch die Anwendung dieser Mittel die Massenarbeitslosigkeit festgeschrieben und erhöht, die Massenkaufkraft der Lohnabhängigen und der von staatlichen Sozialleistungen und Transferzahlungen Abhängigen reduziert und damit das Realisierungsproblem, der Widerspruch Produktion/Markt zugespitzt wird.

Gleichwohl signalisiert die Weltmarktkrise des Kapitals – über sinkende Wachstumsraten, protektionistische Praktiken, zähes Feilschen über Vereinbarungen zur internationalen Finanz- und Wirtschaftspolitik, die EG-Krise und über die wachsende Verschuldung und Zahlungsunfähigkeit der Entwicklungsländer – eine weitere, krisenhafte Grenze der erweiterten Kapitalakkumulation: das Ventil der Abwälzung der Krisenlasten auf andere Nationen und Regionen ist sehr viel enger geworden. In den kommenden Jahren drohen sogar Rückwirkungen der Krise in der »Dritten Welt« auf die Metropolen, die diese noch tiefer in die Krise reißen können (ein Zusammenbruch des internationalen Kreditsystems könnte dabei ähnliche Signalfunktionen ausüben wie die Finanz- und Spekulationskrise am berühmt-berüchtigten »Schwarzen Freitag« an der New Yorker Börse im Jahre 1929). Ein weiteres Mittel, die Verwertungsgrenzen des Kapitals hinauszuschieben, wird derzeit vor allem in den USA genutzt: die gigantische Steigerung der Rüstungsausgaben, die der militärischen Produktion, Forschung und Entwicklung zufließen. Aber auch dieses Mittel produziert schon bald engere Grenzen des Kapitals. Die ökonomischen Wachstumseffekte, vor allem die Beschäftigungseffekte durch die Militarisierung der Produktion sind gering. Dagegen werden die Inflation und die Staatsverschuldung (in deren Konsequenz: das Zinsniveau) in die Höhe getrieben – ganz zu schweigen vom Anwachsen der Kriegsgefahr, die ganz andere Grenzen des Kapitals und der Menschheit markiert.

Die »Überforderung« der traditionellen Regulierungsformen des staatsmonopolistischen Kapitalismus, die durch die Kapitalverwertungskrise und durch die wissenschaftlich-technische Revolution determiniert werden, hat Peter Heß am Beispiel der monopolistischen und gesellschaftlichen Anforderungen an die Staatstätigkeit analysiert: »Gleichzeitig ist der Staat angesichts der raschen Entwicklung der Produktivkräfte in dieser Etappe mehr denn je im gesamtgesellschaftlichen Reproduktionsprozeß gefordert. Es ist nicht schwer zu begreifen, in welchen Dimensionen Aufgaben im Bereich des städtischen, zwischenstädtischen und internationalen Verkehrs-, Transport- und Kommunikationssystems gestellt werden, welche Aufgaben im allgemeinen Bildungs- und Berufsbildungssystem, bei der Standortverteilung der Produktivkräfte und der Schaffung neuer Energiesysteme entstehen. Es wachsen dabei auch die ›klassischen‹ Anforderungen des Gesundheits- und Sozialwesens, der Städteentwicklung, des Umweltschutzes und nicht zuletzt gerade in dem Bereich, der unmittelbar mit der wissenschaftlich-technischen Revolution verbunden ist, der Forschung und Entwicklung . . . Gleichzeitig muß der imperialistische Staat aber seinen Machtapparat ausbauen, um die – wie es neubürgerlich heißt – ›gesellschaftliche Akzeptanz‹ des wissenschaftlich-technischen Fortschritts angesichts der jetzt schon sichtbaren ökonomischen, sozialen und politischen Folgen durchzusetzen. Er muß mit seinen Machtmitteln den internationalen Konkurrenzkampf seiner Konzerne unterstützen, wobei es in hohem Maße vom Druck, den er ausüben kann, abhängt, welche Abteilung des internationalen Monopolkapitals die größeren Anteile am Profit erzielen kann, bzw. den größeren Anteil am Verlust tragen muß. Der Staat wird gefordert, Kapital in die Entwicklungsländer hineinzupumpen, das die internationalen Konzerne in viel größerem Umfang vorher herausgepumpt haben, damit dieser Prozeß des Herauspumpens fortgesetzt werden kann. Der Staat ist aber kein Produzent von Wert und Mehrwert; er kann in der Hauptsache nur umverteilen. Die Anforderungen an den imperialistischen Staat lösen so bei der Verwandlung von Geldkapital in produktives Kapital Kämpfe um Gewinn und Verlust, um die Stellung und die Existenzbedingungen der Klassen wie einzelner Gruppierungen innerhalb der Klasse aus« (Heß, 1983, S. 1382).

Angesichts der Vielfalt der Widersprüche, die sich in den Krisenprozessen seit dem Beginn der siebziger Jahre konzentrieren und deren Zuspitzung für das kommende Jahrzehnt prognostiziert wird, kann es nicht verwundern, daß unter marxistischen Gesellschaftswissenschaftlern erneut die Frage nach dem »Zusammenbruch« des Kapitalismus bzw. nach den absoluten Grenzen des Kapitals aufgeworfen wird. Diese Fragestellung ist – historisch betrachtet – reichlich diskreditiert. Karl Marx hatte schon nach der Revolution von 1848 die These formuliert, daß »angesichts der allgemeinen Prosperität, die jetzt vorherrscht, keine Rede von irgend einer realen Revolution sein kann. Eine neue Revolution wird nur im Ergebnis einer neuen Krise möglich sein« (MEW, 7, S. 440). Später hat August Bebel mit dem Hinweis auf den bevorstehenden »großen Kladderadatsch« die Vorstellung genährt, daß ein Zusammenbruch des Kapitalismus bevorstehe und daß die revolutionäre Arbeiterbewegung ihre Kräfte zu sammeln habe, um für diesen geschichtlichen Augenblick bereit zu sein, die Macht zu übernehmen. Rosa Luxemburg hat in ihrer imperialismustheoretischen Schrift »Die Akkumulation des Kapitals« (1913) den Zusammenbruch des Kapitalismus als Folge der absoluten Schranken der Kapitalakkumulation entwickeln wollen, und in den zwanziger Jahren hat Henryk Grossmann eine große theoretische Arbeit verfaßt, die der Analyse des »Akkumulations- und Zusammenbruchsgesetzes des Kapitalismus« (1929) gewidmet war. Auch Lenin hat in seiner Imperialismus-Schrift (1917) vom »letzten Stadium« des Kapitalismus gesprochen und dabei immer wieder Arbeiten und eine Politik inspiriert, die die Krisen als letzte bzw. allerletzte Phasen in der »allgemeinen Krise« des Kapitalismus interpretieren.

Mechanistische Vorstellungen über den Zusammenhang von ökonomischer Krise und politischem »Zusammenbruch« des Kapitalismus haben nicht nur die Flexibilität und Anpassungsfähigkeit des Kapitalismus unterschätzt, sondern auch schwerwiegende Fehleinschätzungen in der Politik der Arbeiterbewegung begünstigt: auf der einen Seite den »revolutionären Attentismus«, der letztlich die Positionen des Reformismus gestärkt hat, auf der anderen Seite die ultra-linke »revolutionäre Offensive« als Antwort auf die vorgestellte »Todeskrise« des Kapitalismus, die – wie in der Weltwirtschaftskrise 1929 – einen Teil der Arbeiterbewegung dazu gebracht hat, die Gefahren einer autoritären, politischen Re-Organisation des Kapitalismus in der Form des Faschismus zu unterschätzen. Dennoch besteht ganz zweifellos ein Zusammenhang zwischen den »großen Krisen« in der Geschichte des Kapitalismus und der Entwicklung des politischen Kräfteverhältnisses von Kapital und Arbeit. In der ersten »großen Depression« (von der Mitte der siebziger bis zur Mitte der neunziger Jahre des 19. Jahrhunderts) gelingt der sozialistischen Arbeiterbewegung – namentlich in Deutschland – der »Durchbruch zur Massenorganisation«. Die Konzeptionen der herrschenden Klasse, im Übergang zum Imperialismus zugleich die sozialistische Arbeiterbewegung gleichsam »im Keime« zu ersticken (z. B. durch das Sozialistengesetz), scheiterten. In der zweiten »großen Krise« markierte zunächst die russische Oktoberrevolution von 1917 einen ersten entscheidenden Einbruch in das kapitalistische Weltsystem. Der Faschismus wird letztlich, obwohl er der Arbeiterbewegung schwere Niederlagen und Verluste beigebracht hat, geschlagen und dieser Sieg setzt zugleich nach 1945 eine neue Dynamik revolutionärer Veränderungen frei. Natürlich handelt es sich bei all diesen Veränderungen nicht um ein unmittelbares Übergreifen der ökonomischen in die politische Krise des Kapitalismus. Eine genauere Analyse würde sehr schnell die komplexe Wechselwirkung von ökonomischen, politischen und ideologischen Faktoren, von internationalen Krisenprozessen und nationalen Besonderheiten, insgesamt die ungleichmäßige und ungleichzeitige Entwicklung des Kapitalismus wie des Sozialismus enthüllen. Obwohl es der Kapitalismus verstanden hat, sich in seinen Metropolen während der langen Welle des Aufschwungs in den 50er und 60er Jahren gegen grundsätzliche Veränderungen zu schützen, so war er doch nicht in der Lage, jene Veränderungen im weltweiten Kräfteverhältnis von Kapital und Arbeit, die auch Grenzen des Kapitals repräsentieren, zu seinen Gunsten zu revidieren.

Die Debatte über die »absoluten Grenzen« des Kapitalismus ist also wenig hilfreich, sofern sie lediglich eine neue Variante des Zusammenbruchsgesetzes hervorbringt. Sie kann jedoch unser Bewußtsein für die bevorstehenden politischen und sozialen Kämpfe schärfen; denn die Frage, ob und wie die »Grenzen des Kapitals« hinausgeschoben werden können, ob sie die Bestandsfähigkeit des Systems markieren und zu welchen Formen der Anpassung sie den Kapitalismus zwingen – die geschichtlichen Antworten darauf hängen letztlich davon ab, ob die Arbeiterklasse in der Lage ist, subjektiv und praktisch-politisch diese Grenzen zu überschreiten. Peter Heß bewertet die »Aussicht auf absolute Grenzen des Kapitals« in dieser Perspektive: »Natürlich kann eine solche Sicht der Zukunft des Kapitalismus auf Skepsis stoßen, da es sich historisch erwiesen hat, daß sich das System ökonomisch stets anzupassen vermochte, solange die Arbeiterklasse es zuließ. Man muß sich tatsächlich davor hüten, die Flexibilität des Kapitalismus zu unterschätzen, und es ist zu betonen, daß es einen automatischen Zusammenbruch nach wie vor nicht geben kann. Dies darf aber nicht den Blick vor der neuen Qualität der kapitalistischen Problematik verschließen. Es kann nicht gesagt werden, die Aussicht auf absolute Grenzen des Kapitals sei Utopie . . .« (Heß, 1983, S. 1387).

Wenn aber die Bestandsfähigkeit des Systems letztlich auf der politischen Ebene, durch die Klassenauseinandersetzungen entschieden wird, dann stellt sich für die Arbeiterbewegung nicht nur die Aufgabe, ihre alternativen Modelle und Projekte einer fundamentalen Gesellschaftsveränderung zu präzisieren; sie muß diese Projekte vielmehr aus einer konkreten Analyse der jeweiligen historischen Bedingungen des Klassenkampfes ableiten. Sie muß das spezifisch Neue aufspüren, das – ausgehend von der inneren Logik der kapitalistischen Vergesellschaftungsprozesse – diese Kampfbedingungen strukturiert. Mit anderen Worten: Die Alternative zur kapitalistischen Krise und zur herrschenden Politik berührt zugleich die Frage nach den sozialen Kräften, die für diese Alternative wirken können, nach der Bedeutung des Staates und seiner Politik für die Durchsetzung der Forderungen der Arbeiterbewegung und schließlich auch die Frage nach dem Zusammenhang zwischen spezifischen sozialen Interessen und Bedürfnissen, die sich im hochentwickelten Kapitalismus herausgebildet haben, mit den Zielen wie der politischen Praxis der Arbeiterbewegung. In den folgenden Abschnitten will ich einige dieser Fragen diskutieren, die auch für die Gewerkschaftsbewegung von Bedeutung sind.

4.1. Strukturveränderungen in der Arbeiterklasse

Seit einigen Jahren beschäftigen sich linke Intellektuelle mit der »Krise des Marxismus«. Sie beklagen dabei Niederlagen, Stagnationstendenzen und Deformationen der marxistisch orientierten Arbeiterbewegung in den entwickelten kapitalistischen Industriegesellschaften sowie in den sozialistischen Ländern. Und sie haben inzwischen einen ganzen Katalog von Theorie-Defiziten zusammengestellt, der die Unfähigkeit des traditionellen Marxismus demonstrieren soll, auf die sozialökonomischen, politisch-ideologischen und ökologischen Fragen und Widersprüche unserer Zeit eine theoretische und praktische Antwort – im Sinne seiner eigenen, revolutionären Perspektive – zu geben. Einige Teilnehmer dieser Debatte sehen die größte Schwäche des Marxismus in seiner Bindung an die Arbeiterklasse; denn diese Klasse sei – hier scheiden sich die Geister – entweder noch nie in der Geschichte des Kapitalismus (so André Gorz in seinem »Abschied vom Proletariat«) oder in der Gegenwart jenes historische Subjekt der gesellschaftlichen und politischen Transformation gewesen, das Karl Marx und seine Nachfolger »entdeckt« zu haben glaubten. Diese Arbeiterklasse sei schicksalshaft an die Produktionslogik des Industriesystems gekettet und deshalb nicht in der Lage, über das Industriesystem hinaus zu denken und zu handeln. Sie sei – auch aufgrund der Erfolge, die die reformistische Arbeiterbewegung im Verlaufe des vergangenen Jahrhunderts errungen habe – zu einem konservierenden Element des kapitalistischen Systems geworden. Sie sei aufgrund der inneren sozialen Fraktionierung der Klasse strukturell unfähig, einen einheitlichen politischen Willen zu artikulieren und dazu sei sie durch die Integrationsmechanismen des herrschenden Systems (»fordistische Vergesellschaftung«) der »Fähigkeit zu selbständig-solidarischem und selbstbewußt-gesellschaftsveränderndem Handeln beraubt« (Hirsch/Roth, 1980, S. 16/17; als bislang beste Kritik solcher Positionen vgl. Peter, 1983).

Als neue Subjekte einer fundamentalen Kritik und der potentiellen Veränderung der kapitalistischen Gesellschaft werden die »neuen sozialen Bewegungen« ausgegeben: die Frauen-, die Ökologie-, die Friedens- und die Jugendbewegungen. Ihre historische Überlegenheit bestehe gerade darin, daß sie nicht durch ihre Bindung an Klasseninteressen blockiert seien. Indem sie sich politisch »jenseits der Klassen« artikulieren, konfrontieren sie die herrschende Ordnung zugleich mit »universalistischen Werten« und Forderungen: die Befreiung der Frau und eine neue Beziehung zwischen den Geschlechtern, die Erhaltung der Natur zur Verhinderung einer alle bedrohenden ökologischen Katastrophe, die Verhinderung eines Krieges zur Sicherung des Überlebens der menschlichen Gattung, die Etablierung einer neuen, repressionsfreien und autonomen Kultur als die Form neuer zwischenmenschlicher Beziehungen jenseits der Zwänge des Arbeitsprozesses und der Produktionslogik usw. usf. Mit der »Entdeckung« dieser neuen Subjekte habe der linke Intellektuelle zugleich einen neuen Ort gefunden. Er bricht radikal mit der dogmatischen Fixierung des Marxismus auf die Produktivkraftentwicklung, die Arbeiterklasse und die Arbeiterbewegung, macht sich zum Sprachrohr eines neuen Typs von »kultureller Hegemonie« und wundert sich über die Rückständigkeit jener Intellektueller, die nach wie vor in der Entwicklung des Klassenbewußtseins und der autonomen Handlungsfähigkeit der Arbeiterklasse, im Klassenkampf von Lohnarbeit und Kapital, den wesentlichen Bezugspunkt ihrer theoretischen wie praktischen Arbeit sehen. Ich beschäftige mich an dieser Stelle noch nicht mit der Beziehung zwischen den »neuen sozialen Bewegungen« und der Arbeiterbewegung. Vielmehr geht es um die von einigen intellektuellen Wortführern dieser Bewegungen unterstellte Konfrontation ihrer »universalistischen« Orientierung mit dem »Klassenreduktionismus«, der dem traditionellen Marxismus angeblich anhaftet. Dieses Problem ist keinesweg neu. Die Ausarbeitung des wissenschaftlichen Sozialismus durch Marx (etwa in seiner Entwicklung von den »Pariser Manuskripten« bis zur »Deutschen Ideologie«) bewegt sich gerade in der Reflexion des Widerspruchs zwischen dem universalistischen Anspruch der bürgerlichen Ideologie (von der politischen Ökonomie bis zu jener politischen Aufklärungsphilosophie, die sich in den ersten »Erklärungen der allgemeinen Menschenrechte« konkretisierte) und der systematischen Negation dieses Anspruchs in der sozialen und politischen Realität der bürgerlich-kapitalistischen Gesellschaft. Daß Marx und Engels mit der Ausarbeitung des historischen Materialismus und der Kritik der politischen Ökonomie diesem Widerspruch »auf den Grund« gingen, seine Wurzeln in den materiell-gesellschaftlichen Verhältnissen und Bewegungsgesetzen dieser Produktionsweise, also im »Kapital«, entdeckten, brachte sie dazu, nicht mehr wie noch in den frühesten Schriften von der »Emanzipation der Gattung« im allgemeinen zu sprechen, sondern die emanzipative Lösung der Gattungsprobleme mit dem Kampf der Arbeiterklasse und schließlich mit dem Kampf für den Sozialismus zu verbinden. Damit gaben sie dem Kampf um die Lösung der Menschheitsfragen einen Klasseninhalt – und zwar nicht deshalb, weil sie die Proletarier für »Götter« hielten, sondern weil sie das Proletariat als das Subjekt des Vergesellschaftungsprozesses, als den kollektiven Produzenten des gesellschaftlichen Reichtums, als die perspektivisch zahlreichste Klasse der modernen Gesellschaft und zugleich als diejenige Klasse erkannten, die nicht nur die Unmenschlichkeit dieses Systems im Alltag erfährt, sondern als einzige Klasse historisch befähigt ist, mit der Aufhebung der Klassenherrschaft der Bourgeoisie zugleich die Klassenherrschaft überhaupt aufzuheben.

Georg Lukacs hat in diesem Zusammenhang von Klassenbewußtsein und Universalismus später die »Überlegenheit des Proletariats der ihm sonst in jeder intellektuellen, organisatorischen usw. Hinsicht überlegenen Bourgeoisie« festgemacht. Diese liegt für ihn ausschließlich darin, »daß das Proletariat die Gesellschaft vom Zentrum aus, als zusammenhängendes Ganzes zu betrachten und darin zentral, die Wirklichkeit verändernd, zu handeln fähig ist, daß für sein Klassenbewußtsein Theorie und Praxis zusammenfallen« (Lukacs, 1923, S. 81).

Wolfgang Abendroth hat in einem Gespräch über die Friedensbewegung diese Bestimmung des Zusammenhangs von Gattungs- und Klassenfrage erneuert: »Natürlich ist die Friedensbewegung und die Erhaltung des Friedens, also die Bewahrung vor dem atomaren Untergang auch Gattungsfrage in dem Sinne, daß es um die Erhaltung der menschlichen Existenz überhaupt geht. Aber in Wirklichkeit steckt ja dieses Problem der Erhaltung menschlicher Existenz in größerem historischem Zusammenhang von Anfang an in der Arbeiterbewegung. Zur Gattungsfrage gehört die Frage der Reproduktion der Gattung, die vermittelt ist durch deren ökonomisch-soziale Existenz als deren Voraussetzung. Zu Beginn der Arbeiterbewegung ist man sich durchaus klar darüber, daß die Vertretung der Interessen der eigenen Klasse identisch ist mit der Sicherung der Fortexistenz der Menschheit. Aber diese für die Arbeiterbewegung von Anfang an selbstverständliche Position ist eben verbunden mit der Klassenfrage: mit dem Interesse welcher Klasse identifiziert sich der Fortschritt der Menschheit im Weitergang zu ihrer nächsten Existenzform? Die Interessen welcher Klassen widersprechen diesem Fortschritt und der Bewahrung der menschlichen Existenz? In Wirklichkeit stehen also beide Definitionen gar nicht als unaufhebbarer Widerspruch einander gegenüber, sondern beide Definitionen ergeben sich auseinander und sind dialektisch verbunden. Die Arbeiterbewegung geht dabei von vornherein von dem Gesichtspunkt aus, in ihrem Interesse verkörpere sich das Interesse des gesellschaftlichen Fortschritts entgegen dem Interesse anderer Klassen, die, weil sie an engen Vorteilen des Tages kleben und da sie am Profitinteresse für einzelne Wirtschaftsunternehmen festgenagelt sind . . ., dieser Fortentwicklung entgegenstehen müssen. Diese Problematik ist auch heute die gleiche geblieben, da hat sich prinzipiell nichts verschoben« (Abendroth, 1982, S. 65/66).

Ich höre schon den Chor des Protestes: Das ist die alte Logik des produktivistischen Fortschrittsglaubens und des Klassenreduktionismus! Wir müssen die neue Logik, die uns aus diesen Fesseln befreit, entdekken und fördern! Die Frage ist aber, ob das emanzipative Potential, das sich um die neuen, universalistischen Werte gruppiert, die herrschende Logik der kapitalistischen Gesellschaft nur im Kopfe oder auch in der Wirklichkeit außer Kraft zu setzen vermag. Und daran schließt die Frage an, ob es nicht gerade für marxistische Intellektuelle notwendig ist, die neuen sozialen Bewegungen und ihre Kritik der herrschenden Ordnung solidarisch zu unterstützen, aber gleichzeitig den universalistischen Idealismus dieser Bewegung, der in der Abkoppelung von den Produktions- und Klassenverhältnissen des real existierenden Kapitalismus seinen wesentlichen Grund hat und der sie zugleich von einer Perspektive der fundamentalen Veränderung dieser Verhältnisse (und der notwendigen Massenbasis dafür) isoliert, zu kritisieren.

Angesichts der Erfahrung der Krisenwirklichkeit dürfte es nicht allzu schwer fallen, die fortbestehende Wirkung der von Marx analysierten ökonomischen Entwicklungsgesetze dieser Produktionsweise aufzuspüren, die krisenhafte Tendenz der Kapitalakkumulation, das absolute Primat der Profitproduktion, die objektive Polarisierung der Klasseninteressen, die Klassenbindung der Staatstätigkeit u. a. m. Der Schriftsteller Michael Schneider hat jüngst in einer Debatte zu der Frage »Schweigen die deutschen Intellektuellen« (1981, S. 56ff.) diese Ignoranz eines Teils der linken Intellektuellen polemisch attackiert: »Die Begriffe der marxistischen Gesellschaftstheorie – so hört man die intellektuellen Spätheimkehrer von Paris bis Frankfurt lamentieren – seien angesichts der weltweiten atomaren Aufrüstung, des drohenden ökologischen Kollaps und der Entwicklung in den sozialistischen Staaten, die vordem als Vorbild gegolten hätten, historisch überholt und obsolet geworden; der Marxismus habe auf der ganzen Linie versagt! Wer hat denn hier eigentlich versagt? Die empirischen Begriffe der marxistischen Wirtschafts- und Gesellschaftstheorie oder diejenigen, die sich ihrer schleunigst zu entledigen suchten, um ja nicht den Anschluß an die ›Stimmung im Westen‹ zu verpassen? Als ob die Marxsche Kapitalismus-Kritik schon deswegen überholt sei, weil die trendbewußten Intellektuellen hierzulande und anderswo sie nicht mehr ›chic‹ finden! ... (Sie) brauchten nur einmal den Wirtschaftsteil der FAZ, die Deutsche Börsenzeitung oder das Magazin ›Capital‹ aufzuschlagen, um sich von der ungebrochenen Aktualität der Marxschen Waren-Kategorien zu überzeugen: da ist nur von Renditen, Zinsen, Profiten, Dividenden, Kapitalbewegungen, Kapitalkonzentration usw., kurz: von all jenen Kategorien die Rede, die angeblich unsere ›ach so komplex und kompliziert gewordene Wirklichkeit‹ nicht mehr erfassen können ... Die ›Capital‹-treuen Wirtschaftsjournalisten hierzulande jedenfalls wissen, was sie an Marx haben; im Gegensatz zu jenen Linksintellektuellen

a. D., die jetzt wieder an den Stilblüten des Feuilletons ihre gepflegte Melancholie und ihre Weltuntergangsstimmungen zu nähren versuchen« (S. 57/58).

Heute scheint also wieder jene Kritik an Aktualität zu gewinnen, die J. P. Sartre 1965 in seinem »Plädoyer für die Intellektuellen« formulierte: »Durch eine falsche Universalität wird ihnen der Blick für die gesellschaftliche Realität der Ausbeutung der großen Mehrheit durch eine Minderheit verstellt« (Sartre, S. 21). Es geht dabei – um es zu wiederholen – nicht um eine pauschale Diskreditierung der neuen sozialen Bewegungen, sondern um eine kritische Auseinandersetzung mit der Universalismus-These, die den Abschied von der Marxschen Kritik der politischen Ökonomie und der Klassenanalyse, vom Klassenkampf und der Arbeiterbewegung postuliert. Die neuen sozialen Bewegungen werden in dem Maße zu relevanten politischen Kräften, wie sie einerseits die Vertretung ihrer besonderen Ziele mit der theoretischen und praktischen Kritik der bestehenden Herrschaftsordnung und der ihr zugrundeliegenden ökonomischen Entwicklungslogik verbinden und wie sie andererseits über ihre eigenen Ziele nicht die Wirkungen des Kapitalismus und seiner Krisenprozesse auf die Arbeits- und Lebensbedingungen der »subalternen Klassen«, namentlich der Arbeiterklasse, aus dem Blick verlieren. Wenn der »neue Universalismus« die Massenarbeitslosigkeit mit ihren sozialen und psychischen Folgen, die massiven Verelendungsprozesse in der »Dritten Welt« (aber auch zunehmend in den Metropolen des Kapitals), die Fragen nach der Sicherung sozialpolitischer Leistungen des Staates, nach Bildung, Verbesserung der Gesundheits- und Altersvorsorge für die Vielen als »traditionalistischen Partikularismus« der Arbeiterbewegung abtut, so enthüllt er darin konkret seinen idealistischen Charakter und zugleich seine Funktionalisierbarkeit für den Kampf des »herrschenden Blocks« gegen die Arbeiterbewegung.

Marxistische Intellektuelle werden – ebenso wie klassenbewußte Lohnarbeiter – in und mit den neuen sozialen Bewegungen für das Überleben der Gattung, für die Abschaffung patriarchalischer Herrschaftsverhältnisse, für die Erhaltung der Natur, für die Entfaltung neuer sozialer und kultureller Bedürfnisse kämpfen. Ihre wesentliche Aufgabe besteht aber nach wie vor darin, an der Seite der bewußten und organisierten Kräfte der Arbeiterbewegung für die Entwicklung des Klassenbewußtseins, der Organisations- und Handlungsfähigkeit der Arbeiterklasse zu wirken. Es gab in den vergangenen Jahren Niederlagen der kommunistischen und sozialistischen Arbeiterbewegung und der Gewerkschaften. Es gab mannigfaltige Enttäuschungen über das

Scheitern des »Eurokommunismus«. Dazu kam der Schock der polnischen Krise und für viele der Schock des Krieges zwischen den Volksrepubliken Vietnam und China, das Entsetzen angesichts der Enthüllungen über die Verbrechen, die im Namen einer kommunistischen Regierung in Kampuchea begangen worden waren. Es gab aber auch in dieser Periode zahlreiche persönliche Krisen von Intellektuellen, die diese Entwicklungen möglicherweise als Falsifikation ihrer theoretischen Überzeugungen erlebten. Althusser und Poulantzas sind nur die prominentesten Opfer dieser selbstzerstörerischen Widerspruchserfahrung. Im gleichen Zeitraum vollzogen sich jedoch auch ermutigende Veränderungen zugunsten des Sozialismus (vor allem in Afrika); in Mittel- und Lateinamerika wurde – nach einem Jahrzehnt der imperialistischen Reaktion und des Stillstandes – eine neue Periode antiimperialistischer Massenkämpfe eröffnet. In vielen Regionen der Welt scheiterten Versuche der USA und ihrer Verbündeten, die politische Hegemonie zurückzuerobern. In Südeuropa verschwanden die autoritär-faschistischen Diktaturen (Griechenland, Spanien, Portugal). In Schweden beschränkte sich die konservativ-liberale Gegenreform auf das Intermezzo einer Wahlperiode. Die Friedensbewegung entwickelte sich zu einer autonomen politischen Kraft. Die marxistische Gesellschaftsanalyse und Politik steht nicht außerhalb dieser Widersprüche, sondern mitten in ihnen. Mehr noch: Diese Widersprüche bilden ihr Material, an dem sie sich »abarbeitet« und entwickelt. Der wissenschaftliche Marxismus ist im vergangenen Jahrzehnt selbst von einem »Säkularisierungsprozeß« (Therborn) erfaßt worden. Sein Schwerpunkt hat sich mehr und mehr von der Reflexion philosophischer Fragestellung zur empirischen Forschung auf den Gebieten der Klassen- und Staatsanalyse, der Ökonomie und der Geschichte verlagert. Dieser Prozeß, der freilich auch die Gefahr einer »Akademisierung« des Marxismus enthält, eröffnet der marxistischen Forschung neue Praxisfelder, die mit der Politik der Arbeiterbewegung und der »neuen sozialen Bewegungen« eng verbunden sind; denn diese Politik kann nur dann erfolgreich vertreten werden, wenn sie das Wissen über die konkreten sozialökonomischen und politischen Prozesse, über die Wirkungen der Krise auf die Arbeits- und Lebensbedingungen der Arbeiterklasse sowie auf das Bewußtsein der Arbeiter, über den Zusammenhang von wissenschaftlich-technischer Entwicklung mit den Strukturveränderungen in der Arbeiterklasse, der Qualifikationsstruktur des lebendigen Arbeitsvermögens und der neuen Herrschaftstechniken, schließlich auch das Wissen über historische Erfahrungen des Klassenkampfes in sich aufnimmt, um die Bedingungen und Ziele ihres Kampfes genauer zu bestimmen.

Wenn diese Aufgabe eingelöst wird, vermeidet die marxistische Analyse zugleich jene Mystifizierung der Arbeiterklasse und ihrer »historischen Mission«, die diese nur noch als den »Totengräber des Kapitalismus« anzusprechen vermag und dabei blind wird auch für die politische Bedeutung von Strukturveränderungen der Klasse, die ihrerseits durch die Kapitalakkumulation, die Produktivkraftentwicklung und die Staatsintervention erzeugt werden. In jeder geschichtlichen Epoche des Kapitalismus wird die Arbeiterbewegung mit der Aufgabe konfrontiert, die innere Zusammensetzung und Fraktionierung der Klasse als Problem von »Einheit und Spaltung« (Deppe, 1981) in bezug zu den hegemonialen Auseinandersetzungen im politischen Raum zu thematisieren. Der Umfang wie die innere Struktur der Klasse werden durch objektive Faktoren bestimmt: durch das Niveau des kapitalistischen Vergesellschaftungsprozesses, den Stand und die Dynamik der Produktivkraftentwicklung, die Zentralisation des Kapitals, dessen räumliche und sektorale Verteilung, durch die Intervention des Staates in den gesamtgesellschaftlichen Reproduktionsprozeß, die Integration der nationalen Kapitale in den kapitalistischen Weltmarkt. Auch die Arbeits- und Lebensbedingungen der Klasse sind zunächst von diesen objektiven Bedingungen – vor allem von dem jeweiligen Verteilungsspielraum, der durch die Höhe des Neu- bzw. Mehrprodukts gesetzt wird – abhängig. Freilich werden die konkreten Proportionen dieser Verteilung zwischen Staat, Unternehmen und Lohnarbeit schon durch das Kräfteverhältnis der Klassen, vor allem die Kampfkraft der Gewerkschaften, entschieden. Schließlich besteht auch ein enger Zusammenhang zwischen der inneren Struktur der Klasse und den jeweiligen subjektiven Kampfbedingungen der Arbeiterbewegung.

In jeder Periode kapitalistischer Entwicklung, bzw. in jedem Kampfzyklus der Arbeiterklasse gibt es dominante und hegemoniale Fraktionen in der Klasse, aus denen sich nicht nur deren »Kern« im sozialökonomischen Sinne, sondern auch deren politische »Avantgarde« rekrutiert. Daneben existieren stets Fraktionen bzw. Randgruppen der Klasse, die der politischen und gewerkschaftlichen Arbeiterbewegung noch fern stehen, die neu zur Arbeiterklasse stoßen, die die Erfahrung des Lohnarbeiter-Status erst in der ersten Generation machen oder die auch – aufgrund von quasi-ständischer Borniertheit (namentlich in den Gewerkschaften) oder aufgrund von Fehleinschätzungen der alten »Avantgarden« – nicht als Adressaten der Politik der Arbeiterbewegung angesprochen oder gar als »rückständige Masse« übergangen werden. Diese Beziehung ist jedoch keineswegs statisch. Sie verändert sich unter dem objektiven Druck der Strukturveränderungen in der Klasse (z. B.

durch die Krise alter Facharbeitergruppen mit dem Übergang zur großen Industrie, später erneut durch die Krise von Facharbeitergruppen, die durch Rationalisierung und Automatisierung »freigesetzt« werden), und sie verändert sich in Perioden der allgemeinen politischen Krise, in denen spontan neue Gruppen der Arbeiterklasse (z. B. unqualifizierte »Massenarbeiter«, Frauen, Ausländer usw.) in die Kämpfe eintreten. Vor allem in der Geschichte der Gewerkschaftsbewegung treten solche Veränderungen immer wieder als Probleme und (auch interne) Konflikte auf, die die Gewerkschaften organisatorisch und politisch vor neue Aufgaben stellen. Einige dieser Probleme in der Gegenwart sollen in den folgenden Abschnitten skizziert werden.

– Zur Arbeiterklasse gehören nach den sozialstatistischen Kategorien ». . . die Arbeiter, die unteren und größere Teile der mittleren Angestellten und Beamten sowie die Arbeitslosen (abgesehen von den arbeitslosen Angehörigen der lohnabhängigen Mittelschicht und Intelligenz und des kapitalistischen Managements) und ihre Angehörigen sowie die Rentner (entsprechend ihrem früheren Status und ihren Einkommensquellen)« (Jung, 1983, S. 54). Betrachten wir die großen, gleichsam »säkularen« Trends in der Entwicklung der Arbeiterklasse, so lassen sich zwei gegenläufige Tendenzen festhalten. Auf der einen Seite hat sich der Anteil der Lohnabhängigen an der Gesamtheit der Erwerbstätigen weiter erhöht. (Von 77,4 %, 1960, auf 88,1 %, 1981.) Auf der anderen Seite vollzieht sich eine Umschichtung zwischen den Kategorien der Lohnarbeit. Der Anteil der Arbeiter geht absolut und relativ zurück: von 90 % (1882), über 74 % (1925), 72 % (1950) auf 57,4 % (1970) und 47,8 % (1981). Dementsprechend erhöhte sich der Anteil der Angestellten von 29 % (1960) auf 42,7 % (1981), der der Beamten von 6 % (1960) auf 9,5 % (1981). Das heißt zunächst: der kapitalistische Vergesellschaftungsprozeß hat die Tendenz, einen immer größeren Teil der gesellschaftlichen Arbeit in die Form der Lohnarbeit zu verwandeln. Andererseits vermindert die Produktivkraftentwicklung den Anteil der lebendigen, produktiven Arbeit im Produktionsprozeß selbst. Diesen »Freisetzungs«-Prozeß hat K. Marx in den »Grundrissen« als Gesetzmäßigkeit der kapitalistischen Entwicklung bezeichnet: »In dem Maße aber, wie die große Industrie sich entwickelt, wird die Schöpfung des wirklichen Reichtums abhängig weniger von der Arbeitszeit und dem Quantum angewandter Arbeitszeit, als von der Macht der Agentien, die während der Arbeitszeit in Bewegung gesetzt werden und die selber wieder . . . in keinem Verhältnis steht zur unmittelbaren Arbeitszeit, die ihre Produktion kostet, sondern vielmehr abhängt vom allgemeinen Stand der Wissenschaft und dem Fortschritt der Technologie, oder der Anwendung der Wissenschaft auf die Produktion . . . Der Arbeiter . . . tritt neben den Produktionsprozeß, statt sein Hauptagent zu sein« (S. 592/3).

Die Zunahme der Angestelltentätigkeiten ist die eine Form, in der sich die Umverteilung aus dem Kernbereich der Produktion in die Bereiche der Leitung, Kontrolle und Verwaltung, der Zirkulation und Distribution widerspiegelt. Zugleich signalisiert der Zuwachs der Staatsbediensteten den Sachverhalt, daß sich die Anforderungen an die Staatstätigkeit, die Herrschaftsverhältnisse wie die Stabilitätsbedingungen der gesamtgesellschaftlichen Reproduktion zu sichern, kontinuierlich erhöht haben. Marx hatte aber auch schon darauf hingewiesen, daß sich dieser Freisetzungsprozeß in widersprüchlicher Form vollziehen muß; denn in dem Maße, wie das Kapital »die Arbeitszeit auf ein Minimum zu reduzieren« sucht, »während es andererseits die Arbeitszeit als einziges Maß und Quelle des Reichtums selbst« (S. 593), erzeugt es »überflüssige« Arbeitszeit, Arbeitskraft, die keinen Tauschwert hat – mit anderen Worten: Arbeitslosigkeit. Dieser Widerspruch, der nicht nur in den Krisen an der Oberfläche erscheint, sondern der sich mit der wissenschaftlich-technischen Revolution in Gestalt der strukturellen Arbeitslosigkeit geltend macht, tritt gegenwärtig ins Zentrum der sozialen und gesellschaftspolitischen Auseinandersetzungen zwischen Kapital und Arbeit. Bürgerliche Ideologen reflektieren diesen Sachverhalt in der These, daß der Gesellschaft die Arbeit »ausgehe«. Die Gewerkschaftsbewegung reagiert auf diesen Widerspruch mit der Forderung nach der allgemeinen Verkürzung der Arbeitszeit und mit ersten Ansätzen einer Debatte über die notwendige Neubestimmung des Verhältnisses von Arbeitszeit und Freizeit, die nicht allein unter dem Gesichtspunkt der »Wiederherstellung« des Arbeitsvermögens, sondern auch der kulturellen, geistigen und politischen Entfaltung der Bedürfnisse und Interessen außerhalb der Arbeit geführt wird.

Marx hatte diesen Zusammenhang wie folgt angesprochen: »Die Schöpfung von viel disposable time (verfügbarer Zeit) außer der notwendigen Arbeitszeit für die Gesellschaft überhaupt und jedes Glied derselben (d. h. Raum für die Entwicklung der vollen Produktivkräfte der Einzelnen, daher auch der Gesellschaft), diese Schöpfung von Nicht-Arbeitszeit erscheint auf dem Standpunkt des Kapitals, wie aller früheren Stufen, als Nicht-Arbeitszeit, freie Zeit für einige. Das Kapital fügt hinzu, daß es die Surplus-Arbeitszeit der Masse durch alle Mittel der Kunst und Wissenschaft vermehrt, weil sein Reichtum direkt in der Aneignung von Surplus-Arbeitszeit besteht; da sein Zweck direkt der Wert, nicht der Gebrauchswert. Es ist so, malgré lui (gegen seinen Willen, F. D.) instrumental in creating the means of social disponable time (instrumentell in der Schaffung der Mittel der gesellschaftlich verfügbaren Zeit, F. D.), um die Arbeitszeit zu reduzieren und so die Zeit aller frei für ihre eigene Entwicklung zu machen. Seine Tendenz aber immer, einerseits disposable time (verfügbare Zeit, F. D.) zu schaffen, andererseits to convert it into surplus labour (sie in überschüssige Arbeit zu verwandeln, F. D.)« (S. 595/596). Der gewerkschaftliche Kampf um die Verkürzung der Arbeitszeit berührt daher nicht nur die allgemeine wirtschafts- und gesellschaftspolitische Problematik der Arbeitsmarkt- und Beschäftigungsentwicklung; ja, er kann sogar gefährliche Selbsttäuschung – und schließlich neue Formen der Desillusionierung – hervorbringen, wenn er ausschließlich aus diesen Bezügen begründet und legitimiert wird. Die Reduzierung der Arbeit für alle zu einer Zeit, in der die Kapitalakkumulation und die Produktivkräfte in immer größerem Umfang »überschüssige Arbeit« produzieren (also: dem Scheine nach immer weniger Arbeit für alle da ist), enthält zugleich das Programm, »die Zeit aller frei für ihre eigene Entwicklung zu machen«, und führt damit an die Grenzen jener Logik heran, die das Verhältnis von Arbeit und Nicht-Arbeit, von materieller und kultureller Reproduktion den Gesetzen der Tauschwert-Ökonomie und der Ökonomie der Zeit unterwirft.

Die Veränderung der Proportion Arbeiter-Angestellte innerhalb der Arbeiterklasse, d. h. die kontinuierliche Verminderung des Anteils der Industriearbeiter an der Gesamtzahl der Lohnabhängigen, hat selbstverständlich auch Konsequenzen für die »politische Struktur« der Klasse. Darunter soll verstanden werden die Beziehung zwischen dem jeweiligen sozialökonomischen Kern der Arbeiterklasse (d. h. jene Gruppe der Arbeiterklasse, »für die der Warencharakter ihrer Arbeitskraft voll entwickelt ist, d. h. die dem Kapital in der Produktion real untergeordnet sind – reelle Subsumtion –, die das materiell-personelle Substrat des variablen Kapitals in der Produktion sind«, Jung, 1983, S. 68) und seiner Rolle in den Klassenkämpfen und den Organisationen der Arbeiterbewegung. Eric Hobsbawm (1964) z. B. ist in seinen sozialgeschichtlichen Studien immer wieder auf diese Beziehung zurückgekommen: die Veränderung der Relationen zwischen gelernten und ungelernten Arbeitern oder auch die – unter dem Druck der Produktivkraftentwicklung und der nationalen wie internationalen Akkumulation des Kapitals (in seinen verschiedenen Entwicklungsstufen) sich wandelnde – Rolle der »Arbeiteraristokratie« haben stets auch die Organisations- und Handlungsbedingungen der Gewerkschaften und der Arbeiterparteien nachhaltig beeinflußt.[2] Die professionelle Krise der alten Facharbeitergruppen, die zugleich die alten – vorwiegend berufsständisch verfaßten – Gewerkschaften »beherrschten«, hat diese Gruppe oftmals auf Positionen eines ständisch-konservativen Korporatismus gedrängt, von denen aus sie früher errungene – relativ privilegierte – Einkommensverhältnisse und Arbeitsbedingungen (gelegentlich auch durch radikale Aktionsformen) verteidigten, aber gleichzeitig die Forderungen und Interessen neuer Gruppen der Arbeiterklasse, die sich in Klassenkämpfen sowie in deren Anspruch auf neue gewerkschaftliche und politische Organisationsformen geltend machten, abzuwehren suchten.

Uns interessieren aber vor allem gegenwärtige Wandlungen in der »politischen Struktur« der Klasse. Noch zwischen 1950 und 1970 haben sich – grob zusammengefaßt – die folgenden sozialen Veränderungen durchgesetzt:

– Der steigende Anteil der Angestellten an den lohnabhängig Beschäftigten signalisiert schon die wachsende Bedeutung des sog. »tertiären Sektors« bzw. der »Dienstleistungsökonomie«, obwohl in diesem Zeitraum die Zuwachsrate der Angestellten im produzierenden Gewerbe noch höher ist. Dabei erhöht sich einerseits der Anteil der weiblichen Angestellten, die weniger qualifizierte Tätigkeiten verrichten und den unteren Einkommensgruppen angehören. Zum anderen wächst die Bedeutung der technischen Angestellten, deren Tätigkeit mit der Forschung, der Vorbereitung, der Planung und Kontrolle der Produktion und des Arbeitsprozesses verbunden ist. Schließlich verzeichnen die Staatsbediensteten einen erheblichen Zuwachs.

– Innerhalb des Kerns der industriellen Arbeiterklasse vollziehen sich Veränderungen, die ihrerseits Ausdruck der Produktivkraftentwicklung sowie der sich wandelnden Stellung der industriellen Sektoren (Branchen) im gesamten Reproduktionsprozeß sind. Die Umverteilungsprozesse vollziehen sich vom Bergbau und den Grundstoffindustrien (mit Ausnahme der Chemieindustrie) in die Investitionsgüterindustrie – hier vor allem: elektrotechnische Industrie, Straßenfahrzeugbau, Maschinenbau. Etwa seit 1960 stagniert die Zahl der lohnabhängig Beschäftigten in den Sektoren der Konsumgüterindustrien (IMSF, 1973, Teil II, S. 170).

Diese Angaben lassen schon erkennen, daß auch die Gewerkschafts- und Arbeiterbewegung durch diese objektiven Prozesse berührt und mit neuen Anforderungen konfrontiert wird. Einerseits wächst die Bedeutung der gewerkschaftlichen Bemühungen, den Organisationsgrad bei den Angestellten (und Beamten) in der Industrie sowie im Bereich der privaten und staatlichen Dienstleistungen zu erhöhen. Andererseits verändert sich das Profil des gewerkschaftlich organisierten Teils der Arbeiterklasse. Noch in der Weimarer Republik bildeten die Arbeiter der Grundstoff- und Produktionsgüterindustrien (Berg-, Stahlarbeiter) sowie die Arbeiter der Konsumgüterindustrien (Textil, Holz, Leder, u. a.) zusammen mit Bauarbeitern und Druckern den Kern der gewerkschaftlich organisierten und aktiven Arbeiterklasse. Seit 1950 ist aber die Bedeutung dieser Gruppen kontinuierlich zurückgegangen. An ihre Stelle sind die Arbeiter der Chemie- sowie der modernen Investitionsgüterindustrien getreten. Ein Vergleich der Mitgliederzahlen der DGB-Gewerkschaften zwischen 1950 und 1982 (vgl. Tab. 1) bestätigt diesen Wandel.

Tabelle 1: Gewerkschaftsmitglieder 1950 und 1982

Gewerkschaft	Mitglieder 1950	%	Mitglieder 1982	%	Zuwachs (+) bzw. Abnahme (–) in %
IG Bau, Steine, Erde	405536	7,4	530960	6,8	+ 31
IG Bergbau und Energie	580661	10,7	367835	4,7	– 37
IG Chemie, Papier, Keramik	409998	7,5	643079	8,2	+ 56
IG Druck und Papier	133074	2,4	145271	1,9	+ 9
Gewerkschaft der Eisenbahner (GDED)	426059	7,8	392484	5,0	– 8
Gewerkschaft Erziehung und Wissenschaft (GEW)	61037	1,1	185651	2,4	+ 204
Gewerkschaft Gartenbau, Land- und Forstwirtschaft	103404	1,9	42632	0,5	– 59
Gewerkschaft Handel, Banken und Versicherungen (HBV)	63600	1,2	360340	4,6	+ 466
Gewerkschaft Holz und Kunststoff (GHK)	189661	3,4	156453	2,0	– 18
Gewerkschaft Kunst	41924	0,8	47925	0,6	+ 14
Gewerkschaft Leder	100412	1,8	52719	0,7	– 48
IG Metall	1352010	25,0	2576471	32,8	+ 90
IG Nahrung, Genuß, Gaststätten (NGG)	256186	4,7	265276	3,4	+ 3
Gewerkschaft ÖTV	726004	13,3	1179650	15,0	+ 62
Deutsche Postgewerkschaft	190500	3,5	456930	5,8	+ 139
Gewerkschaft Textil und Bekleidung (GTB)	409924	7,5	276235	3,5	– 33
Gewerkschaft der Polizei (GdP)	—	—	169092	2,1	—
DGB	5449990	100,0	7849003	100,0	

Quellen: Deppe, Autonomie, 1979, S. 49; Nachrichten, 1983. 7, S. 20.

Die IG Metall als die weitaus größte Einzelgewerkschaft, deren Organisationsbereich die modernen Wachstumsbranchen der Investitionsgüteindustrien erfaßt, konnte zusammen mit der IG Chemie, Papier, Keramik beträchtliche Mitgliedergewinne erreichen. Alle anderen Industriegewerkschaften mußten absolute bzw. relative Mitgliederverluste hinnehmen (vor allem die Bergarbeiter- und die Textilarbeitergewerkschaften). Ihr Anteil an allen Gewerkschaftsmitgliedern halbierte sich von 28 % (1950) auf 14,3 % (1982). Neben diesem Block der »neuen« Industriegewerkschaften, dessen Anteil an der gesamten Mitgliedschaft der DGB-Gewerkschaften von 32,5 % (1950) auf 41 % (1982) anstieg, etablierten sich als zweiter Haupt-Block die Gewerkschaften des öffentlichen Dienstes – von 25,7 % (1950) auf 30,3 % (1982). Zählt man auch die Gewerkschaft Handel, Banken und Versicherungen hinzu, um das Gewicht der Gewerkschaften im Bereich der staatlichen und privaten Dienstleistungen zu erfassen, so erhöht sich der Anteil dieses Blocks von knapp 27 % (1950) auf 35 % (1982). Dennoch bleiben die gewerkschaftlichen Organisationserfolge in diesen Bereichen relativ bescheiden. Nach wie vor liegt die Organisationsquote der Angestellten erheblich unter der der Arbeiter. Die Mitgliedschaft der DGB-Gewerkschaften spiegelt also die Verteilung der Lohnabhängigen auf Arbeiter- und Angestelltentätigkeiten nur verzerrt wider: Bei den Arbeitern sind die Gewerkschaften überdurchschnittlich, bei den Angestellten unterdurchschnittlich repräsentiert (vgl. Tab. 2).

Tabelle 2: Gewerkschaftsmitglieder (Arbeiter, Angestellte, Beamte) 1950 und 1982

	1950	1982
ARBEITER (Gewerkschaftsmitglieder)	4 534 565	5 319 430
in % der Gesamtmitgliedschaft	83,2	67,7
in % der Lohnabhängigen insgesamt	71,9	47,8 (1981)
ANGESTELLTE (Gewerkschaftsmitglieder)	572 240	1 701 657
in % der Gesamtmitgliedschaft	10,5	21,7
in % der Lohnabhängigen insgesamt	22,5	42,7 (1981)
BEAMTE (Gewerkschaftsmitglieder)	343 350	827 916
in % der Gesamtmitgliedschaft	6,3	10,5
in % der Lohnabhängigen insgesamt	5,3	9,5 (1981)

Quellen: Deppe, Autonomie 1979, S. 52; Jung, 1983, S. 55; Nachrichten 1983. 7, S. 20.

Auch die großartigen Organisationserfolge der »Angestelltengewerkschaft« Handel, Banken und Versicherungen dürfen nicht darüber hinwegtäuschen, daß von den ca. 8 Mio. Beschäftigten der privaten Dienstleistungen nur ca. 400000 in einer DGB-Gewerkschaft organisiert sind (die DAG hatte 1980 knapp 500000 Mitglieder, die freilich nicht nur im tertiären Sektor, sondern auch in der Industrie arbeiten). Die von Hagelstange errechneten Organisationsgrade (vgl. Tab. 3) unterstreichen die Organisationsdefizite bzw. den enormen Nachholbedarf im »kommerziellen Bereich (HBV)«. Andererseits weisen sie auf die Erfolge der Gewerkschaften des öffentlichen Dienstes (Staatsbereich) hin.
In einigen westeuropäischen Ländern wurde Ende der 60er Jahre der Begriff der »neuen Militanz« diskutiert. Sein Inhalt war nicht überall gleich; stets aber handelte es sich um das Phänomen, daß neue Gruppen der Arbeiterklasse (z. T. auch der lohnabhängigen Mittelschichten) sich an Klassenkämpfen beteiligten und sich für die gewerkschaftliche Organisation öffneten. Es war nur zu verständlich, daß in der Periode des intellektuellen Aufbruchs der internationalen Studentenbewegung diese Phänomene zugleich zu »Theorien« über neue revolutionäre Subjekte aufgewertet wurden. Gleichwohl machte sich hier zum erstenmal der Zusammenhang zwischen sozialen Strukturveränderungen in der Arbeiterklasse und ihrer »politischen Struktur« bemerkbar. Dabei spielten freilich in allen Ländern auch besondere, nationale Faktoren eine Rolle.
– Paul Oehlke hat für Großbritannien nachgewiesen, wie sich die »neue Militanz« in den 60er Jahren entwickelte: »Mit der Veränderung der Industriezweigstruktur beginnt sich die Streikaktivität von den traditionellen (z. B. Textil, Bergbau, Docks) zu den neuen Industrien (z. B. Maschinen-, Fahrzeug-, Schiffsbau) zu verlagern, in denen Kapitalkonzentration und Monopolisierung weit fortgeschritten sind . . . In den zu mehr als 95 % inoffiziell begonnenen Arbeitskämpfen sind die reinen Lohnforderungen immer mehr durch Forderungen nach Kontrollelementen über den unmittelbaren Arbeitsplatz bis hin zur Betriebsorganisation ergänzt worden. Damit war der Aufstieg der Shop Stewards (gewerkschaftliche Vertrauensleute) als innerbetriebliches Verhandlungs- und Kampforgan verbunden. Ihrer steigenden Bedeutung als gewerkschaftliche Basisvertretung liegt eine Dezentralisierung des gewerkschaftlichen Verhandlungssystems zugrunde, die wiederum von der Vollbeschäftigungspolitik bestimmt wurde« (Albers, u. a., 1971, S. 217/18).
– In Frankreich wurde in der falschen Theorie der »neuen Arbeiterklasse« der Sachverhalt reflektiert, daß sich seit den 60er Jahren Teile der Techniker, Ingenieure und Wissenschaftler, aber auch der hochqualifi-

Tabelle 3: Organisationsgrade (in Prozent), bezogen auf abhängige Erwerbspersonen bzw. abhängige Beschäftigte

	DGB	Nicht-staatl. Bereich	Staats-bereich	Produk-tiver Bereich	Kommer-zieller Bereich (HBV)	IGM	IGCPK	Gew. Leder	IGBE	IG Drupa	IGBSE	Gew. Holz	GTB	NGG	GGLF
1950	31,1	28,8	43,0	34,8	3,9	53,0	51,3	45,6	90,4	55,8	30,2	33,0	37,4	17,0	9,0
1951	33,1	31,0	44,3	37,0	5,2	57,9	54,7	47,4	91,0	55,7	30,8	36,0	39,0	18,2	10,7
1952	32,5	30,2	44,2	36,3	5,1	54,1	48,4	46,7	91,8	53,0	27,8	33,6	39,7	18,0	11,0
1953	31,4	29,2	42,8	34,7	4,9	50,7	47,2	46,2	88,1	48,4	27,2	32,0	35,9	17,8	11,0
1954	30,6	28,4	42,0	33,7	4,8	49,3	44,2	44,5	85,5	45,3	25,6	29,5	33,7	17,6	11,4
1955	29,5	27,4	41,0	32,2	4,7	45,0	41,8	42,3	82,5	42,8	22,4	28,8	31,1	17,4	11,3
1956	28,7	26,7	39,3	31,1	4,7	41,6	41,4	40,5	70,6	40,8	21,2	28,3	29,4	17,1	11,3
1957	28,2	26,2	38,6	30,3	4,8	41,5	40,6	39,3	69,7	39,2	21,1	27,8	26,2	17,0	12,1
1958	28,2	26,1	38,7	30,1	4,7	40,4	40,7	37,3	78,7	38,2	19,2	27,0	26,6	16,7	13,0
1959	27,6	25,4	38,3	29,3	4,6	37,3	39,3	37,6	71,6	36,7	18,3	26,0	25,6	17,1	14,4
1960	27,5	25,2	38,7	29,0	4,5	36,9	38,5	38,9	69,7	35,2	18,3	25,2	26,3	17,3	17,2
1961	26,9	24,6	37,8	28,4	4,3	33,7	38,0	38,8	71,1	34,0	17,6	25,6	25,5	17,3	16,3
1962	26,7	24,6	36,9	28,3	4,0	34,1	38,0	38,0	72,6	33,4	17,6	23,0	25,3	17,5	
1963	26,3	24,2	36,2	28,2	3,9	34,4	37,5	37,1	63,2	32,9	18,0	22,2	25,2	17,5	
1964	26,1	24,1	35,4	28,3	3,8	34,3	37,4	36,4	70,3	33,2	18,8	21,7	25,3	17,9	
1965	26,0	24,0	34,9	28,2	3,7	34,2	36,6	37,4	68,5	33,2	19,2	20,5	25,6	18,1	
1966	25,6	23,7	33,9	28,0	3,7	34,1	35,9	36,2	72,8	31,8	19,5	19,1	25,2	18,2	
1967	25,4	23,5	33,2	28,1	3,8	34,2	38,0	33,7	76,6	30,9	20,7	19,5	26,1	17,8	
1968	25,2	23,4	33,1	28,1	3,8	33,7	37,6	34,5	78,5	29,5	20,2	18,9	25,9	17,6	
1969	25,1	23,3	32,8	28,1	3,8	33,4	37,1	34,5	82,2	28,7	19,2	17,7	25,3	15,7	
1970	25,6	23,9	32,5	28,9	3,9	35,2	38,2	36,3	79,7	28,5	19,0	17,7	24,7	16,1	16,7
1971	26,0	24,4	32,2	29,7	4,2	36,0	37,7	36,7	79,5	29,3	18,8	17,9	24,1	16,0	
1972	26,3	25,0	31,2	30,4	4,6	37,3	38,3	40,9	84,3	30,9	18,4	17,9	25,3	16,7	
1973	26,9	25,7	31,6	31,5	5,1	38,2	38,9	44,9	85,0	32,2	18,7	17,6	26,9	16,7	
1974	28,0	26,8	32,5	32,9	5,8	40,9	40,0	48,4	84,8	35,1	19,8	18,3	30,2	16,5	
1975	28,4	27,3	32,3	33,6	6,5	43,6	40,1	50,8	86,7	36,0	20,5	18,6	32,5	16,4	
1976	28,7	27,7	32,3	33,8	6,9	45,2	41,1	50,6	87,4	37,0	21,5	19,2	33,5	17,7	
1977	28,8	27,9	32,4	34,0	7,3	45,4	41,3	51,5	88,9	36,7	20,8	19,0	34,6	17,5	
1978	29,7	29,0	32,3												

Quelle: Hagelstange, in: GeMo, 1979, 11, S. 742.

zierten Facharbeiter in der chemischen Industrie sowie in automatisierten Produktionsbereichen an Klassenauseinandersetzungen beteiligten, in denen nicht nur Lohnforderungen, sondern auch Forderungen nach Mitbestimmung und Kontrolle sowie nach demokratischer Planung erhoben wurden (vgl. Deppe, u. a., Neue Arbeiterklasse, 1970).

– In Italien wurden die Klassenkämpfe, die zunächst im »heißen Herbst« des Jahres 1969 kulminierten, u. a. auch durch die Kampfbereitschaft der – meist aus dem Süden in die Industriezentren des Nordens eingewanderten – unqualifizierten »Massenarbeiter« dynamisiert, die die linksradikale Zeitschrift »Quaderni Rossi« sogleich als »neue Arbeiterklasse« herausstellte (Alff, 1977, S. 294; Alquati, 1974).

– In der BRD wurden weder die unqualifizierten »Massenarbeiter« noch die technische Intelligenz zu Avantgarden jener gewerkschaftlichen Kämpfe, die 1969 mit den »September-Streiks« eingeleitet wurden.[3] Und doch gab es auch hier Formen einer »neuen Militanz«, in der sich soziale Strukturveränderungen in der Arbeiterklasse, neue Erfahrungen mit Rationalisierungs- und Krisenprozessen sowie mit der Funktion des Staates widerspiegelten. Die führende Rolle in den gewerkschaftlichen Kämpfen dieser Periode (bis 1974) spielten zum einen die Metallarbeiter, zum anderen die gewerkschaftlich aktiven Teile des öffentlichen Dienstes. Die IG Metall hatte es verstanden, ihre traditionelle Führungsrolle im DGB, aber auch die Erinnerung an die Kampftraditionen der Metallarbeiter mit der partiellen Öffnung für neue gewerkschafts- und gesellschaftspolitische Kampffelder (z. B. »Humanisierung der Arbeit«, qualitative Tarifpolitik) zu verbinden. Dabei kam – trotz der sozialpartnerschaftlichen und auf die Unterstützung der sozialliberalen Regierung fixierten Positionen eines großen Teils der Führungsgruppen – der Festigung gewerkschaftlicher Positionen bei den Betriebsräten, dem Ausbau der gewerkschaftlichen Vertrauensleute sowie der Intensivierung der gewerkschaftlichen Bildungsarbeit entscheidende Bedeutung zu.

Bei den gewerkschaftlich aktiven Teilen des öffentlichen Dienstes handelte es sich meist um Gruppen der lohnabhängigen Mittelschichten (z. B. Lehrer, Hochschulangehörige in der GEW) und der Arbeiterklasse, die neu in den Organisationszusammenhang der Arbeiterbewegung und in die sozialen und politischen Auseinandersetzungen eintraten. Angesichts der extrem differenzierten und diffusen Struktur der staatlichen Dienstleistungen und Herrschaftsfunktionen ergab sich gerade hier ein weites Spektrum von Interessen und Forderungen (vgl. für den Organisationsbereich der Gewerkschaft ÖTV, Weiß, 1978): von der Verbesserung der Einkommens- und der Arbeitsbedingungen bis hin zu Mitbestimmungsforderungen und gesellschaftspolitischen Reformforderungen (z. B. Reform des Bildungs- und Gesundheitssystems). Der Anspruch der sozialliberalen Regierung, »mehr Demokratie zu wagen«, förderte die Politisierung der gewerkschaftlichen Debatten ebenso wie der Sachverhalt, daß die Wirkungen der Studentenbewegung nicht nur auf dem Felde der Schul- und Hochschulreform, sondern auch in der gewerkschaftlichen Aktivität von Lehrern und Hochschullehrern, aber auch derjenigen Intellektuellen zur Geltung kam, die in die Planungsstäbe der neuen Regierung für Reformprojekte einbezogen wurden.

Auf der anderen Seite war aber schon zu Beginn der 70er Jahre zu erkennen, daß sich bei einigen Industriegewerkschaften defensiv-korporativistische Politik-Muster durchsetzten. Die IG Bergbau und Energie und die Gewerkschaft Textil/Bekleidung mußten seit den 50er Jahren drastische Mitgliederverluste hinnehmen. Im Bergbau sollte die »Kohlenkrise« durch die Gründung der Ruhrkohle AG (1969) weitgehend durch staatliche Intervention gelöst werden (Schaaf, 1978; Lauschke, 1982). Für die Gewerkschaft wurden dabei günstige Bedingungen ausgehandelt: Sie erhielt einen größeren Einfluß im Management der Einheitsgesellschaft; die Beitragsabführung wird durch das Lohnbüro abgewickelt. Der gewerkschaftliche Autonomieverlust wurde also gegen extensive Organisationssicherungen durch die Unternehmensbürokratie sowie durch den Staat eingetauscht. Die starke sozialpartnerschaftliche Orientierung, die diese Gewerkschaft bis heute vertritt, reflektiert also den Tatbestand, daß die IGBE zum einen sich – überspitzt formuliert – in die Personal- und Sozialabteilung der Ruhrkohle AG verwandelt hat und daß zum anderen die gewerkschaftliche Interessenvertretung zu einem »politischen Lobbyismus im Interesse der Branche als ganzer geworden ist« (Streeck, 1981, S. 236 ff., S. 248).[4]

Die Gewerkschaft Textil/Bekleidung mußte sich ebenfalls mit der Strukturkrise der Branche sowie mit erheblichen Mitgliederverlusten auseinandersetzen. Obwohl hier keine Mitbestimmung (wie in den Montan-Industrien) gegeben war und auch die Eigentumsverhältnisse (vorwiegend kleinere und mittlere Kapitale) nicht in Richtung einer Einheitsgesellschaft verändert wurden, konzentrierte sich die Gewerkschaftspolitik mehr und mehr darauf, gemeinsam mit den Unternehmern vom Staat Sicherungs- und Überlebensstrategien zum Schutz der bundesdeutschen Textilindustrie gegenüber dem Druck der Weltmarktkonkurrenz zu fordern. Im Ergebnis dieser Kooperation erreichte die Gewerkschaft ebenfalls »Organisationssicherungen«, die eine Reform des Beitragssystems möglich machten (Streeck, 1981, S. 243/44).

Ganz andere Faktoren bestimmen die Entwicklung der IG Chemie, Papier, Keramik zum Führungszentrum des rechten Flügels der DGB-Gewerkschaften; denn die Chemieindustrie ist nach wie vor eine der dynamischen Wachstumsbranchen und die Organisation konnte ihren Mitgliederbestand auch in den 70er Jahren erhöhen. Die dominante Stellung der Großkonzerne in der Branche begünstigte hier eine fortschreitende Zentralisierung der gewerkschaftlichen Tarifpolitik, mit der zugleich der Machtposition der »Betriebsratsfürsten« dieser Großkonzerne in der Gewerkschaft Rechnung getragen wurde. Sozialpartnerschaftliche und korporativistische Orientierungen entsprachen also hier der relativ priviligierten Stellung desjenigen Teils der Chemiearbeiter, der sich über Betriebsvereinbarungen und betriebliche Sozialpolitik besser abgesichert sah als durch gewerkschaftliche Tarifpolitik und gesellschaftspolitische Reformen. Allerdings konnte sich diese Politik in der Organisation nur gegen heftigen Widerstand durchsetzen. In diesen Auseinandersetzungen wurde von seiten der Vorstandsmehrheit die bürokratische Zentralisierung der innerorganisatorischen Entscheidungsstrukturen noch weiter vorangetrieben (Jacobi/Lang, 1979).

Bis zum Beginn der 80er Jahre haben sich diese Gewerkschaften (zu denen noch die IGBSE und die Gewerkschaft NGG gehören) zu einem konservativen Block innerhalb des DGB formiert, der nach der »Wende« von der konservativen Regierung zugleich als Adressat und Gesprächspartner, damit aber auch als eine Kraft angesehen wird, die den einheitlichen Widerstand der Gewerkschaften gegen die Regierungspolitik und die Entwicklung von Perspektiven einer antikapitalistischen Politik schwächen und spalten soll. Sie bemühen sich, den DGB von der Friedensbewegung fernzuhalten. Dazu bieten sie sich im Vorfeld der Auseinandersetzung um die 35-Stunden-Woche der Bundesregierung als Partner an, um auf dem Wege gesetzlicher Regelung zur Verkürzung der Lebensarbeitszeit sozialpartnerschaftliche Alternativen zur Verkürzung der Wochenarbeitszeit einzubringen, über die die Unternehmer nicht nur aus Kostengründen, sondern auch aufgrund von politischen Erwägungen eher verhandeln wollen, weil sie einen Keil zwischen die DGB-Gewerkschaften treiben. Außerdem hoffen sie, so das Kampfpotential jener Gewerkschaften zu schwächen (IGM, IGDrupa, GHK, HBV, GEW), die Anfang 1984 den Kampf für die 35-Stunden-Woche eröffnen wollen.

Unter dem Druck der ökonomischen Krisenprozesse und der Rationalisierung haben sich jedoch in den 70er Jahren weitere Strukturveränderungen in der Arbeiterklasse vollzogen, die zugleich diejenigen expansiven Gewerkschaften betreffen, die nicht nur den kräftigsten Mit-

gliederzuwachs erzielen konnten, sondern von denen auch in dieser Zeit die progressiven Impulse auf die Gewerkschaftspolitik ausgingen. Allein zwischen 1973 und 1978 ging die Zahl der Erwerbstätigen um 1,5 Mio. zurück; während sich die Zahl der Arbeiter um ca. 1,5 Mio. und die der Selbständigen (und mithelfenden Familienangehörigen) um ca. 0,5 Mio. verminderte, erhöhte sich die Zahl der Angestellten und Beamten nochmals um 0,5 Mio. Das Wachstum dieser Gruppe war jetzt schon deutlich langsamer als in den vorangegangenen Jahren (Stooß, 1980, S. 364). In der Industrie gingen zwischen 1972 und 1982 ca. 1,6 Mio. Arbeitsplätze verloren; nur drei Branchen konnten einen schwachen Beschäftigungszuwachs erreichen (vgl. Schaubild 1).
Hier wird schon deutlich, daß neben traditionell stagnierenden Branchen (Textil-Bekleidung, Bergbau) nunmehr auch das Baugewerbe und einige Branchen betroffen sind, die seit 1954 zu den höchst dynamischen Wachstumsindustrien gehört hatten (z. B. Elektrotechnik, Ma-

Schaubild 1: Der Abbau von Arbeitsplätzen in der Industrie
(Rückgang der Beschäftigtenzahl 1972 bis 1982 in 1000)

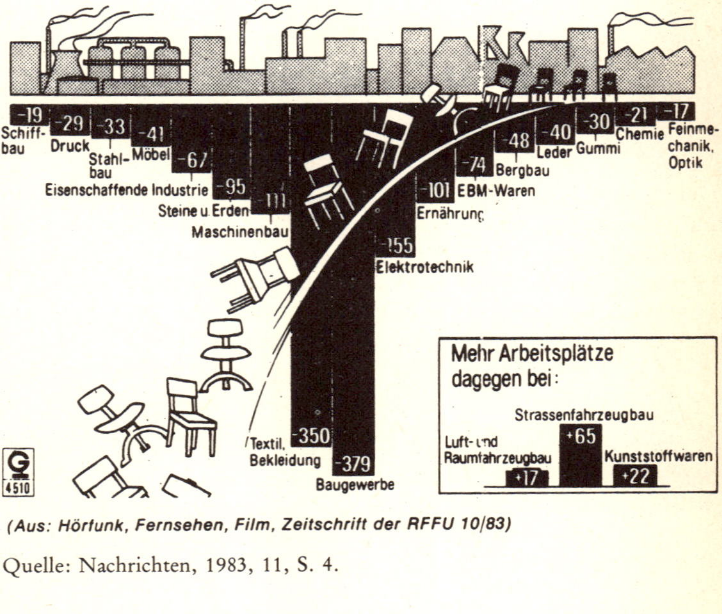

(Aus: Hörfunk, Fernsehen, Film, Zeitschrift der RFFU 10/83)

Quelle: Nachrichten, 1983, 11, S. 4.

schinenbau, Feinmechanik-Optik). Daß der Straßenfahrzeugbau bis zum Ende der 80er Jahre ebenfalls massiv durch Arbeitsplatzabbau betroffen sein wird, haben ökonomische Analysen der Branche und des Weltmarktes für Automobile schon seit geraumer Zeit prognostiziert (vgl. Düe/Hentrich, 1981).

Der Wandel der beruflichen Strukturen in den vergangenen beiden Jahrzehnten reflektiert die Veränderungen in der Produktions- und Beschäftigtenstruktur. Betrachtet man die Tätigkeitsschwerpunkte, so fällt die »Verlagerung vom ›Herstellen‹ zu ›Dienstleistungen-Erbringen‹ auf« (Stooß, 1980, S. 365): Die Dienstleistungsberufe haben proportional auf Kosten jener Tätigkeiten zugenommen, die unmittelbar auf die Produktion bezogen sind. Dabei hat sich der »Block der Büroberufe« zwischen 1961 und 1981 von 5,3 auf 7,3 Mio. vergrößert, darunter der Anteil der weiblichen Arbeitskräfte von 2,1 (= 39 %) auf 3,5 Mio. (= 48 %). (Jung, 1983, S. 59.) Besonders aufschlußreich ist in diesem Zusammenhang die von F. Stooß zusammengestellte Übersicht, aus der die Entwicklung der Erwerbstätigkeit nach Berufen (1970–1978) zu entnehmen ist (vgl. Übersicht 1). Die »klassischen Arbeiterberufe« (Bergleute, Dreher, Walzer, Gießer, Drucker, Textilarbeiter, Werkzeugmacher, Bauarbeiter u. a.) finden sich allesamt im Minus-Bereich; lediglich Keramiker und Maschineneinrichter haben neben Hilfsarbeitern einen Zuwachs zu verzeichnen.

An der Spitze der expandierenden Berufe stehen Funktionen, die nicht zur Arbeiterklasse gerechnet werden können – Unternehmer und Manager sind hier ebenso zu nennen wie Ärzte, Apotheker, Anwälte und andere sog. »freie Berufe«. Daneben finden sich in den Wachstumsbereichen zahlreiche Berufsgruppen, deren Angehörige meist den lohnabhängigen Mittelschichten zuzurechnen sind (Wissenschaftler, Richter, Publizisten, Chemiker, Physiker). So verdeutlicht diese Übersicht, daß sich die Schicht der wissenschaftlich-technischen Intelligenz in den 70er Jahren noch einmal kräftig erweitert hat. Freilich wird dabei auch die Rolle des Staates (genauer: der sozialliberalen Reformpolitik der frühen 70er Jahre) deutlich; denn immerhin finden sich Geistes- und Gesellschaftswissenschaftler, Erzieher und Lehrer sowie andere Sozialberufe in der Spitzengruppe der expandierenden Berufe. Schließlich kommt die Verlagerung vom »Herstellen« zum »Dienstleistungs-Erbringen« auch in den überdurchschnittlichen Wachstumsraten einiger typischer Berufsgruppen des sog. »tertiären Sektors« zum Ausdruck: MTA, Sprechstundenhelfer, Krankenschwestern, Datenverarbeitungsfachleute, Bürofachkräfte, Techniker, Bank- und Versicherungsfachleute.

Diese Angaben bestätigen nochmals – so H. Jung (1983, S. 59/60) –, »daß die Hauptprozesse der 70er Jahre in der Effektivierung des unmittelbaren Produktionsapparates, der wachsenden Bedeutung der vor- und nachgelagerten Bereiche und Funktionen, einer relativen Stabilität des Zirkulations-, Distributions- und Administrationsapparates (wobei immer die verstärkte Technisierung und Industrialisierung vieler dieser Bereiche zu beachten ist), dem immensen Bedeutungsgewinn der aus der Produktion herausgelösten Technikentwicklung (Projektieren etc.) und vor allem der Dienstleistungen (erfaßt in erster Linie als personenbezogene Arbeit) bestanden.
Letzteres ist eindeutig der quantitative Hauptprozeß. Dieser Prozeß kann jedoch nicht, sobald er näher aufgeschlüsselt wird, umstandslos als Weg zur Dienstleistungsgesellschaft interpretiert werden, da es sich vielfach entweder um neu entstehende Industrien neuen Typs, um Bestandteile der Realisierungsphase der materiellen Produktion u. ä. handelt«.

Die Arbeiterklasse ist weder verschwunden noch im Verschwinden begriffen. Gleichwohl hat sich ihr Profil entscheidend verändert. Bei der Analyse der gewerkschaftlichen Organisationsbedingungen ist schon deutlich geworden, daß sich die Gewerkschaften auf diese Veränderungen einstellen müssen und daß sie nach wie vor – im Bereich der Industrie wie des Dienstleistungssektors – vor der Aufgabe stehen, den »schwachen Punkt« der unterdurchschnittlichen Organisation der Angestellten auszugleichen. Aber auch für die politische Arbeiterbewegung ergeben sich daraus Konsequenzen, die tief in das historisch gewachsene Selbstverständnis einer proletarischen Klassenpartei eingreifen können. Der Kern der »alten«, industriellen Arbeiterklasse schrumpft. Einige ihrer Abteilungen, die oftmals in der Geschichte der Arbeiterbewegung eine politische »Avantgarde«-Rolle übernommen haben, sind tatsächlich »vom Aussterben« bedroht. Auf der anderen Seite stoßen neue Gruppen zur Arbeiterklasse hinzu, deren Erfahrungswelt nicht durch die industrielle Produktion, sondern durch die Büros und Warenhäuser, durch Ausbeutung und Rationalisierung bestimmt werden, die mit der Anwendung der elektronischen Datenverarbeitung verbunden sind, die als Staatsbedienstete den Widerspruch zwischen gesellschaftlicher Bedürfnisbefriedigung und der Unterordnung der Staatsfunktionen unter die Kapitalverwertungsbedingungen über ihre berufliche Praxis erfahren, die als hochqualifizierte Spezialisten und Techniker mit der Projektierung, Einführung und Anwendung der neuen Techniken beschäftigt sind.

Wenn sich eine Arbeiterpartei in ihrer Bindung an die Klasse, ihrer

Übersicht 1: Expansion, Stagnation und Schrumpfung der Bestände an Erwerbstätigen zwischen 1961–1970–1978 nach 120 Berufspositionen und Berufsbereichen – geordnet nach Grad und Richtung der Veränderung zwischen 1970 und 1978 (in %)

Grad und Richtung der Veränderung	I Gewinner von Naturprodukten und Mineralien	II Hersteller von Grundstoffen und Produktionsgütern	III Hersteller von Konsumgütern	IV Montage-, Wartungsberufe	Va Sachbezogene Dienstleistungen	Vb Personenbezogene Dienstleistungen	VI Dienstleistungskaufleute, Planungs-, Verwaltungsberufe	VII Sektorunabhängige Berufe
+ (%) + 50 + 40 + 30 + 20 Expandierende Berufe (ansteigendes Berufsgewicht) 1970-1978			Köche, Küchenhilfen (+11)	**Zahntechniker, Augenoptiker** (+26)	**Pförtner, Hausmeister** (+23) Reinigungsberufe (+16)	Geistes-, Gesellschaftswissenschaftler (+73) Erzieher, Sozialarbeiter (+72) Masseure, MTA Sprechstundenhelfer (+65) Lehrer (+50) Krankenschwestern, -pfleger (+48) Anwälte, Richter (+37) Publizisten, Bibliothekare (+29) Apotheker (+22) Ärzte, Zahnärzte (+15) Polizeibedienstete etc. (+15)	**Unternehmer, Manager** (+70) Datenverarbeitungsfachleute (+67) Chemiker, Physiker, Mathematiker (+23) Bürofachkräfte (+20) Technikerberufe (+20) Steuerberater (+13)	Hilfsarbeiter o. n. A. (+55) Maschineneinrichter (+35)
+ 10 0 – 10 Berufe mit etwa gleichbleibendem Berufsgewicht 1970-1978	**Gärtner, Gartengestalter, Floristen** (–3)	**Keramiker** (+8)	*Bäcker, Konditoren* (–9) **Drucker, Druckerhelfer** (–9)	**Mechaniker** (–2) **Montierer** (–7) **Elektroinstallateure** (–7) *Schlosser* (–8) **Installateure** (–9) **Werkzeugmacher** (–9) *Tischler* (–10)	Kraftfahrzeugführer (+9) **Fahrzeug-, Maschinenreiniger** (+4) Gastwirte, Hoteliers (+3) **Kellner, Stewards** (+3)	Sicherheitswahrer (+8) **Künstler, Artisten** (±0) *Seelsorger, Seelsorgerhelfer* (–2) **Friseure, Kosmetiker etc.** (–10)	Ltde. Verwaltungsfachleute (+9) Bank-, Versicherungsfachleute (+9) Industriewerkmeister (+4) Speditions-, Reisebürokaufleute (+3) **Werbefachleute** (±0) **Ingenieurberufe** (–3) **Einzelhandelskaufleute** (–3) **Vermieter, Makler** (–5) **Laboranten** (–10)	Kranführer, Baumaschinenführer (+2) **Energiemaschinisten** (±0) *Warenprüfer, Versandfertigmacher* (–8)
–20 –30 –40 – 50 – Schrumpfende Berufe (abnehmendes Berufsgewicht) 1970-1978	*Waldarbeiter, Förster* (–18) *Landwirte, Landarbeiter* (–21) *Tierzüchter, Tierpfleger* (–29) *Bergleute, Mineralgewinner* (–30) *Familieneigene Landarbeitskräfte* (–33)	**Schweißer, Löter etc.** (–20) **Dreher, Fräser etc.** (–24) **Chemiearbeiter** (–25) *Sägewerker etc.* (–27) *Galvaniseure* (–28) *Metallarbeiter* (–32) *Glasmacher, Glasbearbeiter* (–32) *Holzwarenmacher* (–34) **Metallverformer (spanlos)** (–35) **Kunststoffverarbeiter** (–40) *Steinbearbeiter, Baustoffhersteller* (–41) *Metallerzeuger, Walzer* (–42) *Former, Gießer* (–55)	**Fleischer** (–13) **Kürschner** (–19) *Brauer, Weinküfer* (–20) *Textilnäher* (–24) **Schriftsetzer etc.** (–20) *Textilausrüster* (–32) *Schuhmacher etc.* (–37) *Weber* (–42) **Papierhersteller** (–43) *Papierverarbeiter* (–43) *Schneider, Hutmacher* (–43) *Gerber* (–47) *Maschenwarenfertiger* (–48) *Molkereifachleute* (–50) *Spuler, Zwirner, Spinner* (–52)	*Stukkateure, Fliesenleger* (–13) **Zimmerer, Dachdecker** (–14) **Elektromechaniker** (–16) *Maler, Lackierer* (–16) *Maurer, Betonbauer* (–18) **Raumausstatter** (–20) *Schmiede, Behälterbauer* (–41) *Straßenbauer, Tiefbauer* (–42) *Bauhilfsarbeiter* (–49) *Stellmacher, Böttcher* (–60)	*Schienenfahrzeugführer, Schaffner* (–11) *Postverteiler, Telefonisten* (–13) *Wasserverkehrsberufe* (–14) *Stauer, Transportgerätefahrer* (–16) *Hauswirtschaftliche Berufe* (–26) *Textilreiniger* (–31)	**Innenarchitekten, Fotografen** (–22)	*Schreibkräfte* (–12) **Techn. Zeichner** (–15) *Handelsvertreter, Reisende* (–20) *Rechnungskaufleute* (–20)	*Lagerverwalter, Lagerarbeiter* (–16) *Heizer* (–24) *Mithelfende Familienangehörige* (–68)

Beruf mit stetig zunehmendem Bestand (1961-1978);
Beruf mit stetig abnehmendem Bestand (1961-1978);

nach Stagnation/Rückgang 1961/1970 seit 1970 expandierend!
nach Expansion 1961/1970 jetzt schrumpfend/stagnierend!

Quelle: Stooß, 1980, S. 370.

Politik, vor allem auch in ihrer politischen Kultur nicht an jenen Wandel anzupassen vermag, so steht sie in der Gefahr, selbst als politische Organisation in jenen Schrumpfungsprozeß einbezogen zu werden, der große Teile der traditionellen Industriearbeiterschaft erfaßt hat und der sich in der Zukunft fortsetzen wird. Es mag eine bittere Erkenntnis sein – aber der Schriftsetzer oder der Stahlarbeiter von Hoesch-Dortmund ist heute nicht mehr der typische Repräsentant seiner Klasse. Natürlich kann diese Erkenntnis nicht bedeuten, daß die Interessen, Forderungen und Kämpfe dieser Fraktionen der Arbeiterklasse deshalb abgewertet oder gar als »Nachhutgefechte« mit vorwiegend ständischem Charakter disqualifiziert werden. Gleichwohl kann das große historische Projekt einer Mobilisierung der Klasse für Kämpfe um gesellschaftliche Strukturveränderungen, der Entwicklung und Aneignung von Klassenbewußtsein in der Arbeiterklasse nur dann realisiert werden, wenn die Übersetzung von sozialen und politischen Problemen in »Klassenfragen« (und in die Perspektive einer Klassenpolitik) auch die Erfahrungen derjenigen Abteilungen der Arbeiterklasse aufgreift, die durch die Ausweitung der Lohnarbeit im tertiären Sektor, durch die Erweiterung des staatlichen Eingriffs in den gesellschaftlichen Reproduktionsprozeß und schließlich durch die grundlegenden Veränderungen der Arbeitsbedingungen durch die »neuen Techniken« geprägt sind.[5]

Neueren Untersuchungen über die Verbreitung »programmgesteuerter Arbeitsmittel« zufolge arbeitet ». . . heute jeder fünfte Erwerbstätige (rund 4,7 Mio. Personen) mit (diesen) Arbeitsmitteln entweder als den von ihm hauptsächlich verwendeten oder als einem Arbeitsmittel unter anderen . . . ; weitaus mehr Arbeiter und Angestellte kommen also in ihrer Arbeit aktiv mit neuen Technologien in Berührung als jene knapp 6 % der Erwerbstätigen (1,3 Mio. Personen), deren Arbeit sie unmittelbar prägen. Die weiteste Verbreitung haben ›moderne Büromittel‹ und Computer/EDV-Anlagen, Terminals und Bildschirme gefunden, an denen hauptsächlich Angestellte arbeiten, also überwiegend kleinere und weniger aufwendige Geräte zur Büro- und Verwaltungsrationalisierung. An computer-gesteuerten Maschinen und verfahrenstechnischen Großanlagen arbeiten rund 430000 Beschäftigte unmittelbar, davon waren mehr als die Hälfte Arbeiter« (Leisewitz, 1983, S. 102).

Die Wirkungen der Krise seit der Mitte der 70er Jahre überlagern jedoch diese Differenzierungsprozesse in der Arbeiterklasse – und sie fügen neue Formen der Segmentierung bzw. der Fraktionierung von Klassenerfahrung hinzu. Im zweiten Kapitel wurde schon darauf aufmerksam gemacht, daß die Krise die Konkurrenz zwischen den Lohnabhängigen – vermittelt über den Druck der Reservearmee der Arbeitslosen – verstärkt. Aber auch die Verarbeitung dieses Konkurrenzdruckes vollzieht sich über spezifische Gruppen-Erfahrungen. Facharbeiter erleben und deuten ihre soziale Lage und deren Perspektiven meist anders als ungelernte Arbeiter. Beschäftigte im öffentlichen Dienst reagieren anders als die Beschäftigten in der Privatwirtschaft. Ausländer, Frauen, Jugendliche, Behinderte und Kranke machen wiederum ganz spezifische Erfahrungen sozialer Diskriminierung. Der Tatbestand einer segmentierten Erfahrung und Deutung der Klassenlage ist nicht neu. Allerdings führt er gegenwärtig zu der Frage, ob diese Segmentierung inzwischen einen Grad erreicht hat, der eine einheitliche Krisen- und Klassenerfahrung unmöglich werden läßt und der daher zunehmend den Anspruch der gewerkschaftlichen Politik unterminiert, daß sie die Interessen und Forderungen aller Lohnabhängigen vertrete. Einige dieser Differenzierungsprozesse will ich zum Schluß dieses Abschnittes behandeln:

– Die Krise und die Rationalisierungsprozesse haben inzwischen auch das Sicherheits- und Selbstbewußtsein derjenigen Gruppen der Arbeiterklasse erschüttert, die in den vergangenen Jahrzehnten stark expandierten und die in der ersten Phase der Krise (etwa bis zum Ende der 70er Jahre) noch glauben konnten, daß ihr Arbeitsplatz relativ krisensicher bleiben würde. Daß diese Erfahrungen auch konservative Einstellungen aktivierten, wurde bereits im zweiten Kapitel bei der Analyse der Wahlergebnisse vom 6. März 1983 erwähnt (vgl. w. o. S. 49 ff.). Besonders die Beschäftigten des öffentlichen Dienstes sehen sich neuen Formen des sozialen Druckes und der ideologischen Disziplinierung ausgesetzt. Auf der einen Seite werden sie beständig mit der Forderung konfrontiert, daß sie aufgrund ihrer »privilegierten« beruflichen Position (Arbeitsplatzsicherheit) zu »Sonderopfern«, z. B. zu Lohnverzicht, bereit sein müssen. Auf der anderen Seite wirken der massive Abbau der Beschäftigung in einigen Bereichen (Bahn, Post) sowie die Beschränkung des Zugangs zum öffentlichen Dienst (Stellenstopp, Lehrerarbeitslosigkeit) und schließlich auch die politisch-repressive Kontrolle (Berufsverbote, Disziplinarverfahren) als Instrumente der Entsolidarisierung und der Einschüchterung. Daß in den Gewerkschaften des öffentlichen Dienstes schon seit der Mitte der 70er Jahre Positionen einer progressiven Gewerkschaftspolitik schwächer geworden sind, muß auch als eine gleichsam spontane Reaktion auf diesen Druck begriffen werden, in der sich das »normale« Bewußtsein großer Teile der Beschäftigten des öffentlichen Dienstes abbildet.

– Neuere Untersuchungen zur Entwicklung des Arbeitsmarktes haben eine zunehmende Tendenz zur Spaltung der Beschäftigten in Kern- und Randbelegschaften nachgewiesen. Dabei handelt es sich letztlich auch um die Wirkungen einer Kapitalstrategie, die den Fluktuationen der Konjunktur und den Anforderungen der Rationalisierung mit einem Flexibilisierungskonzept begegnen, das die spezialisierten Facharbeiter im Betrieb hält (diese z. T. sogar »hortet«), zugleich jedoch angelernte und ungelernte Arbeitskräfte nach der Maxime »heuern und feuern« behandelt, um auf diese Weise – z. B. auch durch die Nutzung der sog. »Leiharbeit« (vgl. Debus, 1982) – die Gesamtkosten für Personalaufwand erheblich zu senken. Das hat zur Folge, »daß der Kern der gewerkschaftlichen Mitgliedschaft in den Industriegewerkschaften, die Facharbeiterschaft, eher geschützt wird, während die unteren Arbeiterschichten, deren Organisationsgrad auch in den 70er Jahren noch niedrig ist, in die Randbelegschaften oder in die Arbeitslosigkeit abgedrängt werden« (Hoffmann, J., 1981, S. 430). Jürgen Hoffmann spricht in diesem Zusammenhang von der Gefahr einer »Amerikanisierung« der Gewerkschaften (»business unions«, die nur eine Klientel vertreten), wenn durch die Gewerkschaftspolitik keine kollektive Handlungsperspektive vorgegeben wird, die die Interessen der Facharbeiter und der an- und ungelernten Arbeiter vertritt (ebd. S. 432).

– In allen hochentwickelten kapitalistischen Gesellschaften hat sich unter dem Einfluß der Krise und der wissenschaftlich-technischen Revolution die Marginalisierung eines wachsenden Teils der Arbeiterklasse verstärkt. Der italienische Gewerkschafter B. Trentin sieht darin eine neue Erscheinung von sozialer Deklassierung und Verelendung im Spätkapitalismus, die ihrerseits auch für die Gewerkschafts- und Arbeiterbewegung neue Fragen und Widersprüche hervorbringt. »In allen industrialisierten Ländern, aber vor allem in denen, die in jüngster Zeit von der Expansion des kapitalistischen Produktionssystems auf weltweiter Ebene berührt worden sind, wächst eine fluktuierende Arbeitermasse heran. Die Arbeiter sind entweder arbeitslos, unterbeschäftigt, ungeschützt beschäftigt, teilzeitbeschäftigt, Saison- oder Heimarbeiter. Eingebunden in die verschiedenen Formen der staatlichen Versorgungs- und Arbeitslosenunterstützung bis hin zur Erweiterung der unproduktiven Beschäftigung, bildet diese fluktuierende Masse von versorgten arbeitslosen und unterbeschäftigten Arbeitern nicht mehr das permanente Heer von Reservearbeitern wie am Anfang des Jahrhunderts und ist auch nicht mehr das Heer der ›total‹ Arbeitslosen wie in den fünfziger Jahren« (Trentin, 1980, S. 214/15). Einen beträchtlichen Teil dieser marginalisierten Teile der Arbeiterklasse bilden Ausländer. Obwohl die ausländischen Arbeiter in der Industrie meist eine hohe gewerkschaftliche Organisationsbereitschaft zeigen, spielen sie politisch in den Organisationen nur eine marginale Rolle. Darin zeigt sich einmal, daß die ausländischen Kolleginnen und Kollegen in den Gewerkschaften eher als eine »Randgruppe« behandelt werden, für die quasisozialpolitische und karitative Verpflichtungen bestehen, die aber oftmals nicht als Subjekte autonomer politischer Artikulation und Gestaltung in der Organisation anerkannt werden. Hier werden die Ausländer auch immer wieder mit Formen der Ausländerfeindlichkeit und des Rassismus in der Organisation konfrontiert. Zum anderen verstärken jedoch sozial-kulturelle Integrationsschranken (Ghettoisierung, Religion, ethnische Abkapselung) diese Tendenzen – und schließlich darf dabei nicht übersehen werden, daß das Ausländerrecht und seine konkrete Handhabung den Ausländern immer wieder Schranken für gewerkschaftliches und politisches Engagement setzen.

– Zu den marginalisierten Teilen der Arbeiterklasse gehören aber auch diejenigen Deutschen, die durch die Krise und die Rationalisierungsprozesse dauerhaft aus dem Arbeitsprozeß ausgegrenzt werden und in einen Gegensatz zum System der produktiven Arbeit, dem die Gewerkschaften und die »alte« Arbeiterbewegung insgesamt zugerechnet werden, geraten. Vor allem bei den Jugendlichen, die überhaupt keine Chance mehr haben, einen Arbeitsplatz zu bekommen, haben in den letzten Jahren militante neofaschistische Gruppierungen Rekrutierungserfolge verbuchen können. Der Ausländerhaß – gesteigert bis zur Bereitschaft der Gewaltkriminalität – erscheint dabei als ein Ventil, um die Erfahrung der eigenen Ohnmacht und der sozialen Deklassierung in neuen Formen eines »rebellischen Aufbegehrens« auszudrücken, in denen der »schwächere Gegner« zum Objekt wird. Die neofaschistische Gruppe formuliert hier nicht nur das Angebot, diesen Haß zielgerichtet auszudrücken und zu praktizieren. Sie bietet den Jugendlichen auch die Möglichkeit, ihre Identitätskrise durch neue Ideale und Symbole (wie Männlichkeit, Kameradschaft, Verehrung der Führer, der Nation Deutschland usw.) aufzulösen (vgl. Steil, 1984, S. 170 ff.).

Die gewerkschaftliche Jugendarbeit ist in den vergangenen Jahren massiv durch diese Prozesse der Marginalisierung, aber auch durch den Einstellungswandel zur produktiven Arbeit – zumal unter Jugendlichen – betroffen. Einige sprechen von einer Krise der gewerkschaftlichen Jugendarbeit und wollen dabei sowohl die sinkende gewerkschaftliche Organisationsquote im Jugendbereich, die nachlassende gewerkschaftspolitische Aktivität als auch die Diskrepanz zwischen dem gewerkschaftlichen Selbstverständnis und den nicht an der Arbeit orientierten Wertvorstellungen (etwa im Bereich der gewerkschaftlichen Jugendbildungsarbeit) als Beweis ins Feld führen. Solche Argumentationen treffen freilich nur einen Teil der Realität; und sie sperren sich zuweilen gegen die Tatsache, daß z. B. 1982 immerhin 91,3 % der Jugendlichen unter 20 Jahren nicht arbeitslos wurden (natürlich ist diese Zahl irreal erhöht!). Die überdurchschnittliche Arbeitslosenquote unter Jugendlichen, der Kampf um die besseren Zensuren in der Schule und dann um die Lehrstellen, die Bereitschaft zur Anpassung an »Herrenverhältnisse« im Betrieb, das Ducken, die Angst vor der Entlassung – all das sind mächtige Hebel der Disziplinierung, die auch darauf hinwirken, daß sich die Jugendlichen möglichst von der Gewerkschaft fernhalten sollen.

Die These von der »Wertrevolution« im Bewußtsein und Verhalten von Jugendlichen, die angeblich die Arbeits- und Leistungsgesellschaft nicht mehr als positiven Wertmaßstab akzeptieren (vgl. dazu w. u. S. 227 ff.), hat – wie mir scheint – auch unter dem Einfluß der Ökologie- und Alternativbewegung ihre Befunde vorschnell verallgemeinert. So wichtig es ist, daß sich die Gewerkschaften in ihrer Alltagspraxis und Programmatik nicht als Gegner der Alternativbewegung definieren und dabei bei vielen jungen Menschen das Vorurteil vom eiskalten Machtapparat, der gemäß der Logik des Industriesystems funktioniert, abbauen, so unsinnig und gefährlich wäre es andererseits, die gewerkschaftliche Jugend- und Jugendbildungsarbeit an der Maxime vom »Ende der Arbeitsgesellschaft« auszurichten, alternative Netzwerkprojekte und Genossenschaften als die einzigen vorbildlichen Formen zu propagieren, in denen nicht nur ökonomische Ausbeutung, sondern auch Marktabhängigkeit, Entfremdung, Zerstörung der Subjekte, autoritäre Herrschaftsformen und viele andere Zwänge mehr aufgehoben sind. Solche Projekte verdienen die Aufmerksamkeit und Förderung eines jeden fortschrittlichen Gewerkschafters; denn in ihnen werden unter den Bedingungen der kapitalistischen Krise, der Umwelt- und Naturzerstörung und der psychischen Unterdrückung der Menschen Überlebens-Strategien praktiziert, die zugleich das Bewußtsein wie die sinnliche Erfahrung der Beteiligten positiv erweitern, Resignation und Apathie in ein kämpferisches Leistungs- und Selbstbewußtsein verwandeln können, das die Arbeit im »Projekt« auch als ein Element des allgemeinen antikapitalistischen und antiimperialistischen Kampfes begreift. Gleichwohl muß diese alternative Praxis scheitern, wenn sie sich zum »Modell« für gesamtgesellschaftliche oder gar weltwirtschaftliche Organisationsformen des Produktions- und Reproduktionsprozesses aufspreizt und sich selbst noch als Alternative zu den Organisations- und Kampfformen der Arbeiterbewegung definiert.

Ich muß darauf verzichten, die Erfahrungen und Bewußtseinsprozesse aller Schichten bzw. Fraktionen der Lohnabhängigen (die sich übrigens, wie die vorangehende Darstellung schon gezeigt hat, vielfältig überschneiden) und damit auch deren besondere Erwartungen und Ansprüche an die Gewerkschaftspolitik aufzuzählen (zu Ausländern und Jugendlichen vgl. auch Bischoff u. a., 1982, S. 92 ff.). Gleichwohl kann die Diskussion dieser Problematik nicht abgeschlossen werden, ohne auf die Frauen in den Gewerkschaften und auf die gewerkschaftliche Frauenpolitik einzugehen. Sie gelten immer noch als eine sog. »Problemgruppe« – zunächst hinsichtlich des Arbeitsmarktes: Im Oktober 1982 lag die Arbeitslosenquote bei 9,3 % (Männer 6,9 %, SVR 1982/83, S. 57; SOST, 1983, S. 167 ff.). Zwischen 1976 und 1980 war diese Differenz noch größer. Darüber hinaus gelten die weiblichen Lohnabhängigen nach wie vor als eine »Problemgruppe« für die gewerkschaftliche Organisierung. »Trotz der enormen Zunahme weiblicher Lohnabhängiger von 4 Mio. auf über 7 Mio. 1969 blieb die Zahl der weiblichen Gewerkschaftsmitglieder knapp unter 1 Mio. Anders ausgedrückt: der gewerkschaftliche Organisationsgrad der Frauen sank von 21,7 % (1951) auf 13,2 % (1969). Erst 1970 setzte eine Wende ein: der Organisationsgrad der Frauen stieg bis 1977 auf 17,3 %; er liegt damit aber immer noch unter dem Durchschnitt« (Breum u. a., 1981, S. 17). Für 1981 wurden ca. 8,9 Mio. weibliche Lohnabhängige angegeben, davon waren 1,65 Mio. organisiert. Ihre Organisationsquote hat sich also noch einmal leicht auf 18,5 % erhöht.

Hinter diesen Durchschnittswerten verbergen sich freilich beträchtliche Abweichungen und Konzentrationsvorgänge. 1982 waren 21 % der Mitglieder der DGB-Gewerkschaften Frauen. Der höchste Frauenanteil findet sich bei der Gewerkschaft Textil/Bekleidung mit 58 %. Sie gehört, wie wir gesehen haben, zu den traditionellen, schrumpfenden Gewerkschaften. Der Anteil der Frauen in diesen Produktionszweigen war schon immer sehr hoch – noch in den 60er Jahren betrug er in der Bekleidungsindustrie über 80 %. Auch im Bereich der Gewerkschaft NGG besteht ein hoher Frauenanteil unter den Beschäftigten. Weit über dem Durchschnitt liegen noch die Gewerkschaft HBV (56 %), die GEW (51 %), die DPG (29,4 %) und die Gewerkschaft ÖTV (28 %). Hier kommt also die »Feminisierung« der modernen Dienstleistungs- und Büroberufe zum Ausdruck. Schließlich kann auch die IGM – als Industriegewerkschaft – ein gutes Ergebnis vorweisen. In ihr sind knapp 370000 Frauen, soviel wie in keiner anderen Gewerkschaft, organisiert. Allerdings beträgt ihr Anteil an der Gesamtmitgliedschaft nur 14,3 % (nach: Nachrichten, 1983.7, S. 20).

Schon diese quantitativen Daten lenken unsere Aufmerksamkeit auf einige besondere Probleme der gewerkschaftlichen Frauenarbeit. Zwischen der gesellschaftlichen Diskriminierung und Abhängigkeit der Frauen und ihrem Organisationsverhalten bestehen vielfältige Zusammenhänge. Die Frauen sind traditionell die fluktuierende Reserve des Arbeitsmarktes (Bajohr, 1979). Sie sind aufgrund ihrer geringeren Ausbildung sowie aufgrund ihrer höheren beruflichen Mobilität, die ihrer Rolle als Mutter, Haus- und Ehefrau entspringt, von vornherein dazu bestimmt, in ihrer überwiegenden Zahl die unqualifizierten Arbeitsplätze in der Industrie und im Dienstleistungssektor einzunehmen. Auch die Mehrzahl der Teilzeit- und Heimarbeit-Arbeitsplätze wird mit Frauen besetzt. Aufgrund der weiblichen Sozialisation, die nicht in erster Linie auf die Berufstätigkeit (als der typisch männlichen Rolle), sondern auf den privaten Reproduktionsbereich der Familie zugerichtet ist, betrachten viele Frauen die Berufstätigkeit als Übergangsphase oder als notwendigen Zu-Verdienst. Sie sind daher auch eher subjektiv disponiert, den Druck der ökonomischen Machtverhältnisse (»Reservearmee«) als auch den Druck der ideologisch-patriarchalischen Machtverhältnisse, der sich im Verhalten der Ehemänner, der Kollegen im Betrieb, aber auch in den Forderungen konservativer Kräfte (»Frauen zurück zu Heim und Herd«) konkretisiert, passiv zu erdulden und dabei noch ein schlechtes Gewissen zu haben, daß sie aufgrund ihrer Doppelbelastung keiner Aufgabe voll gerecht werden (Nauhaus, 1979, bes. S. 79 ff.).

Diese »Weiblichkeitsideologie«, die die gesellschaftliche Diskriminierung zur Grundlage hat, bildet mithin eine der Barrieren für die gewerkschaftliche Organisierung von Frauen. Gewerkschaftliche Solidarität und Gegenwehr erscheinen oftmals als Männerangelegenheiten – und nicht selten bestätigt der Gewerkschaftsapparat selbst solche Ideologien, indem er sich von der Spitze her als Bund harter Männer präsentiert, der zwar auch für die sozialen Rechte der »Arbeitnehmerinnen« (z. B. bei der Aufhebung der unteren Lohngruppen in Tarifverträgen oder bei der Verwirklichung des Grundsatzes »gleicher Lohn für gleiche Arbeit«) eintritt, ihnen aber sonst kaum eigenständige politische Entwicklungsmöglichkeiten in der Organisation einräumt. Diese kritischen Bemerkungen treffen allerdings nur einen Teil der gewerkschaftspolitischen Realität. Die DGB-Gewerkschaften haben – bei Berücksichtigung der Fluktuationsraten, die nach Streeck auch bei den expandierenden Gewerkschaften bis 1975 jährlich zwischen 15 und 20 % betragen haben (Streeck, 1981, S. 275 ff. u. S. 490) – mindestens 1 Mio. lohnabhängiger Frauen neu organisiert. Dieser Erfolg ist nicht nur ein

Ergebnis verbesserter Methoden der Mitgliederwerbung. Vielmehr spiegelt sich darin auch eine neue Form des Selbstbewußtseins von Frauen, die aktiv in die betriebliche und gewerkschaftliche Arbeit eintreten. Ihre Teilnahme an gewerkschaftlichen Kämpfen (dabei vor allem auch der exemplarische Kampf der »Heinze-Frauen« um »gleichen Lohn für gleiche Arbeit«), die Mitarbeit in Betriebsräten, Vertrauenskörpern und gewerkschaftlichen Gremien, die Aktivierung der Frauenausschüsse in den DGB-Kreisen und Verwaltungsstellen, Erfahrungen in der Bildungs- und Kulturarbeit usw. usf. – alles Elemente und Stufen eines Lernprozesses, in dem sich eine wachsende Zahl – vor allem jüngerer – Frauen von den niederdrückenden Wirkungen der Weiblichkeitsideologie befreite, dabei aber zugleich die neue Kraft einer weiblichen Solidarität erfahren konnte.

Diese »Aufbruchsstimmung« der 70er Jahre blieb keineswegs auf den gewerkschaftlichen Bereich beschränkt. Im Gegenteil – die gewerkschaftliche Arbeit stand und steht in einer engen Wechselbeziehung mit dem Engagement von Frauen in Bürgerinitiativen und vor allem in der Frauenbewegung. Beruf, Familie, Politik und Kultur – anders: Arbeit, emotionale Bedürfnisse, Subjektivität und kollektives Handeln werden als Zusammenhang begriffen; denn es ist ja gerade die Aufspaltung dieser Lebensbereiche, die nicht nur den Blick und das Bewußtsein »für das Ganze« blockiert, sondern die zugleich das Grundmuster der verschiedenen subalternen Rollen reproduziert, das den kapitalistisch und patriarchalisch beherrschten »weiblichen Lebenszusammenhang« ausmacht. Die Gewerkschafterin Gisela Kessler hat diese neuen Erfahrungen und Triebkräfte sehr gut beschrieben: »Jeder, der will, kann sehen und spüren, wieviele selbstbewußte Frauen-Persönlichkeiten sich gerade in den Klassenauseinandersetzungen entwickelt haben. Kolleginnen, die nicht nur in den Betrieben und Gewerkschaften kämpfen gelernt haben, Ängste überwunden haben, sondern auch in ihren Partnerschaftsbeziehungen und Familien anders auftreten als früher. Bewußtsein und Persönlichkeit entwickeln sich nicht vorwiegend in unverbindlichen Diskussionszirkeln, so unbestritten notwendig die gemeinsame Aufarbeitung unserer persönlichen Probleme und des politischen Zugangs dazu ist. Es ist eine Binsenwahrheit, daß auch noch so weit entwickeltes Bewußtsein allein noch keine anderen, besseren Verhältnisse schafft. Deshalb: Bewußtsein und Persönlichkeit entwickeln sich nach unseren Erfahrungen vorwiegend im Kampf, in der Auseinandersetzung, in der Verbindung von Erkenntnissen und gemeinsamem Handeln« (IMSF, Wir wollen alles, 1983, S. 32).

Daß heute viele Gewerkschafterinnen die letzte Strophe des alten

Liedes amerikanischer Arbeiterinnen »Her mit dem ganzen Leben: Brot und Rosen!« neu aneignen und leben, muß auch für die innergewerkschaftlichen Verkehrsformen, Rituale und Willensbildungsprozesse Folgen haben. In dieser Forderung verbindet sich die Bereitschaft zum notwendigen Tageskampf mit dem Wissen, daß letztlich Ökonomie, Politik und Kultur nicht getrennt werden können, daß in den Tageskämpfen die Perspektive einer befreienden Veränderung von gesellschaftlichen und persönlichen Herrschaftsverhältnissen als Produktivkraft zu wirken vermag – und: daß auch in den Organisationen der Arbeiterbewegung selbst die patriarchalischen Verhältnisse kritisiert und in Frage gestellt werden müssen. Einige Frauenkonferenzen von Einzelgewerkschaften haben in der jüngsten Zeit dieses entwickelte Selbstbewußtsein der Kolleginnen angedeutet. Dabei geht es nicht um eine Absonderung der »Frauenfrage« von den allgemeinen gewerkschaftlichen Kampfaufgaben; denn die weiblichen Lohnabhängigen sind durch Arbeitslosigkeit, Rationalisierung, Sozialabbau und Hochrüstungspolitik nicht weniger, sondern eher noch mehr betroffen als ihre männlichen Kollegen.

Ich habe in diesem Abschnitt im wesentlichen drei Problemkreise diskutiert, die die Entwicklung der Arbeiterklasse im gegenwärtigen Kapitalismus sowie deren Bedeutung für die Organisations- und Kampfbedingungen der Arbeiterbewegung umschließen. Zuerst habe ich mich kritisch mit denjenigen Positionen auseinandergesetzt, die die »Krise des Marxismus« mit dem Festhalten an der vorgeblich traditionellen Logik des Klassenkampfes identifizieren und die zugleich mit den »neuen sozialen Bewegungen« die Träger/Subjekte einer neuen, universalistischen Logik der Emanzipation und der politischen Kultur entdeckt haben wollen. In einem zweiten Schritt bin ich den sozialen Strukturveränderungen in der Arbeiterklasse nachgegangen, die durch die Produktivkraftentwicklung, durch sektorale Veränderungen im Prozeß der gesellschaftlichen Produktion und Reproduktion, durch die Umverteilung der Arbeit aus dem Kernbereich der materiellen Produktion in die Zirkulations- und Distributionssphäre u. v. a. m. hervorgebracht werden. Im Zuge dieses Wandels verändert sich das »Profil der Klasse«, damit die Organisationsbedingungen der Gewerkschaften. Zugleich gewinnt mit der Freisetzung von Arbeitskraft durch die wissenschaftlich-technische Revolution der Inhalt gewerkschaftlicher Kämpfe (Kontrolle der Arbeitsbedingungen und der technischen Entwicklung, Arbeitszeitverkürzung) qualitativ neue Elemente. Schließlich habe ich mich mit der Frage beschäftigt, welche besonderen Interessen und Forderungen von Gruppen bzw. »Fraktionen« der Arbeiterklasse in der Folge dieses Wandels und der Auswirkungen der Krisenprozesse in den Gewerkschaften selbst zum Gegenstand von Lern- und Bewußtseinsprozessen, aber auch zum Medium für die Verfestigung ständisch-korporativer und damit konservativer Denk- und Verhaltensmuster werden können.

Die Aufspaltung der sozialen Erfahrung in der Klasse – d. h. auch die wachsende Differenzierung der Beziehung zur Arbeit und der Lebensbedingungen – wird oftmals als eine der Ursachen der Krise in den Beziehungen zwischen den Organisationen der sozialistischen und kommunistischen Arbeiterbewegung auf der einen und der Arbeiterklasse auf der anderen Seite genannt. M. Boni zitiert aus der italienischen Diskussion den folgenden Beitrag: »Die Gewerkschaft befindet sich heute vor Veränderungen auf allen Ebenen, die ein radikales Umdenken in ihrer Politik, hinsichtlich der sozialen Subjekte, auf die sie sich bezieht, der Verhandlungsstrukturen und der Organisationsformen verlangt . . . Aber sie hat noch nicht die Kraft und die Fähigkeit gefunden, diese Wende zu vollziehen, und sie steht im Begriff, auch hinsichtlich der Vertretungsstruktur die Aufspaltung der sozialen Realität zu erfahren« (Boni, 1983, S. 73). Immer wieder werden in der neueren sozialwissenschaftlichen Diskussion vier Aspekte hervorgehoben, in denen sich diese Defensiv- bzw. Rückzugspositionen der Gewerkschaften (in allen hochentwickelten kapitalistischen Ländern) konkretisieren:

1. Der gewerkschaftliche Mitgliederbestand wird durch das »Schrumpfen« der lohnabhängigen Arbeit in den »alten« Produktionssektoren ausgezehrt.
2. Nur selten gelingt es den Gewerkschaften, diese Verluste an Mitgliedern und Organisationsmacht durch die Eroberung der »neuen« Wachstumsbereiche (von technologisch fortgeschrittendsten »Schlüsselindustrien« bis hin zum »Dienstleistungssektor«) zu kompensieren.
3. Da die Gewerkschaften die »Ethik« des Wachstums und der »Befreiung in der Arbeit« (sei es nun durch »Humanisierung« und Mitbestimmung oder – in einer radikaleren Version – durch die sozialistische Perspektive der rationellen, gesellschaftlichen Neu-Organisation des Arbeitsprozesses) repräsentieren, entfremden sie sich mehr und mehr von der (arbeitenden wie nichtarbeitenden) Jugend, deren Wertvorstellungen nicht durch das System der Arbeit, sondern durch Bedürfnisse »jenseits der Arbeitsgesellschaft« bestimmt werden.
4. Die Gewerkschaften neigen zu einer eher konservativen Abgrenzungsstrategie gegenüber den »neuen sozialen Bewegungen«, da sie mit ihrer Fixierung auf Wachstum und Technik, Arbeit und Lohn, sowie auf den Staat jene Bewegungen nicht mehr zu begreifen vermögen (oder

gar als Gegner wahrnehmen), deren soziale und politische Forderungen nicht aus der Erfahrung der kapitalistischen Ökonomie, des Klassengegensatzes von Lohnarbeit und Kapital sowie der Arbeitswelt abgeleitet sind.

Ich habe schon nachgewiesen, daß solche Bewertungen vielfach von Prämissen einer Gesellschaftsanalyse ausgehen, die mehr oder weniger idealistisch wesentliche Bestimmungen des Ensembles der materiell-gesellschaftlichen Verhältnisse im Spätkapitalismus negieren. Dennoch beschreibt dieser Defizit-Katalog doch auch tatsächliche Probleme und Widersprüche der Gewerkschaftspolitik in der Gegenwart, mehr noch: in den kommenden Jahren. Die Gewerkschaften sind dabei zunächst mit einer Anforderung konfrontiert, die keineswegs neu ist: Das Verhältnis von partikularer (auf die Interessen von Gruppen und Fraktionen der Arbeiterklasse sowie auf die betriebliche Realität bezogener) und allgemeiner (auf die Interessen aller Lohnabhängigen bezogener) Interessenvertretung jeweils neu – theoretisch und praktisch – zu bestimmen. W. Streeck hat gegen jene Kritiker, die aufgrund der Arbeitsmarktsegmentierung den Zerfall einer einheitlichen Interessenvertretung behaupten und (etwa nach italienischem Vorbild) das Modell einer radikalisierten Betriebspolitik propagieren, mit Recht die Leistungen der »deutschen Einheitsgewerkschaften bei der solidarischen Vereinheitlichung von Interessen« hervorgehoben (Streeck, 1981a, S. 355). Freilich beschränken sich diese Leistungen nicht auf den Bereich der Tarifpolitik und der betrieblichen Interessenvertretung. Die (im Vergleich zu anderen Ländern) starke Zentralisierung unserer Gewerkschaften, die oftmals nur als Gefahr der Bürokratisierung behandelt wird, bildet so auch die Chance, gerade in der Gegenwart vereinheitlichende gewerkschafts- und gesellschaftspolitische Strategien zu entwickeln, in denen sich einerseits allgemeine Lebens- und Reproduktionsinteressen der Lohnabhängigen artikulieren, andererseits soziale und politische Auseinandersetzungen eröffnet werden, in denen Grundfragen der Machtverhältnisse und Alternativen zu diesen Verhältnissen ins Zentrum treten. Die Auseinandersetzung um die 35-Stunden-Woche muß daher ebenso wie das gewerkschaftliche Engagement für Frieden und Abrüstung als eine politische Orientierung begriffen werden, deren Funktion auch darin besteht, der Aufspaltung der sozialen Erfahrung in der Klasse selbst entgegenzuwirken.

Darüber hinaus wird die Gewerkschaftsbewegung diese Defizite nur bearbeiten können, wenn sie sich aus der Vorstellung der Trennung oder der »Arbeitsteilung« von ökonomischen und politischen, von sozialen und kulturellen Aufgaben der Arbeiterbewegung löst. Insofern ist die Alternative zwischen sog. »materialistischen« und »postmaterialistischen« Wertorientierungen falsch gestellt. Arno Klönne bemerkt zutreffend: »Eine Gewerkschaft, die sich auf dem Boden ›postmaterialistischer‹ oder ›postindustrieller‹ Werte stellt, hätte rasch den Boden unter ihren Füßen verloren« (Klönne, 1982, S. 200). Viele Gewerkschaftsmitglieder verknüpfen schon heute die Frage nach der Qualität der gewerkschaftlichen Tarif- und Betriebspolitik mit der Frage nach der Qualität von Herrschaftsverhältnissen, die sich über Rationalisierung und neue Technologien, über Arbeitsintensivierung und Arbeitslosigkeit vermitteln sowie nach der Qualität einer Lebensweise, die befreit werden muß von den scheinbar naturwüchsigen Zwängen des entfremdeten Arbeitsprozesses und seiner Anpassungs- und Karrieremuster, dem Diktat der technologisch-administrativen Sachzwänge, der Herrschaft der Massenmedien und der Kulturindustrien und schließlich von der fortschreitenden Zerstörung der natürlichen Lebensbedingungen der Menschen. Diesen Anspruch auf eine humane, nicht-entfremdete, selbstbestimmte und demokratische Lebensweise zu entwickeln, kann jene falsche Frontstellung zwischen Arbeit und Leben, zwischen Organisation und Persönlichkeitsentwicklung, zwischen gewerkschaftlicher, politischer und kultureller Praxis abbauen, die nicht nur der kapitalistischen Ausbeutung und Fremdbestimmung, sondern auch einer selbstgewählten Beschränkung der gewerkschaftlichen Interessenvertretung auf soziale und wirtschaftliche Fragen entspringt.

4.2. Jenseits des Staates?

In meinem Buch »Autonomie und Integration« (1979) habe ich vor nun knapp fünf Jahren die These vertreten, daß sich die gewerkschaftlichen Forderungen und Kämpfe in dem Maße erweitern und politisieren, wie der Staat im heutigen Kapitalismus gezwungen ist, dauerhaft in den gesellschaftlichen Reproduktionsprozeß – und dabei besonders durch die Regulierung der allgemeinen Reproduktionsbedingungen der Arbeitskraft (Bildung und Ausbildung, Gesundheitsversorgung, Altersversorgung u. a. m.) – einzugreifen. Es erschien mir wichtig, die Qualität und den widersprüchlichen Charakter dieser politischen Vergesellschaftungsprozesse genauer zu untersuchen; denn in allen hochentwickelten kapitalistischen Gesellschaften wurde die Gewerkschaftsbewegung mehr und mehr mit der Aufgabe konfrontiert, sich neben der betrieblichen und tarifpolitischen Interessenvertretung (bei der sich Kapital und

Arbeit unmittelbar gegenüberstehen) auch auf der Ebene der staatlichen Politik und Gesetzgebung als »Vertretungsmacht« zu etablieren. Ich habe dabei die Auffassung vertreten, daß diese staatliche Vermittlung der Reproduktion der Arbeitskraft nicht nur unter dem Gesichtspunkt der Integration der Gewerkschaften in den bürgerlichen Staat, als Quasi-Verstaatlichung der Gewerkschaften – und damit auch als wesentliche Voraussetzung für die Herausbildung eines neuen »korporatistischen Herrschaftstyps« – begriffen werden kann. Vielmehr habe ich einen Zusammenhang zwischen den antagonistischen Vergesellschaftungslogiken im Kapitalismus (Deppe, 1979, S. 183 ff.) und der Politisierung der gewerkschaftlichen Kämpfe gesehen:

»Die Etablierung des Massencharakters der gewerkschaftlichen Organisation und der Einsatz ihrer gesellschaftlichen Macht für die Durchsetzung sozialökonomischer und gesellschaftspolitischer ›Basisinteressen‹ der Lohnabhängigen, die sich auf die Einkommensentwicklung, die Arbeitsbedingungen, die Arbeitsplatzsicherheit sowie die ›soziale Sicherheit‹ beziehen, wirkt auf Inhalt und Formen des kapitalistischen Vergesellschaftungsprozesses zurück. Relative Erfolge auf diesen Gebieten setzen die Logik der Produktionsverhältnisse nicht außer Kraft, sie zwingen aber dem System allgemeine, gesellschaftliche Lösungen sozialökonomischer Konfliktpotentiale auf. Solche Lösungen können einerseits in Widerspruch zum Verwertungsinteresse des Einzelkapitals stehen; daher können sie nur auf der Ebene der gesamtkapitalistischen Systemerhaltung, d. h. auf der Ebene der staatlichen Intervention in den Reproduktionsprozeß des Kapitals und der Arbeitskraft angegangen werden. Zugleich erzeugen diese Lösungen ein gewisses allgemeines Anspruchsniveau gegenüber den staatlichen Aufgaben in bezug auf die Arbeits- und Lebensbedingungen der Lohnabhängigen, das nicht entsprechend den zyklischen Schwankungen des Akkumulationsprozesses beliebig nach unten korrigiert werden kann, zumal dann, wenn die Arbeiterbewegung ein politisches und gewerkschaftliches Kräftepotential repräsentiert, das solche Korrekturen nicht ohne Widerstand hinzunehmen bereit ist. Darüber hinaus wird der relative Erfolg solcher Lösungen auf der Basis der Erhaltung der herrschenden Produktionsverhältnisse darin deutlich, daß beim gegenwärtig erreichten Stand der kapitalistischen Vergesellschaftung und Produktivkraftentwicklung . . . die Forderungen und Kämpfe der Gewerkschaftsbewegung notwendig der Tendenz zur Erweiterung des Forderungskataloges, zur Entwicklung von Konzepten der Kontrolle kapitalistischer Macht in Betrieb, Gesellschaft und Staat unterliegen. Diese Tendenz vollzieht sich jedoch nicht naturwüchsig. Es gibt keinen geschichtlichen Automatismus, der im Selbstlauf den objektiven Widerspruchscharakter der kapitalistischen Gesellschaft in die Wirklichkeit des Klassenkampfes überträgt. Wir haben gesehen, daß die Dialektik des Kampfes im System, der die Bestandsgrenzen des Systems überschreitet, nur dann zur materiellen, geschichtlichen Gewalt wird, wenn sich die Arbeiterbewegung bewußt und organisiert – d. h. antagonistisch – in diesen Prozeß einschaltet« (ebd., S. 162/3).

Gegen diese Sichtweise mag eingewandt werden, sie sei »staatsfixiert« und daher kaum geeignet, eine progressive Strategie der gewerkschaftlichen Kämpfe zu begründen. Der Anti-Etatismus hat heute viele Freunde – im konservativen wie im alternativen Lager. Die einen betreiben ihre angebotsorientierte Wirtschaftspolitik sowie den Abbau des Sozialstaates im Zeichen von Losungen wie »Weniger Staat« oder »Reprivatisierung der sozialen und Beschäftigungs-Risiken«. Die anderen verfechten ein Programm der »Entstaatlichung«, d. h. der Dezentralisierung auf allen Ebenen, die die materielle Produktion (genossenschaftlich, in kleinen Einheiten organisiert) ebenso wie das Bildungs- und Gesundheitssystem nicht nur der Herrschaft der kapitalistischen Markt- und Konkurrenzgesetze, sondern auch dem Zugriff des übermächtigen staatlichen »Leviathan« und seiner entfremdeten, bürokratischen Apparate entziehen soll, um auf diese Weise »Freiräume der menschlichen Selbstverwirklichung« oder gar »Zentren einer alternativen Subkultur« zu etablieren. Aus dieser Sicht erscheinen politische Initiativen der Arbeiterbewegung, die über die staatliche Politik und Gesetzgebung gesellschaftspolitische Reformen durchsetzen wollen oder die – bescheidener und realistischer formuliert – Elemente solcher Reformen, die in der Vergangenheit durchgesetzt wurden, verteidigen, prinzipiell als Bestimmungen einer Politik, die die Herrschaft des Staates über die Gesellschaft und die Menschen verfestigt und die zugleich mit der Fixierung auf den Staat die Integration der Arbeiterbewegung in den Staat vorantreibt.

Daß heute schon zahlreiche dieser alternativen Projekte direkt (durch staatliche Finanzhilfen) oder indirekt (durch Sozialleistungen, die deren Mitarbeiter beziehen) vom Staat abhängig sind, kann ihre Berechtigung nicht widerlegen. Wohl aber vermag dies Zweifel an der rigorosen anti-etatistischen Ideologie zu verstärken, die einige ihrer Theoretiker propagieren. Die bloße Negation des Staates im Kopf muß unvermeidlich Illusionen über die Möglichkeiten erzeugen, »staatsfreie Lebensräume« zu schaffen, die sich von der Zwangsgewalt der politischen und ökonomischen Herrschaft zu emanzipieren vermögen. Nur eine klare Analyse der Rolle des Staates im sozialökonomischen und politisch-ideologischen Reproduktionsprozeß der Gesellschaft kann letztlich Aufschluß darüber vermitteln, welche Bedeutung dem Staat für die Vergesellschaftungsprozesse im gegenwärtigen Kapitalismus zukommt und inwieweit er in die sozialen und politischen Auseinandersetzungen um die Sicherung und Verbesserung der Arbeits- und Lebensbedingungen der Lohnabhängigen, vor allem aber auch um die Veränderung der bestehenden Herrschaftsverhältnisse, einbezogen ist.

Die Vorstellung, derzufolge die Kämpfe und Forderungen der Arbeiterbewegung nur dann ihren autonomen Klassencharakter bewahren, sofern sie »Gegenmachtpositionen« gegenüber dem Kapital wie dem bürgerlichen Staat begründen, erscheint hingegen abstrakt und unhistorisch-naiv. Das Kräfteverhältnis der Klassen ist stets auch in die innere Struktur und Funktionsweise des Staates »eingeschrieben«. Die demokratische Form des bürgerlichen Staates ist daher ebensowenig wie die Formen seiner Intervention in den gesamtgesellschaftlichen Reproduktionsprozeß nicht nur die politische »Übersetzung« der ökonomischen Interessen der herrschenden Klasse sowie der ökonomischen Entwicklungsgesetze des Kapitalismus, sondern stets auch Resultat der Klassenkämpfe. Der bürgerliche Staat wird dadurch nicht – wie die reformistische Staatsauffassung folgert – zum »neutralen Schiedsrichter« über den Klassen. Seine relative Selbständigkeit ist gerade deshalb notwendig, damit er seine Herrschafts- und Sicherheitsfunktion für das gesamtkapitalistische System durch die Regulierung des Systems der Klassenbeziehungen wahrnehmen kann.

Daher muß der Staat auf die ökonomischen und politischen Vergesellschaftungsprozesse im modernen Kapitalismus gestaltend reagieren. Die Ausweitung des Staatsapparates sowie die – auf der Umverteilung eines wachsenden Teils des gesellschaftlichen Reichtums beruhenden – Interventionsfunktionen des Staates reflektieren daher nicht nur die Notwendigkeit, politisch der krisenhaften Bewegung des kapitalistischen Akkumulationsprozesses entgegenzuwirken, die Konkurrenz zu »zügeln« und neben der unmittelbaren Förderung monopolistischer Profitinteressen zugleich die allgemeinen Bedingungen der kapitalistischen Mehrwertproduktion (von der Bildungs- und Gesundheitspolitik über die Infrastrukturpolitik bis hin zur Außenwirtschaftspolitik) zu gewährleisten. Vielmehr muß der Staat auch durch seine Politik den Reproduktionsinteressen der Arbeitskraft – und damit den Forderungen der Gewerkschaften – partiell Rechnung tragen. Der Rahmen für die Durchsetzung solcher Forderungen ist a) durch die jeweiligen ökonomischen Akkumulationsbedingungen, b) durch das allgemeine kapitalistische Interesse an der Systemsicherung festgesetzt. Das bedeutet aber nicht, daß es jeweils feststehende Maßstäbe bzw. Rationalitätskriterien für deren Durchsetzung geben kann. Hier entscheidet letztlich das Kräfteverhältnis der Klassen bzw. die Intensität der Klassenauseinandersetzungen. Der Staat sieht sich dabei nicht nur dem Druck der organisierten Interessen der Lohnabhängigen, sondern auch dem Druck konkurrierender Kapitalfraktionen und ihrer politischen »Lobby« ausgesetzt. Aus dieser Konstellation entsteht immer wieder jener – für die Systemsicherung notwendige – Handlungsspielraum des Staates – auch hinsichtlich seiner Optionen für verschiedene wirtschafts- und gesellschaftspolitische Strategievarianten.

Auf diese Weise »schreibt« sich das Kräfteverhältnis der Klassen in den Staat »ein«, ohne – um es zu wiederholen – dessen Charakter als bürgerlichen Staat zu verändern. Mehr noch: die Klassenauseinandersetzungen finden in den Staatsapparaten selbst statt; denn ein wachsender Teil der Arbeiterklasse und der lohnabhängigen Mittelschichten wird durch den Staat beschäftigt. Die gewerkschaftlichen Kämpfe um die Sicherung der Reallöhne, um Arbeitszeitverkürzung sowie um erweiterte Mitbestimmungs- und Kontrollrechte richten sich an den Staat (als »Arbeitgeber«) ebenso wie an die private Wirtschaft. Je weniger aber die klassische Trennung von öffentlich und privat aufrecht zu erhalten ist, um so mehr wächst dem Staat (genauer: den Trägern staatlicher Macht) die Aufgabe zu, selbst aktiv an der Etablierung von Formen eines Klassenkompromisses bzw. der klassenübergreifenden Konsensbildung mitzuwirken. Die Einbeziehung des integrationistischen Flügels der Arbeiterbewegung und von Repräsentanten der Gewerkschaften wird daher zum Element einer »korporativistischen Blockbildung« im Staat. Daran zeigt sich zugleich die Widersprüchlichkeit dieser Prozesse; denn es handelt sich weder um eine »neue Qualität« der Veränderung des gesellschaftlichen Charakters der Staatstätigkeit, noch um eine vollständige »Inkorporierung« der Arbeiterbewegung in den Staat. Das liegt vor allem daran, daß der Staat die Widersprüche der gesellschaftlichen Entwicklung wie der Klasseninteressen niemals aufheben kann. Er kann nicht mehr und nicht weniger, als die Bewegungsformen dieser Widersprüche zu beeinflussen und zeitweilig zu neutralisieren.

Gerade diese Funktion weist jedoch dem Staat im heutigen Kapitalismus einen bedeutenden Stellenwert bei der Organisierung der Hegemonie zu und läßt seine Apparate zugleich zum Schauplatz des Kampfes um die Hegemonie werden. Antonio Gramsci hatte noch zwischen dem »politischen Staat« im engeren Sinne (dem Zentrum der traditionellen Gewaltinstitutionen) und der »bürgerlichen Gesellschaft« unterschieden, um so die revolutionäre Arbeiterbewegung »im Westen« vor der gefährlichen Illusion zu wahren, als ob der bloße Sturm auf die politischen Bastionen der Staatsmacht den Kampf um die Hegemonie in den Institutionen der bürgerlichen Gesellschaft, damit auch – wie Gramsci formulierte – den Kampf um eine grundlegende »intellektuelle und moralische Reform« ersetzen können. Diese Unterscheidung scheint aber heute höchst problematisch geworden zu sein. Viele Herrschaftsinstitutionen, die Gramsci noch als formal »private« Apparate der Hegemonie identifizierte, sind inzwischen längst »verstaatlicht« – vor allem im Bildungssystem. Aber auch die Massenmedien, Verbände und selbst die Kirchen, die Gramsci in diesem Zusammenhang erwähnte, sind heute in viel höherem Maße mit der Staatstätigkeit verflochten. Ihre Aktivität – man denke nur an den ganzen Bereich der Jugend- und Kulturarbeit, der Altenpflege und des Gesundheitswesens, der außerschulischen Bildungsarbeit, in dem die Kirchen und auch die Verbände nach wie vor eine bedeutende Rolle spielen – wird durch staatliche Finanzierung, dabei auch durch gesetzliche Regelungen gesteuert und damit in den Wirkungsbereich des Staates einbezogen.

Die Konflikte, die in diesem Netz der Staatsapparate immer wieder entstehen, berühren die sozialökonomische Regulierungsfunktion des Staates ebenso wie seine Funktion der ideologischen Systemsicherung. Zum einen resultieren sie aus dem Konflikt zwischen den materiellen Ressourcen, die der Staat zur Verfügung stellt, und den Ansprüchen, die die dort Beschäftigten in bezug auf ihre Arbeitsbedingungen sowie auf ihre Einkommensverhältnisse formulieren. Zum anderen brechen immer wieder Konflikte über den Inhalt ihrer Tätigkeit auf. Die konservativen Kräfte haben im vergangenen Jahrzehnt ihre ideologischen Kampagnen auf Rundfunk und Fernsehen, auf Schulen und Hochschulen, zuweilen auch auf Teilbereiche der kirchlichen und gewerkschaftlichen Arbeit konzentriert. Dabei bedienten sie sich nicht nur des traditionellen »Unterwanderungs-Vorwurfes«, sondern akzeptierten auch eifrig die Thesen des ultrakonservativen Soziologen Helmut Schelsky, der in seinem Buch »Die Arbeit tun die anderen« (1975) von einer neuen »Priesterherrschaft der Intellektuellen« in den sog. »sinnvermittelnden Institutionen« der Gesellschaft gesprochen hatte. Alle diese Konflikte in den Staatsapparaten (von den gewerkschaftlichen Organisationsbestrebungen über Lohnkämpfe und Auseinandersetzungen über die Rotstiftpolitik bis hin zu den ideologischen Debatten über Unterwanderung, Berufsverbote, Ausgewogenheit, Rahmenrichtlinien, Friedenserziehung usw. usf.) führen nicht direkt an die Frage der Staatsmacht heran und passen daher auch nicht in das überholte Schema einer politischen Strategie, die die Staatsfrage ausschließlich unter dem Gesichtspunkt der durch die staatlichen Repressionsorgane verfaßten Klassenherrschaft zu betrachten vermag. Gleichwohl wird in diesen Auseinandersetzungen die Frage nach dem Inhalt und der Entwicklungsrichtung der Staatstätigkeit – damit auch der Widerspruch zwischen der Herrschaftsfunktion des Staates und den gesellschaftlichen Bedürfnissen – aufgeworfen. Mit der Erweiterung der Staatstätigkeit im modernen Kapitalismus sind daher in den Zentren der Organisation und Reproduktion von Hegemonie neue Felder des Klassenkampfes entstanden, auf denen die Arbeiter- und Gewerkschaftsbewegung autonome Positionen und Forderungen zu entwickeln hat, die sowohl die materiellen Interessen der lohnabhängigen Staatsbediensteten als auch eine Neubestimmung des Inhalts der Staatstätigkeit umfassen.

Um die Bedeutung dieser Kampffelder zu erschließen, will ich einige empirische Angaben über die soziale und ökonomische Reichweite der Staatstätigkeit hinzufügen:

– Ende der 70er Jahre betrug der Anteil der faktischen Staatsbeschäftigten (Vollbeschäftigte und Soldaten, Teilzeitbeschäftigte, faktische Staatsbetriebe in privater Rechtsform) ca. 25 % aller abhängig Beschäftigten in der BRD (IMSF, Staatsmonopolistischer Kapitalismus, 1981, S. 259/260). Während die Zahl der Erwerbstätigen zwischen 1960 und 1980 fast stagnierte (26 bis 27 Mio.), nahm die Zahl der Staatsbeschäftigten um 56 % zu. Dabei erhöhte sich der Anteil der in den bildungs- und wissenschafts- sowie in den sozialpolitischen Apparaten Tätigen überproportional, wobei sich gleichzeitig der Ausbau der politischen und Repressionsapparate zügig weitervollzog (H. Jung, Schritte zum »Orwell-Staat«?, 1983, S. 1584/85).

– Die Gruppe der sog. Nicht-Erwerbstätigen ist von den staatlichen Transferzahlungen abhängig. Dazu gehören in erster Linie die Rentner (ca. 13 Mio.), die Arbeitslosen und die Sozialhilfeempfänger. Zusammen mit den Staatsbeschäftigten bilden diese Gruppen einen Block, der etwa 37 % der Gesamtbevölkerung bildet und dessen Einkommen und Lebensbedingungen direkt von staatlichen Leistungen abhängen.

– Der Anteil derjenigen Erwerbstätigen, deren Einkommen und Beschäftigung indirekt von staatlicher Nachfrage abhängt, ist nur schwer zu quantifizieren. Es handelt sich dabei um Beschäftigte in Produktionszweigen, die für Staatsaufträge produzieren. Immerhin wurden in der BRD 1979 mehr als 200 Mrd. DM, das waren ca. 30 % aller Staatsausgaben, für »Käufe für Produktion und Investition« (ohne Subventionen) ausgegeben (IMSF, Der Staat, II. 1982, S. 47). Die Bauindustrie ist ebenso wie die Rüstungsproduktion fast vollständig auf die staatlichen Ausgaben angewiesen. Dazu kommen noch Fahrzeuge, Geräte, Büromaschinen, EDV-Anlagen, Papier usw. usf., die von den Einrichtungen des öffentlichen Dienstes gekauft werden. In all diesen Bereichen wirkt ein Rückgang der staatlichen Nachfrage krisenverstärkend. Die Krise im Verlagswesen der BRD z. B., die vor allem die wissenschaftlichen (genauer: sozialwissenschaftlichen) Verlage bzw. Verlagsprogramme in den letzten Jahren erfaßt hat, ist daher nicht nur auf »Markttrends« (rückläufiges Interesse für kritische, sozialwissenschaftliche Literatur) sowie auf technologische Prozesse (Drucktechniken, Kopierwesen) zurückzuführen, sondern spiegelt unmittelbar die Kürzung der Bibliotheksetats in den Haushalten der Universitäten und die geringere Kaufkraft, über die ein großer Teil der Studenten heute (u. a. auch aufgrund der Kürzungen beim sog. Bafög) verfügt.

Diese grobe Schätzung ergibt, daß mindestens 45 bis 50 % der Bevölkerung ihr Einkommen direkt oder indirekt vom Staat beziehen (dieser Anteil würde sich noch erhöhen, wenn die Anzahl der nicht erwerbstätigen Frauen und Kinder genau ermittelt werden könnte). Natürlich gehören dazu auch die repressiven und parasitären Funktionsbereiche des Staates. Gleichwohl handelt es sich dabei überwiegend um Funktionen des Staates, die durch die Vergesellschaftungsprozesse im heutigen Kapitalismus und durch den Kampf der Arbeiterbewegung objektiv notwendig geworden sind. Bischoff u. a. schreiben dazu: »Das Kennzeichen des modernen bürgerlichen Staates ist seine Verschränkung mit und Modifizierung der unmittelbaren Lebensverhältnisse der Masse der Bevölkerung. Der Begriff ›Sozialstaat‹ dient nicht zur Charakterisierung des Staates als einem über den Klassen stehenden Ausschuß zur allgemeinen Wohlfahrt, sondern des Staats als Vermittler der Reproduktionsverhältnisse von Lohnabhängigen. Die Übernahme von bestimmten Bereichen der Reproduktion der Arbeiterklasse durch den Staat ist ein notwendiges Produkt des kapitalistischen Entwicklungsgangs. Der dergestalt ausgebildete bürgerliche Staat ist nichts anderes als der politische Überbau der entwickelten kapitalistischen Gesellschaft, ihr adäquater Ausdruck. Die Tatsache, daß Bereiche der Reproduktion der Lohnabhängigen über die Sphäre der privaten Konsumtion hinausgewachsen sind und als Soziallohn kollektiv oder in gesellschaftlicher Form geregelt sind, beinhaltet keineswegs, daß den Lohnabhängigen seitens der herrschenden Klasse oder der Staatsbürokratie ein Geschenk gemacht würde. Aber was sich entscheidend ändert, ist die Form der Vermittlung der individuellen Reproduktion, d. h. der unmittelbaren Lebensverhältnisse . . . Die Reproduktion des Arbeitsvermögens verläuft heute nicht mehr ausschließlich über die Vermittlung des kapitalistischen Marktes. Abgeleitete, z. B. sehr weit verzweigte soziale Sektoren bestimmen sie mit. Deshalb ist auch der gewerkschaftliche Kampf um die Arbeits- und Lebensverhältnisse der Lohnabhängigen nicht mehr allein auf die Ebene der Tarifparteien bezogen, sondern schließt die sozialpolitische Ebene mit ein; eine Trennung von ökonomischem und politischem Kampf der Gewerkschaften ist heute weitgehend unmöglich geworden« (Bischoff u. a., Jenseits der Klassen? 1982, S. 153/54).

Die Angriffe gegen den »Sozialstaat«, die ideologisch die Wiederherstellung eines größeren Freiheitsraumes für das Individuum versprechen, dienen in erster Linie der Verschleierung einer Politik, die unter dem Druck der Finanzkrise des Staates (die ihrerseits eine Folge der ökonomischen Krise und der Massenarbeitslosigkeit, aber auch der politischen Prioritäten, z. B. für die Forcierung der Hochrüstung, ist) die staatliche Interventionskapazität eindeutig dem Primat der monopolkapitalistischen Eigentumssicherung sowie der Förderung der Konkurrenzfähigkeit der nationalen Kapitale auf dem Weltmarkt unterordnet. »Die Kürzung des Leistungsvolumens selbst bedeutet nichts anderes als die Einschränkung des Reproduktionsniveaus und die tendenzielle Senkung des Werts der Arbeitskraft – in Synchronschaltung zur Realsenkung des Individuallohns. Und dies ist in der Tat heute das Ziel des Monopolkapitals und des staatsmonopolistischen Kapitalismus, wofür sie zum Kampf angetreten sind und worin sie den Weg zur Lösung der derzeitigen Regulierungskrise sehen. Die Proportionalitätsstruktur der Wirtschaft soll über die Senkung der individuellen und ›gesellschaftlichen‹ Lohnquote neu einreguliert werden. Das ist denn auch der klassenpolitische Inhalt der angestrebten Rechtswende« (H. Jung, Schritte zum »Orwell-Staat«?, 1983, S. 1583).

Die Wirkungen dieser Politik treffen zunächst diejenigen, die Sozialeinkommen über den Staat beziehen: Arbeitslose, Rentner, Kranke und Invaliden, Sozialhilfeempfänger, Schüler, Studenten usw. Sodann sind die Staatsbediensteten selbst betroffen: Lehrer, Sozialarbeiter, Mitarbeiter des Gesundheits- und Kulturwesens. Sie müssen nicht nur Einkommenseinbußen hinnehmen, sondern werden mit der Mehrarbeit belastet, die durch Stellenstopp und Rationalisierungsprozesse in den öffentlichen Verwaltungen entsteht. Dazu vermehrt die staatliche Restriktionspolitik die Zahl der Arbeitslosen, die für Berufe im öffentlichen Dienst ausgebildet sind. Die sprunghaft angestiegene Lehrerarbeitslosigkeit illustriert drastisch die Folgen dieser »Rotstift-Politik«. Schließlich hat die Verminderung der staatlichen Sozialleistungen zur Folge, daß sich durch die Privatisierung die Befriedigung notwendiger gesellschaftlicher Bedürfnisse, also – um einen inzwischen etwas antiquierten Begriff aus der sozialdemokratischen Programmatik der frühen 70er Jahre zu verwenden – die »Lebensqualität« all derer, die auf diese Leistungen angewiesen sind, verschlechtert.

Bischoff u. a. haben diesen Zusammenhang konkretisiert: »Die Arbeitslosenbeiträge werden erhöht, die Leistungen schrittweise verringert, die Anspruchsberechtigung verdünnt; Berufsförderungs- und Rehabilitationsmaßnahmen finden kaum noch statt. In der Rentenversicherung werden alle Leistungssteigerungen und Reformen eingefroren, die Rücklagen des Systems werden aufgezehrt. In der Krankenversicherung werden nicht nur Beiträge erhöht und Leistungen gesenkt, es findet vor allem durch Kosteneinsparung in den Krankenhäusern etc. eine rapide Qualitätsverminderung der medizinischen Versorgung und Vorbeugung statt. Während vielleicht der nicht von Arbeitslosigkeit, Krankheit oder Alter betroffene Lohnabhängige noch hofft, der soziale Kahlschlag würde sich wenigstens auf die sozialen Systeme der Sicherheit beschränken, wird er zunächst durch die Erhöhung der Steuern und Gebühren für alle kommunalen Dienste eines Schlechteren belehrt; daran schließt sich die geplante und schrittweise auch verwirklichte Reprivatisierung von Diensten an, die – nun den Marktgesetzen wieder unterworfen – für die meisten sehr viel teurer oder ganz unerschwinglich geworden sind; alles, was bisher an ›sozialem‹ Wohnungsbau und Wohnungspolitik existierte, wird mit atemberaubender Geschwindigkeit reduziert bzw. auch den Marktgesetzen vollständig zurückgegeben, so daß mitten in der größer werdenden Wohnungsnot zugleich der größte Wohnungsmißbrauch betrieben werden kann. Und nachdem die alleinstehenden Rentnerinnen am unteren Rand der Lebensverhältnisse bereits nicht verschont worden sind, kann auch den Ärmsten zu Leibe gerückt werden, den Sozialhilfeempfängern; ihnen werden nicht nur die Leistungen gekürzt, sondern auch die zur ›Hilfe‹ gedachte Sozialbürokratie als Repressionsinstrument aufgenötigt. Schließlich ist für alles, was früher unter ›Demokratisierung der Kultur‹ propagiert wurde, angefangen von der Schul-, Hochschul- und Berufsbildung bis hin zum Kindergarten und zum Museumsbesuch, plötzlich kein Geld mehr da. Nach den älteren Generationen werden auch die jüngsten, deren Zukunft neben den nun enger gezogenen Berufschancen der Marktwirtschaft gerade von Soziallohn-Momenten abhing, faktisch um die Lebensperspektive gebracht, die sie und ihre Eltern noch vor kurzem noch als sicher erkämpft hielten; auf die Familie zurückgeworfen und dort mehr und mehr nur gestützt auf das reine Erwerbseinkommen, werden viele individuelle Möglichkeiten und Hoffnungen der jüngeren Generation, insbesondere des weiblichen Teils, zunichte gemacht« (Bischoff u. a., 1982, S. 157/58).

Damit sind schon die Felder markiert, auf denen Widersprüche und soziale Auseinandersetzungen ausgetragen werden, die nicht nur die Politik des Sozialabbaus betreffen, sondern auch tief in die Staatsapparate – ihre Funktionsweise und ihr Personal – hineinreichen. Schon im zweiten Kapitel habe ich darauf aufmerksam gemacht, daß nicht nur für die Gewerkschaften des öffentlichen Dienstes, sondern für die gesamte Gewerkschaftsbewegung die Auseinandersetzung mit dieser Politik neue strategische Überlegungen notwendig werden läßt. Der bloß verbale Protest oder auch die –zweifellos höchst wichtige – Mobilisierung zu Protestdemonstrationen (wie im Herbst 1982) reicht nicht aus. Solche Formen der gewerkschaftlichen Gegenwehr vermögen noch nicht jenen politischen Druck zu erzeugen, der entweder Elemente des sozialpolitischen Besitzstandes verteidigen oder gar eine neue inhaltliche Orientierung der staatlichen Politik durchsetzen könnte. Der ehemalige Vorsitzende der IG Druck und Papier, L. Mahlein, betont daher die Bedeutung der Frage, wie die Gewerkschaften ihre politischen Ziele durchsetzen wollen: »Allein durch Kundgebungen und Demonstrationen werden wir die Tabu-Haltung dieser (CDU/CSU-FDP-)Regierung nicht durchbrechen können. Was im übrigen für die Mitbestimmung gilt, gilt in gleichem Maße für den notwendigen Kampf gegen die Politik der sozialen Demontage. Wenn wir unsere eigene Haltung und unsere eigenen Vorstellungen ernstnehmen, und sie nicht als reine Öffentlichkeitsarbeit der Gewerkschaften betrachten, muß im DGB wieder ernsthaft über die Möglichkeit politischer Widerstandsmaßnahmen gesprochen werden« (Mahlein, 1983, S. 57).

Die Erfahrung begrenzter politischer Durchsetzungsmöglichkeiten wird von vielen Gewerkschaftern als eine Aufforderung interpretiert, mit der neuen Rechtsregierung zusammenzuarbeiten (»um Schlimmeres zu verhüten« – also die alte Politik des »kleineren Übels«), oder mit dafür zu sorgen, daß die SPD wieder Regierungspartei wird, um auf diese Weise nicht nur den Sozialabbau zu stoppen, sondern auch, um die politischen Bedingungen zu schaffen, die eine Realisierung der sozial- und gesellschaftspolitischen Teile des DGB-Grundsatzprogramms ermöglichen. Diese Argumentation kann freilich nicht überzeugen. Sie verwischt zunächst den Tatbestand, daß die SPD selbst als Regierungspartei die Politik des Sozialabbaus eingeleitet hat. Zudem bewegt sie sich auf der alten Linie der Trennung von Ökonomie und Politik, der »Arbeitsteilung« zwischen Gewerkschaften und Parteien, die den Gewerkschaften autonome politische Handlungsmöglichkeiten abschneidet und sie für die Durchsetzung sozial- und gesellschaftspolitischer Reformen ausschließlich auf den Gesetzgeber, auf Parlament und Parteien, verweist. Natürlich müssen in den Parlamenten Mehrheiten geschaffen werden, um Reformpolitik wirksam werden zu lassen. Die entscheidende Frage aber ist, wie sich die Gewerkschaften als außerparlamentarische Massenorganisationen in den Prozeß der politischen Willensbildung aktiv einschalten, wie sie Aktionsformen entwickeln, mit denen Willensbildungs- und Entscheidungsprozesse in Parteien, Parlamenten und Regierungen in ihrem Sinne beeinflußt werden können. Zwei der bedeutendsten gesellschafts- und sozialpolitischen Reformen der 50er Jahre – also der Adenauer-Ära des »CDU-Staates« –: die Montanmitbestimmung (1951) und die Lohnfortzahlung im Krankheitsfall für Arbeiter (1957) fanden erst dann im Bundestag die erforderliche Mehrheit, nachdem die Gewerkschaften massiven außerparlamentarischen Druck (durch Urabstimmungen und Massenproteste sowie durch den 16wöchigen Streik der IGM in Schleswig-Holstein 1956/57) erzeugt hatten.

Der Hinweis auf die politischen Kräfteverhältnisse und die Schwäche der SPD reicht aber auch deshalb nicht aus, weil er selbst noch die Illusion nährt, als ob die Bewahrung des »Sozialstaates« oder auch die Entscheidung für eine monetaristisch-angebotsorientierte oder für eine keynesianische Wirtschaftspolitik eine bloße Frage des Willens und der jeweiligen »Weltanschauung« der politischen Kräfte sei. Diese Position der »Verteidigung des Sozialstaates« unterstellt, »daß der kapitalistische Staat echter Sozialstaat sein könne. Man umgeht dabei die grundlegende Tatsache, daß der Ausbau der sozialpolitischen Aktivitäten und die Entwicklung einer sozialpolitischen Funktion des SMK-Staates . . . als Ausweitung staatlicher Aktivitäten erfolgen und somit auch immer den Ausbau repressiven Potentials einschließen« (H. Jung, Schritte zum »Orwell-Staat?«, 1983, S. 1582). Die Kritik dieser Illusion führt zum einen auf das Feld der prinzipiellen Kritik des bürgerlichen Staates und damit auch der Illusion, nach der der Staat als gleichsam über den Klassen stehende Regulierungsinstanz je nach den politischen Kräfteverhältnissen in der parlamentarischen Demokratie mehr oder weniger Sozialpolitik, mehr oder weniger gesellschaftspolitische Reformen im Interesse der Lohnabhängigen und der Gewerkschaften betreibe.

Zum anderen führt jedoch diese Kritik auf das Feld der Auseinandersetzung mit jenem keynesianischen Politik-Modell, das in den vergangenen Jahrzehnten vor allem von den sozialdemokratischen Parteien (aber auch von großen Teilen der Gewerkschaftsbewegung) vertreten wurde. Buci-Glucksmann und Therborn charakterisieren dieses Modell der »etatistischen Formen der Politik« folgendermaßen: »Die meisten Strategien der ›demokratischen Umgestaltung‹ aus den letzten zwanzig Jahren situierten sich innerhalb eines bestimmten Abschnitts der Geschichte des Kapitalismus. Dieser Abschnitt wurde bestimmt von einem keynesianischen Modell der Beziehungen zwischen Markt, Staat, Unternehmen und Klassenkomponenten. Die zentrale Rolle der Großunternehmen im entwickelten Kapitalismus (und damit ein bestimmter Typ der Arbeiterklasse), ein erweiterter Interventionsstaat, der ständig die ›Regierbarkeit‹ des ökonomischen Kreislaufs von Akkumulation und Wachstum sowie die politische Hegemonie regelt, trotz der Internationalisierung des Kapitals eine nationale Kontrolle über den Markt aufrechterhält, eine expansive bürgerliche ›Großpolitik‹ durchführt, die die nationalen Klassenverhältnisse in den meisten Fällen eher durch Gesetz, Verträge und Kompromisse reglementiert als durch Gewalt, offene Zusammenstöße oder Ordnungsmaßnahmen: alles das sind Realitäten, die durch die Krise des Kapitalismus und durch die Veränderung der weltweiten Kräfteverhältnisse in Frage gestellt worden sind« (Buci-Glucksmann/Therborn, 1982, S. 250).

Die Formen dieser Politik variieren beträchtlich. Sie reichen vom sozialliberalen »Modell Deutschland« bis hin zu Elementen einer linkssozialistischen Politik, die einen Ausweg aus der Krise und eine qualitative Veränderung des herrschenden ökonomischen und politischen Reproduktionstyps durch ein Programm der Verstaatlichung (von Schlüsselsektoren der Wirtschaft), der Planung (mit der Priorität der Beschäftigungssicherung und der Expansion des »sozialen Sektors«) und der Demokratisierung (in der Wirtschaft wie in den verschiedenen Staatsapparaten) anstreben. Gemeinsam ist ihnen freilich die Vorstellung, daß der Staat eingreifen muß, im Interesse der Lohnabhängigen die Widersprüche zwischen Markt und Produktion, zwischen Profit- und Beschäftigungsentwicklung, Produktivkräften und der Sicherung sozialer Bedürfnisse zu regulieren. Ein Betriebsrat der Metallindustrie hat gerade in einem Gespräch mit den »Gewerkschaftlichen Monatsheften« diese Position auf den Begriff gebracht: »Für mich ist die Erkenntnis wichtig, daß das derzeit praktizierte Wirtschaftssystem Arbeitsplätze nicht sichert. Jetzt, wo es darauf ankommt, besteht es seine Bewährungsprobe nicht. Das Vertrauen darauf, daß die freie Entwicklung des Marktes schon alles richten werde, ist eine reine Fehlspekulation. Das Verketzern staatlicher Aktivitäten, die Ablehnung von Beschäftigungsprogrammen, ist ganz eindeutig falsch. Ich glaube, daß der Staat mehr als bisher gezielt eingreifen müßte, damit eine bessere Strukturpolitik möglich wird. Ich glaube, daß insgesamt ein Umdenken eintreten muß. Die gegenwärtige Wirtschaftspolitik, die abwartet und untätig ist, geht eindeutig zu Lasten der Arbeitnehmer« (GEMO, 1983. 12, S. 765/766).

Im sog. »fundamentalökologischen« Lager werden solche Positionen strikt verworfen. Sie gelten als wachstums-, produktivitäts- und staatsfixiert. Jeder Versuch, mit Hilfe des Staates eine Perspektive des Auswegs aus der Krise zu entwickeln, wird als ein weiterer Schritt in Richtung auf den »Orwell-Staat« oder gar den »Gulag« denunziert. Solche Konzepte einer rigorosen Entstaatlichung und Dezentralisierung können ihre Schwächen und Widersprüche kaum verbergen. Sofern sie auf das Modell einer »alternativen«, genossenschaftlichen Ökonomie der kleinen Einheiten zielen, die bewußt auf jede zentrale gesellschaftliche Regulierung verzichtet, setzen sie »auf die Wiederherstellung der Austauschbeziehungen vieler unabhängiger Warenproduzenten«. Damit würde jedoch das Gegenteil dessen erreicht, was angestrebt wird: Das Wieder-in-Kraft-Setzen der Gesetze und Wirkungen des Marktes. Zugleich mündet jede »selbstbestimmte Produktion im einzelnen Betrieb ohne *gesellschaftliche* demokratische Kontrollinstanzen . . . ein in die Bildung einer Klasse von neuen Eigentümern« (Goldberg/Sörgel, 1983, S. 29/30).

Aber auch das politische Programm der Dezentralisierung offenbart bei genauer Betrachtung alle Schwächen einer rückwärtsgewandten Utopie. Es weicht der Frage aus, wie angesichts der kapitalistischen Krise und der Demontage von Elementen der Sozialstaatlichkeit die Arbeits- und Lebensbedingungen der lohnabhängigen Massen verteidigt und verbessert und wie insbesondere die Lebensverhältnisse derjenigen gesichert werden können, die über den Staat Sozialeinkommen beziehen. Damit reduziert sich aber die Attraktivität dieses Programms auf Minderheiten – Teile der relativ privilegierten Mittelschichten, die in der »Entstaatlichung« (z. B. des Bildungswesens und der Kultur) größere Freiräume der individuellen Selbstverwirklichung zu entdecken vermögen, oder Teile der marginalisierten Unterschichten, für die sich in den alternativen Projekten eine (individuell gewiß sinnvolle) Perspektive des Überlebens sowie von neuen Formen sozialer Kooperation und Kommunikation eröffnen.

Die Kritik dieser Alternative kann freilich nicht zur Wiederherstellung eines naiven Vertrauens in die Regulierungskapazität des Staates und in den Keynesianismus führen. Die keynesianischen Formen der Politik haben nämlich – obwohl sie in der Periode des langen Aufschwungs zwischen 1950 und 1970 die gesellschaftliche Position der Lohnabhängigen verbessert und noch in den 70er Jahren partiell die Wirkungen der Krise abgeschwächt haben – weder die Logik der Kapitalakkumulation, noch den Herrschaftscharakter des bürgerlichen Staates verändert. Elmar Altvater fordert daher auch für die Gewerkschaften und die Arbeiterbewegung eine Perspektive »jenseits des Keynesianismus«: »Z. B. ist es ein eitles Unterfangen, die während mehrerer Jahrzehnte erfolgreiche Politik des Keynesianismus (mit den besonderen Institutionen industrieller Beziehungen, den fiskalischen Interventionsmedien) als weiterhin, in, wenn auch, modifizierter Form (›Keynes plus‹) retten zu wollen, selbst wenn im Rahmen dieser Form über eine lange Zeit der Widerspruch von Lohnarbeit und Kapital sicherlich zum Nutzen der Organisation von Lohnarbeit und Kapital in für das System nicht pathologischer Bewegung gehalten werden konnte. In den 80er Jahren allerdings muß gesagt werden, daß diese Form nicht mehr trägt und neue Formen nicht zur Disposition stehen, sondern bereits praktiziert werden: anstelle der politischen Einfriedung des Widerspruchs von Lohnarbeit und Kapital, dessen Vermittlung durch die Institution des Marktes oder durch Institutionen autoritärer, korporativer Politikstrukturen. Diesen Tendenzen gegenüber wäre der Rekurs auf keynesianische Politikformen hilflos; über Keynes hinaus und nicht in die Richtung der beiden genannten Restrukturierungsstrategien kann nur bedeuten: Kampf für und die Schaffung von demokratischen Institutionen der Kontrolle von Produktionsentscheidungen, die Lenkung von Investitionen, der Mitentscheidung über Technologien, der Mitbestimmung über den Sinn von Arbeit, der Ausweitung arbeitsfreier Zeit zur Vergrößerung des Spielraums von individuell und kollektiv verfügbarer Zeit usw.« (Altvater, 1983, S. 98).

Auch Buci-Glucksmann und Therborn plädieren für einen »postkeynesianischen Sozialismus«, der sich zunächst von der Vorstellung zu befreien habe, als ob irgendeine emanzipatorische Praxis, die mit der kapitalistischen Logik sowie der ihr entsprechenden Formen der Unterdrückung nicht radikal breche, über den Staat möglich sei (a.a.O., S. 297 ff.). Neue soziale Protestbewegungen, die Frauenbewegung, Teile der europäischen Gewerkschaften und der »Eurolinken« sehen sie als eine potentielle Kraft, die neue, nicht-staatliche Formen von Politik, daher neue Formen demokratischer Praxis entwickeln könnte, um auf diese Weise das herkömmliche System der Arbeitsteilung (ihres gesellschaftlichen wie geschlechtsspezifischen Charakters) in Frage zu stellen und dabei auch die Frage des Sozialismus wieder so zu stellen, »wie Marx sie gestellt hat« (ebd., S. 299). Aber auch diese Konzeption, die die Krise des Marxismus und der Arbeiterbewegung durch die »Rückkehr zu Marx« sowie über eine Perspektive demokratischer Praxis außerhalb und »jenseits des Staates« überwinden will, zeichnet sich durch eine fundamentale Schwäche aus. Sie bleibt gerade darin abstrakt, daß sie den ganzen Komplex der Widersprüche und Konflikte, die in der gegenwärtigen Krise des Kapitalismus und der keynesianischen Politikformen auf der Ebene des Staates und in der sozialen und politischen Erfahrung derer, deren materielle Reproduktion vollständig oder zu einem erheblichen Teil vom Staat abhängt, entstanden sind, ausblendet bzw. mit der Konzentration auf die neuen, nicht-etatististischen Politikformen gleichsam überspringt. Damit wird aber zugleich ein Kampffeld ausgesondert, auf dem gegenwärtig Initiativen der Arbeiter- und Gewerkschaftsbewegung notwendig sind, um der neokonservativen Demontage von Elementen der Sozialstaatlichkeit – und damit auch der drastischen Verschlechterung der Lebensbedingungen eines erheblichen Teils der Lohnabhängigen wie der nicht-erwerbstätigen Bevölkerung – Schranken zu setzen und diese zu verhindern.

Es ist richtig, daß der naive Glaube an die »Heilkraft« des Keynesianismus und der staatlichen Intervention kritisiert werden muß – zumal dieser Glaube stets die »Sozialstaatsillusionen« und damit die Ideologie von der Klassenneutralität des Staates gefördert hat. Der Sprung ins Reich der »postkeynesianischen Freiheit« wird jedoch kaum gelingen, wenn nicht ausgehend von den gegenwärtigen Widerspruchserfahrungen und Konflikten eine Perspektive der »Zurücknahme« des Staates in die Gesellschaft entwickelt wird. Die Arbeiterbewegung muß imstande sein, Antworten auf die Frage zu geben, wie die Alters- und Gesundheitsvorsorge, das Wohnungswesen und die sog. kommunalen Gemeinschaftsdienste, Bildung und Ausbildung nicht nur gesichert werden, sondern auch nach Umfang und Qualität den entwickelten Bedürfnissen – zumal der lohnabhängigen Bevölkerung – entsprechen. Ein radikales Entstaatlichungs-Programm in diesen Bereichen, wie es von konservativer Seite gefordert und praktiziert wird, müßte notwendig die Zahl derer erhöhen, die an den Rand des Existenzminimums gedrängt werden, deren Lebens- und Entwicklungsperspektiven brutal eingeschränkt werden.

Die Arbeiterbewegung kann aber auch – als Übergangskonzeption – nicht auf den Kampf für die Verstaatlichung – zunächst für die am meisten von der Krise betroffenen Branchen oder Unternehmen – verzichten. Natürlich würde die Verstaatlichung z. B. der Stahl- und der Werftindustrie weder die Ursachen der Krise dieser Branchen lösen, noch einer umfassenden Sicherung der Beschäftigung dienen. Die »Verlustsozialisierung« über den Staat würde zudem keinen qualitativ neuen Typ der Produktion etablieren. Angesichts der herrschenden Logik des »Gesundschrumpfens« ist aber die Verstaatlichung – wie es im »Memorandum '83« über die Vergesellschaftung der Stahlindustrie und der Werften heißt – »zunächst einmal ein Mittel, um kurzfristig die bestehenden Arbeitsplätze zu sichern und eine Umstrukturierung und Ausweitung der Produktion zu alternativen Fertigungen zu ermöglichen« (S. 166). Dabei wird schon die Einbindung dieser Forderung in ein Programm von übergreifenden und weiterführenden Forderungen deutlich; denn »langfristig ist die Bedingung für den Erfolg der Vergesellschaftung die Einbettung in eine gesamtstaatliche Schiffahrts- und Schiffbaupolitik und die Realisierung einer Strategie qualitativen Wachstums« (ebd., S. 166/67), die ihrerseits Raum für alternative Produktion schafft. Zugleich eröffnet aber die Auseinandersetzung um die Verstaatlichung die Perspektive eines neuen Typs gesellschaftlicher Produktion, die nicht mehr an die Steuerungsfunktion keynesianischer Politik gebunden sein kann (vgl. Heseler, 1983).

Daß es sich bei diesen Auseinandersetzungen auf der Ebene des Staates stets nur um Übergangsforderungen und -kämpfe handeln kann, ergibt sich zum einen aus dem Klassencharakter der Staatstätigkeit selbst, zum anderen aus den Prioritäten, die die konservativen Kräfte gegenwärtig für die Staatstätigkeit setzen. Mit anderen Worten: Schon die Verteidigung des erreichten Niveaus der staatlichen Sozialleistungen führt ins Zentrum der Auseinandersetzung um die politischen Entscheidungen über die Struktur des Staatshaushaltes sowie seiner politischen und ökonomischen Funktionen. Die »Krise der Staatsfinanzen« ist nicht das Ergebnis der angeblich überzogenen Lohn- und Sozialleistungserwartungen an den Staat. Sinkende Staatseinnahmen, die die Staatsverschuldung in die Höhe treiben, und eingeengte Finanzierungsmöglichkeiten sind vorerst die Folge der ökonomischen Krise, die die Steuereinnahmen des Staates vermindert und zugleich durch die Arbeitslosigkeit enorme, »unproduktive« Kosten verursacht. Wenn der Staat gleichzeitig an den Rüstungsausgaben festhält oder diese gar erhöht, so verschärft sich zwangsläufig die (konservative) »Sachlogik« einer Austeritätspolitik, die die Sparmaßnahmen am schwächsten Punkt, bei den Sozialausgaben, den Ausgaben für Bildung und Wissenschaft und schließlich bei den Einkommen der Staatsbediensteten ansetzt.

Die Kritik dieser Austeritätspolitik kann sich also nicht in der bloßen Verteidigung des »Wohlfahrtsstaates« erschöpfen. Sie muß vielmehr auch jenen politischen Mechanismus in Frage stellen, der sich über die Sachlogik dieser Politik als scheinbares Naturgesetz darstellt. Die Verminderung der Rüstungsausgaben, die natürlich nur das Ergebnis einer aktiven Entspannungs- und Friedenspolitik sein kann, ist dazu ein wesentlicher, erster Schritt. Darüber hinaus wird aber notwendig die Frage nach dem Wachstums- und Entwicklungstyp der Gesellschaft aufgeworfen; denn es liegt auf der Hand, daß ein erheblicher Teil der Mittel, über die der Staat verfügt, unproduktiv gebunden bleibt, solange die

Massenarbeitslosigkeit fortbesteht und die Armut wächst. Die konservativen Kräfte setzen auf die Freisetzung von Wachstum über den Markt. Sie sehen eine vorrangige Aufgabe des Staates darin, administrative und politische Investitionshemmnisse zu beseitigen und dabei vor allem die Entwicklung neuer Technologien und den privaten Wohnungsbau zu fördern. Diese Strategie, die die Kapitalrentabilität zum zentralen Maßstab erhebt, wird jedoch langfristig weder Beschäftigung sichern, noch neue Arbeitsplätze schaffen. Sie befreit eben jene Triebkräfte des kapitalistischen Wachstumstyps, die die sozialen und ökologischen Widersprüche verschärfen und die zugleich – mit der Forcierung der Aufrüstung – die Gefahr einer atomaren Katastrophe heraufbeschwören.

Im »Memorandum '82« wird die Frage nach der Qualität des Wachstums folgendermaßen begründet: »Es geht also bei der Diskussion um ›alternative Wirtschaftspolitik‹ keineswegs nur um unterschiedliche Mittel zur Erhöhung der Wachstumsraten. Im Gegensatz zu der konservativen Illusion, die bundesrepublikanische Wirtschaft könne durch Reallohnsenkungen, Abbau der Staatsverschuldung, Deregulierung etc. wieder an den Trend exportgestützten, hohen Wachstums vergangener Jahrzehnte anknüpfen, wird hier davon ausgegangen, daß Vollbeschäftigung dauerhaft nur im Rahmen einer wirtschaftspolitischen Konzeption verwirklicht werden kann, die sich nicht auf das Wiedererreichen von hohen Wachstumsraten um jeden Preis durch Ankurbelung der Akkumulation im privaten Sektor einläßt . . . Dies bedeutet letztlich, daß eine wirksame Beschäftigungspolitik auf Dauer nur im Rahmen einer langfristig angelegten Strategie ökonomischer Strukturreformen erfolgversprechend ist, weil nur dadurch angemessen auf Faktoren wie die gewandelten Akkumulationsbedingungen infolge technologischer Entwicklungen, auf die Monopolisierungstendenzen und auf die veränderten Konditionen bei der Finanzierung reformpolitischer Maßnahmen etc. reagiert werden kann. Eine Konzeption, die auf die Einbindung der Beschäftigungspolitik in eine ›gebrauchswertorientierte‹, also stärker an privater und gesellschaftlicher Nützlichkeit ausgerichtete, gesamtwirtschaftliche Rahmen- und Strukturplanung hinausläuft, ist somit schon aus ökonomischen und sozialen Gründen erforderlich: sie ist es aber auch unter ökologischen Gesichtspunkten, denn selbstverständlich kann man Vollbeschäftigung nicht durch ein Wachstum sichern wollen, das die natürlichen Reproduktionsgrundlagen zerstört« (S. 169/70). Diese Verknüpfung zwischen der unmittelbaren Verteidigung von gesellschaftlichen und individuellen Bedürfnissen, die – zumal für die Masse der Lohnabhängigen und der Rentner – meist durch staatliche Leistungen zu befriedigen sind, und der Auseinandersetzung für eine alternative Wirtschafts- und Gesellschaftspolitik, die sich mit einem neuen Wachstumstyp der gesellschaftlichen Entwicklung verbindet, läßt schon die Umrisse einer Perspektive erkennen, in der nicht nur parasitäre Herrschafts- und Repressionsfunktion des Staates (Militär, Polizeiapparat) zurückgenommen werden, sondern in der auch qualitativ neue Formen der Vergesellschaftung durchzusetzen sind, die bislang staatlich vermittelte Regulierungs- und Reproduktionsfunktionen autonomen gesellschaftlichen Subjekten in der Form der Selbstverwaltung übertragen. Gewiß steht die Realisierung eines solchen Entstaatlichungsprogramms heute nicht auf der Tagesordnung; denn es ist leicht einzusehen, daß Veränderungen in dieser Richtung nur das Ergebnis einer qualitativen Transformation der Eigentums- wie der politischen Machtverhältnisse sein können.

Gleichwohl vermag die Konkretisierung des Utopischen in dieser Frage auch einen bewußteren Zugang zu den Gegenwartsproblemen zu erschließen. Es wäre eine gefährliche Illusion zu glauben, als ob die partikulare »Entstaatlichung« – wie sie in alternativen Projekten (Genossenschaften, Kultur-Kooperativen, Frauenzentren u. a. m.) sich darstellt – schon einen qualitativen Einbruch in das über den Staat zentralisierte, politisch-ideologische Herrschaftssystem der spätkapitalistischen Gesellschaft bedeutet. Solche Illusionen können im Gegenteil nur konservative Strategien flankieren, die den sozialpolitischen Kahlschlag mit dem Ziel verfolgen, den »Ordnungs-Markt-Macht-Staat« zu restaurieren. Daß auf der anderen Seite der bloße Appell an den Staat, sich beim Abbau von Elementen der Sozialstaatlichkeit zu »mäßigen« oder zur keynesianischen Konjunkturpolitik zurückzukehren, ins Leere geht, dürfte ebenfalls deutlich geworden sein. Die Alternativ-Konzeptionen müssen freilich imstande sein, demokratische Alternativen gegenüber der herrschenden Politik zu entwickeln, d. h. programmatische Antworten auf die aktuellen Nöte und Bedürfnisse vieler Menschen zu geben, deren soziales Schicksal vom »Wohlfahrtsstaat« abhängt – und zugleich eine politische Handlungsperspektive anzugeben, in der sich Widerstand ausdrücken und formieren kann.

Viele dieser Aktionsfelder sind bereits abgesteckt: der gewerkschaftliche Protest gegen Sozialabbau, Aktionen der Studenten gegen die Rotstift-Politik, kommunale Initiativen für die Sicherung von Gemeinschaftsleistungen, für autonome Kulturprojekte, gegen Preissteigerungen bei den kommunalen Diensten, die Volkszählungsboykott-Aktion und natürlich Aktionen der Friedensbewegung für konkrete Schritte der Abrüstung. In diesen Bewegungen kann sich eine Perspektive der

»Entstaatlichung« entwickeln, die die derzeit herrschenden Prioritäten bei den staatlichen Ausgaben, die Tendenzen zur Zentralisierung der Macht im Staat (die durch die neuen elektronischen Datenerfassungs- und Verarbeitungssysteme noch verstärkt werden) in Frage stellt, einen neuen Typus der Beziehung zwischen Staat und gesellschaftlicher Reproduktion (qualitatives Wachstum) vertritt, und die auf diese Weise auch neue Freiräume – nicht staatlich kontrollierter – autonomer, ökonomischer, sozialer und kultureller Reproduktion zu konzipieren vermag, ohne dabei Illusionen über die Klassenschranken anheimzufallen, die in diesem Kampf zu brechen sind, und ohne die Notwendigkeit einer gesamtgesellschaftlichen Planung und Kontrolle – auch in einer weitgehend entstaatlichten Gesellschaft – zu übersehen.

4.3. Wertwandel und neue soziale Bedürfnisse

Wissenschaftliche Arbeit entwickelt sich im Entdecken. Sie stellt Fragen, ohne schon die Antworten zu kennen. Sie gibt sich Rätsel auf, die gelöst sein wollen. In dem Maße freilich, wie Wissenschaft vergesellschaftet und institutionalisiert ist, unterliegt sie zugleich externen Zwecken und Normen. Privatwirtschaftliche und staatliche Herrschaftsinteressen setzen nicht nur die Rahmenbedingungen für den Wissenschaftsbetrieb, sondern bestimmen auch in weitem Umfang Inhalt und Zweck der Forschung. Darüber hinaus etabliert sich mit der »scientific community« ein System von Normen, das gleichermaßen wissenschaftliche Interessen und deren Realisierungsmöglichkeiten steuert. Dazu gehören die Mechanismen, nach denen sich jeweils »herrschende Meinungen« und Trends festigen, der »Markt« der Zeitschriften, Verlage und der Medien, die Hierarchien in den Universitäten, die Schulen, Bildung, die Karrieremuster u. a. m. Diese besondere »wissenschaftliche Kultur« unterliegt ebenfalls vielfältigen externen Einflüssen. Zum einen reproduzieren sich in ihr die Konkurrenzverhältnisse der bürgerlichen Gesellschaft sowie die Normen dessen, was jeweils als normal, akzeptabel, nützlich und daher »förderungswürdig« gilt. Auf der anderen Seite besteht ein (in der Regel) rigides System der sozialen und politischen Kontrolle, das den Zutritt zu dieser »Kultur« reguliert. Wenn ihre spontane Selbst-Regulierung nicht mehr funktioniert und die Gefahr »subversiver« oder wissenschaftlicher Kritik der herrschenden Verhältnisse droht, die sich zudem mit Bewegungen für deren Veränderung verbindet, dann greift der Staat mit administrativ-repressiven Instrumenten zu, um auch in diesem Bereich wieder »Ruhe und Ordnung« herzustellen (z. B. durch Berufsverbote).

Die sozialwissenschaftlichen Disziplinen (Soziologie, Politikwissenschaft, Pädagogik, Ökonomie u. a.) sind dabei besonderen Legitimationszwängen ausgesetzt. Ihrer Entwicklung nach sind sie die modernen Integrationswissenschaften der bürgerlichen Gesellschaft. Die Bewahrung bürgerlicher Hegemonie bedarf einmal stets erneuerten, empirischen Wissens über die gesellschaftlichen Strukturprozesse und deren subjektiver Verarbeitung im Bewußtsein, den Einstellungen und den Verhaltensweisen der Individuen. Da sich die bürgerliche Herrschaft jedoch immer wieder an die Dynamik der widersprüchlichen Vergesellschaftungsprozesse anpassen muß, fällt den sozialwissenschaftlichen Disziplinen außerdem die Aufgabe zu, Techniken der Steuerung und Beherrschung dieser Prozesse zu entwickeln. Der Aufschwung der modernen Sozialwissenschaften beginnt, als sich in der bürgerlichen Gesellschaft die Einsicht durchsetzt, daß die Bewahrung bürgerlicher Hegemonie nicht ausschließlich über politischen Zwang, d. h. die repressiven Staatsfunktionen, realisiert werden kann. Je mehr in den Institutionen der Vergesellschaftung sowie in den Werten und Normen, die das Alltagsverhalten der Menschen regulieren, Konsensus reproduziert und Konflikt- bzw. Widerspruchs-Bewußtsein gleichsam neutralisiert wird, um so weniger entsteht die Gefahr, daß sich die Widerspruchskonstellationen zu sozialen und politisch-ideologischen Krisen verdichten, in denen der staatliche Gewaltapparat eingreifen muß, um »Ruhe und Ordnung« wieder herzustellen.

In der entwickelten kapitalistischen Gesellschaft sind diese sozialen Integrationsprozesse freilich nicht dem spontanen Selbstlauf überlassen. Die Trennung von privater und öffentlicher Sphäre ist längst – wie im vorangehenden Abschnitt gezeigt wurde – durch die vielfältigen Eingriffe des Staates in die sog. »Privatsphäre« verwischt. Den ideologischen und integrativen Staatsapparaten ist dabei die wichtige Aufgabe zuteil geworden, die »Vergesellschaftung von oben« zu regulieren. Dabei leisten die Sozialwissenschaften Zuarbeit. Sie bereiten empirisches Wissen auf, ohne das diese Apparate nicht funktionieren. Sie erfüllen die Funktion eines »Frühwarnsystems«, das Widerspruchs- und Konfliktpotentiale in der Gesellschaft in ihren Keimformen entdeckt und so die staatlichen Apparate auf die Notwendigkeit kompensatorischer Gegenmaßnahmen aufmerksam macht. Und sie wirken maßgeblich mit an der Herausarbeitung des jeweils herrschenden Selbstverständnisses dieser Gesellschaft, dessen zentrale Begriffe (z. B. pluralistische Gesellschaft, nivellierte Mittelstandsgesellschaft, freiheitlich-demokratische

Grundordnung usw.) schnell durch die Medien, aber auch durch die Populärliteratur und Schulbücher multipliziert werden, um auf diese Weise die ideologische Alltagserfahrung, die politische Sozialisation der Massen zu strukturieren.

Auch die kritischen Sozialwissenschaften, die vorgefundene Herrschaftsverhältnisse mit dem Ziel ihrer Veränderung, d. h. der Herstellung von mehr Demokratie und sozialer Gleichheit und Gerechtigkeit, kritisieren, können sich meist solchen Wirkungszusammenhängen nicht entziehen. Dem Konservatismus ist kritische Sozialwissenschaft allemal verdächtig. Er scheint es bis heute nicht überwunden zu haben, daß im 20. Jahrhundert den traditionellen ideologischen Leitwissenschaften – Theologie, Staatswissenschaft, Geschichtswissenschaft, für die die »politischen Haupt- und Staatsaktionen das Entscheidende in der Geschichte« (Engels, MEW, 20, S. 148) sind – die Konkurrenz der empirisch orientierten Sozialwissenschaften erwachsen ist, deren Aussagen über die Gesellschaft und den Staat nicht aus überhistorischen, anthropologischen oder christlichen »Wahrheiten«, sondern aus der konkreten Analyse der gesellschaftlichen Verhältnisse und Prozesse gewonnen werden. Gleichwohl üben auch kritische Sozialwissenschaftler die Rolle von »konzeptiven Ideologen« aus. Vor allem in Perioden, in denen das Bewußtsein an Kraft gewinnt, durch gesellschaftspolitische Reformen müsse sich auch die herrschende Politik dem sozialen Wandel anpassen (um auch auf diese Weise unnötige Friktionen und deren »soziale Kosten« zu reduzieren), geraten sie ins Zentrum des öffentlichen und wissenschaftlichen Interesses. Wissenschaftliche Politikberatung begleitet politische Debatten und Entscheidungen: Sachverständigengutachten, Enquête-Kommissionen, Anhörungen, wissenschaftliche Beiräte etc. werden bemüht. Die Medien sorgen für deren Außenwirkung, und es gibt kaum eine Tagung politischer Organisationen, die sich nicht des Zuspruchs wissenschaftlicher Kompetenz versichert. Mit anderen Worten: Wissenschaft wird zum Instrument, Reform- oder Modernisierungsstrategien zu begründen, deren Entscheidungen zu legitimieren und schließlich auch deren Durchführung zu begleiten.

Diese neuen Formen der Verbindung von Theorie und Praxis, von Wissenschaft und Politik, haben ganz zweifellos progressive Tendenzen freigesetzt und konservative Beschwörungen über die neue »Priesterherrschaft« der Intellektuellen auf den Plan gerufen (Schelsky, 1975). Sie haben die Wissenschaft aus dem »Elfenbeinturm« praxisferner Reflexion herausgelöst; und sie haben – was noch wichtiger scheint – einem Teil der kritischen Sozialwissenschaftler die Einsicht vermittelt, »daß eine enge Kooperation zwischen Wissenschaftlern und Gewerkschaften notwendig ist, um nicht nur die Inhalte der wissenschaftlichen Arbeit mit den Interessen der Arbeitnehmer zu verbinden, sondern auch, um gesellschaftspolitische Strukturreformen in den Schulen und Hochschulen wie in der Gesellschaft insgesamt zu verwirklichen« (Deppe, 1977 a, S. 362; zur Kooperation Hochschulen/Gewerkschaften, vgl. Bamberg u. a., 1979). Gleichzeitig aber mußten viele in solchen Projekten engagierte Wissenschaftler Desillusionierungsprozesse verarbeiten. Mit dem Ende der Reformpolitik wurde ihnen eindringlich das Primat der Politik und der Macht über den Anspruch wissenschaftlicher Erkenntnis beigebracht. Pädagogen, die sich für die Schulreform eingesetzt hatten, wurden mit der bildungspolitischen Gegenreformation konfrontiert und vielfach zur Resignation gezwungen. Soziologen, die sich z. B. für das Regierungsprojekt »Humanisierung der Arbeit« engagierten, gerieten in die Mühlen der Auseinandersetzung um die Mittelverteilung und schließlich der sanften Liquidierung des Programms. Andere mußten mit der Erfahrung umgehen, daß mit dem Hinweis auf die Allmacht der Finanzen, die Veränderung des politischen Kräfteverhältnisses und des politischen Klimas in weiten Bereichen die »Verwissenschaftlichung der Politik« zurückgenommen wurde, und die direkte Auftragsforschung, deren Zweck eindeutig von den Trägern der Macht umrissen ist, wieder in den Vordergrund trat. Der Anspruch von Wissenschaftlern, kraft ihrer Erkenntnisse politische Entscheidungen mit zu beeinflussen oder mit zu gestalten, wurde so vielfach gebrochen.

Es kann daher nicht verwundern, daß mit dem Scheitern der Reformpolitik und der sozialliberalen Koalition »intellektuelle Suchbewegungen« einsetzten, in denen sich vielfältige Formen des »unglücklichen Bewußtseins« kombinierten. Vor allem bei kritischen Sozialwissenschaftlern setzte eine Neuorientierung ein, bei der zunehmend die »Entdeckung des subjektiven Faktors« als vorgebliche Überwindung eines mechanischen, wissenschaftlichen Objektivismus gefeiert wurde, der sich in der Analyse von Ökonomie und Klassenverhältnissen erschöpft, ohne noch das Bewußtsein, die Emotionalität und die Wertorientierungen der gesellschaftlichen Subjekte zu beachten. Die »Flucht aus der Basis in den Überbau« hat nicht nur die Belletristik (»neue Innerlichkeit«) ergriffen. Sie spiegelt sich auch in zahlreichen sozialwissenschaftlichen Diskussionsschwerpunkten der letzten Jahre wider. Ich will damit keineswegs pauschal die zahlreichen Innovationen und Anregungen disqualifizieren, die z. B. in der Erforschung der Geschichte der Arbeiterbewegung durch das neu erwachte Interesse für den »subjektiven Faktor« (»oral history«, Biographieforschung, Alltag und Kultur) eingebracht wurden. Gleichwohl fällt auf, daß dabei oftmals das

Forschungsinteresse von dem politischen Anspruch einer emanzipativen Gesellschaftsveränderung abgekoppelt wird, den die Arbeiterbewegung – vor allem ihr linker Flügel – bis in die Gegenwart vertritt. Die Besonderheit der Subjektivität oder die fachkundige Rekonstruktion von Elementen der Alltagskultur der Arbeiterklasse verdrängt dabei (so wichtig sie im einzelnen auch sein mag) die politischen Dimensionen des Kampfes der Arbeiterbewegung in jeder Entwicklungsetappe, die eben vor allem durch die Gesamtheit jener Widersprüche definiert werden, die aus den sozialökonomischen Existenzbedingungen der Klassen, ihrem Kräfteverhältnis und vor allem der Rolle des Staates in den Klassenauseinandersetzungen hervorgehen. Je mehr sich aber die historische Forschung von solchen Strukturformen der gesellschaftlichen und politischen Reproduktion (die im übrigen auch die Alltagserfahrung strukturieren, vgl. Deppe, 1981, S. 39 ff.) entfernt, um schließlich eine unüberbrückbare Diskrepanz zwischen Objektivität und Subjektivität, zwischen Politik und Alltagserfahrung zu behaupten, um so mehr löst sie selbst die Möglichkeit eines wissenschaftlichen Standpunktes auf, der die wissenschaftliche Beschäftigung mit der Arbeiterklasse – ihrer Geschichte wie ihrer gegenwärtigen Existenz- und Handlungsbedingungen – in der Perspektive einer sozialistischen Aufhebung des Kapitalismus betreibt.

In der Debatte über den »Wertwandel in den westlichen Gesellschaften«, die sich in den vergangenen Jahren insbesondere auf die Erklärung von Einstellungen und Verhaltensweisen von Jugendlichen gerichtet hat, fließen einige der gerade genannten Elemente jener »Suchbewegung« zusammen, die zumal kritische Sozialwissenschaftler ergriffen hat. Im Bericht der Enquête-Kommission »Jugendprotest im demokratischen Staat« (1982) wird die Wertwandel-These wie folgt resümiert: »Die große Mehrheit der befragten Sachverständigen versuchte, den Jugendprotest auch durch die Folgen eines Wertwandels zu erklären, der sich seit Mitte der 60er Jahre in der BRD vollzogen hat. Dieser Wertwandel, der zuweilen im Verdacht des Wertzerfalls steht, führt weg von einem Denken, das Wohlstand, Verdienst, Lebensstandard, Sicherheit und Leistung zu den hervorragenden Bezugspunkten der Lebensgestaltung macht. Statt dessen genießen Selbstverwirklichung, Gemeinschaft, Kreativität und Mitbestimmung (sog. postmaterialistische Werte) höhere Bedeutung. Teilweise werden dabei auf neue Weise alte Werte wieder entdeckt und verwirklicht« (nach: Baethge u. a., 1983, S. 55).

Ergebnisse der empirischen Einstellungsforschung sind stets offen für divergierende Interpretation. So kann auch die Wertwandel-These für gegensätzliche politisch-ideologische Interessen reklamiert werden.

Der konservative Appell an die »althergebrachten Werte« und die darin enthaltene Verzichtsideologie (vgl. w. o., S. 85) kann sich ebenso auf sie berufen wie Teile der Ökologie- und Alternativbewegung, die darin die fortschreitende Auflösung eines ökonomischen »Wachstumsfetischismus« sowie die Artikulation neuer sozialer und politischer Bedürfnisse sehen wollen, die sich nicht mehr auf Arbeit und materiellem Wohlstand, sondern auf Gattungsprobleme, neue Probleme der zwischenmenschlichen Solidarität und einer demokratischen Kultur richten. Zuverlässige Kriterien für die Auswertung von Einstellungserhebungen können jedoch nur gewonnen werden, wenn die Beziehung zwischen den ermittelten Bewußtseinsformen und Meinungen und den gesellschaftlichen Strukturveränderungen, die sich ja in den Einstellungen der Befragten widerspiegeln sollen, überzeugend nachgewiesen sind. Gerade hier stößt man schnell auf die entscheidende Schwäche der Wertwandel-Untersuchungen: daß sie nämlich sozialen Wandel (z. B. die Entwicklung zur »postindustriellen Gesellschaft« – Bell – oder zur »dualen Ökonomie« – Gorz –) oder auch – sofern sie mehr psychoanalytisch orientiert sind – gewandelte Sozialisationsbedingungen des Individuums unterstellen, ohne in der empirischen Forschung überzeugend auf den Zusammenhang von gesellschaftlicher Erfahrung (z. B. Arbeit, Krise) und deren subjektiver Verarbeitung einzugehen.

Baethge u. a. haben gerade auf die »Ausklammerung der Krise als systematischer Untersuchungsaspekt in der Mehrheit der theoretischen wie empirischen Beiträge zur aktuellen Jugendforschung« (S. 208) aufmerksam gemacht. Zudem haben sie nachgewiesen, daß die in den Wertwandel-Studien vorgetragene These vom veränderten Verhältnis der Jugendlichen zur Arbeit völlig unzureichend fundiert ist. »Wir können nach diesen Studien weder entscheiden, ob die Arbeit im Bewußtsein der Jugendlichen von ihrer eigenen Situation und ihren persönlichen Zukunftsvorstellungen an Bedeutung verloren hat, noch können wir sagen, daß es hinsichtlich der Bewertungsmaßstäbe für Arbeit zu einer generellen Umorientierung in Richtung auf eine Bevorzugung immaterieller Aspekte (Selbstbestimmung, Interessantheit, Kooperationsmöglichkeit) gegenüber materiellen Ansprüchen (Lohn, Arbeitsplatzsicherheit, Belastungsaspekte) gekommen sei« (S. 209).

Fragwürdig ist schon die Entgegensetzung und Hierarchisierung von »materialistischen« und »postmaterialistischen« Bedürfnissen (Heiseler, 1982, S. 72 ff.); denn warum sollte sich das Interesse an einem sicheren Arbeitsplatz sowie an angemessenen Arbeits- und Lebensbedingungen nicht mit dem Interesse an Selbst- und Mitbestimmung, an der Erweiterung der arbeitsfreien Zeit, an einer neuen Qualität der Kultur, des Umgangs mit der Natur usw. verbinden. Noch fragwürdiger erscheint freilich die These, daß für Jugendliche – vor allem in der Altersphase zwischen 20 und 30 Jahren – die Erwerbstätigkeit objektiv und subjektiv einen geringeren Stellenwert hat. Baethge u. a. halten – nach einer ersten Auswertung der Erwerbsquoten – gegen alle entgegengesetzten Behauptungen fest: »Auch Anfang der 80er Jahre ist das strukturbestimmende Moment im dritten Lebensjahrzehnt die Arbeit, und zwar als kontinuierliche, zu ökonomischer Eigenständigkeit verhelfende Erwerbsarbeit« (S. 219). Daher erscheint ihnen auch »eine gewerkschaftliche Jugendarbeit schlecht beraten«, die sich auf die Wertwandel-Theorien stützt (S. 213).

Arno Klönne hat den idealistischen Grundzug, der manchen Varianten der »Wertwandel-« bzw. »Wertkrise-«Debatte innewohnt und der auch in der Renaissance lebensphilosophischer Mythologien bei Teilen der Ökologiebewegung aufblüht, treffend kritisiert: » . . . Die Strukturkrisen der hochentwickelten Industriegesellschaft sind eben nicht durch ›Industriefeinde‹, ›Arbeitsverweigerer‹ und ›Antipolitiker‹ herbeigeredet; wachsende Arbeitslosigkeit und wirtschaftliche Stagnation sind nicht vom Wertehimmel gefallen. Es sind, der Ursache nach, nicht (industrielle und antiindustrielle) ›Gesinnungen‹ die da miteinander ringen; die herrschende Ökonomie selbst ist es, die Probleme hervorgebracht hat, auf die nun ›Alternativbewegungen‹ vielfältiger Art reagieren, aus denen aber auch Verunsicherung und Zukunftsangst beim ›Normalbürger‹ resultieren. Eben weil dies so ist, führt die Entgegensetzung von ›arbeitswilligen Berufstätigen‹ und ›Aussteigern‹ in eine falsche, mit ihren möglichen Folgen fatale Frontstellung hinein; aus demselben Grund bleiben aber auch alle Beschwörungen hilflos, die darauf hinauswollen, daß ›Ökonomie‹ und ›Ökologie‹, traditionell bestimmte Arbeiterbewegung und Alternativbewegungen, sich in einem gemeinsamen Prozeß des Einstellungswandels, also gewissermaßen im Kopf, miteinander versöhnen sollen« (GEMO, 1982. 4, S. 200).

Die Arbeiterbewegung kann also weder die Alternative »Befreiung in der Arbeit« oder »Befreiung von der Arbeit« noch die These akzeptieren, daß »die Lohnarbeit nicht länger der selbstverständliche Knotenpunkt ist, aus dem die subjektiven Lebensperspektiven der eigentumslosen Teile der Bevölkerung hervorgehen« (Heinze u. a., GEMO, 1981 .6, S. 342). Die Mehrzahl der Menschen (auch der jungen Menschen) in unserer Gesellschaft lebt von Erwerbsarbeit in der Form der Lohnabhängigkeit. Die Perspektive eines menschenwürdigen Lebens für alle kann nicht »jenseits der Arbeitsgesellschaft« liegen. Die Produktion des gesellschaftlichen Reichtums, die Qualität der Mensch-Natur-Beziehung und der zwischenmenschlichen Beziehungen werden stets davon abhängen, wie »der Mensch seinen Stoffwechsel mit der Natur durch seine eigene Tat vermittelt, regelt und kontrolliert« (MEW, 23, S. 192). Marx hatte das Verhältnis von Freiheit und Notwendigkeit nicht im Gegensatz von Arbeit und Nicht-Arbeit gefaßt. Die Freiheit beginnt vielmehr dort, »wo das Arbeiten, das durch Not und äußere Zweckmäßigkeit bestimmt ist, aufhört« (MEW, 25, S. 828). Bedürfnisbefriedigung wird stets die Notwendigkeit des »Ringens« mit der Natur erfordern – aber: »die Freiheit in diesem Gebiet kann nur darin bestehen, daß der vergesellschaftete Mensch, die assoziierten Produzenten, diesen ihren Stoffwechsel mit der Natur rationell regeln, unter ihre gemeinschaftliche Kontrolle bringen, statt von ihm als von einer blinden Macht beherrscht zu werden; ihn mit dem geringsten Kraftaufwand und unter den, ihrer menschlichen Natur würdigsten und adäquatesten Bedingungen vollziehen« (ebd.). In den »Grundrissen« hat sich Marx mit der Gegenüberstellung von Arbeit/Fluch und Ruhe/Freiheit/Glück durch Adam Smith auseinandergesetzt. Hier erkennt er an, daß gegenüber »den historischen Formen der Arbeit« (von der Sklaven- bis zur Lohnarbeit) die Nicht-Arbeit als Freiheit und Glück erscheinen muß. Arbeit erscheint Marx aber auch als Bedürfnis der »Aufhebung der Ruhe«: »Also als Selbstverwirklichung, Vergegenständlichung des Subjekts, daher reale Freiheit, deren Aktion eben die Arbeit« (S. 505). Das meint aber keineswegs, daß diese »Selbstverwirklichung des Individuums . . . bloßer Spaß« sei: »Wirklich freies Arbeiten, z. B. Komponieren, ist gerade zugleich verdammtester Ernst, intensivste Anstrengung. Die Arbeit der materiellen Produktion kann diesen Charakter nur erhalten dadurch, daß 1. ihr gesellschaftlicher Charakter gesetzt ist; 2. daß sie wissenschaftlichen Charakters, zugleich allgemeine Arbeit ist, nicht Anstrengung des Menschen als bestimmt dressierter Naturkraft, sondern als Subjekt, das in den Produktionsprozeß nicht in bloß natürlicher, naturwüchsiger Form, sondern als alle Naturkräfte regelnde Tätigkeit erscheint« (ebd.).

Marx war also kein Anhänger eines »Proletkultes«, der den Klassenstolz und das Klassenbewußtsein der Arbeiter aus der Erfahrung schwerer, körperlicher Arbeit herleitet. Er hat vielmehr die Freiheit mit der Aufhebung der Arbeit in der Form der Lohnarbeit und mit der Verminderung bzw. Aufhebung der schweren, körperlichen und monotonen Arbeit (»dressierte Naturkraft«) ineinsgesetzt. Gleichzeitig hat Marx darauf aufmerksam gemacht, daß sich mit der reellen Subsumtion der Arbeitskraft unter das Kapital in der »Großindustrie« zugleich die Gleichgültigkeit des Arbeiters gegenüber der konkreten Bestimmtheit der Arbeit entwickelt, also der Schein der individuellen Unabhängigkeit der handwerklichen Arbeit verschwindet. Mit dieser »absoluten Disponibilität des Menschen für wechselnde Arbeitserfordernisse« (MEW, 23, S. 512) entstehen aber auch die objektiven Voraussetzungen für die »Aufhebung der alten Teilung der Arbeit« sowie für eine wissenschaftliche Ausbildung der Arbeitskraft, für das »total entwickelte Individuum«, »für welches verschiedene gesellschaftliche Funktionen einander ablösende Betätigungsweisen sind« (ebd.). »Es unterliegt ebenso wenig ein Zweifel, daß die kapitalistische Form der Produktion und die ihr entsprechenden ökonomischen Arbeiterverhältnisse im diametralsten Widerspruch stehen mit solchen Umwälzungselementen und ihren Zielen, der Aufhebung der alten Teilung der Arbeit. Die Entwicklung der Widersprüche einer geschichtlichen Produktionsform ist jedoch der einzige geschichtliche Weg ihrer Auflösung und Neugestaltung« (ebd.). Schritte und Teilziele sind ihm auf diesem Wege: Arbeitszeitverkürzung, Arbeitsschutzgesetzgebung, Verwissenschaftlichung der Produktion und der Arbeit, Verbesserung der Ausbildung usw.

Die Einstellung zur Arbeit ist also notwendig historischen Wandlungen unterworfen. In ihr verbinden sich ganz widersprüchliche Erfahrungen und Bewertungen: physische und psychische Belastungen, soziale Beziehungen in der Arbeit, Lohn und Lebensgestaltung, Arbeitsplatzssicherheit und gesamtwirtschaftliche Entwicklung, Qualifikation, Dispositionsspielräume und Selbstwertgefühle, soziale Abhängigkeit und Unterwerfung unter die Verfügungsgewalt und Herrschaft des Kapitals. Daher gründet sich das Selbstbewußtsein von Arbeitern in der materiellen Produktion niemals ausschließlich auf die Erfahrung der körperlichen Arbeit selbst. Wenn in der Kultur der Arbeiterbewegung früher der Hammer-schwingende Arbeiter mit der »schwieligen Faust« vielfach porträtiert wurde und die Losung »Alle Räder stehen still, wenn dein starker Arm es will« dieses politisierte Selbstbewußtsein der produktiven, körperlichen Arbeit auszudrücken schien, so ging es dabei doch niemals um die bloße Verherrlichung der physischen Attribute der Arbeit. Vielmehr resultierte das Kraft-Bewußtsein der Arbeiterklasse immer auch aus der Erfahrung des Kampfes und der Solidarität, aus dem Wissen, daß die Arbeiter die Produzenten des gesellschaftlichen Reichtums sind und daß ihre Solidarität zugleich eine Gesellschaftsordnung zu begründen vermag, die frei ist von Elend, Ausbeutung und Unterdrückung.

Sozialwissenschaftler, die über einige wenige Fragen die Einstellung der Menschen zur Arbeit und zu den akzeptierten Werten erheben und daraus Schlußfolgerungen über den Stellenwert der Arbeit in der heutigen Lebenswelt ziehen, wiederholen zunächst einmal die alten Fehler der Meinungsforschung, die ja gerade aufgrund ihrer Verfügbarkeit für verschiedene und gegensätzliche Zwecke zu einem einträglichen Erwerbszweig geworden ist. Selbstverständlich ist die Erhebung subjektiver Daten notwendig, um die verschiedenen Formen des Bewußtseins und der Alltagsideologien kennenzulernen. Ihre Interpretation – vor allem im Hinblick auf politisch-strategische Überlegungen – kann jedoch der Gefahr einer Verdoppelung ideologischer Formen (damit auch des Widerspruchs zwischen dem, was jemand denkt, und dem, was er tatsächlich tut bzw. zu tun gezwungen ist) nur dann entgehen, wenn die Einstellung zur Arbeit bezogen wird: 1. auf die objektive Bedeutung der Arbeit für den gesellschaftlichen Reproduktionsprozeß sowie auf die Veränderungen des Arbeitsprozesses, die durch die Produktivkraftentwicklung bestimmt sind; 2. auf den Zusammenhang zwischen den Akkumulationsbedingungen des Kapitals und dem Tauschwert der Arbeitskraft (Wachstum, Löhne und Arbeitslosigkeit), und schließlich 3. auf den realen oder auch symbolischen Stellenwert, den die Arbeit im System der herrschenden Ideologien einnimmt, das seinerseits durch das jeweilige Kräfteverhältnis der Klassen und damit auch durch den Entwicklungsgrad des Klassenbewußtseins der Lohnabhängigen mitbestimmt wird.

Die Kritik an der Einstellungsforschung vermag wohl nachzuweisen, daß die Wertwandel-These unzureichend begründet ist. Sie bestätigt damit aber keineswegs die Behauptung, daß sich in der Einstellung zur Arbeit – als Ausdruck eines gewandelten Stellenwertes der Arbeit für die sozialen Erfahrungen (nicht nur von Jugendlichen) – *nicht* verändert habe. Auch Baethge u. a. (1983, S. 251) argumentieren in diesem Sinne: »Auch wir gehen davon aus, daß sich in den Verhaltens- und Bewußtseinsstrukturen wie in den Entwicklungsbedingungen von Jugendlichen Veränderungen vollzogen haben, die einen veränderten Stellenwert der Arbeit für den Entwicklungsprozeß signalisieren könnten und denen weiter nachzugehen ist. Unsere Kritik an den abgehandelten Beiträgen zur Jugendforschung heißt nur, daß diese Veränderungen von der Jugendforschung nicht richtig erfaßt und theoretisch nicht auf den Begriff gebracht sind; damit auch für praktische Jugendarbeit nicht hinreichen, zum Teil sogar irreführend interpretiert sind.«

Schon im Abschnitt 4.1. (Strukturveränderungen in der Arbeiterklasse, vgl. w. o., S. 178 ff.) wurde der Zusammenhang zwischen den Veränderungen im System der gesellschaftlichen Arbeit, dem sozialen und politischen Profil der Arbeiterklasse und den gewerkschaftlichen Organisations- und Handlungsbedingungen herausgearbeitet. Jetzt soll gefragt werden, welche dieser Veränderungen die Einstellung zur Arbeit, ihre Bedeutung für die gesellschaftspolitischen Auseinandersetzungen und schließlich auch für die Entwicklung neuer, sozialer Bedürfnisse beeinflussen könnten.

– Die Haupttendenz haben wir schon als die Verlagerung vom »Herstellen« zum »Dienstleisten« charakterisiert (vgl. S. 190 ff.). Als Folge der Produktivkraftentwicklung hat sich aber auch die Bedeutung der schweren, körperlichen Industriearbeit verringert. Der Einsatz von sog. »Industrierobotern« (z. B. in derzeit noch besonders arbeitsintensiven Bereichen wie z. B. der Automobilproduktion) wird diese Tendenz in der Zukunft noch verstärken (Bispinck, 1983, S. 88 ff.). Die neuen Systeme der Arbeit zeichnen sich aber gerade nicht dadurch aus, daß nunmehr ein neuer Typ der Arbeit sich durchsetzt, der eine höhere Qualifikation erfordert, um den Produktionsprozeß zu planen, zu steuern und zu kontrollieren, und der deshalb auch neue Formen der Identifikation mit den Arbeitsinhalten ermöglicht. Selbstverständlich gibt es nach wie vor solche Arbeiten; zumeist werden diese jedoch von Angehörigen der wissenschaftlich-technischen Intelligenz ausgeübt. Für die Arbeitserfahrung eines bedeutenden Teils der Arbeiterklasse gilt jedoch, daß sich mit der Automatisierung und den neuen Computer-Technologien die Arbeitssituation nicht in dieser Richtung verändert. Diejenigen, die nicht direkt freigesetzt oder arbeitslos werden, erfahren eine neue Stufe der »reellen Subsumtion«, auf der die Entwertung des Arbeitsvermögens fortschreitet, sowie die Möglichkeiten zur Identifikation mit den Arbeitsinhalten und der eigenen Tätigkeit weiter vermindert werden. Die »flexible Automation« macht vielfach theoretisches und praktisches Wissen, das durch Ausbildung und durch die Berufserfahrung erworben ist, aber auch handwerkliches Bearbeitungsgeschick, überflüssig. Spielräume zur Planung und Ausführung des Arbeitsprozesses werden verringert. Ausführende und planende Tätigkeiten trennen sich immer mehr, und betriebs- und prozeßspezifische Facharbeiterqualifikationen verlieren an Bedeutung. Schließlich: »Durch die Loslösung des Produktionsprozesses von den Fähigkeiten der Produktionsarbeiter wird ihnen die Kontrolle über die Produktion entzogen, während sie durch Datenerfassungssysteme eine verschärfte Kontrolle ihrer Arbeitsverrichtungen und -leistungen erfahren« (R. Schneider, 1983, S. 78/79).

Soweit Arbeiter unmittelbar von solchen Rationalisierungsprozessen betroffen sind, werden sie nicht nur von der Angst vor dem Verlust des Arbeitsplatzes und vor Einkommensverlusten erfaßt. Vielmehr erleben sie, wie ihre Kompetenz zur Beherrschung des Arbeitsmittels, der Arbeitsgegenstände und auch der Zeitstruktur des Arbeitsprozesses »enteignet« wird – und zwar nicht nur die technischen Steuerungs- und Fertigungssysteme, sondern auch durch das Management, das mit der Kontrolle dieser Systeme zugleich seine herrschaftliche Verfügungsgewalt über die Arbeitskraft erweitert. Außerdem erleben sie eine qualitative Veränderung der sozialen Struktur des Arbeitsprozesses: an die Stelle von Kooperation und Kommunikation tritt die soziale Isolation des Arbeiters. K. Benz-Overhage (1983, S. 84) hat diesen Wandel im Maschinenbau (einer traditionellen arbeitsintensiven Branche mit hohem Facharbeiteranteil) beobachtet: »Und schließlich sind die Formen der Zusammenarbeit, die bei der traditionellen Facharbeit die Qualität der Arbeitssituation entscheidend mitprägen, einem einschneidenden Wandel unterworfen. Gerade arbeitsteilige Einsatzbedingungen führen infolge der engen Anbindung an die Maschine zur sozialen Isolation des Maschinenbedieners. Diese Tendenz verstärkt sich, wenn Arbeitspläne und Programme über Bildschirme vermittelt werden. Von Zeit zu Zeit anfallende Kooperationen mit dem Programmierer können die Qualität früherer Kooperationsformen kaum ersetzen, da sie zumeist hierarchisch strukturiert sind.«

Aufgrund dieser Veränderungen im Arbeitsprozeß ist also anzunehmen, daß davon auch die Einstellung vieler Arbeiter zur Arbeit nicht unberührt bleiben kann. Die Möglichkeiten zur Identifikation mit der eigenen Arbeitsleistung, also zur Ausbildung eines stolzen Produzentenbewußtseins, das sich auf die Verausgabung von Körperkraft, aber vor allem auf eine spezifische Qualifikation gründet, werden reduziert. Darüber hinaus wird die kollektive Erfahrung des »Gesamtarbeiters« fragmentiert und individualisiert. Ein kollektives Kraft- und Selbstbewußtsein in der Arbeiterklasse kann sich daher in erster Linie nicht über solche Arbeitserfahrungen vermitteln.

– Die Einstellung zur Arbeit wird nicht nur durch die Arbeitserfahrung selbst, sondern auch durch die je konkreten Proportionen bestimmt, die das Verhältnis von Arbeit und Nicht-Arbeitszeit, also der sog. Freizeit, auszeichnen. Schon ein flüchtiger historischer Vergleich führt hier näher an das Problem heran: für den Arbeiter, der um 1900 an 6 Tagen in der Woche 11 bis 12 Stunden pro Tag arbeitete, dazu noch mehrere Stunden täglich für die Wegzeiten von der Wohnung zum Arbeitsplatz verausgabte, mußte die Arbeitszeit notwendig das gesamte Zeit-Budget dominieren. Für den Arbeiter, der heute an 5 Tagen in der Woche je 8 Stunden arbeitet, vermindert sich die Wochenarbeitszeit um gut 25 Stunden. Wir wissen aus empirischen Forschungen und aus den ersten Ergebnissen einer Umfrage der IG Metall, die 1983 im Vorfeld der

Auseinandersetzungen um die 35-Stunden-Woche durchgeführt wurde (vgl. Der Gewerkschafter, 1984 .1, S. 8 ff.), daß die Arbeiter im Durchschnitt ca. 2 Stunden pro Woche Überstunden (Mehrarbeit über die tariflich vereinbarte Wochenarbeitszeit von 40 Stunden) leisten. Die Zahl derer, die Nacht- und Schichtarbeit leisten, ist in den letzten Jahren angestiegen, und vor allem haben die physischen und psychischen Belastungen in der Arbeit zugenommen. Nach der Umfrage-Aktion der IGM finden 65 % der Arbeitnehmer, daß ihre Arbeit belastender geworden ist. Obwohl also im Ergebnis der gewerkschaftlichen Kämpfe die Wochenarbeitszeit von 49,1 (1950) auf ca. 40 Stunden verringert worden ist, hat sich die Arbeit enorm verdichtet. Immer wieder weisen Arbeiter darauf hin, daß sie heute die Arbeit zu erledigen haben, die früher von drei oder vier Kollegen verrichtet wurde. Der zähe Kampf, der oftmals von Gewerkschaftern und Betriebsräten um die Einhaltung von vertraglich vereinbarten Pausenregelungen auszutragen ist, zeigt nur, wie das Kapital in seinem »Heißhunger nach Mehrarbeit« (Marx) um Minuten feilscht, immer neue Verfahren der Arbeitsorganisation und der Lohnfindung entdeckt, um ein Maximum an Leistung aus der Arbeitskraft herauszupressen.

– Während also die Wochenarbeitszeit nach wie vor den Lebensrhythmus der abhängig Beschäftigten reguliert, hat sich das Verhältnis von Arbeit und Nicht-Arbeit in der Dimension der Lebensarbeitszeit beträchtlich verändert. »1982 lag das durchschnittliche Zugangsalter der Rentenempfänger in der gesetzlichen Rentenversicherung der Arbeiter bei 57,8 (Männer), bzw. 59,7 Jahren (Frauen), in der Rentenversicherung der Angestellten bei 60,1 (Männer), bzw. 59,2 (Frauen) . . . Mit einer seit Jahren sinkenden Tendenz des Zugangsalters. Dieser Entwicklung hin zu einem immer früheren Renteneintritt ist auf die gesetzliche Flexibilisierung der Rentenaltersgrenze, arbeitsmarktpolitische Entlastungsmaßnahmen, schwerpunktmäßig aber wohl auf langfristig gestiegenen Verschleiß der Arbeitskraft zurückzuführen« (H. U. Deppe, 1984, S. 118). Da sich insgesamt auch die Lebenserwartung verlängert hat, dehnt sich die arbeitsfreie Zeit im Alter aus. Freilich wird der Vor-Ruhestand nicht immer als »Befreiung von der Arbeit« empfunden. Die Erfahrung, sozial isoliert, überflüssig und von nützlicher Tätigkeit abgeschnitten zu sein, führt vielfach zu psychischen Störungen (Altersneurosen).

Noch wichtiger als die Verlängerung der Nicht-Arbeitszeit im Alter dürfte allerdings der Tatbestand sein, »daß der Wandel der Struktur des jugendlichen Erfahrungsfeldes eine Reduzierung des Gewichts unmittelbarer Arbeitserfahrung bedeutet und demzufolge auch Arbeits- und

Leistungsnormen im Bewußtsein der Jugendlichen an Selbstverständlichkeit in ihrem Allgemeingültigkeitsanspruch eingebüßt haben dürften« (Baethge u. a., 1983, S. 228). Vor allem in den Altersstufen zwischen 15 und 25 Jahren hat sich in den vergangenen beiden Jahrzehnten die Erwerbsquote erheblich vermindert. 1970 bestritten noch 44 % der 15- bis 19jährigen ihren Lebensunterhalt überwiegend durch Erwerbstätigkeit; 1980 waren es nur noch 28 % (vgl. ebd., S. 219). Dieser Wandel ist zunächst auf die Verlängerung der Ausbildung in Schulen, Fachhochschulen und Universitäten zurückzuführen. Diese Institutionen werden neben der Familie zur dominanten Lebensform, die auch auf die Entwicklung des gesellschaftlichen und politischen Bewußtseins sowie auf die Einstellung zur Erwerbsarbeit einwirken. »Insofern könnte sich überhaupt zum erstenmal in der Geschichte Adoleszenz als jener bisher vor allem in den Mittelschichten realisierte Entwicklungsprozeß, in dem der Jugendliche einen auch von den Eltern tolerierten Raum der Selbsterfahrung und des Experimentierens zugestanden erhält, soziostrukturell auf größere Teile der Arbeiterschaft und andere Gruppen der unteren Schichten ausdehnen« (ebd., S. 266).

Dieser Wandel wird schon darin deutlich, daß in der jüngsten Zeit in den Jugendorganisationen der Arbeiterbewegung Schüler, Studenten und junge Intellektuelle einen größeren Einfluß gewonnen haben. Früher erfuhr der Jungarbeiter im Betrieb selbst die Klassenspaltung und die kapitalistische Herrschaft. Hier lernte er aber auch die politische Struktur der Arbeiterbewegung sowie die Macht der gewerkschaftlichen Solidarität kennen. Heute ist diese Erfahrung oftmals auf »abstraktes Wissen« über die Arbeit und den Betrieb reduziert – und bei den politisch bewußteren und aktiven Teilen der Jugendlichen vollzieht sich ihr politischer Sozialisationsprozeß weniger in Kämpfen, die am Arbeitsplatz und im Betrieb ausgetragen werden, sondern in sozialen und politischen Bewegungen, die sich nicht unmittelbar um das Arbeitsverhältnis zentrieren.

Die Distanz zur Arbeitswelt wird bei Jugendlichen aber noch durch die Erfahrung der Krise verstärkt: »Die zunehmende Labilisierung des Übergangs aus der Schule in eine kontinuierliche Arbeit oder Berufstätigkeit erschwert zunehmend größeren Teilen von Jugendlichen die Möglichkeit, Arbeit und Beruf als geeignete Basis der Identitätsbildung zu erleben und dementsprechend im positiven Sinne lebensperspektivisch wirksame Arbeits- und Berufsorientierungen aufzubauen, die verhaltenssteuernd wirken könnten und um die es sinnvoll und lohnend erschiene, die eigenen Aktivitäten zu organisieren.« Baethge u. a. (1983, S. 235) sehen als Folge der Krisenerfahrung zwei unterschiedliche Verhaltenskonsequenzen: »Die innere Abwendung von der Arbeit als überhaupt möglichem Bereich persönlicher Selbstbetätigung und -entfaltung einerseits und andererseits eine erhöhte Anpassungsbereitschaft gegenüber vorgegebenen betrieblichen Arbeitsanforderungen und verstärkte individuelle Anstrengungen, sich doch noch Karrierechancen zu schaffen und zu sichern.«

Gleichwohl wird die politische Sozialisation der jungen Generation noch von anderen, historisch-politischen Einflüssen und Erfahrungen geprägt. H. Jung (1983, S. 63) hat den »klassenspezifisch dimensionierten Generationsbegriff« für die Altersgruppen der im Jahre 1980 15- bis 34jährigen, die über ein Drittel der Bevölkerung (34,7 %) ausmachten, folgendermaßen konkretisiert: »Wie alle Umfrageergebnisse ausweisen, liegt in diesen Generationsgruppen das wichtigste – und quantitativ größte – Linkspotential. Das gilt auch für die entsprechenden Gruppen der Arbeiterklasse. Die mit der Generationsprägung verbundenen Ereignisse, Erfahrungen usw. sind als Anknüpfungspunkte der Propaganda jeder Art bedeutsam. Die Wirtschaftswunder-Legende bzw. die Aufbaurolle der westdeutschen Arbeiterklasse ist für diese Generationen tatsächlich nur noch Legende. Aber auch wichtige sozialpsychologische Orientierungen, etwa die Bedeutung des sog. Statuskonsums, sind in diesen Gruppen wesentlich anders als in den Nachkriegsgruppen. Andererseits erleben sie den SMK als gegebene Gesellschaft, ebenso die BRD.«

– Die Massenarbeitslosigkeit bedeutet eine durch das Profitprinzip erzwungene Brachlegung bzw. Freisetzung von Arbeitskraft. Je länger sie andauert, um so intensiver wird deren reale – oder auch nur als indirektes Drohpotential empfundene – Erfahrung die Einstellungen zur Arbeit und zur »Arbeitsgesellschaft« beeinflussen. Allerdings sind auch hier verschiedene Einstellungsvarianten zu erwarten. Zum einen wird die Gleichgültigkeit gegenüber der Erwerbstätigkeit als der Basis der individuellen Lebensbewältigung bei denjenigen Gruppen zunehmen, die zu den sog. »Langzeit-Arbeitslosen« gerechnet werden oder deren Chancen, überhaupt noch ins Erwerbsleben integriert zu werden, immer geringer werden. Zum anderen erhöht sich der Anpassungsdruck bei denen, die in der Hoffnung auf Arbeitsmarktchancen leben oder die sich durch Wohlverhalten am Arbeitsplatz gegen Entlassungen schützen wollen. Schließlich kann sich auch – freilich bei einer Minderheit – das Bewußtsein entwickeln, das die eigene Lebensperspektive an den Kampf um die Veränderung jener gesellschaftlichen Herrschafts- und Machtverhältnisse bindet, die die Massenarbeitslosigkeit hervorbringen und zudem in der »Entkoppelung von Konjunktur und Beschäftigung«

die Marginalisierung eines wachsenden Teils der Bevölkerung zementieren.

A. Gorz stilisiert die erste dieser Formen zu einer neuen, emanzipierten Lebensperspektive. »Die Nicht-Klasse der Nicht-Arbeiter umfaßt die Gesamtheit der aus der Produktion durch den Prozeß der Arbeitsvernichtung ausgestoßenen oder der in ihren Fähigkeiten durch die Industrialisierung der intellektuellen Tätigkeit (Automation und Informatik) Unterbeschäftigten« (Gorz, 1980, S. 63). Dieses »nachindustrielle Neoproletariat« repräsentiert schon heute das Potential einer »befreiten Subjektivität« (S. 67); denn »es setzt sich als Subjekt durch die Verweigerung gesellschaftlicher Arbeit« (S. 66). Der Zynismus solcher Überlegungen scheint grenzenlos. Nicht der Kampf gegen die Massenarbeitslosigkeit, sondern der »Ausstieg« aus der Arbeit wird als befreiende Praxis propagiert. Einige Angehörige der Mittelschichten, die ihre Arbeit als langweilig und psychisch bedrückend empfinden, mögen ihre Träume vom Aussteigen oder ihre Selbstverwirklichung im sog. »informellen Sektor« der »dualen Wirtschaft« in eine solche Perspektive einbringen. Für die mehr als 20 Mio. Arbeitslosen, die Anfang 1983 in den sechs führenden kapitalistischen Staaten offiziell registriert wurden, viel mehr noch für die Masse der Arbeitslosen in der »Dritten Welt«, bedeutet Nicht-Arbeit überwiegend materielle Verelendung, soziale und psychische Entwurzelung. Arbeitslosigkeit verursacht erhöhte gesundheitliche Risiken und fördert den Anstieg des Alkoholismus, des Drogenmißbrauchs und des Selbstmords. Alternative Projekte im sog. »informellen Sektor« (die sich freilich den Gesetzen des Marktes und der Konkurrenz niemals vollständig zu entziehen vermögen) sind zweifellos sinnvolle Gegen-Strategien, um diesen Wirkungen der erzwungenen Nicht-Arbeit zu begegnen. Sie sind aber niemals geeignet, jene Logik und jene Herrschaftsverhältnisse der kapitalistischen Profitproduktion zu transformieren, die den Widerspruch von Arbeit und Nicht-Arbeit als den gesellschaftlichen Gegensatz von Reichtum und Armut produzieren und reproduzieren. Wenn – wie A. Gorz in einem neueren Beitrag fordert – der »Bruch mit dem Wertgesetz« zugleich die »kapitalistische Rationalität« außer Kraft setzen soll (GEMO, 1984. 1, S. 7 ff.), so erfordert dies Bewegungen und Kämpfe der Arbeitenden wie der zur Nicht-Arbeit gezwungenen Massen, die auf eine neue Proportionalität von Produktivität und Arbeitszeit, auf eine »Entkoppelung« von Arbeit und Profitprinzip und schließlich auch darauf zielen, den Inhalt, das Wie und Wofür der gesellschaftlichen Produktion neu zu bestimmen.

– Schließlich muß auch noch der Frage nachgegangen werden, wie die Einstellung zur Arbeit durch deren Bewertung in der Alltagskultur beeinflußt werden könnte. In dem Maße, wie sich die arbeitsfreie Zeit verlängert hat, ist diese selbst Verwertungssphäre für die sog. »Freizeit-Industrien« geworden. Selbstverständlich dominieren auch hier die Normen der kapitalistischen Konkurrenz: Leistung und Anerkennung vermitteln sich über Geld; der Gebrauchswert, den die Freizeitangebote (z. B. Reisen) versprechen, steht meist in einem unmittelbaren Zusammenhang mit Leistungsfähigkeit im Berufsleben. Gleichwohl verhüllen die Illusionen von Freiheit und Glück, in die die Produkte der Freizeit-Industrien verpackt sind, immer wieder diese Abhängigkeit der Freizeitgestaltung von der Erwerbstätigkeit. Die Nicht-Arbeit erscheint als das wahre Reich der Freiheit. Das Arbeitsethos steht weder im Mittelpunkt der Schlager, der Regenbogenpresse oder des Bundesligafußballs, obwohl doch die Kommerzialisierung und Professionalisierung dieser Bereiche der Alltagskultur unverhüllt zutagetritt. Je mehr die Arbeit als Last und als inhaltsleerer Gelderwerb empfunden wird, um so mehr gewinnt die »Freizeit« die Funktion, diese Erfahrungen wenigstens für eine kurze Zeit zu verdrängen, Konflikterfahrungen im Beruf und Betrieb zu neutralisieren und die Auseinandersetzung mit entfremdeten und inhumanen Lebenserfahrungen, die mit der Arbeitswelt verknüpft sind, durch die Flucht in die Traumwelt der Disco-Kultur, in die Aggressions-Arenen der Fußballstadien, in die Stupidität der Dallas-Serien oder auch in jenes Kraftgefühl, das der Druck auf das Gaspedal eines PS-starken Automobils erzeugen kann, zu ersetzen. Die Arbeiterbewegung war bis 1933 auch Träger und Organisator der sog. »zweiten Kultur«, einer Klassenkultur, in der sich das Selbstbewußtsein der gesellschaftlichen Produzenten mit der Klassenkampferfahrung und mit einer Arbeiterkultur verband, die nahezu alle Lebensbereiche der Lohnabhängigen erfaßte. Nach 1933 wurde diese Kultur zerstört und aufgelöst – und nach 1945 setzte sich dieser Prozeß der Desintegration eines relativ autonomen, proletarischen Milieus fort. Mit dem Verlust kollektiver und solidarischer Deutungsmuster im Alltag wurde der Boden bereitet für jene extrem individualisierte Lebenserfahrung, die heute zumal in der sog. »Freizeit« vorherrscht.

Damit sind gewiß nicht alle Momente des Vergesellschaftungsprozesses erfaßt, die gegenwärtig die Arbeitsverhältnisse und -erfahrungen, also auch Einstellungen zur Arbeit, strukturieren. Dennoch sollte deutlich geworden sein, daß die Lebenszeit des Individuums in der spätkapitalistischen Gesellschaft in geringerem Umfang als früher durch die Arbeitszeit bestimmt wird. Folgt daraus aber notwendig eine Orientierung »jenseits der Arbeitsgesellschaft«? Wiesenthal und Hinrich z. B. (GeMo, 1983. 12, S. 780) behaupten in diesem Sinne: »Es (ist) letztlich der von den Arbeitern selbst erkämpfte Fortschritt, der sie allmählich aus der zwanghaften Orientierung an Arbeiterschicksal, an Arbeitsethik und Arbeitssituation entläßt.« Gleichzeitig haben »die Lebensbereiche außerhalb der Arbeit einen komplementären Bedeutungsgewinn als Bezugspunkt von Orientierungen erfahren« (ebd.). Daher konstatieren sie den Zerfall eines einheitlichen Arbeits- und Arbeiterbewußtseins. Persönlichkeitsentwicklung, gleiche Bürgerrechte, soziale Gerechtigkeit und Solidarität (die über das sozialstaatliche Leistungsangebot vermittelt sein sollen), die Familie als »Ort sozialer Geborgenheit« und schließlich die »selbstbestimmte Freizeit und ein an Genuß, Abwechslung und Selbstentfaltung orientierter Konsumstil« (ebd., S. 781) werden als Lebensbereiche außerhalb der Arbeit bestimmt, in denen sich höchst individualisierte Wertorientierungen ausbilden, die ihrerseits »kollektives Handeln im gemeinsamen Interesse« einer längst fiktiv gewordenen »Klasseneinheit« blockieren.

Dagegen ist zunächst einmal zu wiederholen, daß sich das Selbstbewußtsein der politischen und gewerkschaftlichen Arbeiterbewegung niemals aus einem bloßen »Proletkult« hergeleitet hat. Parzellierte und monotone Arbeit, die erhebliche psychische und physische Belastungen mit sich bringt, wurde stets als eine negative Form menschlicher Praxis begriffen, die verändert und abgeschafft werden muß. Darüber hinaus muß es erstaunen, wie Wiesenthal und Hinrichs die Bedeutung der Arbeitserfahrung für die Lohnabhängigen in der Gegenwart reduzieren und zugleich die Lebensbereiche außerhalb der Arbeit zu einem wahren Eden der Freiheit und des Glücks, der entfalteten Individualität und der Selbstbetätigung aufwerten. Dabei wird zum einen übersehen, daß die Verkürzung der Arbeitszeit mit einer Intensivierung einhergeht, die den körperlichen und geistigen Verschleiß der Arbeitskraft ansteigen läßt. Auch die Formen der Freisetzung von Arbeit, z. B. die Arbeitslosigkeit, erweitern keineswegs die Freiheitsräume der Betroffenen, sondern bringen neue Formen der Abhängigkeit und Entfremdung, der Vernichtung des Potentials schöpferischer Selbstbetätigung hervor. Und schließlich verhüllt das idyllische Bild von der »selbstbestimmten Freizeit« den Sachverhalt, daß gerade in diesem Bereich neue Formen der Disziplinierung, der Abhängigkeit und der Entfremdung reproduziert werden. Die negative Fixierung auf den Arbeitsprozeß verhindert hier den Zugang zu den gesellschaftlichen Formbestimmungen des Bewußtseins. Marx hat bekanntlich seinem Hauptwerk nicht den Titel »Die Arbeit«, sondern »Das Kapital« gegeben. Bischoff u. a. (1982, S. 187) machen daher mit Recht darauf aufmerksam, daß auch bei einer Verkürzung der Arbeitszeit »für den Lebensprozeß der Widerspruch von

Arbeitszeit und Zeit für freie gesellschaftliche, geistige und politische Tätigkeiten eindeutig durch das Kapitalverhältnis bestimmt« bleibt.

Die These vom »Wertwandel« und damit einer völlig neuen, distanzierten Einstellung zur Arbeit und ihrem Wertsystem steht mithin auf recht schwachen Fundamenten. Selbst Wiesenthal und Hinrichs gestehen zu: »Nur bei verhältnismäßig wenigen Menschen kam es bisher zur Ausbildung von überwiegend nicht-›materiellen‹ Wertmustern« (a.a.O., S. 784). Und: »Was den in den Medien gelegentlich angesprochenen Wandel der Arbeitswerte betrifft, so deuten empirische Forschungen darauf hin, daß dieser weit weniger dramatische Veränderungen beinhaltet, als oft behauptet wird« (ebd.). Gleichwohl eignet auch jenen Konzeptionen, die sich um die Behauptung vom »Ende der Arbeitsgesellschaft« gruppieren, ein Moment von Wahrheit. Die Arbeitsverhältnisse und die Beziehungen zur Arbeit sind in der Tat einem Wandel unterworfen. Im Zentrum dieses Prozesses steht die Freisetzung von Arbeitskraft (die – wie wir gesehen haben – verschiedene Formen annehmen kann: von der Verkürzung der Tages-, Wochen- und Lebensarbeitszeit bis hin zur Massenarbeitslosigkeit und Marginalisierung). Damit verändert sich – vor allem bei Jugendlichen bis 25 Jahren – nicht nur die Proportion Arbeitszeit – Nicht-Arbeitszeit; vielmehr werden auch die sozialen Erfahrungen in verstärktem Maße durch Lebensbereiche außerhalb der Arbeit (Bildung, Ausbildung, Freizeit, Konsum, Familie usw.) bestimmt. Die Entwicklung des gesellschaftlichen und politischen Bewußtseins sowie der sozialen Bedürfnisse vollzieht sich daher in einem Spannungsfeld, in dem die härter gewordenen Leistungsanforderungen im Arbeitsprozeß, aber auch der Druck, der von der Massenarbeitslosigkeit ausgeht, mit den Normen des Privatlebens und der »Freizeit« konkurrieren, die scheinbar ein weites Feld für Selbstbetätigung und -verwirklichung eröffnen.

Der wesentliche Fehler jener Konzeptionen, die das »Ende der Arbeitsgesellschaft« propagieren, enthüllt sich nicht nur im Nachweis, daß ihr empirisches Forschungsinstrumentarium schon das behauptete Ergebnis antizipiert und deshalb zur Erfassung des tatsächlichen Wandels der Arbeitsverhältnisse sowie der Einstellungen zur Arbeit nur schlecht geeignet ist. Deutlicher noch sind ihre Defizite da zu erkennen, wo sie die Bestimmung der Beziehung von Arbeit und Nicht-Arbeit durch das Kapitalverhältnis negieren und dabei tendenziell den Ideologien von Freiheit, Selbstverwirklichung und Glück auf den Leim gehen, die in vielen Lebensbereichen außerhalb der Arbeit neue Formen von Entfremdung und Herrschaft, von Anpassung und Disziplinierung reproduzieren. Die bewußte Auseinandersetzung mit solchen Erfahrungen hat jedoch schon in den 70er Jahren zu einer Politisierung des sog. »Reproduktionsbereiches« geführt. Soziale Bedürfnisse und Interessen, die nicht mehr ausschließlich auf die Arbeit, den Betrieb und die Ökonomie bezogen sind (gleichwohl von der materiellen Reproduktion nicht zu trennen sind), wurden in Bürgerinitiativen und den »neuen sozialen Bewegungen« geltend gemacht und fanden so auch Eingang in die Programmatik der politischen Parteien. Das Bewußtsein, daß die »Lebensqualität« nicht nur von der Arbeit und dem Lohn, sondern auch von Bildung und Ausbildung, von Gesundheits- und Altersvorsorge, von einer intakten Umwelt und schließlich auch von einer Kultur abhängt, die nicht nur durch kommerzialisierte Freizeitaktivitäten, sondern auch von der Qualität zwischenmenschlicher Beziehungen und demokratischer Praxisformen bestimmt ist, wurde auch bei Teilen der Lohnabhängigen (vor allem der jüngeren Generation) zur Triebkraft politischer Konflikte und Bewegungen, in denen diese neuen Ansprüche auch gegen bestehende Herrschaftsinteressen durchgesetzt werden sollten. Kaspar Maase hat diese Ansätze einer neuen politischen Kultur in den außerparlamentarischen Bewegungen seit dem Ende der 60er Jahre auch als Ausdruck jenes Vergesellschaftungsprozesses interpretiert, in dem sich die Proportionen zwischen Arbeitszeit und Nicht-Arbeitszeit verschoben haben:

»Mit der jungen Generation wuchs das Niveau schulischer und beruflicher Bildung; längere Freizeit und vielfältigere Mittel und Möglichkeiten für ihre Nutzung schufen erst nennenswerte Wahlmöglichkeiten und verlangten bewußte Entscheidungen über die eigene Entwicklung; die soziale Durchmischung in Wohngebieten, Arbeits- und Freizeitkontakten verstärkte die Ausstrahlung deutlicher bildungs- und persönlichkeitsorientierter Lebensstile von Gruppen der Mittelschichten. Erziehungsziele und -methoden in Familie und Schule gaben individuellen Qualitäten und Ansprüchen wie Selbständigkeit und ›Selbstverwirklichung‹ größeren Stellenwert. Vor allem Diskussionen und Projekte der Bildungsreform mobilisierten Interessen und Ansprüche mit einer starken Persönlichkeitskomponenten. Über bessere individuelle Qualifikationen will man sich eine sichere berufliche Stellung mit gutem Einkommen und befriedigender Tätigkeit unter Bedingungen erreichen, die noch Kraft und Initiative in der Freizeit lassen. Belastende Arbeitsbedingungen und Tätigkeitsentleerung werden angesichts der Umwälzung privater Lebensverhältnisse zunehmend als inakzeptabel erfahren; Reaktion hierauf ist sowohl die wachsende Bereitschaft, derartige Persönlichkeitsansprüche im Beruf einzubringen, wie – angesichts der Widerstände dort zunächst überwiegend – die Entfaltung von Glücks- und

Befriedigungsansprüchen in der Freizeit; vorhandene Infrastrukturmängel und Umweltprobleme werden damit subjektiv bedeutsamer« (Maase, 1982, S. 15). Solche Politisierungsprozesse beschränken sich jedoch keineswegs auf Angehörige der (vorwiegend lohnabhängigen) Mittelschichten. Auch in der Arbeiterklasse – und hier wieder vor allem bei den jüngeren Generationen – hat sich das Bewußtsein entwickelt, daß der »proletarische Lebenszusammenhang« mehr und mehr durch Lebensbereiche außerhalb der Arbeit bestimmt wird – und: daß sich daher die gewerkschaftliche und politische Auseinandersetzung mit der Durchdringung des gesamten Lebenszusammenhangs durch die »Logiken« der Kapitalverwertung (die in den verschiedenen Bereichen – z. B. Arbeit, Konsum, Kultur – ganz verschiedene Gestaltungen annehmen können) auch auf die Totalität der Lebenserfahrung richten muß. Es reicht daher nicht aus, die bewußte und solidarische Auseinandersetzung mit der gesellschaftlichen Macht des Kapitals in Betrieb und Staat durch eine bewußte und solidarische Gestaltung des Reproduktionsbereiches und der »privaten« Freizeit zu ergänzen. Entscheidend wird vielmehr die Verschränkung dieser Sphären in einem neuen Typ der proletarischen Kultur. Witich Roßmann hat für die 70er Jahre neben der »Reaktivierung originär gewerkschaftlicher Wertorientierungen und Handlungsmuster« neue Tendenzen nachgewiesen, in denen schon diese neuen sozialen und politischen Bedürfnisse in der gewerkschaftlichen Organisation und Praxis selbst zum Ausdruck kommen: »Es haben sich (zudem) demokratische Wertorientierungen vor allem unter den gewerkschaftspolitisch aktiven, informellen wie formellen, Kadern – aus der jüngeren Generation und höher qualifizierten Gruppen – stärker verankert. Damit sind vor allem Bedürfnisse und Ansprüche nach echten Mitbestimmungs- und Kontrollrechten, Forderungen nach Basisbeteiligung in der Politik, aber auch nach transparenteren Informations-, Kommunikations- und demokratischen Entscheidungsstrukturen auf allen gewerkschaftlichen Ebenen und Handlungsfeldern gemeint. Sie schließen die Forderungen nach gleichberechtigter Vertretung bis dato benachteiligter Gruppen in der Gesellschaft ein, deren doppelt unterdrückter Status sich in den Gewerkschaften vielfach bis in die Gegenwart hinein reproduzierte – so insbesondere von Frauen, Ausländern und neuerdings wieder Arbeitslosen« (Roßmann, 1982, S. 51/52).

Untersucht man die gewerkschaftlichen Kämpfe der 70er Jahre – ihre Inhalte wie deren Formen – genauer, so zeigt sich, daß neben der klassischen Lohnpolitik immer mehr die sog. »qualitative Lohnpolitik« sowie die gesellschaftspolitischen Reformforderungen, die sich ja – wie z. B.

die Bildungspolitik – gerade auf die Reproduktionssphäre erstrecken, in den Vordergrund geschoben haben. Themen wie Rationalisierung und neue Techniken, Kontrolle der Arbeitsbedingungen (Humanisierung), Recht auf Arbeit, Arbeitszeitverkürzung lassen sich kaum auf Arbeits- und Betriebserfahrungen reduzieren. In ihnen verschränken sich vielmehr Interessen, die sowohl auf die betriebliche Erfahrung als auch auf die gesamtgesellschaftlichen und -politischen Machtverhältnisse bezogen sind. Und in ihnen wird die Frage der materiellen Arbeits- und Lebensbedingungen ebenso thematisiert wie die Frage nach der Qualität des »ganzen Lebens«.

Mit der Auseinandersetzung um die 35-Stunden-Woche ist die Frage nach der bewußten Gestaltung des »ganzen Lebens« für die Gewerkschaftspolitik zentral geworden. Oskar Negt hat mit Recht darauf aufmerksam gemacht, daß in diesem Kampf nicht nur der Antagonismus von Kapitalverwertung und gesamtgesellschaftlicher Bedürfnisbefriedigung ausgetragen wird, sondern daß sich dabei das politische Mandat der Gewerkschaften in eine neue »politisch-kulturelle Dimension« erweitern muß: »Dabei können sich die Gewerkschaften nicht darauf beschränken, im herkömmlichen Sinne Kulturpolitik zu betreiben. Es ist vielmehr nötig, viel stärker Aufmerksamkeit auf jene Ansätze und Initiativen zu richten, die sich außerhalb des offiziellen Kulturbetriebes abspielen und in denen sich neue Formen der politischen Kultur der arbeitenden Menschen andeuten. Die Entwicklung eines selbstbewußten kulturellen Selbstverständnisses der Gewerkschaften ist wesentliche Voraussetzung dafür, daß Arbeitszeitverkürzungen zugunsten der Erweiterung der Zeit des Lebens zur wirklichen Befreiung der Menschen und zur Demokratisierung des gesamtgesellschaftlichen Lebens führen« (Negt, 1983, S. 9).

Diese Überlegungen zum gewandelten Verhältnis von Arbeits- und Nicht-Arbeitszeit, von neuen sozialen und kulturellen Bedürfnissen und klassischen Arbeitsorientierungen in der Arbeiterklasse bestätigen die Schlußfolgerung von Witich Roßmann, daß eine klassenautonome Politik der Arbeiterbewegung gegenwärtig *nicht allein* im Rückgriff auf klassische Forderungen der sozialistischen Arbeiterbewegung (Recht auf Arbeit, Vergesellschaftung, Planung etc.) begründet werden kann. »Die neuen sozialen Bedürfnisse müssen auch in der Organisation der gewerkschaftlichen Alltagspraxis zum Tragen kommen. Die gleichberechtigte Integration von Frauen und Ausländern, transparente und kommunikative Strukturen, die eine aktive Beteiligung erlauben, die Entfaltung kultureller Aktivitäten erfordern eine bewußte Organisation der Alltagspraxis, in der sich die individuellen und kollektiven Bedürfnisse nach Persönlichkeitsentfaltung, Formung solidarischer Beziehungen, Selbstbetätigung im Kontrast zu den unterdrückenden, entfremdenden und ausbeutenden kapitalistischen Alltagsstrukturen entwickeln können. Dies schließt innergewerkschaftliche Demokratie ein sowie die Kritik an Tendenzen zu selektiver Interessenvertretung, zur Unterrepräsentation einzelner Gruppen, an der Bürokratisierung, Formalisierung und Ritualisierung gewerkschaftlicher Alltagsarbeit« (Roßmann, 1982, S. 70/71).

5. Modelle für die Zukunft – Perspektiven der Gewerkschaftspolitik

Karl Kautsky hatte sein Buch »Der Weg zur Macht« (1910), in dem er den Umschlag in eine neue Periode von Kriegen, Krisen und revolutionären Kämpfen voraussagte (vgl. w.o., S. 112 ff.), mit den folgenden Worten abgeschlossen: »Glücklich jeder, der berufen ist, an diesem erhabenen Kampfe und Siege teilzunehmen« (Kautsky, 1972, S. 112). Das Pathos dieses historischen Optimismus muß heute viele Leser befremden. Sie werden an Siege und Niederlagen der Arbeiterbewegung seit 1910 denken, dabei aber auch nicht das unermeßliche Leid vergessen, das Weltkriege, Krisen und Faschismus (zeitweilig auch die Verteidigung der Revolution) mit sich gebracht haben. Kautsky konnte das Ausmaß an Gewalt nicht ahnen, das die herrschenden Klassen im 20. Jahrhundert aufwenden würden, um ihre Interessen durchzusetzen und die »alte Ordnung« – zumal gegen die revolutionäre Arbeiterbewegung und die antiimperialistischen Befreiungsbewegungen – zu verteidigen. Sein Optimismus gründete sich jedoch zugleich auf das zu seiner Zeit in der Arbeiterbewegung fest verwurzelte Fortschrittsbewußtsein: die »historische Mission« der Arbeiterklasse wurde ja gerade darin gesehen, daß sie als »Totengräber« des Kapitalismus dazu bestimmt war, sein historisches Erbe anzutreten. Der Sozialismus sollte die Widersprüche und Fesseln aufheben, die den Gegensatz von Armut und Reichtum hervorbringen, die imperialistische Konkurrenz zum Krieg steigern und Wissenschaft und Technik in Instrumente der Beherrschung und Ausbeutung der Arbeitskraft verwandeln.

In unserer Zeit des Umbruchs und des Übergangs würde wohl niemand auf den Gedanken kommen, die Zukunft mit den Worten Kautsky's zu feiern. Heute herrscht ein »Schwund der Zukunftsgewißheit« (Zukunftsperspektiven, 1983, S. 27) vor. Mehr noch: die Triebkraft neuer sozialer und politischer Bewegungen ist oftmals die Angst vor der Zukunft: »Angst, Erschrecken, tiefe Sorge um die Zukunft, starke Zweifel an der Chance eines Fortschritts zu Gerechtigkeit, Gleichheit, Glück, ja selbst an der Erhaltung des gegenwärtigen Nichtkrieges – diese Grundstimmungen durchdringen die neuen sozialen Bewegungen und ihren Einflußbereich. Wer mit Optimismus zum Jahre 2000 blickt, wer glaubt, daß die Menschen ihre Probleme lösen können und werden, wer gar Wissenschaft und Technik als Hilfsmittel dabei sieht – der steht hier hoffnungslos in der Minderheit« (Maase, 1982, S. 33). Diese Angst wird durch den neu-konservativen Optimismus eines Hermann Kahn eher verstärkt, der einen »kommenden Boom« prognostiziert, diesen allerdings davon abhängig macht, »daß die Vereinigten Staaten wieder imstande sein werden, eine echte Führungsrolle zu spielen« (Kahn, 1982, S. 20). Auch die neuesten Umfrageergebnisse des Allensbacher Instituts für Demoskopie, die einen wachsenden Zukunftsoptimismus der Bundesbürger behaupten (im Januar 1984 äußerten sich 54 % optimistisch, im Dezember 1982 waren es nur 34 %), dürften kaum eine grundlegende Trendwende widerspiegeln. Eine intensivere Befragung würde wahrscheinlich zeigen, daß es sich bei diesen Daten um einen ersten (natürlich hoffnungsvollen) Meinungs-Reflex auf die konjunkturelle Belebung und auf die Propaganda der Bundesregierung, nicht aber um die Aufhebung von Angst und Sorge handelt, die sich mit der Bewertung der Arbeitsmarktentwicklung, der neuen Techniken, der Umwelt und der Natur, der Kriegsgefahr usw. verbindet.

Im »Orwell-Jahr 1984« haben negative Utopien Konjunktur. Die Zukunft scheint die Gegenwart längst eingeholt zu haben. Gerade weil der Kapitalismus so viele Elemente der sozialistischen Utopien früherer Zeiten (materiellen Wohlstand, wissenschaftlich-technische Entwicklung) eingelöst und zugleich in Destruktivkräfte individueller und gesellschaftlicher Emanzipation verwandelt hat, verblaßte die Suggestivkraft der alten, utopischen Entwürfe. Noch die Arbeiterbewegung der 20er Jahre war imstande, den lebensphilosophischen Pessimismus im bürgerlichen Denken, die morbide Lust am Untergang, die inhaltslose Verherrlichung der Gewalt und der Irrationalität in der Politik als Zeichen der Dekadenz, als Begleitmusik des historischen Niedergangs einer herrschenden Klasse zu interpretieren und dagegen ihre positive Utopie einer Zukunft zu setzen, in der mit dem Sozialismus zugleich ein neues »Reich der Freiheit«, ein Reich ohne Ausbeutung und Unterdrückung, zu verwirklichen sei. H.M. Enzensberger – selbst einer der prominentesten Literaten, die sich nach 1968 für eine kurze Zeit dem utopischen Sozialismus verschrieben hatten – fordert heute einen radikalen Bruch mit dem Anspruch, positive Utopien wissenschaftlich und politisch begründen zu wollen. Die »Theoretiker« sollten endlich zugeben, »was jeder Passant längst verstanden hat: daß es keinen Weltgeist gibt; daß wir die Gesetze der Geschichte nicht kennen; daß auch der Klassenkampf ein ›naturwüchsiger Prozeß‹ ist, den keine Avantgarde bewußt planen und leiten kann; daß die gesellschaftliche wie die natürliche Evolution kein Subjekt kennt und daß sie deshalb unvorhersehbar ist; daß wir mithin, wenn wir politisch handeln, nie das erreichen, was wir uns vorgesetzt haben, sondern etwas ganz anderes, das wir uns nicht einmal vorzustellen vermögen; und daß die Krise aller positiven Utopien eben hierin ihren Grund hat. Die Projekte des 19. Jahrhunderts sind von der Geschichte des 20. Jahrhunderts samt und sonders falsifiziert worden« (Enzensberger, 1978, S. 7).

Während Enzensberger sich auf die Traumwelt des Unbewußten und ihre auch apokalyptischen Bilder – und damit auf die Position des auf sich selbst zurückgeworfenen, spätbürgerlichen Intellektuellen – zurückzieht, sehen andere im Konservatismus die normale Form eines Bewußtseins, in dem sich der Stillstand der Geschichte in der heutigen Zeit – die Absorption von Widersprüchen und Konflikten, die gerade nicht sich zur wirklichen Bewegung über den gegenwärtigen Zustand hinaus verdichten – einen Ausdruck verschafft. Freilich handelt es sich dabei nur um *eine* Strömung der intellektuellen Reaktion auf die gegenwärtigen Krisenerfahrungen. Auf der anderen Seite wächst offenbar der Bedarf nach »Zukunftsperspektiven«, die Antworten auf die Ängste und Sorgen der Gegenwart geben und die zugleich Wege einer politischen Praxis angeben, um solche Hoffnungen auf eine bessere Zukunft einzulösen. In der Geschichte der bürgerlichen Gesellschaft (seit dem frühen 16. Jahrhundert) hat es immer wieder Perioden gegeben, in denen krisenhafte Umbrüche zu einem massenhaften Orientierungsverlust geführt haben. Dieser hat seinerseits das Bedürfnis nach Neu- und Zukunftsorientierung (natürlich geformt durch die je historischen Bedingungen) gefördert. Daß dabei utopische Entwürfe einer besseren Welt neben apokalyptischen Weltuntergangs- und religiösen Errettungsvisionen stehen, ist nur scheinbar ein Widerspruch; denn beide Formen artikulieren auf unterschiedliche Weise (unterschieden auch nach den sozialen Trägern: einmal bürgerliche Intellektuelle – zum andern: die Volksmassen) jenes mit Angst vermischte Bedürfnis nach einer neuen Weltanschauung, die gleichsam eine Brücke zwischen der aktuellen Erfahrung von Leid, Elend, Unterdrückung und normativer Entwurzelung und einer Perspektive der befreienden Weltveränderung schlägt. Dabei speist sich der »utopische Überschuß« immer wieder (zumal in der frühbürgerlichen Epoche, in der die bäuerlichen Massenbewegungen als ein »historischer Hebel« für den Aufstieg des Absolutismus und des Bürgertums dienen) aus der Sehnsucht nach der Vergangenheit. Die »gute, alte Zeit«, das mythologisch verklärte »goldene Zeitalter«, soll in der Zukunft wieder hergestellt werden. Formen des Konservatismus sind daher auch dort gegenwärtig, wo sich in die Zukunft projizierte Hoffnungen auf eine bessere und gerechte Welt mit der

Angst vor der Gegenwart, der Rebellion der Gefühle und Bedürfnisse gegen die herrschende Negativität, schließlich auch mit massenhafter Aktionsbereitschaft im politischen Raum verbinden.

Die Herrschenden fürchten sich vor solchen Bewegungen. Im Spätmittelalter entfachten sie die blutigsten und grausamsten Vernichtungskampagnen gegen »Ketzer«, »Wiedertäufer« und »Hexen« – später waren die sozialistischen und kommunistischen Bewegungen des 19. und 20. Jahrhunderts Opfer der Utopie-Furcht der herrschenden Klassen, die Erlösung und Befreiung stets in das jenseitige Gottesreich gebannt und auf Erden von den Kirchen verwaltet wissen wollten – daher mit Gewalt gegen jene vorgingen, die den Gedanken der Erlösung vom Himmel auf die Erde zurückholten und in die Programmatik der sozialistischen Revolution übersetzten. Erst im 20. Jahrhundert haben es die herrschenden Klassen unter dem Druck des Sozialismus und der Arbeiterbewegung verstanden, Verunsicherung und Angst durch die kapitalistische Krise, Bedürfnisse nach Stabilität und Orientierung – vor allem beim Kleinbürgertum – in die faschistische Vision der »nationalen Revolution«, der »Errettung Deutschlands« und des »Tausendjährigen, Dritten Reiches« umzumünzen und für sich zu nutzen (vgl. Bloch, 1968).

Auch heute lebt diese Furcht vor der Kraft des Utopischen immer wieder auf. Im Bericht der Kommission »Zukunftsperspektiven gesellschaftlicher Entwicklungen« (der sog. »Späth-Kommission) ist Erleichterung zu spüren, wenn die Verfasser feststellen, in der jüngsten Zeit sei der Trend zu einer wachsenden »Wissenschafts- und Technikfeindschaft« gebrochen. Dagegen entdecken sie einen »Pragmatisierungsvorgang«: »Ernüchterung; sich schärfender Sinn für externe Kosten des Fortschritts; Anhebung des Niveaus für Nachweise, daß der fällige Fortschritt nötig sei; Ausbildung konservativer Verhaltensweisen als rationale Formen des Umgangs mit naturalen, psychischen und kulturellen Ressourcen, die sich nicht-restituierbar und nur schwer kompensierbar verknappen; *Wiedererstarken der ideologischen und politischen Resistenz gegen intellektuelle Utopiepropaganda* und somit zunehmende Prädisposition für erfolgversprechendes Handeln in einer Lage, in der die Abwehr voraussehbarer, wohlbekannter Übel wichtiger ist als das Engagement bei *Bewegungen, die zum Unbekannten, ganz Anderen aufbrechen«* (Zukunftsperspektiven, 1983, S. 28/29).

Selbst bürgerliche Zukunftsforscher, die sich den Idealen einer »versöhnten Gesellschaft« verschrieben haben, werden sich kaum in der Gewißheit wiegen, daß sie einen stabilen – gegen künftige Erschütterungen gleichsam immunen – »Vorgang« entdeckt haben. Alle »Szenarios«, die heute für den Übergang ins neue Jahrtausend entworfen werden, kalkulieren mehr oder weniger die möglichen Risiken und Katastrophen, die sich selbst mit dem Übergang in eine neue Wachstums- und Stabilisierungsphase des Kapitalismus einstellen können: die Katastrophe eines atomaren Krieges, Umweltkatastrophen, soziale Katastrophen (vor allem auch in der Dritten Welt), die unausweichlich erscheinen, wenn die Massenarbeitslosigkeit festgeschrieben wird und weiter ansteigt, wenn der Gegensatz zwischen Armut und Reichtum zwischen den Ländern der Dritten Welt und den kapitalistischen Metropolen sich weiter zuspitzt. J. Huber, der den Übergang zu einer neuen Phase der »Superindustrialisierung« für unvermeidlich hält (d.h. die Möglichkeit einer sozialistischen Transformation des Kapitalismus, die natürlich vielen als die schlimmste aller denkbaren Katastrophen erscheinen würde, ausschaltet), beschreibt mit den möglichen Entwicklungsalternativen zugleich die Risiken dieses Übergangsprozesses: »Eine bessere Balance von Erwerbsarbeit und Eigenarbeit für alle, nationale Einheit und Einigkeit aufgrund relativ geringer Klassenunterschiede, ›Maschinensteuer‹, garantiertes Einkommen, allgemein zugängliche Infrastrukturen – das Leben in einem superindustrialisierten System kann unter diesen Bedingungen sehr gut sein. Umgekehrt könnte es sehr bedrückend werden: Eine durch Arbeitslosigkeit und Randgruppenbildung zersplitterte Nation, die in einen erbitterten Verteilungskampf und Überlebenskrieg verstrickt ist, weil wenige Reiche zuviel haben und zu viele neue Arme zu wenig. Der Sozialstaat müßte den harten Dienstleistungen Priorität einräumen: Polizei, Psychiatrie, Schulzwang, Heimzwang für Jugendliche und Alte usw. Der Welfare State würde ein innerer Warfare State, ein Sozialpolizeistaat« (Huber, 1982, S. 181).

Die Arbeiterbewegung in den hochentwickelten kapitalistischen Ländern steht derzeit nicht an der Spitze eines »utopischen Blocks«, der sich theoretisch und praktisch in die Auseinandersetzungen um die »Zukunftsperspektiven« einschaltet. Sie scheint vollauf damit beschäftigt, die Wirkungen der kapitalistischen Krise auf die Arbeiterklasse und die eigenen Organisationen zu bearbeiten. Daher erscheint sie vielen als Träger eines konservativen Realismus, der sich mit der Logik des Industriesystems verbündet habe. In diesem Kapitel will ich daher die Frage diskutieren, ob die These vom Utopie-Verlust in der Arbeiterbewegung richtig ist und wie sich in den heutigen sozialen und gesellschaftspolitischen Auseinandersetzungen Gegenwartsinteressen und Zukunftsperspektiven miteinander verschränken.

5.1 Marxismus und Utopie

Seit Friedrich Engels seine außerordentlich erfolgreiche Schrift ,,Die Entwicklung des Sozialismus von der Utopie zur Wissenschaft« (1880) veröffentlichte, gelten Marxismus und Utopie als Gegensätze. Marx und Engels haben die Frühsozialisten als »Vorläufer des wissenschaftlichen Sozialismus« geachtet; aber sie haben zugleich den idealistischen Charakter ihrer Theorien und Projekte kritisiert. So schrieb Engels: »Die Anschauungsweise der Utopisten hat die sozialistischen Vorstellungen des 19. Jahrhunderts lange beherrscht und beherrscht sie zum Teil noch. Ihr huldigten noch bis vor ganz kurzer Zeit alle französischen und englischen Sozialisten, ihr gehört auch der frühe deutsche Kommunismus mit Einschluß Weitlings an. Der Sozialismus ist ihnen der Ausdruck der absoluten Wahrheit, Vernunft und Gerechtigkeit und braucht nur entdeckt zu werden, um durch eigene Kraft die Welt zu erobern; da die absolute Wahrheit unabhängig ist von Zeit, Raum und menschlicher geschichtlicher Entwicklung, so ist es bloßer Zufall, wann und wo sie entdeckt wird. Dabei ist dann die absolute Wahrheit, Vernunft und Gerechtigkeit wieder bei jedem Schulstifter verschieden; und da bei jedem die besondere Art der absoluten Wahrheit, Vernunft und Gerechtigkeit wieder bedingt ist durch seinen subjektiven Verstand, seine Lebensbedingungen, sein Maß von Kenntnissen und Denkschulung, so ist in diesem Konflikt absoluter Wahrheiten keine andere Lösung möglich, als daß sie sich aneinander abschleißen« (MEW. 19., S. 200). Der wissenschaftliche Sozialismus mußte erst »auf einen realen Boden« gestellt werden« (ebd., S. 201) – das heißt: »die materialistische Geschichtsauffassung und die Enthüllung des Geheimnisses der kapitalistischen Produktion vermittelst des Mehrwerts« (durch Marx, ebd., S. 209) gab der Arbeiterbewegung eine Perspektive, in der der Sozialismus, als die objektive historische Möglichkeit der Aufhebung des Kapitalismus, nicht mehr als philosophische Spekulation, sondern als »weltbefreiende Tat« des »modernen Proletariats« begründet wurde. Engels schließt seine Schrift mit der folgenden Bemerkung: »Ihre geschichtlichen Bedingungen, und damit ihre Natur selbst, zu ergründen und so der zur Aktion berufenen, heute unterdrückten Klasse die Bedingungen und die Natur ihrer eigenen Aktion zum Bewußtsein zu bringen, ist die Aufgabe des theoretischen Ausdrucks der proletarischen Bewegung, des wissenschaftlichen Sozialismus« (ebd., S. 228).

Schon in der »Deutschen Ideologie« hatten Marx und Engels den Kommunismus nicht als ein »Ideal, wonach die Wirklichkeit sich zu richten habe«, sondern als die »wirkliche Bewegung« bezeichnet, die

»den jetzigen Zustand aufhebt« (MEW, 3, S. 35). In seiner Schrift »Bürgerkrieg in Frankreich« (1871) hat Marx dann noch einmal am Beispiel der Pariser Kommune diese Kritik an den idealistischen Utopien konkretisiert: »Die Arbeiterklasse verlangte keine Wunder von der Kommune. Sie hat keine fix und fertigen Utopien durch Volksbeschluß einzuführen. Sie weiß, daß, um ihre eigene Befreiung und mit ihr jene höhere Lebensform hervorzuarbeiten, der die gegenwärtige Gesellschaft durch ihre eigene ökonomische Entwicklung unwiderstehlich entgegenstrebt, daß sie, die Arbeiterklasse, lange Kämpfe, eine ganze Reihe geschichtlicher Prozesse durchzumachen hat, durch welche die Menschen wie die Umstände gänzlich gewandelt werden. Sie hat keine Ideale zu verwirklichen; sie hat nur die Elemente der neuen Gesellschaft in Freiheit zu setzen, die sich bereits im Schoß der zusammenbrechenden Bourgeoisgesellschaft entwickelt haben« (MEW, 17, S. 343).

Diese Unterscheidung des wissenschaftlichen vom utopischen Sozialismus ist oft kritisiert worden. Neuerdings hat vor allem der englische Sozialhistoriker E.P. Thompson die nach seiner Überzeugung hier angelegte »Versteinerung« des Marxismus attackiert und zu einer Selbstkritik aufgerufen, die den Marxismus wieder öffnen soll für Phantasie und Romantik, für die Subjektivität der »Klassenkultur« und der »realen Erfahrungen von Menschen«. Dabei soll auch der Mut entfacht werden, »aus dem Reich der Notwendigkeit in ein erdachtes Reich der Freiheit« zu springen. »Was der Marxismus deshalb zur Abwechslung einmal tun könnte, wäre zum Vorteil des Sozialismus, zum Vorteil des Herzens, den eigenen Kopf etwas weniger zu strapazieren. Er sollte einen Ladentisch in seiner Universalapotheke schließen und damit aufhören, die Krankheiten des Verlangens mit der Arzenei der Analyse zu heilen. Das hätte auch politisch sein Gutes, weil es nicht nur literarischen Utopisten, sondern auch den alltäglichen Männern und Frauen, deren Initiativen keinen Vorschriften folgen und die in einem Teil ihrer selbst auch abwechselnd entfremdet und utopisch sind, ein wenig Raum geben würde« (Thompson, 1980, S. 240).

Ganz zweifellos hat es in der Geschichte der – auch am Marxismus orientierten – Arbeiterbewegung immer wieder Phasen gegeben, in denen unter Berufung auf die (angeblich wissenschaftlich nachgewiesenen) objektiven Entwicklungsgesetze des Kapitalismus und seines »naturgesetzlichen« Niedergangs der »subjektive Faktor«, d.h. auch die Fähigkeit, revolutionäre Politik zu *machen*, in den Hintergrund gedrängt wurde. Daher war es kein Zufall, daß z.B. Lenin, Rosa Luxemburg und Gramsci gegen die evolutionistische Marx-Orthodoxie der II. Internationale den »subjektiven Faktor« rehabilitierten, den Marxismus als »Philosophie der Praxis« (Gramsci) erneuerten, in der die Entwicklung des politischen Bewußtseins und der Kampffähigkeit der Arbeiterklasse, zugleich aber auch die Führungsfähigkeit der Organisationen der Arbeiterbewegung – entsprechend den konkret-historischen Bedingungen der Zeit – neu zu bestimmen war. Gleichwohl verfehlt die Kritik von Thompson ihr Ziel, wenn sie dem »orthodoxen« Marxismus einen strukturellen Anti-Utopismus unterstellt (der letztlich aus seinem Anspruch auf Wissenschaftlichkeit resultiert). Marx und Engels haben lediglich das Verhältnis von Objektivität und Subjektivität, von Gegenwartshandeln und Zukunftsorientierung neu bestimmt, um auf diese Weise auch der Perspektive der proletarischen Revolution und der historischen Möglichkeit, eine klassenlose, sozialistische Gesellschaft zu errichten (»eine Assoziation, worin die freie Entwicklung eines jeden die Bedingung für die freie Entwicklung aller ist«, MEW, 4, S. 482) einen neuen Inhalt zu geben, diese – wie Engels formulierte – »auf einen realen (d.h. geschichtlichen, F.D.) Boden« zu stellen.

Darüber hinaus haben Marx und Engels am utopischen Sozialismus kritisiert, daß er »aus dem Kopf« des jeweiligen Theoretikers ein Gesellschaftsmodell entwirft, das immer wieder notwendige Züge eines »Kasernenkommunismus« trägt. Sie haben sich ganz bewußt solcher Modelle enthalten, weil sie den Sozialismus nicht in ein System von Vorschriften verwandeln wollten und um den durch und durch statischen Charakter vieler Utopien wußten. Der wissenschaftliche Sozialismus versteht sich als der theoretische Ausdruck der schöpferischen Potenzen der Menschen, genauer: der bewußt als Klasse handelnden und organisierten Lohnarbeiter. Die Konstruktion und Ausgestaltung des Sozialismus wollten sie daher den wirklichen Subjekten des historischen Prozesses überlassen. Sie gingen ja davon aus, daß erst mit der proletarischen Revolution die schöpferischen Potenzen der Menschen – auf dem Gebiet der Ökonomie ebenso wie auf dem Felde der Kultur – wirklich freigesetzt würden, daß erst dann eine phantasievolle und kreative Neugestaltung der gesellschaftlichen Verhältnisse einsetzen wird, die in ihren Einzelheiten überhaupt nicht im Voraus festgelegt werden kann. Im übrigen wußten Marx und Engels um die Komplexität der je historischen Bedingungen (z.B. nationale Besonderheiten, aber auch das Ausmaß der Gewalt, das aus der Zuspitzung der Klassenauseinandersetzungen resultiert), die beim Kampf um den Sozialismus notwendig eine Rolle spielen und die ebenfalls nicht durch universalistische Vorgaben negiert werden dürfen.

Als sich Marx und Engels in der »Heiligen Familie« mit der »Überpolitisierung« in der französischen Revolution von 1789 auseinandersetzten, stellten sie fest: »Die ›Idee‹ blamierte sich immer, soweit sie von dem ›Interesse‹ unterschieden war« (MEW, 2, S. 85). Darin reflektierte sich auch die Erkenntnis, daß die frühbürgerlichen Utopien – zum Beispiel die »Utopie« des Thomas Morus (1516) – Entwürfe humanistisch gebildeter, bürgerlicher Intellektueller waren, die – obwohl sie z.T. schon zur Erkenntnis des Zusammenhangs von Privateigentum und Klassenherrschaft vordrangen – freilich niemals daran dachten, daß ihr Entwurf einer »neuen Welt« zum Programm einer revolutionären Volksbewegung werden könnte. Die großen Utopien der Renaissance waren daher *nicht* – wie Horkheimer vermutete (1930, S. 77) – »der Ausdruck der verzweifelten Schichten, welche die Unkosten des Übergangs zwischen zwei Wirtschaftsformen zu tragen hatten«. Die bäuerlichen und plebeischen Volksmassen sahen ihre Ängste und Hoffnungen in ganz anderen Ideologien und Programmen artikuliert: in den eschatologischen Befreiungs- und Weltuntergangmythologien der sog. »Sekten« und »Schwärmer«. Karl Kautsky hat diese Strömungen treffend charakterisiert: »Je besser die Armen und Gedrückten die Wirklichkeit erkannten, desto trostloser mußte sie ihnen erscheinen. . . . Sie fingen an, die neu auflebende Wissenschaft, die ihren Peinigern diente, ebenso sehr zu hassen, wie den überkommenen Kirchenglauben; sie fingen an, sich von der Wirklichkeit abzuwenden, die so jammervoll und trostlos war und grübelnd sich in ihr Inneres zu versenken, um daraus Trost und Zuversicht zu schöpfen. Den Argumenten der Wissenschaft und der Wirklichkeit setzten sie die Stimme des Inneren entgegen, ›Gottes Stimme‹, die ›Offenbarung‹, die ›innere Erleuchtung‹, das heißt in Wirklichkeit die Stimme ihres Sehnens und Bedürfens, die um so lauter tönte, und um so siegreicher sich geltend machte, je mehr der Grübelnde sich absonderte von der Gesellschaft, alles Störende von sich fernhielt und seine Phantasie durch die verschiedenen Mittel der Ekstase, namentlich durch Hungern und Beten, erhitzte« (Kautsky, 1895, S. 126/7).

Eben dieses Auseinanderfallen von Theorie und realen Bedürfnissen und Interessen, das auch noch zum Beginn des 19. Jahrhunderts im Nebeneinander von theoretischem Sozialismus und der real sich konstituierenden Arbeiterbewegung vorherrschte, kritisierten Marx und Engels mit der Unterscheidung von utopischem und wissenschaftlichem Sozialismus. Sie strebten eine Verbindung von Theorie und Praxis, von Bewegung und »Endziel«, an. W.I. Lenin hat diese »Synthese« im Jahre 1900 als wesentliche Voraussetzung für den Erfolg des Sozialismus angesprochen: »Die Sozialdemokratie ist die *Vereinigung von Arbeiterbewegung und Sozialismus,* ihre Aufgabe besteht nicht darin, der Arbeiterbewegung in jedem einzelnen Stadium passiv zu dienen, sondern darin, die Interessen der Gesamtbewegung als Ganzes zu vertreten, dieser Bewegung ihr Endziel, ihre politische Aufgabe zu weisen, ihre politische und ihre ideologische Selbständigkeit zu wahren. . . . In allen Ländern hat es eine Periode gegeben, in der Arbeiterbewegung und Sozialismus getrennt voneinander bestanden und getrennte Wege gingen – und in allen Ländern hat diese Trennung Schwächen des Sozialismus und der Arbeiterbewegung zur Folge gehabt; in allen Ländern hat erst die Vereinigung des Sozialismus mit der Arbeiterbewegung eine feste Grundlage für beide geschaffen« (Lenin, in: Marx/Engels/Lenin, 1974, S. 146).

Die utopische Dimension ist also im Marxismus nicht liquidiert. Als »Prinzip Hoffnung« ist sie vielmehr eingeschrieben in die jeweiligen politischen Verhältnisse, die aus der »Synthese« von Theorie und wirklicher Bewegung und damit auch aus der – bewußt strategisch reflektierten – Spannung von Gegenwart und »Endziel« hervorgehen. Eduard Bernstein's Revision des Marxismus beginnt daher nicht zufällig an diesem Punkt. Sein Anliegen, den historischen Materialismus und damit die Marx'sche Revolutionstheorie aus den »Fallstricken« der Hegel'schen Dialektik und eines blanquistischen »Putschismus« zu befreien, verrät schon das Grundmotiv des reformistischen Pragmatismus, der in die Formel »Die Bewegung ist mir alles, das Endziel nichts!« (Bernstein, 1977, S. 9) gefaßt wird: indem der historische Materialismus und die Kritik der politischen Ökonomie – also nach Engels: der »reale Boden« – aus Theorie und Praxis der Arbeiterbewegung getilgt werden, verschwindet auch deren utopische Dimension.

Ernst Bloch hat den Marxismus als die »Rettung des guten Kerns der Utopie (als eines Begriffes, der höchstens im Nebel, niemals im Betrug lag)«, als die »konkret-dialektische, die in der wirklichen Tendenz erfaßte und lebendige Utopie« charakterisiert: »Das marxistisch geführte Werk kritisiert die Ideologie der undurchschauten Notwendigkeit, indem es sie durchschaut und vernichtet, aber die Utopien der undurchschauten Freiheit, indem es sie durchschaut und erfüllt. Die sozialistische Revolution ist von den vorhergegangenen durch Wissenschaftlichkeit und Konkretheit, durch proletarischen Auftrag und klassenloses Ziel unterschieden, jedoch ebenso grundsätzlich ist sie mit ihnen durch das Feuer und den humanen Inhalt des revolutionären Antriebs und intendierten Freiheitsreiches verbunden. Die so wenig verwirklichten Träume dieses Reiches greifen nach wie vor in die Gegenwart ein, damit sie konkret berichtigt und erfüllt werden« (Bloch, in: Neusüß, 1968, S. 218).

Niemals in der Geschichte konnte die Arbeiterbewegung zu einer geschichts-mächtigen Kraft werden, sofern nicht dieser »utopische Überschuß« ihre Programmatik und Aktionen leitete und sofern nicht bei den Subjekten dieser Bewegung selbst das Bewußtsein vorhanden war, daß sie in der Arbeiterbewegung nicht nur für ihre unmittelbaren sozialen, wirtschaftlichen und politischen Interessen, für Reformen, die ihre Lage verbessern, sondern auch für eine zukünftige »bessere« oder »neue Welt« kämpfen. Die Formen, in denen sich dieser »Überschuß« äußert, sind jeweils konkret historisch bestimmt. Ihr utopischer Konkretismus wird daher auch nicht diskreditiert, wenn in der Rückschau einzelne Elemente dieses Weltbildes als in der Realität des entwickelten Kapitalismus eingeholt oder gar »überholt« erscheinen. Die Klassenerfahrung selbst hielt aber auch die Arbeiter davon ab, sich in bloß spielerischen und romantischen Träumen über die Realität hinwegzusetzen. Die »neue Welt« war in erster Linie das positive Spiegelbild der herrschenden »schlechten Verhältnisse«: eine Welt also, frei von Elend, Ausbeutung, Unterdrückung und Krieg. Willi Bleicher hat am Beispiel seiner KZ-Erfahrung (über die er, nach eigenen Angaben, wenig in der Öffentlichkeit sprach, weil sie einfach unglaublich erscheinen mußte) diese überlebensnotwendige Bedeutung des Glaubens an den zukunftsweisenden Sinn und an die moralische Überlegenheit des antifaschistischen Widerstandes mit einfachen Worten – aber um so eindringlicher – ausgesprochen: »Ohne die Gewißheit, daß es nicht der Sinn unseres Lebens sein kann, was der Faschismus offenbarte, und ohne die Gewißheit, daß es nicht wesentlich ist, in dieser Welt nur zu leben, sondern, daß es wesentlicher ist, diese Welt lebenswerter zu gestalten – und das ist der Sinn des Sozialismus –, ohne dieses Wissen hätte ich das alles nicht überlebt« (in: Benz u.a., 1983, S. 130).

A. Neusüß hat diese eigentümliche Verschränkung von Gegenwart und Zukunft im utopischen Denken – zumal der Arbeiterbewegung– auf den Begriff gebracht: »Nicht in der positiven Bestimmung dessen, was sie will, sondern in der Negation dessen, was sie nicht will, konkretisiert sich die utopische Intention am genauesten« (Neusüß, 1968, S. 33). Die alten Arbeiterlieder, die – auch als Ausdruck einer höheren geschichtlichen, kulturellen und politischen Bewußtheit – heute wieder bei vielen Gewerkschaftsveranstaltungen gesungen werden, sind Quellen, an denen diese Verschränkung in der Klassenkultur der Arbeiter illustriert werden kann. »Brüder, zur Sonne zur Freiheit, Brüder zum Lichte empor. Hell aus dem dunklen Vergangenen, leuchtet die Zukunft empor«. Die Solidarität der Klasse (»Brüder, in eins nun die Hände«) ist eine Waffe des Kampfes, damit die »Verdammten dieser Erde« –

wie es in der »Internationale« heißt – die reichen »Müßiggänger« und Ausbeuter (»mächt'gen Geier«) beiseite schieben. Die »dunkle Vergangenheit«, die »Schmach« der Sklaverei und des Elends, wird durch den Kampf um's »Menschenrecht« überwunden. »Alles zu werden« und die Welt neu anzueignen (»diese Welt muß unser sein«) – darin wird die utopische Perspektive einer Gesellschaftsordnung umschrieben, in der Licht, Freiheit und Sonne – »ohn' Unterlaß« – gegenwärtig sind.

Für die Arbeiter früherer Generationen bedeutete diese Befreiung zunächst materiellen Wohlstand und Erleichterung in der Arbeit selbst. Mit der Aufhebung des Privateigentums und der planmäßigen, gesellschaftlichen Organisation von Produktion und Distribution würde das Elend in der Form des Hungers, der Krisen und der Arbeitslosigkeit, des Zwangs zur Auswanderung, der sozialen Unsicherheit und der zivilisationsbedingten Krankheiten beseitigt. Zugleich waren sie davon überzeugt, daß nunmehr eine neue Phase des gesellschaftlichen Fortschritts eröffnet würde: die Entwicklung der wissenschaftlich-technischen und gesellschaftlichen Produktivkräfte könnte jetzt – befreit von den Fesseln des Profitprinzips für die Befriedigung erweiterter individueller und gesellschaftlicher Bedürfnisse, für die Verkürzung der Arbeitszeit, für umfassende Bildung, für die Verwissenschaftlichung der Ausbildung und der Arbeit, damit auch für die Aufhebung des Gegensatzes von Hand- und Kopfarbeit, schließlich als produktive Basis eines neuen Typs der Kultur genutzt werden. Das große Interesse vieler Arbeiter an populär-wissenschaftlicher Literatur über Natur und Technik, das neuere Forschungen anhand der Benutzer-Statistiken von Arbeiterbibliotheken nachgewiesen haben, findet darin eine Erklärung. Zugleich sollte in der »neuen Welt« des Lichtes (d.h. der Aufklärung) die proletarische Solidarität, in der das kapitalistische Konkurrenzprinzip auch als Determinante des Alltagsverhaltens der Menschen überwunden ist, die zwischenmenschlichen (sozialen wie politischen) Beziehungen neu gestalten. Krieg, Rassismus, Chauvinismus, Diskriminierung von Frauen und »Randgruppen« – also Formen realer bzw. ideologischer Gewaltverhältnisse, die dem Kapitalismus bzw. dem Imperialismus eigen sind – würden in der Folge der sozialistischen Revolution ihre Klassenbasis verlieren; demokratische Selbstbestimmung in Wirtschaft, Politik und Kultur würden ebenso wie die umfassende Bildung Aller ganz neue Formen der Kooperation, der Persönlichkeitsentwicklung und der Lebensgestaltung ermöglichen. In dem Maße, wie die Klassenspaltung der Gesellschaft überwunden wird, werden auch unterschiedliche Interessen und Konflikte nicht mehr mit dem Mittel der politischen Gewalt und Repression auszutragen sein. So hatte schon Marx am Ende seiner

Schrift »Das Elend der Philosophie« (1847) geschrieben: »Nur bei einer Ordnung der Dinge, wo es keine Klassen und keinen Klassengegensatz gibt, werden die gesellschaftlichen Evolutionen aufhören, politische Revolutionen zu sein« (MEW, 4, S. 182).

5.2. Utopie-Verlust in der Arbeiterbewegung

Diese Skizze von Elementen des Utopischen, das als Triebkraft der Kämpfe der frühen Arbeiterbewegung wirkte, ist gewiß nicht vollständig. Sie vermag aber zu zeigen, wie – gerade auch im Alltagsbewußtsein – die Kritik der herrschenden Negativität und die Projektion des »Endziels« ineinander griffen. Die Arbeiter konnten den Sozialismus – trotz ihrer »Sehnsucht Verlangen« – nicht als Wolkenkuckucksheim oder als jenes Schlaraffenland denken, in das man sich durch einen dicken, süßen Berg aus Griesbrei hineinzuessen hatte, damit einem anschließend die gebratenen Tauben in den Mund flogen. Ihre Zukunftsbilder und Träume vom besseren Leben mußten stets auf die Gegenwartserfahrung und auf den alltäglichen Kampf gegen die »»Willkürakte des Kapitals« bezogen sein. Die harten Tatsachen des Lebens paukten diesen Menschen einen Realismus ein, der jedwede romantische Verselbständigung des Utopischen in Grenzen halten mußte. Damit war aber schon die Endlichkeit der utopischen Erwartungen gesetzt. Viele Träume vom besseren Leben wurden machbar – und wurden selbstverständlich von den nachfolgenden Generationen nicht mehr in jener utopischen Dimension gesehen, die den historischen Gang bis zu ihrer Verwirklichung begleitet hatte. Man denke nur an die Wiener Arbeiterbauten der 20er Jahre. Aus der Erfahrung des Wohnungselends in den Hinterhöfen der großstädtischen Mietskasernen mußte z.B. der »Karl-Marx-Hof« als ein großartiger Fortschritt, als Monument der Arbeitermacht (im »roten Wien«) sowie einer neuen – besseren und solidarischen – Lebensweise erscheinen. Heute hingegen, wo das »Eigenheim im Grünen« zum Ideal auch des Arbeiters geworden ist (»1978 hatten 47 % aller Arbeiterhaushalte Haus- und Grundbesitz, wenn auch mit wesentlich bescheidenerem Zuschnitt als andere Schichten«, H. Jung, 1983, S. 64), wird es schwerfallen, diese Wohnkomplexe den Arbeitern als die Verwirklichung eines Traums darzustellen. Auch die Einweihung der ersten – von den Arbeitern selbst geplanten, gebauten und geleiteten – Fabriken oder Kraftwerke in der jungen Sowjetunion der 20er Jahre gestalteten sich zu wahren Festen, bei denen die Arbeitermacht und deren Fähigkeit, die Produktivkräfte zu entwickeln und die Lebensbedingungen zu verbessern, gefeiert wurden. Angesichts der gegenwärtigen Planaufgaben und -perspektiven in den sozialistischen Ökonomien erscheinen diese ersten Schritte als bescheidene Anfänge, die weit von den Träumen der Gegenwart entfernt sind.

Der Realismus der Arbeiterbewegung, der auch in ihre je historisch-konkreten Zukunftspläne eingeschrieben ist, zeigt sich mithin als von zwiespältigem Charakter. Er ist den idealistischen Utopien überlegen, weil er die bessere Zukunft als objektive Möglichkeit aus den wirklichen Arbeits- und Lebenserfahrungen und aus dem theoretischen Wissen über die »historische Tendenz« des Kapitalismus begründet. Er steht aber auch immer in der Gefahr, daß der »utopische Überschuß« in dem Maße verloren geht, wie die Träume früherer Generationen eingelöst werden und die sozialen Existenzbedingungen (auch im Rahmen des fortbestehenden Kapitalismus) durch den Kampf der Arbeiterbewegung erträglicher gestaltet werden. Nur zu oft ist heute die Meinung zu hören, die Arbeiterbewegung habe in ihrer bisherigen Geschichte nichts als Niederlagen erlitten und daher könne sie überhaupt nicht mehr als Kraft und Adressat einer fortschrittlichen Politik gelten. Diese Kritik – gelegentlich inspiriert von dem »post-materialistischen« Wertebewußtsein der »neuen sozialen Bewegungen« – ist teils naiv und auf mangelndem historischem Wissen begründet, teils aber auch elitär. Die Verkürzung der Arbeitszeit auf 40 Stunden pro Woche z.B. oder auch den Auf- und Ausbau des »sozialen Netzes« kann nur derjenige als unbedeutend ansehen, der entweder noch nicht selbst gearbeitet hat oder der keine Ahnung davon hat, daß die Arbeiter und die Gewerkschaften immer wieder lange Kämpfe führen mußten, um diese Verbesserung der Arbeits- und Lebensbedingungen durchzusetzen. Diese Wandlungen sind nicht einfach »Abfallprodukte« der kapitalistischen Rationalität und Effektivität. Einerseits hatten sie zweifellos die lange Welle der konjunkturellen Prosperität nach 1950 zur Voraussetzung; andererseits sind sie aber auch stets Ausdruck der Macht, die die Arbeiterbewegung – und namentlich die Gewerkschaften – im ökonomischen und politischen System des Nachkriegskapitalismus auszuüben vermochten. Daß der Faschismus – als die brutalste Variante kapitalistischer Krisenüberwindungsstrategien – geschlagen war (und daß die Arbeiterbewegung und der Sozialismus in Europa daran einen wesentlichen Anteil hatten), und daß schließlich von der Systemkonkurrenz zwischen Kapitalismus und Sozialismus zusätzlich ein Anpassungsdruck ausging, der die Kompromißbereitschaft des Kapitals erhöhen mußte, schuf überhaupt erst die Bedingungen dafür, daß sich das Wirken der Arbeiterbewegung im Rahmen einer (auch von ihr gesicherten) bürgerlich-parlamentarischen

Demokratie auf die Verbesserung der Arbeits- und Lebensbedingungen der lohnabhängigen Massen konzentrieren konnte.

Gleichwohl war dies auch eine Periode des massiven Utopie-Verlustes in der Arbeiterbewegung. Die negative Dialektik des Kampfes um Reformen, die mit der Verbesserung der Arbeits- und Lebensbedingungen immer auch die subjektive Bindung der Lohnabhängigen und ihrer Organisationen an den Kapitalismus erzeugen können, erfüllte sich hier im Zurücktreten von Programmen, auch individuellen oder kollektiven Träumen nach einer besseren Welt. Der politische Pragmatismus, der sich mit dem »Machbaren« und dem »Erreichten« identifiziert, gewann die Oberhand. Vorstellungen über weitere Verbesserungen der Arbeits- und Lebensbedingungen (wie sie z.B. im Grundsatzprogramm des DGB von 1963 formuliert wurden) waren weitgehend an die innere Logik der Kapitalakkumulation gebunden: Wachstum und technischer Fortschritt waren als Voraussetzungen für vermehrten Wohlstand, soziale Sicherung, verbesserte Bildung und Ausbildung, mehr Freizeit u.a.m. anerkannt. Auch im Bewußtsein der Mehrheit der Lohnabhängigen war nunmehr die Erwartung künftiger Lebensgestaltung gleichsam naturwüchsig von der weiteren Expansion der kapitalistischen Ökonomie und des Konsums abhängig. »Die Beseitigung der Kriegsschäden – insbesondere im Bereich des Wohnungsbaus – sowie die Verbesserung des Massenkonsums von Verbrauchsgütern (wurde) von vielen als Bestätigung des ›Wirtschaftswunders‹ und als Erfolg der Politik der ›sozialen Marktwirtschaft‹ bewertet. Im Massenbewußtsein wurde also die individuelle Entwicklung der Arbeits- und Lebensbedingungen kaum auf die Entwicklung der Kapitalverwertungs- und Ausbeutungsbedingungen bezogen. Vielmehr herrschte die geschichtlich vergleichende Erfahrung vor: im Vergleich zu den vorangegangenen Jahrzehnten der Not und der Angst, aber auch im Vergleich zur wirtschaftlichen Entwicklung in der DDR, erschien der wirtschaftliche Aufschwung der frühen fünfziger Jahre tatsächlich als eine Wende zu einer neuen Epoche« (Deppe u.a., Geschichte, 1977, S. 352).

Damit wurde auch der konservativen Utopie-Kritik ein breites Wirkungsfeld eröffnet. Die Utopie-Denunziation, die unter dem Vorwand des Realismus stets den Blick in die bessere Zukunft mit dem Verdacht des Religions-Ersatzes belegt hatte, bediente sich – zumal in der Periode des Kalten Krieges – nun auch noch des Totalitarismus-Verdachtes (Neusüß, 1968, S. 33 ff.). Die negativen Utopien eines A. Huxley (»Schöne, neue Welt«) oder eines G. Orwell (»1984«) entwarfen Bilder einer Zukunft, in der die »ursprünglich ökonomisch-technischen Mittel menschlicher Selbstbefreiung zum irrationalen Selbstzweck werden«

(ebd., S. 55). Der technische und wissenschaftliche Fortschritt verwandelt sich in ein Instrument einer Elitenherrschaft, die die Menschen einem rigiden System der Kontrolle ihres Verhaltens wie ihrer Gefühle unterwirft. In diesen Gegen-Utopien verbindet sich also die Furcht vor der Verselbständigung der kapitalistischen Rationalität mit der bedrängenden Vision einer verselbständigten Staatsmaschine, die keine Privaträume mehr zuläßt. Das Auge des »großen Bruders« wacht überall. Gleichwohl war die Wirkung solcher Bücher klar definiert: sie sollten den »Normalbürger« gegen die Gefahren der »kommunistischen Infiltration« immunisieren und eine negative Zukunft beschreiben, »die dann entstehen würde, wenn die Machtstellung der Sowjetunion größer würde« (Abendroth, 1983, S. 1552). Die »offene Gesellschaft«, die ihre Legitimation aus der Gegenwart bezieht, wurde jetzt zum Vorbild; die humanen Intentionen der Utopie verblaßten gegenüber einer Denunziation, die jeden Anspruch auf eine progressive Gesellschaftsveränderung mit dem »Totalitarismus« gleichsetzte.

5.3. Zur Akutalität des »utopischen Überschusses«

Erst in der Krise der 70er Jahre verändern sich die Einstellungen zur Zukunft. Die »Futorologie« hatte oftmals nur die Wachstumstrends der 50er und 60er Jahre verlängert und dabei einen zunehmenden Planungs- und Regulierungsbedarf, aber auch wachsenden Wohlstand vermutet. Nunmehr erwächst ihr eine Konkurrenz in der Form jener eher pessimistischen Prognosen, die eine Erschöpfung der natürlichen Ressourcen und zugleich eine fortschreitende Belastung der natürlichen Reproduktionsgrundlagen der »industriellen Zivilisation« (Wasser, Luft, Wälder, Atmosphäre) – und damit erhebliche, wachstumshemmende Kosten für die Bewältigung dieser Probleme – voraussagen. Die Verarbeitung der Krisenerfahrung bringt – wie schon im 2. Kapitel gezeigt wurde – ganz unterschiedliche Verhaltensweisen und Wertorientierungen hervor: Auf der einen Seite werden ständische und konservative Bewußtseinsformen aktiviert – auch in der Arbeiterklasse. Je mehr sich das Bild der Zukunft verdüstert, um so stärker macht sich auch eine Rückorientierung auf die Vergangenheit, eine Tendenz geltend, jene Zeit zu verklären, in der man sich den relativen Wohlstand der Gegenwart, der jetzt gefährdet ist, erarbeitet hat. Auf der anderen Seite bemühen sich viele Jugendliche, in ihrer Lebensweise einen Bruch mit dem herrschenden System der »industriellen Zivilisation« zu vollziehen.

Diese Entscheidung für ein »alternatives Leben«, das von den Zwängen einer entfremdeten und inhaltsleeren Arbeitswelt, den zivilisatorischen Schäden und Belastungen der Natur, von Beton, Plastik und Bürokratie frei sein soll, kann aber nicht umstandslos als die neue Form, in der sich heute die utopische Intention artikuliert, gelten. Vielmehr vermischt sich hier vielfach die Kritik an den herrschenden Lebensverhältnissen mit konservativen Wertorientierungen, die sich in der Rückbesinnung auf vorindustrielle Praktiken der Lebensbewältigung erfüllen. Landkommunen und Rohkostläden, Do-it-Yourself, Stricken, Hausgeburten, Radfahren u.a.m. sind Elemente einer Kultur, die politisch ganz unterschiedlich besetzt, ja gegensätzlich ausgefüllt werden kann. Diese kann sich mit politischen Bewegungen gegen Atomkraftwerke, Atomraketen, Vergiftung der Natur und der Menschen etc. verbinden – und: sie kann als Triebkraft und als Milieu einer Bewegung wirken, die zur Erkenntnis sich hinarbeitet, daß solche Abwehrkämpfe (auch gegen die gattungsbedrohenden Schäden der »wissenschaftlich-technischen Zivilisation«) stets auch an die Frage nach den gesellschaftlichen und politischen Machtverhältnissen, nach den Steuerungsprinzipien eines Wachtums, das diese Schäden zusammen mit den großen sozialen Widersprüchen unserer Zeit erzeugt, heranführen und daß dabei auch die Perspektive alternativer gesellschaftlicher Steuerungs- und Organisationsprinzipien ins Blickfeld tritt.

Solche Elemente einer alternativen Kultur und Wertorientierung sind aber auch für konservative und reaktionäre Ideologien verfügbar. »Neue Innerlichkeit« – oder gar »neue Mütterlichkeit« – kann sich zur religiösen Mythologie öffnen. Sie kann aber auch eine Brücke zu einer neuen nationalistischen »Blut-und-Boden«-Romantik schlagen, die von neokonservativen Kräften angesprochen wird. Immer dann, wenn sich die Zivilisations- und Kulturkritik – bewußt oder unbewußt – mit lebensphilosophischen Deutungsmustern versetzt, die die individuelle Betroffenheit, das Gefühl über die Rationalität stellen, setzt sich der konservativ-romantische gegenüber dem fortschrittlich-utopischen Impuls durch. Auch in dem Bericht der »Späth-Kommission« (Zukunftsperspektiven, 1983, S. 29) ist von der »Erträglichkeit der Alternativ-Kulturen« die Rede: »Selbstverständlich gibt es an den Rändern unserer Gegenwartskultur auch Manifestationen des entschiedenen Willens, nicht mehr mitzumachen. Von Kalifornien bis nach Mitteleuropa können Individuen und Gruppen beobachtet werden, die als Absolventen erstrangiger akademischer Ausbildungsstätten, anstatt sich in die Industriegesellschaft zu integrieren, ernsthaft alternativ zu existieren beginnen. ›Ernsthaft‹ heißt hier: ohne sich über die Nabelschnur von öffentlichen Wohlfahrtsleistungen mit der mißachteten Gegenwartszivilisation verbunden zu halten. Es ist nicht schwer zu sagen, welche Lebensvorzüge zu gewinnen hofft, wer auf drastisch reduziertem Niveau seines zivilisatorischen Lebensstandards eine aufgelassene kleine Farm wieder in Betrieb nimmt, Wasser für sich und sein Vieh aus Zisternen schöpft und seinen Bedarf an industriell erzeugter Energie gegenüber der vor-alternativen Betriebspraxis um zwei Drittel reduziert. Der Lebensvorzug, der hier gesucht wird und in Einzelfällen sogar gefunden wird, ist ein Gewinn an Stabilität in der Binnenbefindlichkeit durch eine partiell wiederhergestellte Deckungsgleichheit der realen Bedingungen der eigenen physischen und sozialen Existenz mit denjenigen Lebensbedingungen, denen gegenüber man nach Lebenserfahrung und Lebenspraxis autark ist«.

Der einfache Warenproduzent wird so zum Ideal eines autarken Lebens – für die einen als erträgliche Randfigur der »Industriegesellschaft«, für andere – wie z.B. für R. Bahro und die »Fundamentalökologen« – als Zentralfigur eines genossenschaftlich verfaßten, selbstverwalteten Systems kleiner Produzenteneinheiten, die nicht Tausch-, sondern Gebrauchswerte erzeugen – d.h., die nicht für den Markt, sondern (überwiegend) für den Eigenbedarf produzieren sollen (vgl. Goldberg/Sörgel, 1982, S. 14 ff.). Solange sich »konservative und alternative Positionen tendenziell auf den gemeinsamen, restaurativen Nenner individueller Lösungen zu bewegen« (U. Jansen, 1984, S. 41), sind daher berechtigte Zweifel am »utopischen Überschuß« solcher Konzepte und Strömungen angebracht. Im Kern handelt es sich dabei um »Flexibilisierungsstrategien«. Die Konservativen streben danach, durch »Flexibilisierung« des Arbeitskräfteeinsatzes, der Arbeitszeit, der Arbeitsschutzbestimmungen, der sozial-politischen Leistungen, der beruflichen Mobilität usw. optimale Verwertungsbedingungen für das Kapital – entsprechend dem heutigen Stand der Produktivkraftentwicklung und der Weltmarktkonkurrenz – herzustellen. Dabei sind sie zu »Zugeständnissen« bereit, die den Freiheitsraum des einzelnen Lohnabhängigen erweitern sollen (z.B. durch die freie, individuelle Entscheidung, wann und wieviel er arbeitet; die Wahlmöglichkeit zwischen öffentlichen und privaten Sozialversicherungssystemen sowie zwischen verschiedenen Bildungs- und Weiterbildungsangeboten; Beteiligung am Betriebskapital oder Einkommensverbesserungen u.a.m.). Damit soll aber in erster Linie das Lohnniveau gesenkt und die kollektive Vertretungsmacht der Lohnabhängigen (sei es über allgemeine, gesetzliche Regelungen, sei es über Tarifverträge und gewerkschaftliche Rechte) geschwächt werden. Bei vielen »Alternativen« wird diese »Flexibilisierung« als eine Chance begrüßt, Freiräume zu schaffen, in denen der einzelne (z.B. durch die Flexibilisierung der Arbeitszeit in der Form der Teilzeitarbeit) sich im »informellen« Sektor selbstverwirklichen kann, »Nischen alternativer Vergesellschaftung« (Jansen) etabliert werden können.

Während in zahlreichen Projekten der Alternativen – neben der Kritik der herrschenden Machtverhältnisse – ein ausgeprägter Zukunftspessimismus mitschwingt, der sich bis zur apokalyptischen Vision der bevorstehenden Katastrophe steigern kann, reklamieren die Neo-Konservativen für sich einen scheinbar kraft-strotzenden Zukunftsoptimismus. Die Propaganda von der »Wende« bedient sich laufend dieses Optimismus – und ergänzt ihn um die Polemik gegen »intellektuelle Miesmacher«, »Krakeeler«, Schwächlinge und Feiglinge (z. B. Kriegsdienstverweigerer), die angeblich kein Vertrauen in die Zukunft haben. Gleichwohl verblaßt ihr »utopischer Überschuß« schnell im Spiegel der realen sozialökonomischen Entwicklung. Die steigenden Zahlen der Arbeitslosigkeit, der wachsende Widerspruch zwischen dem Luxus der Reichen und dem Elend der Armen (in den Metropolen wie in der Dritten Welt), die Schlangen der Hungernden vor den Suppenküchen in den USA illustrieren den ganzen Zynismus, der solchem – zur Schau gestellten – Optimismus innewohnt. Die Zuflucht zum »allmächtigen Gott«, durch den sich Ronald Reagan seine brutale Klassenpolitik sowie seinen Kampf gegen das »Böse« immer wieder absegnen läßt, ist daher in gewisser Weise konsequent. Der reale Kern dieser Politik, der alle humanen Intentionen des Utopischen negiert und zertritt, wird mystisch und irrational ins Reich außermenschlicher und übernatürlicher Dimensionen erhoben. Reaktionäre Politik macht sich so – nicht zum ersten Mal – zum Vollstrecker der »Vorsehung«.

Diese Konstellation ist selbst noch Ausdruck der Tatsache, daß der in der Arbeiterklasse und -bewegung vorherrschende Realismus und Pragmatismus auch jene Freiräume schafft, in denen dann die idealistischen wie die negativen Utopien aufblühen können. Der Utopie-Verlust (bzw. deren konservative Perversion) ist so auch ein Zeichen der Schwäche der Arbeiterbewegung. Deren Überwindung kann freilich nicht nur Resultat einer bewußten theoretischen Anstrengung sein. Wie wir gesehen haben, wird der »utopische Überschuß« in der Arbeiterklasse stets durch die konkret-historische Klassenerfahrung *und* durch die theoretische Arbeit, die auch in die zukunftsorientierte Programmatik ihrer Organisationen einfließt, bestimmt. Daher muß auch die Rekonstruktion des – auf eine bessere Zukunft gerichteten – Selbstbewußtseins in der Arbeiterklasse bei der gegenwärtigen Krisenerfahrung ansetzen und sich auf diese Weise in die gegenwärtigen Kämpfe und Widerstandsformen einschreiben. Noch setzt sich die Erfahrung des epochalen Umbruchs und der »Wende« in einer – teils lähmenden – Vielfalt von Bewußtseins- und Verhaltensformen um: in passive und resignative Anpassung, in konservative Bilder von der »guten, alten Zeit«, in Agressivität gegen vermeintliche »Sündenböcke«, in Konkurrenzverhalten zwischen verschiedenen Gruppen und Fraktionen der Lohnabhängigen oder auch in die Bereitschaft zum kollektiven und kämpferischen Widerstand. Zugleich wächst aber auch unter den von der Krise Betroffenen das Bedürfnis nach einer Veränderung des bestehenden Zustandes. Dazu gehört einmal das – oft noch diffuse und politisch nicht zielgerichtete – Gefühl, daß es so nicht weitergehen kann und darf wie bisher. Zu den Alltagssorgen (z.B. wie man mit der Sozialhilfe, dem Arbeitslosengeld oder mit dem Lohn »durch den Monat« kommt) gesellt sich die Angst vor der Kriegsgefahr, vor einer verselbständigten Logik der Rüstung, der technischen Entwicklung, der Umwelt- und Naturbelastung, aber auch die Angst vor der wachsenden sozialen Isolation, die ihrerseits das Bedürfnis nach Frieden, gesicherten Lebensverhältnissen, nach sinnvoller Arbeit sowie nach solidarischen, zwischenmenschlichen Beziehungen (in denen sich der einzelne auch geachtet und geliebt weiß) verstärkt. Und schließlich hat sich auch bei den bewußten Kräften der Arbeiter- und Gewerkschaftsbewegung die Einsicht ausgebreitet, daß mit den traditionellen Methoden des sozialpartnerschaftlichen Pragmatismus nicht nur keine Erfolge mehr errungen, sondern Rückschritte hingenommen werden müssen. Daher wird gerade hier immer wieder – und bei Einzelnen auch dezidierter – die Frage aufgeworfen, ob die gegenwärtige Verteidigungsstrategie der Arbeiterbewegung nicht durch einen Bruch mit der herrschenden Systemlogik (und damit auch mit einer Logik, die das eigene Handeln und Denken beherrschte) ergänzt werden muß, der die aktuellen Kämpfe mit der Perspektive einer grundlegenden gesellschaftlichen Veränderung verbindet, die ihrerseits an utopische Traditionen in der Geschichte der Arbeiterbewegung anknüpft.

Es kann dabei nicht darum gehen, vergangene Konstruktionen und Träume von einer besseren Welt einfach wiederzubeleben. Die utopische Intention – so wurde gesagt – konkretisiert sich am genauesten in der Negation dessen, was sie nicht will; und gerade darin ist schon ihre konkret-historische Bestimmtheit angelegt. Was aber bedeutet diese Einsicht für die Gegenwart?

– Zunächst einmal umschließt sie die Intention, künftige gattungsbedrohende Katastrophen zu verhindern. Die Szenarios eines Atomkrieges, wie sie in dem Film »The Day After« oder in A.A. Guhas »Ende.

Tagebuch aus dem 3. Weltkrieg« (1983) vorgeführt werden, sind schrecklich genug, um das Überleben der Menschheit als die vordringliche Gegenwartsaufgabe anzuerkennen und sich für eine Politik einzusetzen, die kurzfristig – durch Abrüstung, Koexistenzpolitik sowie durch die friedliche Regelung von politischen Konflikten – die Gefahr einer Katastrophe vermindert, langfristig das Ziel einer »Welt ohne Kriege und Waffen« verfolgt. Die Abwehr von Katastrophen kann sich aber nicht nur auf das Gebiet von Krieg und Frieden beschränken. Umweltkatastrophen, die ganze Regionen unbewohnbar machen, die Vergiftung der Natur (z.B. Flüsse- und Wäldersterben), die in den kommenden Jahren gravierende Rückwirkungen auf die organische wie soziale Lebensfähigkeit und -qualität der Menschen haben müssen, sind nur zu verhindern, wenn schon jetzt politische Prioritäten gesetzt werden, die die Gleichrangigkeit von Wachstumsimperativen und ökologischen »Sicherungen« anerkennen (qualitatives Wachstum), die aber schon überleiten in die Perspektive einer gesellschaftlichen Ordnung, in der die wissenschaftlichen und technischen Fähigkeiten der Menschen dazu genutzt werden können, bei einem entwickelten (und sich fortentwickelnden) Niveau der Vergesellschaftung zugleich der Regeneration der natürlichen Welt und ihrer Ressourcen jenen Freiraum zu schaffen, der für die Existenz der Menschheit notwendig ist.

– Für das Alltagsbewußtsein der meisten Lohnabhängigen spielt heute die Erfahrung der sozialökonomischen Krisenprozesse noch eine größere Rolle als die Ahnung von den Möglichkeiten militärischer und ökologischer Katastrophen. Die Angst vor dem Verlust des Arbeitsplatzes und einer Verminderung des Einkommens, die die gesamte bisherige Lebensgestaltung dramatisch verändern würde, durchdringt die individuelle Einschätzung der Zukunft. Die Politik der konservativen Wende vermag diese Angst in Opferbereitschaft umzusetzen (vgl. w.o., Kap. 2, S. 85 ff.), ohne sie freilich aufheben zu können. In der gegenwärtigen Auseinandersetzung um die 35-Stunden-Woche zeigt sich die ganze Widersprüchlichkeit dieser Verunsicherung: denn die Lohnabhängigen sind in ihrer Mehrheit hin- und hergerissen zwischen dem Glauben an die Propaganda der Unternehmer und der Regierung, die Wachstum und technischen Fortschritt als Bedingung für Beschäftigungssicherung und -expansion ausgeben, und den Argumenten der Gewerkschaften, die eine Verkürzung der Wochenarbeitszeit auf 35 Stunden, staatliche Beschäftigungspolitiken sowie Formen der gesellschaftlichen und politischen Kontrolle über die technologische Entwicklung für unverzichtbar halten, um eine Vervielfachung der Arbeitslosenzahlen bis in die 90er Jahre zu verhindern.

Die gewerkschaftlichen Forderungen nach einer Verkürzung der Wochenarbeitszeit beinhalten im Grunde ein Prinzip der Verteilung der Arbeit, das das Verhältnis von Produktivität und Beschäftigung von der Logik der Profitproduktion (die gegenwärtig auf die »Entkoppelung« von Wachstum und Beschäftigung drängt) emanzipieren will. Gesellschaftliche Bedürfnisse (hier die Beseitigung der Massenarbeitslosigkeit und ihrer sozialen, psychischen und politischen Folgen) sollen als gleichrangige wirtschafts- und gesellschaftspolitische Ziele anerkannt werden. Das kann Illusionen darüber fördern, daß Profitprinzip und die Befriedigung gesellschaftlicher Bedürfnisse – zumal in Krisenperioden – miteinander zu versöhnen sind, kann aber auch den Weg für die Einsicht bahnen, daß die Neuverteilung der Arbeit, die »Arbeit für Alle« ermöglicht, zugleich aber auch Dauer und Inhalt der Arbeit entsprechend dem Stand der Vergesellschaftung und der Produktivkraftentwicklung gestaltet, letztlich nur durch die Aufhebung des Profitprinzips verwirklicht werden kann. Schon Thomas Morus hatte in seiner »Utopia« (1516) den Gedanken konkretisiert, daß die Aufhebung des Privateigentums einen Plan der gesellschaftlichen Arbeit möglich macht, bei dem sich der Arbeiter nicht mehr beständig »vom frühen Morgen bis tief in die Nacht wie ein Lasttier. . . . abrackern« muß. Die Utopier arbeiten nämlich nur 6 Stunden am Tag:

»Drei vormittags, worauf sie zum Essen gehen; nach dem Mittagessen ruhen sie dann zwei Nachmittagsstunden, arbeiten wieder drei Stunden und beschließen den Arbeitstag mit dem Abendessen. . . . acht Stunden nimmt der Schlaf in Anspruch. Die Stunden zwischen der Arbeits-, Schlaf- und Essenszeit sind jedem zur beliebigen Beschäftigung freigestellt, nicht um sie durch Üppigkeit und Trägheit zu mißbrauchen, sondern um die Zeit, die einem jeden sein Handwerk freiläßt, nach Herzenslust auf irgendeine andere nützliche Beschäftigung zu verwenden. Die meisten widmen die Pausen literarischen Studien. . . . Nach dem Abendessen verbringen sie dann eine Stunde mit Sport und Spiel, im Sommer in den Gärten, im Winter in jenen öffentlichen Hallen, in denen sie gemeinsam essen. Dort treiben sie Musik oder erholen sich im Gespräch« (Morus, 1964, S. 70/71). Der Autor von »Utopia« tritt aber auch sogleich dem Einwand entgegen, diese radikale Verkürzung der Arbeitszeit müsse die Armut auf Alle verteilen: »Weil nämlich die Utopier nur sechs Stunden bei der Arbeit sind, könnte man vielleicht der Meinung sein, es müsse daraus ein Mangel an lebensnotwendigen Arbeitsprodukten entstehen. Weit gefehlt! Im Gegenteil genügt diese Arbeitszeit nicht nur zur Herstellung des nötigen Vorrats an allen Erzeugnissen, die zu den Bedürfnissen oder Annehmlichkeiten des Lebens gehören, sondern es bleibt sogar noch davon übrig« (ebd., S. 71). Morus verweist dabei auf die Vielzahl der Müßiggänger (z.B. Ordensbrüder und Priester, feudale Großgrundbesitzer und ihre Dienerschaft), die sich das Ergebnis fremder Arbeit aneignen. So formuliert er seine Kampfansage gegen die besitzenden Nicht-Arbeiter: »Aber wenn alle die vielen, deren Arbeitskraft jetzt auf müßige Gewerbe verzettelt ist, und wenn obendrein der Schwarm von Tagdieben, die jetzt in Nichtstun oder Langeweile erschlaffen. . . ., wenn also alle diese miteinander zur Arbeit, und zwar zur nützlichen Arbeit angestellt würden; da solltest du einmal sehen, wie wenig Zeit noch reichlich, ja überflüssig genügen würde, um alles das zu beschaffen, was notwendig oder nützlich ist zum Leben, ja setze ruhig hinzu, auch zum Vergnügen, wenigstens zum echten und natürlichen Vergnügen« (ebd. S. 72/73).

Natürlich verraten die Bilder, die Morus entwirft, Spuren seiner Zeit, in der mit der »ursprünglichen Akkumulation« des Kapitals die Entwicklungsgeschichte der bürgerlichen Gesellschaft in England eingeleitet wurde. Seine Synthese von Arbeit, Wissenschaft, Spiel, Ruhe und Vergnügen entspricht den Vorstellungen jener frühbürgerlichen Humanisten, die das Weltbild ihrer Zeit aus den Fesseln der mittelalterlich-theologischen Bevormundung befreien wollten. Sein Ideal eines 6-Stunden-Tages ist aber auch unter den gegenwärtigen Bedingungen einer hoch entwickelten »industriellen Zivilisation« noch längst nicht eingeholt. Wenn wir aber die gewerkschaftlichen Argumente für die 35-Stunden-Woche ernst nehmen und sie für durchsetzbar halten, dann müssen schon heute in der Arbeiterbewegung (durchaus konkurrierende) Antworten auf die Frage gefunden werden, wie die (objektiv mögliche und notwendige) drastische Verkürzung der Tages-, Wochen- und Lebensarbeitszeit für einen ganz neuen Typus einer humanen und demokratischen Lebensweise genutzt werden kann, in der die herkömmliche Trennung von Arbeit und Nicht-Arbeit (Freizeit), von Hand- und Kopfarbeit überwunden ist, in der dem lebenslangen Lernen der Menschen, der Polyvalenz ihrer Fähigkeiten, ihrer wissenschaftlichen und kulturellen Aktivität, neuen Kooperationsformen und demokratischen Verkehrsformen vielfältige neue und erweiterte Möglichkeiten eröffnet werden. U.Briefs sieht hier eine große Chance (aber auch eine schwere Aufgabe) für die Gewerkschaftsbewegung: »Die neuen Technologien können – unter der Voraussetzung einer vollständigen sozialen Kontrolle der Entwicklung und des Einsatzes dieser Technologien, unter der Voraussetzung einer schöpferischen Aneignung dieser neuen Technologien durch die Beschäftigten – einer weit über das bisher diskutierte Niveau gehenden Abbau gesellschaftlich notwendiger Arbeitszeit bringen. 1990—1995 werden vielleicht noch etwa 25—27 Stunden wöchentlicher Arbeit je Beschäftigten in der Bundesrepublik gesellschaftlich notwendig sein« (Briefs, 1984, S. 210).

– Die weitverbreitete Furcht vor den »neuen Techniken«, die für die Konservativen das »Akzeptanzproblem« zu einem zentralen strategischen Parameter hat werden lassen, ist – genau betrachtet – die Furcht vor einer wissenschaftlichen und technischen Entwicklung, die den Gesetzen der Profitproduktion und der Konkurrenz folgt. Sie bedroht die Lohnabhängigen, weil sie – stofflich (Qualifikation) und wertmäßig (Entlassung, Abgruppierung etc.) – ihre Arbeitskraft entwertet, weil sie herkömmliche soziale Kooperationsbeziehungen in der Arbeit zerstört und weil sie – vor allem über die neuen Informationstechnologien – ein gigantisches System der anonymen Informationsvernetzung etabliert, das den einzelnen Lohnarbeiter wie den »Gesamtarbeiter« einer verschärften Kontrolle durch das Kapital, das Management und durch den Staat unerwirft (vgl. Briefs, 1980, bes. S. 80 ff.). Die Gewerkschaften haben diese Gefahren, die mit den neuen Techniken verbunden sind, lange unterschätzt. Solange die Produktivitätssteigerung auf dem Arbeitsmarkt durch Wachstum neutralisiert wurde, standen die »Gewerkschaften der technologischen Entwicklung fast kritiklos gegenüber. . . . Steigende Reallöhne, relative Vollbeschäftigung, Arbeitszeitverkürzungen und soziale Reformen in wichtigen anderen Bereichen verführten sie zu der Annahme, daß der technische Fortschritt – Voraussetzung und Motor dieser Entwicklung – offenbar unabhängig von unterschiedlichen Interessen und damit ohne notwendigen Eingriff der Gewerkschaften zu funktionieren schien« (Steinkühler, 1984, S. 192/3).

Diese Einstellung änderte sich erst, als in den 70er Jahren – z.B. in der Uhren- und Druckindustrie – die verheerenden Konsequenzen der Rationalisierung durch den Einsatz der »neuen Technologien« bewußt wurden. Jetzt trat der »Rationalisierungsschutz« (z.B. Arbeitsplatzsicherung in der Druckindustrie für die »freigesetzten« Setzer, Abgruppierungsschutz in der Metallindustrie) ins Zentrum der gewerkschaftlichen Anstrengungen. Schon bald wurde jedoch deutlich, daß mit solchen Maßnahmen der gigantischen Umstrukturierung des gesamten Arbeits- und Produktionsprozesses nicht wirkungsvoll – d.h. im Interesse der Lohnabhängigen an Beschäftigung, Einkommenssicherung, gewerkschaftlichen und betrieblichen Mitbestimmungs- und Kontrollrechten – begegnet werden kann. In der Auswertung einer Rationalisierungsbefragung, die die IGM im Herbst 1982 in 1100 Betrieben ihres Organisationsbereiches durchführte, wird daher gefragt, »wie weit die bisherige Einstellung und Politik zur Rationalisierung neu durchdacht werden muß. Die Formel ›Wir sind keine Maschinenstürmer‹ wird in Zukunft wenig nutzen, wenn . . . . die Rationalisierungswelle, vor allem durch die Breitenanwendung und intensivere Nutzung der neuen Technologien, die Masse der Betriebe erst in den nächsten Jahren richtig erfaßt. Soll man dieser Entwicklung von vornherein im Grundsatz zustimmen, wie es in der bisherigen gewerkschaftlichen Position ›Ja, aber. . . .‹ zum Ausdruck kommt, um danach – während der Einführungs- und Ausbauphase – zu versuchen, gewerkschaftliche Schutz- und Gestaltungsaufgaben (Arbeitsplatzsicherung, gewerkschaftliche Einkommenssicherung, Gestaltung von Arbeit und Technik, Qualifikation) durchzusetzen? Oder sollten Rationalisierungsmaßnahmen zunächst einmal zurückgestellt werden (›Nein, wenn nicht. . . .‹), bis sich Unternehmer und Betriebsrat auf ein sozial verträgliches Konzept für die Einführung – oder auch Nichteinführung – der neuen Technologien geeinigt haben?« (IGM, Maschinen wollen sie, 1983, S. 92/93).

In der Formel »Die Technik sozial beherrschbar machen« verbindet sich zum einen die Kritik am »technischen Fortschritt« mit einem (noch auszuführenden) Programm seiner Anwendung im Interesse der Lohnabhängigen. »Die neuen Technologien fordern die Gewerkschaften eben dazu heraus, die Gestaltung der Betriebe und der in ihnen herrschenden Bedingungen nicht mehr (fast) allein der Unternehmerseite zu überlassen, sondern über die Gestaltung von sozialen Mindestbedingungen (Einkommen, Arbeitszeit, Pausen usw.) hinaus die Kräfte der Beschäftigten so zu organisieren und zur Geltung zu bringen, daß die Beschäftigten die Systeme der ›neuen Technologien‹ selbst in ihren technischen und organisatorischen Aspekten bewußt und planvoll bestimmen können« (U. Briefs, 1980, S. 141/2). Darin ist schon die utopische Dimension angesprochen, die heute den Auseinandersetzungen um die Technik und ihre »Beherrschbarkeit« innewohnt. Die bloße Ablehnung der »neuen Techniken« ist ebenso illusionär wie die Hoffnung, daß ihre Wirkungen stets »sozial abgefedert« werden können. Denn: »Mit der Entwicklung der neuen Technologien können im Zusammenhang mit den gewaltigen Produktivkräften, die sie verkörpern, Voraussetzungen für erhebliche Verbesserungen der Produktionsbedingungen im Interesse der Beschäftigten verwirklicht werden: Die Verringerung der gesellschaftlich notwendigen Arbeitszeit insbesondere zur Verwaltung, Steuerung und Kontrolle der Betriebe schafft Möglichkeiten für erhebliche Verkürzungen der Arbeitszeit. . . . « (ebd., S. 165/6). Als weitere Gestaltungsmöglichkeiten nennt U. Briefs: »Abbau von Arbeitsintensität und übermäßiger Belastung«; »Abbau bzw. bessere Verteilung von monotonen Arbeiten«; »Nutzung von zeitlichen Freiräumen im Betrieb für eine verstärkte Beteiligung der Beschäftigten an der Steuerung und Kontrolle der Produktion auf der Ebene der Arbeitsgruppen und der Betriebe«; »verstärkte Nutzung von zeitlichen Freiräumen für Weiterbildung« (ebd. S. 166; vgl. auch Briefs, 1984, S. 209 ff.).

Die Gestaltungsmöglichkeiten des Verhältnisses von Arbeit und Technik in der Zukunft eröffnen also einen breiten Raum für die Konkretisierung einer Lebensweise, in der die Arbeit erleichtert ist, neue vielseitige Bildungsanforderungen, demokratische Selbstbestimmung und Kontrolle von unten, Kreativität und Innovationsfähigkeit des Einzelnen möglich werden. Dieses Ziel kann jedoch nur erreicht werden, wenn schon heute das Bewußtsein über den gesellschaftlichen bzw. den Klasseninhalt des Widerspruchs zwischen der Steigerung der gesellschaftlichen Produktivkräfte (in Kapitalform) und der Akkumulation von Elend und Not, sozialer Unsicherheit und Entwurzelung auf der Seite der Lohnarbeit entwickelt wird. Darüber hinaus kommt es gerade in der Gegenwart darauf an, jene Strategie zu vereiteln, die die Unternehmer und die Konservativen mit der Anwendung der »neuen Techniken« verfolgen. Das erste Motiv ist natürlich die Produktion und Akkumulation von Profit, die über das »blind wirkende« Zwangsgesetz der nationalen und internationalen Konkurrenz dem Einzelkapital »auf Gedeih und Verderb« die technologische Innovation aufherrscht. Dabei dienen die neuen Techniken den Unternehmern auch als Waffen von höchster politischer Sprengkraft in der Auseinandersetzung zwischen Kapital und Arbeit. Hinter dem Schlagwort von der »Flexibilisierung« verbirgt sich ein weitreichendes gesellschaftspolitisches Programm, das einen beträchtlichen Teil jener sozialen und sozialpolitischen Errungenschaften, die die Lohnabhängigen und ihre Gewerkschaften in den vergangenen Jahrzehnten durchgesetzt haben, revidieren soll. Die komplizierte Sprache des Berichtes der (»Späth-«)Kommission »Zukunftsperspektiven« vermag dieses Grundmotiv nur schwer zu verhüllen: »Die Automation .... mittels Technologien höherer Elastizität befreit von der Bindung der Produktion an die starren Arbeitszeitregelungen von Tarifverträgen, Arbeitszeitverordnungen und Geschäftszeiten. Damit können auf dieser Automationsstufe ohne Personalengpässe Betriebsmittel im Dreischichtbetrieb genutzt, die Gleitzeit selbst im Produktionsbetrieb oder bisher zeitgebundenem Dienstleistungsbetrieb eingeführt und Dienstleistungen auch außerhalb der Geschäftszeit erbracht werden. Der naive, aus der Präsenz am zentralisierten Arbeitsplatz abgeleitete Arbeitszeitbegriff wird unter diesen Umständen reformbedürftig. Kontroll- und Überwachungssysteme, konventionelle Führungssysteme, aber auch die Reaktionsmuster der Gewerkschaften hierauf werden obsolet, oder aber sie verhindern diesen Entwicklungssprung, weil sie den technischen Entwicklungsstand festschreiben, vor dessen Hintergrund sie entstanden sind« (Zukunftsperspektiven, S. 169).

Die Stoßrichtung dieser Argumentation ist eindeutig. Reformbedürftig ist der »Trend hin zu kollektiven Regelungen« (ebd., S. 164). Mit anderen Worten: die »neuen Techniken« werden als eine Waffe begriffen, um die kollektive Macht der Gewerkschaften in Betrieb und Gesellschaft zu brechen. Die Mitbestimmungsrechte der Betriebsräte bilden dabei ebenso wie Sozialpläne, Tarifverträge, Arbeitsschutzgesetze u.a.m. »festgefahrene Strukturen«, die es zu überprüfen gilt, um »Elastizitätspotentiale« freizusetzen und – so verkündet die neokonservative Ideologie – dem dann von Gewerkschaftsmacht und gesetzlichen Schutzmaßnahmen »befreiten«, einzelnen Arbeitnehmer einen größeren »Spielraum für eine individuelle Gestaltung seiner Arbeit« zu gewähren (ebd.). Es ist daher nur logisch, daß mit dieser Art der »Selbstbestimmung« auch die institutionalisierte Mitbestimmung »flexibilisiert« werden soll: »Eine Flexibilität erfordernde Wirtschafts- und Arbeitswelt verlangt daher eine Fortentwicklung der Unternehmensverfassung, die nicht die unternehmerische Mitbestimmung durch unmittelbare Teilhabe in den Unternehmensorganen ausbaut, sondern bei der vermögensrechtlichen Teilhabe der Arbeitnehmerseite ansetzt. Zentrale Bedeutung könnte hierbei neben der Kapitalbeteiligung der Arbeitnehmer insbesondere eine Anbindung der Arbeitnehmeransprüche auf Lohn und soziale Zuwendungen an den Unternehmensertrag erlangen« (ebd., S. 185).

Schließlich sind die »neuen Technologien« nicht nur Rationalisierungs- sondern auch Kontrolltechnologien. Für das kapitalistische Management und für den Staat bieten sie die Möglichkeit, durch die neuen Datenerfassungssysteme und deren Vernetzung nicht nur den einzelnen Arbeiter in und außer der Arbeit genau zu überwachen, seine Bewegungen gleichsam lückenlos zu erfassen, sondern auch die gewerkschaftliche und politische Aktivität ganzer Belegschaften zu kontrollieren. Die Gewerkschaften haben sich für ein Verbot der sog. «Personalinformationssysteme« ausgesprochen (wahrscheinlich viel zu spät); denn sie wissen, daß sich auf diesem »sanften« und anonymen Wege die Herrschaft des Kapitals über die Lohnarbeit vollendet: die ökonomische (über die Abhängigkeit und Unselbständigkeit der Arbeitskraft) und die politische (im bürgerlichen Staat zentralisierte) Macht des Kapitals werden ergänzt durch Systeme der Arbeitsteilung, der Arbeitsorganisation (Taylorisierung) und der elektronischen Überwachung im Betrieb, die den Lohnabhängigen noch bestehende, autonome Gestaltungsmöglichkeiten – nicht nur in der Organisation des Arbeitsprozesses selbst, sondern auch in der Organisation formeller und informeller »Gegenmachtstrukturen« – zu entziehen trachtet. Der Kampf gegen diese Kontrolltechnologien bzw. gegen ihre Anwendung wird daher zu einem wesentlichen Element der gewerkschaftlichen Auseinandersetzung mit den »neuen Techniken«.

Die wissenschaftlich-technischen Utopien haben eine lange Tradition. Schon 1624 hatte der Engländer Francis Bacon auf der Trauminsel »Neu-Atlantis« ein Staatswesen erdacht, »dessen Bestand und Zukunft durch die Unerschütterlichkeit und Unfehlbarkeit der induktiven und experimentellen Methode der Wissenschaft und die wachsende Fülle ihrer Ergebnisse gesichert sein sollte« (Heinisch, 1960, S. 227). Der Fortschrittsoptimismus, der solchem Denken eigen ist, wird gegen Ende des 19. Jahrhunderts erschüttert. Die konzeptiven Ideologen des Bürgertums spüren, daß die bürgerlich-kapitalistische Gesellschaft an ihre historischen Grenzen stößt. Im Innern tritt ihr eine Arbeiterbewegung entgegen, deren sozialistische Theorie eine neue Gesellschaftsordnung als objektive Möglichkeit begründet; die koloniale, äußere Expansion beginnt sich zu erschöpfen und ab 1917 werden Grenzen des Kapitalismus (geographisch und politisch) durch die Existenz der Sowjetunion markiert. Es ist daher kein Zufall gewesen, daß die Verwandlung der technischen Utopien in die Science-Fiction-Romane eben in diese Periode fällt und daß sich jene negativen Utopien vorbereiten, die den weiteren wissenschaftlich-technischen Fortschritt mit dem Aufkommen kollektiver gesellschaftlicher Zwänge identifizieren (vgl. Schwonke, in: Neusüß, 1968, S. 235 ff.). Erst nach dem 2. Weltkrieg gab es einen neuen Optimismus-Boom. Die »dritte industrielle Revolution«, die mit der Computer-Technik und der Automation eingeleitet wurde, regte eine intensive futurologische Aktivität an, die sich freilich dadurch auszeichnete, daß sie sich wesentlich um die Vorstellung einer Perfektionierung der bestehenden gesellschaftlichen Verhältnisse (nach US-amerikanischem Vorbild: »bigger and better«) gruppierte.

Dieser Optimismus ist – wie wir gesehen haben – längst gebrochen. Bei den Lohnabhängigen herrscht berechtigtes Mißtrauen gegenüber den »neuen Techniken« vor – und kein Gewerkschaftsfunktionär findet sich heute bereit, die Segnungen des »technischen Fortschritts« zu preisen. In der Auseinandersetzung mit den Kapitalstrategien, die sich der Technik als Waffe zur Schwächung der kollektiven Vertretungsmacht der Lohnabhängigen bedienen, werden die Gewerkschaften jedoch notwendig mit der Aufgabe konfrontiert, eigenständige – auf die Bedürfnisse der Lohnabhängigen bezogene – und positive Perspektiven einer Neugestaltung des Verhältnisses von Technik-Arbeit-Gesellschaft zu durchdenken. Es reicht nicht aus, der Flexibilisierungs- und Entkoppelungsstrategie des Kapitals ein bloß defensives Konzept (Verteidigung der Beschäftigung, des Einkommens, der Qualifikation und des sozialen Besitzstandes) entgegenzusetzen. Natürlich werden auch in den gegenwärtigen Auseinandersetzungen (vor allem um die 35-Stunden-Woche) jene Kräftekonstellationen aufgebaut, die ihrerseits mit darüber entscheiden, ob die Kapitalstrategien erfolgreich sind und ob die Perspektive einer »schöpferischen Aneignung der neuen Techniken durch die Beschäftigten« (U. Briefs) eingelöst werden kann. Der sowjetische Soziologe und Zukunftsforscher I. Bestushew-Lada (1984, S. 113/114) skizziert diese positive Perspektive wie folgt: »Der Mensch kann und muß seinen Verstand, seine Psyche und seine Physiologie vervollkommnen. . . . Dieser Umstand bestimmt übrigens auch die Rolle des Menschen in der durchgehend mechanisierten, automatisierten und kybernetisierten gesellschaftlichen Produktion. . . . Der Mensch (wird) auf dem höheren Entwicklungsniveau der Produktivkräfte und der Produktionsverhältnisse aufhören, unmitttelbarer Teilnehmer der Produktion zu sein, er wird neben der Produktion, über der Produktion stehen. Er wird sich in eine allseitig entwickelte Persönlichkeit verwandeln, die nicht mehr an einen bestimmten Bereich der Produktion gefesselt ist, sondern einen uneingeschränkten Spielraum für begeistertes Schaffen erhält (was verständlicherweise nicht ausschließt, sondern voraussetzt, daß man sich in allem, was man anpackt, gründlich auskennen muß)«.

Das Flexibilisierungskonzept der Unternehmer muß verhindert werden; denn sein Erfolg könnte die Gewerkschaftsbewegung politisch und rechtlich in quasi-frühkapitalistische Verhältnisse (wie sie heute fast schon wieder in der sog. »Schattenwirtschaft« herrschen) zurückwerfen. Das Beispiel der US-Gewerkschaften, die unter dem Druck der Massenarbeitslosigkeit und der Armut, der neuen Techniken, einer Kapitalstrategie, die eben jenem Flexibilisierungsideal recht nahe kommt, und einer reaktionären Bundesregierung inzwischen um's Überleben kämpfen, sollte Warnung genug sein. Gleichwohl muß in dieser Auseinandersetzung deutlich gemacht werden, daß dieses Konzept – mit seinen politischen und sozialen Konsequenzen – nichts anderes bedeutet als die Umschreibung des Sachverhaltes, daß in dieser Gesellschaft alle sozialen, politischen und kulturellen Prozesse dem Primat der Profitproduktion unterworfen sind, und daß in einer Gesellschaft, deren Wachstum und Entwicklung durch den Profit (und die Konkurrenz zwischen den Einzelkapitalen) gesteuert werden, die Lösung sozialer Widersprüche, die Überwindung von Krisenprozessen überhaupt nur nach Maßgabe einer Logik erfolgen kann, die vor allen anderen Aufgaben die Sicherung der privatwirtschaftlichen Eigentumsverhältnisse und die Wiederherstellung der Kapitalrentabilität an die erste Stelle setzen muß. Alternative Zukunftsmodelle können diesen zentralen Aspekt nicht umgehen. Erst die Infragestellung des Primats der Profitproduktion kann auch den Blick öffnen für neue Modelle der Flexibilität, die den arbeitenden Menschen aus der Rolle eines Werkzeuges der Maschinerie, der Arbeitsorganisation und des kapitalistischen Managements befreien.

Das Ideal werden dabei gewiß nicht jene »Computerfreaks« sein, die die Kommunikation, das Spielen mit dem Computer, der zwischenmenschlichen Kommunikation vorziehen. Ebensowenig entsprechen jene Jugendlichen den humanen Vorstellungen einer entwickelten Persönlichkeit, die über extreme Fertigkeiten in der Handhabung von Computern, Telespielen und Videosystemen verfügen, gleichzeitig aber – in dieser extremen Einseitigkeit ihrer Fertigkeiten – jenen Typus des modernen Analphabeten repräsentieren, der unfähig geworden ist, ein Buch oder eine Zeitung zu lesen. Damit eine humane Flexibilität im Arbeits- und Lebensprozeß möglich wird, muß die Frage gestellt werden, wer darüber entscheidet, was und wie produziert wird. Solange nicht an die Stelle des Profitprinzips das Prinzip der gesellschaftlichen Bedürfnisbefriedigung (und eine entsprechende Form der politischen Entscheidungen, in der sich diese Bedürfnisse geltend machen können), tritt, solange können auch die positiven Möglichkeiten der Produktivkraftentwicklung nicht ausgeschöpft werden. Im Gegensatz zu den Unternehmerkonzepten wird aber die Flexibilität, die über eine schöpferische Aneignung der neuen Techniken durch die Beschäftigten entsteht, keineswegs die Aufhebung von allgemeinen und gemeinschaftlichen Regelungen der Arbeits- und Lebensbedingungen bedeuten. Soziale Gleichheit und Gerechtigkeit – als Basis für die kreative Entwicklung des Einzelnen – sind im Gegenteil nur durch allgemeine, gesetzliche Sicherungen des Rechts auf Arbeit, Bildung, Ausbildung und Weiterqualifikation, soziale Sicherheit, Erholung, angemessene Wohnung, Schutz der Natur, kulturelle Entfaltung für Alle möglich. So zeigt sich auch hier, wie der aktuelle Kampf um die Verteidigung der Interessen der Lohnabhängigen in die real-utopischen Dimensionen einer sozialen und politischen Umgestaltung übergreift, die positive Perspektiven des

Umgangs der Menschen mit der Ökonomie, der Arbeit, der Technik, der Natur und mit den anderen Menschen aufzuzeigen vermag.

Die bisherige Darstellung hat schon deutlich werden lassen, daß der »utopische Überschuß« gar nicht erfunden zu werden braucht, sondern daß er den grundlegenden welt- und gesellschaftspolitischen Problemen und Auseinandersetzungen der Gegenwart objektiv eingeschrieben ist. Die Verhinderung von Kriegen und von ökologischen Katastrophen, die Verwirklichung des Rechts auf sinnvolle Arbeit und soziale Sicherheit für Alle und schließlich die »soziale Beherrschung« der Produktivkraftentwicklung sind durch die bloße Konservierung des Status quo, das verzweifelte Bemühen, den als verhängnisvoll angesehenen Gang der Menschheitsgeschichte gleichsam stillzustellen, um die Bewegung auf den Abgrund hin vielleicht noch zu verlangsamen, nicht einzulösen. Vielmehr bedarf es einer realistischen, für die Volksmassen verständlichen, diese selbst zum Handeln motivierenden Alternativperspektive, die nicht nur die Möglichkeit der Verhinderung von Katastrophen, sondern zugleich die Möglichkeit einer friedlichen, humanen, sozial gerechten und demokratischen Lebensgestaltung als Ziel, für das es sich zu kämpfen lohnt, formuliert. Dabei sind alle Lebensbereiche betroffen. Ich will mich hier darauf beschränken, diese Problematik noch für zwei Bereiche grob zu skizzieren:

– Staat und Politik. Daß in den letzten Jahren in den Gewerkschaften der Antifaschismus lebendiger geworden ist, resultiert zum einen aus der Erfahrung, daß die verschiedenen Formen, in denen sich heute der Neofaschismus manifestiert (von der brutalen Gewaltkriminalität der Neonazis, über Phänomene einer faschistoiden Massenkultur, der Ausländerfeindlichkeit, bis hin zu subtileren Methoden der ideologischen Rehabilitation des »Dritten Reiches« und seiner Politik durch einzelne Historiker), auch eine Gefahr für den Bestand und das Wirken der Arbeiter und Gewerkschaftsbewegung darstellen. Zum anderen reaktiviert aber dieses historische Bewußtsein auch das Wissen, daß die Zerschlagung der Arbeiterbewegung und der Demokratie durch den autoritären, terroristischen Staat des Faschismus eine Variante der kapitalistischen Krisenüberwindungsstrategie der Zwischenkriegsperiode war (vgl. w.o., S. 126 ff). In der Losung »Nie wieder Faschismus – nie wieder Krieg!« reflektiert sich daher eine Wachsamkeit, die den Widerstand der demokratischen und Arbeiterbewegung gegen eine erneute, gewaltsame Transformation des demokratischen Staates in die autoritäre Diktatur im Interesse des Monopolkapitals ankündigt. Dieser Widerstand macht sich überall da geltend, wo demokratische Rechte, die durch die Verfassung gewährleistet sein sollen, außer Kraft gesetzt bzw. durch die

Exekutive oder die Rechtsprechung von individuellen und kollektiven Freiheitsrechten in Unterwerfungs-Pflichten gegenüber dem Staat uminterpretiert werden (z.B. Berufsverbot).

Die Sensibilität gegenüber einer autoritären Verselbständigung des Staatsapparates berührt aber auch jene Tendenzen, vermittels derer sich politische Macht über ein Netzwerk von Ordnungsregeln und Sicherheitskontrollen reproduziert. Neben den klassischen Repressions- und Gewaltfunktionen des spätbürgerlichen Staates (die im Vergleich zu früheren Perioden immer weiter ausgebaut werden, wie die steigenden Staatsausgaben für Militär und Rüstung, Geheimdienste, Polizei und Justiz demonstrieren) haben sich komplexe Techniken der Machtausübung etabliert, die ihrerseits die Subjekte formen, über die diese Macht ausgeübt wird. Das »Individuell-Private (ist) keine Grenze, sondern vielmehr der Kanal der Macht des modernen Staates« (Poulantzas, 1978, S. 65). Die wohlfahrts- und sozialstaatlichen Funktionen sind nicht nur darin Funktionen bürgerlicher Herrschaft, daß sie stets der Sicherung des Kapitaleigentums und seiner Akkumulation zu- und untergeordnet sind. Vielmehr schaffen die Gesetze und Apparate, die zu ihrer Ausübung eingerichtet werden, neue Verhaltensregeln und Kommunikationsformen, in denen sich Machtverhältnisse kristallisieren. Für den Arbeitslosen ist daher die Macht des Arbeitsamtes, die Erfahrung der sozialen Sortierprozesse und der Erniedrigungsformen, die mit dem bürokratischen Vorgang der Registrierung von Arbeitslosen und ihrer Vermittlung an einen neuen »Arbeitgeber« verbunden sind, sehr viel konkreter als die Erfahrung jener gesellschaftlichen Macht des Kapitals, die ihn seine Abhängigkeit und Unselbständigkeit in der Form der Entlassung spüren läßt. Alle diese Apparate bedienen sich ebenso wie die Sicherheitsorgane des Staates der neuen, elektronischen Datenerfassungssysteme und verstärken damit die Tendenz zur »Verdatung«, d.h. auch zur Persönlichkeitskontrolle der Bürger. Außerdem wirken diese Apparate mit an jenen Formen der Disziplinierung, die sich über die Angst vor Krankheit und Erwerbsunfähigkeit, vor psychiatrischer »Ausgrenzung«, vor dem Absinken in Obdachlosigkeit und Armut vermitteln.

Der Widerstand gegen die administrative und technologische Perfektionierung dieser Macht-Systeme greift daher über die Verteidigung der klassischen, bürgerlichen Freiheitsrechte hinaus; denn er beschränkt sich nicht nur auf legale und konventionelle Formen des Protestes (z.B. Klage beim Bundesverfassungsgericht gegen das »Volkszählungsgesetz«), sondern formt auch ein Alltagsverhalten, das äußerst mißtrauisch und sensibel – gelegentlich sogar übersensibel – gegen den Überwachungsstaat, seine Regeln, seine Institutionen und seine »Charaktermasken« geworden ist. Darin wird eine Perspektive des Anti-Etatismus erkennbar, die oftmals zu Illusionen führen muß, den Staat in »alternativen Objekten« zu schwächen bzw. zu unterlaufen (vgl. w.o., S. 204 ff.). Gleichwohl lassen sich die Bewegungen in den verschiedenen Politikbereichen, die durch Umfang und Inhalt der staatlichen Machtausübung definiert werden, durchaus um die Perspektive eines Entstaatlichungsprogrammes gruppieren, das einerseits auf die Reduzierung der staatlichen Gewalt- und Repressionsfunktionen nach innen und außen (als ein wesentliches Ziel der Friedensbewegung), andererseits auf die Aufhebung des »Überwachungsstaates« zielt. Im Unterschied zu konservativen Entstaatlichungsprogrammen, die die sozialstaatlichen Funktionen beschneiden und die Ordnungs- und Gewaltfunktionen ausbauen wollen, wird diese Perspektive der alten sozialistischen Forderung nach der »Zurücknahme des Staates« in die Gesellschaft einen neuen Inhalt geben müssen. Dabei werden die jetzt zentralisierten Funktionen der sozialen Sicherung und der Befriedigung gesellschaftlicher Bedürfnisse in einem System »aufgehoben«, das soziale Gleichheit und Gerechtigkeit sowie ein entwickeltes Niveau der gesellschaftlichen Konsumtion auf der Basis der gesellschaftlichen Selbstverwaltung gewährleistet.

– Bildung und Ausbildung. Zwischen der Zukunft der Arbeit und der Zukunft der Bildung besteht ein enger Zusammenhang. Auf der einen Seite erfordert die Produktivkraftentwicklung, die Verwissenschaftlichung der Produktion, eine beständige Anpassung der Bildung: »Nur über Bildung und Qualifizierung kann sichergestellt werden, daß die Anpassungs- und Umstellungsprozesse zwischen Arbeitsmarkt und Produktions- bzw. Absatzentwicklung ohne zu große Reibungsverluste gelingen. Nur über Bildungsangebote kann längerfristig die Wiedereingliederung der Unbeschäftigten gesichert werden. Nur über Bildung und Qualifikation können technischer Wandel und wirtschaftliche Innovation bewältigt werden« (Fehrenbach, 1984, S. 9). Auf der anderen Seite hat die Arbeiterbewegung stets eine demokratische Bildungsreform gefordert, die den Lohnabhängigen und ihren Kindern den Zugang zu allen Bildungsinstitutionen eröffnet und so das Grundrecht der freien Entfaltung der Persönlichkeit und der freien Berufswahl einlöst. In diesem Sinne rekapituliert G. Fehrenbach die positive Einstellung der Gewerkschaften zu den bildungspolitischen Reformen der späten 60er und der frühen 70er Jahre: »Chancengleichheit schien realisierbar, Bildungsgerechtigkeit schien erreichbar. In der zentralen Frage jeder gewerkschaftlichen Bildungspolitik seit Beginn der Arbeiterbewegung, der Überwindung der sozialen Auslesefunktion der Schule, also der frühen Verteilung der Kinder auf verschiedene Lebenswege, ohne dies später noch wesentlich korrigieren zu können, schien der Durchbruch erreicht; der ständische Charakter des dreigliedrigen Bildungswesens schien überwindbar« (Ebd., s. 9).

Diese Hoffnungen wurden enttäuscht (wobei der Prozeß des Scheiterns der sozialliberalen Bildungsreformpolitik hier nicht im einzelnen behandelt werden soll). Die »Wende« wird gerade auf diesem Gebiet mit aller Härte »exekutiert«, obwohl die Grenzen sozialdemokratisch regierter Länder noch eine gewisse Abschirmungsfunktion haben. Der restaurative Kern dieser Politik besteht zum einen in einer massiven Reprivatisierung der Bildungschancen (z.B. durch die Umstellung des Bafög für Studenten auf Darlehen – oder: indem der Zugang zur Hochschule über den sog. »zweiten Bildungsweg« drastisch eingeengt wird), zum anderen in der Hinwendung zur bewußten Eliteförderung – kurzum: die traditionelle, klassenspezifische Selektionsfunktion des Bildungswesens, die entsprechend den Bedürfnissen der Wirtschaft, des Staatsapparates und der Wissenschaft wirken soll, wird mit aller Kraft restauriert. Dazu sollen mit der »Wende« endlich auch die fortschrittlichen Inhalte in verschiedenen Lehrplänen und Studiengängen (vor allem geistes- und sozialwissenschaftlicher Disziplinen) beseitigt werden. Die »Konfliktpädagogik«, »kompensatorische Erziehung«, Entwicklung von Kritik- und Partizipationsfähigkeit, Aufklärung – ganz zu schweigen vom dialektischen Denken und vom Marxismus – waren den Konservativen stets ein Greuel. Ihr »Mut zur Erziehung« zielt auf die Rehabilitation von althergebrachten Tugenden und Werten: statt »intelektueller Suchbewegung« sollen Disziplin, Leistungswillen, Gehorsam, Patriotismus und Gebet wieder zu ihrem Recht kommen. Aufgabe der Erziehung soll es sein, die in der kapitalistischen Gesellschaft herrschenden Ideologien als quasi-naturwüchsige »Grundwerte« zu vermitteln.

Es wäre jedoch gewiß zu einfach, den Inhalt der konservativen Bildungspolitik mit der Weltanschauung des Herrn Mayer-Vorfelder (Kultusminister von Baden-Württemberg) gleichzusetzen. So sehr die Konservativen in Schulen und Hochschulen Ruhe und Ordnung wiederherstellen und ideologische Hegemonie zurückgewinnen wollen, so wissen sie doch genau, daß mit der klerikal versetzten Zwergschul-Mentalität der wilhelminischen Ära diese Ziele nicht zu erreichen sind. Sie wissen außerdem, daß die gegenwärtige wissenschaftlich-technische Revolution neue Anforderungen an Institutionen und Inhalte des Bildungssystems stellt, und sie werden wohl auch erkannt haben, daß eine »Entkoppelung« von Bildungs- und Beschäftigungssystem erhebliche Kosten und soziale wie politische Konfliktpotentiale nach sich ziehen muß. Je größer der Anteil derer wird, die überhaupt keine Chancen auf dem Arbeitsmarkt mehr haben oder auch in den Bildungsinstitutionen (als »versteckte Arbeitslose«) für eine gewisse Zeit vom Arbeitsmarkt ferngehalten werden (das gilt heute für einen Teil der Studenten), um so geringer dürften die Chancen einer erfolgreichen, konservativen Legitimationsvermittlung werden. Mit anderen Worten: der wachsende Widerspruch zwischen den real zu erwartenden Berufs- und Lebensperspektiven junger Menschen und dem Anspruch konservativer Erziehungsideale muß deren »Akzeptanz« immer brüchiger werden lassen.

In dem Bericht der »Kommission Zukunftsperspektiven« wird daher den »zukunftsorientierten Anforderungen an die Lernfähigkeit im Bildungssystem« (1983, S. 89 ff.) breiter Raum gewidmet. In der kommenden »Informationsgesellschaft« werden »die Anforderungen an die Flexibilität und Wendigkeit des Denkens sehr viel größer sein« (ebd.). »Lebenslanges Lernen« muß die Fähigkeit einschließen, die modernen Informationsquellen sowie die technischen Apparaturen benutzen zu können. Auch auf »autonomes Lernen, Einzelarbeit mit einem apersonalen Medium« (ebd., S. 90) muß die Schule vorbereiten. Dabei dürfen aber auch Fremdsprachen sowie das »Bedürfnis nach kreativer Betätigung« (musischer Unterricht, »soziales Lernen«) nicht vernachlässigt werden. Ein breites Grundwissen ist notwendig; denn es bildet die Voraussetzung für jene Flexibilität, die der Umgang mit den neuen Anforderungen in der Arbeitswelt erfordert. Daß das »Bürgerrecht auf Bildung« verblaßt, ist nicht nur auf die angespannte Finanzlage in den Staatshaushalten zurückzuführen, sondern auch auf die oft mangelhafte Anpassungsfähigkeit des existierenden Bildungssystems an die neuen technologischen, wissenschaftlichen und pädagogischen Bedürfnisse der »Informationsgesellschaft«. »Wenn das Bildungswesen sich dieser Herausforderung nicht stellt, wird öffentliche (und weitgehend ›kostenlose‹) Bildung in der Bundesrepublik fragwürdig« (ebd., S. 88). Schließlich bekennt sich der Bericht, der auch an anderer Stelle an die Vernunft der »Positionseliten« appelliert (vgl. ebd., S. 55), uneingeschränkt zur Elitenförderung: »Ernstlich wird man überlegen müssen, ob nicht, mindestens in einzelnen Fällen, Elitegruppen eingerichtet werden sollen. Das scheint nicht sehr demokratisch zu klingen. Bei der zu erwartenden Ungleichheit in den Schulen ist jedoch nicht einzusehen, warum nicht auch und gerade der Hochbegabte ein Anrecht auf bestmögliche Bildungschancen haben soll . . . . Keine Gesellschaft (kann es sich) leisten, auf die optimale Förderung ihrer Spitzenbegabungen zu verzichten« (ebd. S. 90).

Der konservative Bildungsoptimismus, der hier vertreten wird, beinhaltet auf den ersten Blick durchaus attraktive Angebote. Dabei könnte man fast übersehen, daß in dem ganzen Bericht das Problem der Chancengleichheit und der Bildungsgerechtigkeit überhaupt nicht thematisiert wird. Das Scheitern vieler Projekte der Bildungsreform in der Praxis (und die daraus folgende Resignation bei vielen Trägern solcher Projekte) diskreditiert auch – so scheinen die Autoren des Berichtes zu unterstellen – die gesellschaftspolitischen Reformvorstellungen, die sich mit der sozialen Öffnung, der Demokratisierung, aber auch mit der quantitativen Ausdehnung des Bildungswesens verbunden hatten. Die Attraktivität der konservativen »Zukunfts-Bildung« schwindet freilich schnell dahin, wenn sie von den prognostischen Prämissen bereinigt wird, die zugleich die Funktionsweise des Bildungssystems strikt an das Modell einer »marktwirtschaftlichen« Wachstumsökonomie koppeln, die sich angeblich im Übergang zur »Informationsgesellschaft« befindet. Konfrontiert man diese Konzeption mit den Prognosen von Sozialwissenschaftlern, die für die kommenden Jahre – als Folge des »Ausreizens« des heute vorhandenen »Rationalisierungswissens« – eine Beschleunigung der Arbeitsplatzvernichtung voraussagen und deren Kompensation »durch die arbeitsplatzschaffenden Wirkungen des ›technischen Fortschritts‹ (neue Produkte und Märkte)« (Kern/Schumann, 1984, I, S. 10) als illusionär nachweisen, so sind ihre reaktionären Inhalte schon deutlicher wahrzunehmen. Die Flexibilität, die hier gefordert wird, kann nur den relativ privilegierten »Rationalisierungsgewinnern« zugute kommen. Für das wachsende Heer der Marginalisierten und Arbeitslosen muß sie freilich als Ausschluß-Mechanismus wirken; denn sie regelt die Anpassung der Qualifikation an die Nachfrage nach Arbeitskräften von Seiten der Wirtschaft und des Staates. »Eine Ankoppelung in diesem Sinne bedeutet, daß Dequalifikationstendenzen und erwartete Nachfrageminderungen im Schulsystem vorweggenommen werden. In einer so gearteten Politik wird eine Dreiteilung des Arbeitsmarktes vorbereitet. Zum einen würde ein Kern von Dauerarbeitsplatzbesitzern als Stammbelegschaft ausgebildet; des weiteren würde eine beachtliche Gruppe von Arbeitnehmern als künftige Bedarfsbelegschaft teilqualifiziert, die je nach Lage auf relativ niedrigem Ausbildungsniveau angestellt und wieder entlassen würde. Schließlich würde einer Gruppe künftiger Erwerbsloser mit Blick auf die ohnehin zu erwartende Erwerbslosigkeit jede Qualifikation, die über die Vermittlung grundlegender ›Kulturtechniken‹ hinausginge, verweigert« (Klemm, 1984, S. 22).

Die Kritik der konservativen Bildungspolitik und -ideologie darf gleichwohl eine selbstkritische Bilanzierung der Reformbewegung in der »Gründerphase« der sozialliberalen Koalition nicht ersetzen. Deren Intentionen waren und sind nach wie vor richtig, sofern sie – ausgehend von der Kritik der Klassenschranken des Bildungssystems in der kapitalistischen Gesellschaft – auf Chancengleichheit und Bildungsgerechtigkeit gerichtet sind und dabei die bewußte Förderung der »sozial Schwächeren« als eine wesentliche Aufgabe des pädagogischen Prozesses und seiner institutionellen Bedingungen bestimmt. In diese Reformbewegung mischten sich auch vielfältige Illusionen ein, die enttäuscht werden mußten – so z.B. die idealistische Hoffnung, auf diesem Wege die Klassenverhältnisse zu modifizieren oder auch die ideologischen Macht- und Kräfteverhältnisse grundlegend zu verändern. Gewiß wurden bedeutende Einbrüche erzielt, deren Verteidigung heute zu einem wichtigen Bestandteil der demokratischen Kultur geworden ist. Dennoch dürfen die Vorstellungen der progressiven Kräfte nicht in die Schützengräben dieses Abwehrkampfes eingemauert werden, der meist auch die ganze psychische und physische Kraft der hier engagierten Individuen und Gruppen (Personalräte, Gewerkschaftsgruppen usw.) verbraucht oder über-beansprucht. Die Erinnerung an die 68er Bewegung mag gelegentlich – wie ein schöner Traum (zumindest für die Beteiligten) – von den Widerwärtigkeiten der Tageserfahrung ablenken. Sie kann aber auch zum schmerzlichen Traum werden, der individuelle Ohnmacht, Verzweiflung, Selbsthaß und -zerstörung potenziert. Träume können aber auch zur Produktivkraft einer kämpferischen, zukunftsorientierten Einstellung werden. Die Erfahrungen der bildungspolitischen und pädagogischen Reformperiode haben doch zunächst einmal bewiesen, daß es möglich ist, Begabungen unabhängig von der sozialen Herkunft zu fördern, Arbeiterkinder zu qualifizieren, Lernprozesse zu organisieren, in denen Selbstbestimmung über Inhalte des Lernens nicht nur Spaß macht, sondern auch eine weitaus höhere Lern- und Leistungsmotivation hervorbringt, die Trennung von wissenschaftlicher Arbeit und gesellschaftspolitischer Verantwortung, von geistiger und politischer Arbeit aufzuheben, neue Formen eines solidarischen und kollektiven Lernens freizusetzen, die nicht den Zwängen des Konkurrenzkampfes eines jeden gegen jeden unterliegen usw. usf. Das Scheitern vieler dieser Bemühungen ist daher nicht auf deren utopische Naivität, wie die Konservativen behaupten, zurückzuführen. Die bildungspolitische Reform mußte vielmehr deshalb schnell an ihre Grenzen stoßen, weil sie nicht gründlich genug war, weil sie partiell blieb, weil die politischen Träger der Reform bei den ersten Attacken der »Gegenreformation« zurückschreckten, und weil die Machtverhältnisse in Wirtschaft, Gesellschaft und Staat niemals ernsthaft in Frage gestellt wurden. Mehr noch als andere Reformprojekte mußte sie von dem Grundwiderspruch der sozialliberalen Politik erschüttert und zersetzt werden: daß nämlich eine progressive Gesellschaftsveränderung in gesellschaftlichen Teilbereichen (zumal des Überbaus) nicht möglich ist ohne eine gleichzeitige Veränderung der Herrschaftsstrukturen in den Produktionsverhältnissen.

Diese Erkenntnis wird nicht dazu führen, die Notwendigkeit des Kampfes um die Tagesinteressen (auch im Bildungs- und Wissenschaftsbereich) zu vernachlässigen. Dennoch gilt auch hier, daß die bloße Verteidigung des Status quo schnell in Desorientierung und Rückzug umschlagen kann. Das demokratische Bildungswesen der Zukunft wird allen die Möglichkeit einer qualifizierten Ausbildung eröffnen. Die Zuteilung von Lebenschancen, bei der die Schulen die Rolle von Auslese-Institutionen spielen, wird es nicht mehr geben. Statt dessen wird auf der Basis einer soliden geistigen, technisch-wissenschaftlichen und kulturellen Grundausbildung und der Vorbereitung auf eine qualifizierte Berufstätigkeit (denn: in der entwickelten, wirklich demokratischen Gesellschaft wird es keine Arbeitslosen und keine »Randgruppen« geben, die schon jenseits des Arbeitsmarktes stehen) eine systematische Förderung der individuellen Neigungen und Begabungen unternommen. Im pädagogischen Prozeß wird das Konkurrenzprinzip überwunden sein. Individuelle Leistung und kollektives Arbeiten, Beraten und Entscheiden sind kein Widerspruch, sondern ergänzen und befruchten sich notwendig. Zugleich kann – entsprechend den jeweiligen Entwicklungsbedingungen der jungen Menschen – die Eigeninitiative (im Lernen, in der gesellschaftlichen Praxis wie in der Politik) sowie die individuelle und kollektive Verantwortung in Theorie und Praxis gefördert werden.

Im Zeichen der Entwicklung der Produktivkräfte und der Verminderung der gesellschaftlich notwendigen Arbeitszeit im Kernbereich der materiellen Produktion kommen vielfältige neuen Aufgaben auf das Bildungswesen zu. Ebenso wie die technisch-wissenschaftlichen Qualifikationen an Bedeutung gewinnen, immer wieder neu angeeignet und erweitert werden müssen, so werden diese doch keineswegs die ganze Persönlichkeit im Sinne eines »Fachidiotismus« beherrschen. Im Gegenteil – je mehr »freie Zeit« außer der Produktion zur Verfügung steht, um so mehr können die Menschen andere – wissenschaftliche, technische, kulturelle, spielerische – Neigungen und Interessen verfolgen und dabei die zahlreichen Bildungs- und Weiterbildungsangebote nutzen, die ihnen die Gesellschaft zur Verfügung stellt. So kann sich eine Flexibilität entfalten, die einerseits den Anforderungen hoch entwickelter und höchst dynamischer Vergesellschaftungsprozesse, andererseits der Ausbildung der Individualität und der Persönlichkeit dient. Diese neue Flexibilität unterscheidet sich freilich grundsätzlich von jener Flexibilität, die heute Konservative und Unternehmer auch auf dem Felde des Bildungswesens fordern. Sie wirkt gerade nicht als ein permanenter Spaltungs- und Segmentierungsprozeß unter den Lohnabhängigen, der Leistungsmotivation vor allem durch direkten Druck bzw. durch die Erwartung erzeugt, in die Elite aufzusteigen, oder durch die Angst, zu den Versagern zu gehören und in die unteren Ränge der »fluktuierenden Reserve« des Arbeitsmarktes abzusinken. Erst wenn dieser gesellschaftliche Druck aufgehoben ist und das heißt: erst wenn die materielle Basis der Konkurrenz um sozialen Aufstieg, der herkömmlichen Systeme der Arbeitsteilung und der sozialen Ungleichheit umgewälzt ist, kann sich jene freie (flexible) Persönlichkeit entwickeln, die der junge Marx aus der Kritik des herrschenden Systems der Arbeitsteilung, das auf dem Privateigentum beruht, in der »Deutschen Ideologie« als kommunistische Utopie beschrieben hat: ». . . Die Teilung der Arbeit (bietet) uns gleich das erste Beispiel davon dar, daß, solange die Menschen sich in der naturwüchsigen Gesellschaft befinden, solange also die Spaltung zwischen dem besonderen und gemeinsamen Interesse existiert, solange die Tätigkeit also nicht freiwillig, sondern naturwüchsig geteilt ist, die eigene Tat des Menschen ihm zu einer fremden, gegenüberstehenden Macht wird, die ihn unterjocht, statt daß er sie beherrscht. Sowie nämlich die Arbeit verteilt zu werden anfängt, hat jeder einen bestimmten ausschließlichen Kreis der Tätigkeit, der ihm aufgedrängt wird, aus dem er nicht heraus kann; er ist Jäger, Fischer oder Hirt oder kritischer Kritiker und muß es bleiben, wenn er nicht die Mittel zum Leben verlieren will – während in der kommunistischen Gesellschaft, wo jeder nicht einen ausschließlichen Kreis der Tätigkeit hat, sondern sich in jedem beliebigen Zweige ausbilden kann, die Gesellschaft die allgemeine Produktion regelt und nur eben dadurch möglich macht, heute dies, morgen jenes zu tun, morgens zu jagen, nachmittags zu fischen, abends Viehzucht zu treiben, nach dem Essen zu kritisieren, wie ich gerade Lust habe, ohne je Jäger, Fischer, Hirt oder Kritiker zu werden« (MEW, 3, S. 33).

Die Konservativen mögen im Bewußtsein ihrer heutigen Macht über solche Utopien lächeln. Sie ahnen wohl auch gelegentlich, daß es sich dabei um Projekte handelt, die nicht der Phantasie weltfremder Geister entspringen, sondern um alternative Modelle der Gesellschaftsorganisation, die schon heute – angesichts des Entwicklungsstandes der gesellschaftlichen Produktivkräfte und des menschlichen Wissens – objektiv möglich und realisierbar sind (womit überhaupt keine Aussage darüber getroffen wird, wann solche Umwälzungen stattfinden werden, und wie die dann bewußt handelnden Subjekte des historischen Prozesses die Formen, in denen ihre gesellschaftliche Reproduktion sich vollzieht, konkret ausgestalten werden). Daß sie immer wieder ihre ideologische und politische Macht mobilisieren, um solche Projekte – auch wenn sie erst in Gedankenform existieren –, abzuwehren (oder gar zu kriminalisieren), kann auch als Zeichen dafür gelten, daß sie sich ihres Optimismus nicht allzu gewiß sind.

5.4. Exkurs: Realer Sozialismus und Utopie-Verlust

Die Analyse des Utopie-Verlustes in der Arbeiterbewegung sowie der Aktualität des Utopischen in der gegenwärtigen Konstellation des krisenhaften Umbruchs und Übergangs fordert geradezu die Frage heraus, welche Rolle die Existenz und die gesellschaftliche wie politische Entwicklung der sozialistischen Länder für diese Prozesse spielen. Damit begibt man sich auf ein Terrain, das von den Propagandisten des ideologischen Klassenkampfes systematisch okkupiert und zerfurcht ist. Angesichts der Bedeutung des Systemgegensatzes für die internationale und nationale Politik – insbesondere auch für die Entwicklung der verschiedenen Störmungen in der Arbeiterbewegung seit dem Ende des 1. Weltkrieges – kann dieser Frage jedoch nicht ausgewichen werden. Bei der thematischen Schwerpunktsetzung dieses Buches muß ich mich freilich auf einen Exkurs beschränken, der keinen Anspruch auf Vollständigkeit erhebt.

Die Eckpfeiler dieser Kontroverse sind schnell abgesteckt. Auf der einen Seite finden sich in programmatischen Dokumenten aus sozialistischen Ländern immer wieder Hinweise auf die »Ausstrahlungskraft« oder auf die »Beispielwirkung« des realen Sozialismus. So heißt es z.B. in einer sowjetischen Publikation: »Die Erfolge des Sozialismus zeigen die Widersprüche und Nachteile des Kapitalismus noch anschaulicher und tragen zur Verstärkung des Kampfes der Arbeiterklasse um den Sieg der sozialistischen Revolution bei« (Autorenkollektiv, 1976, S. 275). Demgegenüber steht die – vielfach variierte – These von der negativen Beispielwirkung des real existierenden Sozialismus. Als ein System des ökonomischen Mangels und der politischen Repression habe er den »utopischen Überschuß« der revolutionären Arbeiterbewegung in den hoch entwickelten kapitalistischen Ländern gründlich diskreditiert und sei daher letztlich für deren Scheitern verantwortlich. In diesem

Sinne beantwortet z.B. R. Bahro die Frage, »warum der Antikommunismus seit 1917 und nun gar seit 1945 eine solche ungeheuerliche Virulenz erlangt (hat)? . . . . Seit 1917 und speziell hier in Deutschland seit 1945, wo das andere System gegenüber im eigenen Lande steht, sehen sich die bürgerlichen Gesellschaften des Westens, und jetzt muß man sagen, einschließlich der werktätigen Massen des Westens, mit einem Sozialismus (wie sich das östliche System selbst nennt), mit einem Kommunismus (wie es hier genannt wird) konfrontiert, der auf dem Boden einer anderen als der westeuropäischen Zivilisation agiert« (Bahro, 1980, S. 119/120). Beide Positionen scheinen aber wenig hilfreich, um die komplexen Prozesse der ideologischen Wechselwirkung zwischen Sozialismus und Kapitalismus angemessen zu erfassen; denn beide unterstellen im Grunde einseitige Determinanten: einmal die positive, zum anderen die negative Beispielwirkung des Sozialismus.

Es hat immer wieder Perioden gegeben, in denen das »Beispiel« Rußlands bzw. der Sowjetunion direkt die Klassenkämpfe in den Zentren des Kapitalismus beeinflußt, ja auch beflügelt hat. Die Oktoberrevolution von 1917 und ihre Verteidigung bis zum Beginn der 20er Jahre war ganz zweifellos eine mächtige Quelle revolutionärer Inspiration. In vielen Ländern wurde – in den Massenbewegungen selbst – die Parole erhoben, es »den Russen nachzumachen«. Was Braunthal in seiner »Geschichte der Internationale« für Italien festhält, gilt auch für andere Länder Europas: »Die Idee der sozialistischen Revolution, die von der reformistischen Minderheit als utopisch verworfen worden war, gewann jedoch nach dem Sieg der Bolschewiki in Rußland massenhaften Anhang in der durch die Wirtschaftskrise verelendeten und radikalisierten Arbeiterschaft. Die Bolschewiki hatten schließlich gezeigt, daß die Arbeiterklasse in der Tat fähig sei, die Herrschaft der verhaßten Bourgeoisie zu stürzen, die Macht zu ergreifen und durch das Instrument der Sowjets eine Diktatur des Proletariats aufzurichten. Die Idee der Sowjets und der Diktatur wurde in der Vorstellungswelt großer proletarischer Massen zu einem Mythos der Erlösung von allem Elend und aller Erniedrigung« (Braunthal, 2, S. 132). Noch in den 20er und 30er Jahren wurden von vielen Arbeitern, aber auch von Intellektuellen, die sozialen und kulturellen Umwälzungen in der Sowjetunion (durch Industrialisierung und Planung, Alphabetisierung und Kulturrevolution) als ein praktischer Beweis dafür wahrgenommen, daß der Sozialismus nicht nur möglich, sondern auch dem Kapitalismus überlegen sei. Schließlich erreichte die Ausstrahlungskraft der Sowjetunion im 2. Weltkrieg – genauer: nach Stalingrad – ihren Höhepunkt. Daß die kommunistische Bewegung nach 1945 in vielen Ländern Masseneinfluß gewann, war zum einen Ergebnis ihrer Rolle in den antifaschistischen Widerstands- und Befreiungsbewegungen, zum anderen aber auch Ausdruck eines Prestiges, das von der Sowjetunion und namentlich vom Kampf der »Roten Armee« bei der militärischen Vernichtung des deutschen Faschismus abgeleitet war.

Es gab aber auch von Anfang an Gegentendenzen. Vom rechten Flügel des Reformismus aus wurde schon die Oktoberrevolution als Rückfall in die Barbarei verworfen. Der antiutopische Pragmatismus, der seine Legitimation aus den Erfolgen der »Tagespolitik« – auf dem Boden der herrschenden Verhältnisse – gewinnt, propagierte fortan ein negatives Bild der Sowjetunion. Die extreme Rückständigkeit, die zunächst noch bestehenden Versorgungsmängel, Mißerfolge beim Aufbau des ökonomischen Systems des Sozialismus, der vergleichsweise niedrige Lebensstandard der Bevölkerung und vor allem die Entartung des Sozialismus in der Stalin-Ära dienten immer wieder als Material für diese Abschreckungspropaganda. Wesentlich wirkungsvoller war jedoch der Einfluß jenes weitverzweigten Netzes politischer und ideologischer Apparate, das bis in die Gegenwart nicht nur den Zweck verfolgt, die Entwicklung in den sozialistischen Ländern genau zu beobachten (und auch – soweit möglich – praktisch zu blockieren), sondern auch den Antikommunismus in den Zentren des Kapitalismus als eine der mächtigsten ideologischen Waffen in der Systemkonkurrenz am Leben zu erhalten und entsprechend den je konkreten Bedingungen der Entwicklung des Sozialismus neu zu definieren. Die Wirkungen des Sozialismus auf den Kapitalismus sind zumindest in diesem Bereich eindeutig. Die Immunisierung der Mehrheit der Bevölkerung gegen das »Gift« des Kommunismus, dabei die Angst vor der »Bedrohung aus dem Osten« im Alltagsbewußtsein der Volksmassen festzumachen, wird zur zentralen Aufgabe der ideologischen Staatsapparate.

Die Auseinandersetzung um die Raketenstationierung (und die Rüstungspolitik insgesamt) seit dem Ende der 70er Jahre hat diese Zusammenhänge besonders deutlich illustriert. Die Konservativen – von Reagan bis Wörner – bedienen sich massiv der alten »Bedrohungslüge«, um die Hochrüstung zu forcieren, die Strategie der NATO auf eine agressive Offensivkonzeption umzustellen und um gleichzeitig über die Mobilisierung von Ängsten Massenunterstützung für diese Politik zu gewinnen. Der Aufschwung der Friedensbewegung hat aber auch die Grenzen für die ideologische Wirksamkeit der »Bedrohungslüge« markiert.

Diese Wirkungen des Sozialismus gehen jedoch noch weiter: seine Existenz und Entwicklung zwingen den herrschenden Klassen in den

Zentren des Kapitalismus bestimmte Wege und Anpassungsstrategien bei der Bewältigung der inneren Widersprüche des Kapitalismus auf. Die Zugeständnisse, die der Arbeiterbewegung im Westen nach 1950 (als die Auseinandersetzung um die »Neuordnung« zugunsten der »Restauration« entschieden war) auf lohn- und sozialpolitischem Gebiet gemacht wurden, waren durch das Wirtschaftswachstum der »Rekonstruktionsperiode« ebenso bestimmte wie durch das je konkrete Kräfteverhältnis von Kapital und Arbeit. Sie waren aber auch »überdeterminiert« durch den Systemgegensatz von Kapitalismus und Sozialismus. In die sozialpartnerschaftliche Kompromißbereitschaft der herrschenden Klasse ging stets auch die strategische Überlegung ein, daß die Integration der Arbeiter- und Gewerkschaftsbewegung – über Reallohnsteigerungen und ein sich beständig erhöhendes Niveau der Konsumtion, über Mitbestimmungs- und Mitwirkungsrechte, über die Beseitigung von Mißständen extremer sozialer Ungleichheit und Ungerechtigkeit – immer auch dazu dient, die Bollwerke gegen den Kommunismus auszubauen. Ein hessischer Landtagsabgeordneter und Bürgermeister der SPD hat im Jahre 1951 die Intentionen dieser Politik wie folgt konkretisiert: »Jedes neue Schulhaus, jede neue Wohnung, jede Verbesserung einer Straße, jede Preisermäßigung ist eine Bastion gegen die Gefahr aus dem Osten« (nach: Heimat-Zeitung des Kreises Groß-Gerau, 24. 1. 1951).

Die Krisenprozesse in der kapitalistischen Welt in der Gegenwart schränken jedoch solche sozialpolitischen Anpassungsstrategien in ihrer Reichweite zunehmend ein. Die Systemkonkurrenz tritt daher – langfristig betrachtet – in eine neue historische Phase ein. Daß die Konservativen sich mehr und mehr einer »Erneuerung« der geistig-moralischen Werte (weg vom »Materialismus« vergangener Jahrzehnte, hin zur »Opferbereitschaft« für die »Erhaltung der Freiheit«) zuwenden, ist nur ein Indikator für diesen Wandel, dessen Verlaufsformen und Ergebnisse freilich nicht genau vorausgesagt werden können.

Die Erfolge dieser Politik sind, sofern man die Systemkonkurrenz in ihren globalen Dimensionen faßt – keineswegs eindeutig. In den Ländern der »Dritten Welt« z.B. hat der Sozialismus (in welch' vielfältigen Varianten auch immer) keineswegs seine Attraktivität eingebüßt. Die Entwicklung der Sowjetunion von einem extrem rückständigen Agrarstaat zur zweitgrößten Industriemacht der Welt ist zwar nicht beliebig als Modell kopierbar. Sie dient aber den antiimperialistischen Kräften in diesen Regionen als Beweis dafür, daß die Überwindung von Rückständigkeit und Abhängigkeit durch Vergesellschaftung und Planung möglich ist, zumal das »Modell« der kapitalistischen Entwicklung und der

Integration in den Weltmarkt gerade in solchen Ländern, die in den letzten Jahren sehr hohe Wachstumsraten erzielten, zu einer außerordentlichen Zuspitzung der inneren sozialen Antagonismen und zu nachgerade katastrophalen Wirkungen der kapitalistischen Weltmarktkrise geführt hat. Schließlich besteht nach 1945 ein offenkundiger Zusammenhang zwischen den sozialistischen Staaten und den Erfolgen der antiimperialistischen Befreiungsbewegungen in der »Dritten Welt«. Natürlich sind auch hier die internen Bedingungen (Kräftekonstellation der Klassen und der politischen Kräfte, Reifungsprozesse des »subjektiven Faktors« bei den revolutionären Kräften) letztlich die entscheidenden Faktoren. Die politische und materielle Hilfe durch die sozialistischen Staaten hat jedoch in vielen Fällen dazu beigetragen, die gegenrevolutionären Eingriffe des Imperialismus (vor allem der USA) zu begrenzen und die Erfolgsbedingungen des revolutionären Kampfes zu verbessern.

In den kapitalistischen Industriestaaten hingegen verminderte sich seit Anfang der 50er Jahre die Zahl derjenigen Lohnabhängigen und Intellektuellen, die die Sowjetunion und die anderen sozialistischen Länder als Vorbild für den eigenen Weg zum Sozialismus betrachteten. Die Wahlergebnisse der kommunistischen Parteien signalisieren (mit Ausnahme der französischen und der italienischen KP) bis Anfang der 60er Jahre beträchtliche Verluste des Masseneinflusses, den sie z.T. noch in der Nachkriegsperiode auszuüben vermochten. In einigen dieser Parteien kam es in der Folge schwerer Krisen in den sozialistischen Ländern (Ungarn 1956, CSSR 1968, Polen seit 1980) zu internen Auseinandersetzungen, die zu weiteren Mitglieder- und Wählerverlusten führten. Insgesamt festigte sich ein negatives Bild vom realen Sozialismus – auch in der Arbeiterklasse. Die Tendenz zur Etablierung eines sozialpartnerschaftlichen Pragmatismus, die sowohl von bürgerlichen Kräften als auch von der Sozialdemokratie getragen wurde, verkehrte das utopische Potential des Sozialismus in die Bereitschaft, sich in der Konsumwelt des Kapitalismus und der bürgerlich-parlamentarischen Demokratie einzurichten. Der Sozialismus wurde (und wird) von den meisten mit geringerem Lebensstandard, härteren Arbeitsbedingungen und fehlenden politischen Freiheiten identifiziert.

Im Zeichen der Entspannungspolitik (seit dem Ende der 60er Jahre), auch des Massentourismus in einige sozialistische Länder, wurden zwar die gröbsten, negativen Stereotype der Kalte-Kriegs-Ära abgebaut. Gleichwohl haben sich die negativen Grundeinstellungen gegenüber dem realen Sozialismus bis in die Gegenwart nicht wesentlich verändert. Selbst die Krisenerfahrung der 70er und 80er Jahre hat noch keinen Wandel im Bewußtsein der überwiegenden Mehrheit auch der Lohnabhängigen herbeigeführt. Dabei dürfte auch die kritische Haltung, die die sog. »eurokommunistischen« Parteien gegenüber den inneren Verhältnissen und der Außenpolitik der sozialistischen Länder einnehmen, eine Rolle spielen. Symptomatisch scheinen mir die Ergebnisse einer Befragung zu sein, die das Turiner Gramsci-Institut unter den Beschäftigten der Fiat-Werke (lange Zeit *der* »politische Leitbetrieb« der italienischen Arbeiterbewegung) Anfang 1980 durchgeführt hat. Auf die Frage, ob es Länder gibt, in denen die Arbeiter mehr Macht haben als in Italien, antworteten 38,4 Prozent der Arbeiter mit »ja« (17,2:nein; 43,9:weiß nicht). Von diesen wiederum nannten 37,7 Prozent die BRD an erster Stelle, danach folgten die Schweiz, Großbritannien und Frankreich. Auf die Sowjetunion und andere sozialistische Länder entfielen 8,8 bzw. 9,6 Prozent. Auf die Gesamtheit der Befragten bezogen, vermindern sich natürlich diese Anteile (12 % für die BRD, 1,6 Prozent für die UdSSR). Immerhin gaben 44 Prozent der Arbeiter an, Wähler der KPI zu sein (Instituto Gramsci, 1980, S. 12/13). Offenkundig identifiziert ein bedeutender Teil von ihnen die »Macht der Arbeiter« mit dem Lebensstandard, der Arbeitslosenquote, der »sozialen Sicherheit« sowie mit der Regierungsbeteiligung der Sozialdemokratie. Diejenigen, die die Macht mit der Klassenmacht der Arbeiter, ihrer Solidarität und Kampffähigkeit, ihrer Kontrolle über die betrieblichen und die gesamtgesellschaftlichen Produktionsbedingungen gleichsetzen, sind aber durch die Anlage dieser Untersuchung nicht mehr auszumachen.

Unmittelbare Wirkungen des Sozialismus können für die Strategie des »Blocks an der Macht« in den kapitalistischen Zentren sowie für die antiimperialistischen Befreiungsbewegungen in der »Dritten Welt« nachgewiesen werden. Die Arbeiterklasse in den hochentwickelten kapitalistischen Ländern hat hingegen überwiegend ein negatives Sozialismus-Bild. Bevor nun freilich daraus gefolgert wird, der reale Sozialismus sei der wesentliche Grund für den Utopie-Verlust in der Arbeiterbewegung, müßte zunächst einmal gefragt werden, ob das negative Bild des Sozialismus als eine adäquate »Widerspiegelung« der tatsächlichen gesellschaftlichen und politischen Verhältnisse in den sozialistischen Ländern gelten kann. Auf jeden Fall ist die Wahrnehmung dieser äußeren Realität gefiltert – einmal durch die Präsentation des Sozialismus in der herrschenden Ideologie, zum anderen durch die subjektive Bewertung der eigenen sozialen Lage. Welche Faktoren dabei dominant sind, kann ohne eigene, empirische Forschungen nicht festgelegt werden (als Ansatz vgl. Heiseler, 1978, S. 183 ff.). Auf jeden Fall ist aber zu vermuten, daß zwischen der Konsumorientierung und einem negativen Sozialismus-Bild ein enger Zusammenhang besteht. Wenn die Frage nach der kollektiven Macht, die die Lohnabhängigen gegenüber dem Kapital in Betrieb, Gesellschaft und Staat auszuüben vermögen, für die je individuelle Bewertung der eigenen sozialen Lage und deren Entwicklung unerheblich (oder gar negativ besetzt) ist, dann sind schon darin Elemente eines negativen Sozialismus-Bildes vorausgesetzt. Angesichts fortbestehender Krisenerfahrungen könnten sich solche Wahrnehmungsstrukturen freilich verändern, denn die Erfahrung von Entlassungen, von Sozialdemontage und Disziplinierung durch Arbeitslosigkeit, neue Techniken und Methoden der Arbeitsorganisation ist auch eine Erfahrung von Macht- und Hilflosigkeit. Diese kann zu individueller Anpassung oder zu Verzweiflung und Resignation führen; sie kann aber auch zu der Einsicht entwickelt werden, daß durch die kollektive und organisierte Macht der Lohnabhängigen grundlegende Veränderungen in den gesamtgesellschaftlichen Macht- und Herrschaftsverhältnissen erkämpft werden müssen. Damit würde auch ein Einstellungswandel gegenüber den sozialistischen Ländern möglich – nicht im Sinne einer unkritischen »Modell«-Ideologie, sondern in einer auf die Realität selbst bezogenen Überprüfung der Fragen, wie in den sozialistischen Ländern diese kollektive und organisierte Macht ausgeübt wird, welche Ergebnisse dieser qualitativ verschiedene Typus der Machtausübung und der Gesellschaftsorganisation für die Lebensbedingungen der Menschen zeitigt, inwieweit die konkret historischen Umstände der Entwicklung des Sozialismus seinen heutigen Entwicklungsstand bestimmen usw. usf. Ich habe nicht die Absicht, alle diese Fragen zu beantworten. Ich will nur einige Hinweise geben, die dabei nicht übersehen werden sollten.

– Die sozialistischen Wirtschaftssysteme haben sich in den vergangenen Jahrzehnten höchst dynamisch entwickelt. Ihre Wachstumsraten liegen im Durchschnitt über denen der kapitalistischen Industrieländer (wobei im Fall schwerer innerer Krisen, wie z.B. in Polen, aber auch dramatische Rückschläge hingenommen werden müssen!). Dieser schlichte Tatbestand, der in jedem statistischen Handbuch nachzuprüfen ist, muß an den Anfang gestellt werden; denn er beweist zunächst einmal, daß eine sozialistische Ökonomie, in der das Privateigentum an den Produktionsmitteln aufgehoben ist und die Steuerung des Wachstums durch Profit und Konkurrenz durch die gesamtgesellschaftliche Planung ersetzt ist, lebens- und entwicklungsfähig ist. Damit sind gewiß nicht alle Widersprüche aufgehoben; denn: »die Umwälzung der Eigentumsverhältnisse beseitigt an und für sich nicht alle in Jahrhunderten aufgehäuften negativen Merkmale des menschlichen Gemeinschaftslebens« (Andropow, 1983, S. IV). Auch das Planungssystem ist in seiner konkreten Funktionsweise vor Schwerfälligkeit, Bürokratismus, Fehlentscheidungen, Versorgungsengpässen nicht gefeit. Außerdem muß es jeweils dem Stand der Produktivkraftentwicklung und der Vergesellschaftung, aber auch der gesellschaftlichen Bedürfnisse und der wissenschaftlichen Potenzen angepaßt werden. Gleichwohl sehen sowjetische Autoren die qualitative Überlegenheit dieses System darin, daß es das Recht auf Arbeit dauerhaft verwirklicht, soziale Ungleichheit und Elend überwindet, »daß (also) das sozialistische Wirtschaftssystem im Unterschied zum kapitalistischen frei von Krisen und Depressionen ist, daß es die Möglichkeit der planmäßig erweiterten Reproduktion in Übereinstimmung mit den Zielen, die der Wirtschaft von der Gesellschaft gestellt werden, gewährleistet« (Schachnasarow, 1982, S. 67).

– Nach dem Selbstverständnis des Sozialismus kann jedoch seine Qualität nicht nach Kennziffern abgeleitet werden, »die auf dem Gebiet der Produktion in den kapitalistischen Ländern erreicht wurden« (ebd., S. 71). Die Planung ermöglicht gerade eine Proportionalität in der Entwicklung der verschiedenen Lebensbereiche – von der Lösung der ökonomischen Entwicklungsprobleme im engeren Sinne bis hin zur Einkommensentwicklung, dem Wohnungsbau, dem Bildungs- und Gesundheitswesen, der Kultur und der Wissenschaft. Oftmals ist übersehen worden, daß in der Sowjetunion – auch unter Bedingungen, die wesentlich ungünstiger waren als heute – diese Proportionalität (natürlich auch zu Lasten eines bloß ökonomischen Wachstumsfetischismus und auch der individuellen Konsumtion) eingehalten worden ist und damit auch langfristig die Grundlagen für die ökonomische, wissenschaftlich-technische und kulturelle Entwicklung in den riesigen Randgebieten der Sowjetunion gesichert wurden, die 1917 kaum die Stufe frühfeudaler Verhältnisse erreicht hatten. Die Umwälzungen, die dabei z.B. in Usbekistan, Kasachstan und Kirgisien, aber auch in weiten Regionen Sibiriens vollzogen wurden, beeindrucken heute mit Recht viele Besucher als »Modelle« eines ungeheuren »Sprungs« aus der extremen Rückständigkeit in die entwickelte sozialistische Gesellschaft, ohne daß dabei die nationalen, ethnischen, regionalen Besonderheiten (wie etwa bei den »eingeborenen« Opfern des Kolonialisierungs- und Industrialisierungsprozesses in der Geschichte der bürgerlichen Gesellschaft) liquidiert wurden.

– In den sozialistischen Gesellschaften orientieren sich die ökonomischen, sozialpolitischen und kulturellen Maßnahmen an der Perspektive einer klassenlosen Gesellschaft. Dieser Weg wird als »allmähliche Aufhebung der Klassenunterschiede, der wesentlichen Unterschiede zwischen Stadt und Land, zwischen geistiger und körperlicher Arbeit, als

Annäherung der sozialen Klassen und Schichten und als Verstärkung der Elemente der sozialen Homogenität charakterisiert« (ebd., S. 88). Dabei soll ein hohes Niveau der sozialen Gleichheit erreicht werden, ohne daß (zumindest in der gegenwärtigen Phase) die Unterschiede der Leistung vermischt würden. Neben der tendenziellen Angleichung des Lohnniveaus spielen die sog. »gesellschaftlichen Fonds« eine besondere Rolle. Sie dienen vor allem dem Zweck, soziale Gleichheit bei der gesellschaftlichen Konsumtion (von Dienstleistungen auf dem Gebiet der Alters- und Gesundheitssicherung, der Bildung, Wissenschaft und Kultur) zu gewährleisten. Gerade diese Leistungen tragen dazu bei, das »Entwicklungsniveau der sowjetischen Nationen« anzugleichen, die Unterdrückung und Abhängigkeit der Frauen zu überwinden, individuelle Entwicklungschancen auf der Basis sozialer Sicherheit und Gleichheit zu eröffnen. »Wenn die gesellschaftlichen Fonds auch noch nicht in vollem Maße als kommunistische Form der Verteilung angesehen werden können, so handelt es sich hier doch um eine Form, die den Prinzipien des Sozialismus in höchstem Maße entspricht. Das allgemeine System der sozialen Fürsorge, der unentgeltlichen medizinischen Betreuung und der Volksbildung fördert wie kaum etwas anderes die Festigung der Beziehungen der Gleichheit« (ebd., S. 102).

Solche qualitativen Merkmale des Sozialimus sollten nicht idealisiert werden; denn in der Praxis entsprechen sie oftmals noch nicht den programmatischen Normen. Wenn darüber hinaus mit der Entwicklung eines relativen »Wohlstandes« in den sozialistischen Gesellschaften (bzw. mit der individuellen Fixierung auf den Konsum bzw. auf den permanenten Vergleich mit den westlichen Konsumstandards – zumindest denen, die die Fernsehwerbung vorspiegelt) kleinbürgerliche Verhaltens- und Bewußtseinsformen um sich greifen, dürften die qualitativ neuen Elemente der sozialistischen Lebensweise kaum als Vorteil, sondern auch als Quelle der Unzufriedenheit empfunden werden. »Ökonomistische« und »private« Bewußtseinsformen können aber auch durch ein politisches System verstärkt werden, in dem sich das administrative Element der Regulierung »von oben« verselbständigt bzw. sich von den realen Alltagserfahrungen und -konflikten mehr und mehr abhebt. Auf dem Felde der ideologischen Prozesse besteht daher die Gefahr eines Formalismus, bei dem die Politik in routinierten Ritualen erstarrt, die der Eigeninitiative, kontroversen Diskussionen über zentrale gesellschaftliche und politische Fragen kaum noch Spielräume beläßt. Auf diese Weise wird aber nicht nur eine entmobilisierende Trennung von Ökonomie, Politik und Ideologie reproduziert – »Ausweichbewegungen« in »Alternativkulturen« (z.B. bei Teilen der Jugend, die sich von der Kirche angezogen fühlen), die weniger reglementiert erscheinen, sind ebenfalls eine Folge solcher Widersprüche. Schachnasarow bemerkt daher mit Recht: »Von der Schaffung der günstigsten Voraussetzungen für Initiative, Selbstbetätigung und Schöpfertum aller und jedes einzelnen – davon hängen heute in großem Maße die weiteren Erfolge der neuen Ordnung ab" (ebd., S. 139).

Die entwickelten sozialistischen Gesellschaften sehen sich derzeit vor der Aufgabe, »Maßnahmen, die den kolossalen Potenzen, die unserer Wirtschaft innewohnen, größeren Spielraum bieten können, zu erwägen und konsequent zu verwirklichen« (Andropow, 1983, S. III). Dabei soll in erster Linie die Produktivität durch die Anwendung wissenschaftlich-technischer Innovationen gesteigert werden. Die sozialistischen Länder haben hier beachtliche Rückstände gegenüber dem Kapitalismus aufzuholen. Auch externe Einflüsse sind hier zu berücksichtigen; denn einerseits erzwingt die Weltmarktkonkurrenz, in die die sozialistischen Wirtschaftssysteme zum Teil eingebunden sind, die Steigerung der Arbeitsproduktivität – zum anderen müssen sie auf die Bedrohung reagieren, die die überlegene elektronische Technologie der USA über die militärischen Potentiale und über die neue, agressive Strategie der NATO auf den Bestand des Sozialismus überhaupt ausüben. Insgesamt ist jedoch die Lösung der Aufgaben, die sich die sozialistischen Gesellschaften für die kommenden Jahrzehnte vorgenommen haben, ohne eine enorme Steigerung der Produktivkraft der gesellschaftlichen Arbeit unmöglich. Hier besteht ein großer Nachholbedarf; gleichwohl verfügen diese Gesellschaften über Möglichkeiten, diese Prozesse der wissenschaftlich-technischen Revolution ohne jene sozialen Widersprüche zu bewältigen, die in der gegenwärtigen Übergangsepoche für den Kapitalismus charakteristisch sind. Niemand braucht sich vor dem Verlust des Arbeitsplatzes, der Entwertung der einmal erworbenen Qualifikation und dem sozialen Abstieg in Elend und »Marginalität« zu fürchten.

Auch im Sozialismus werden Arbeitsplätze wegrationalisiert, Produktionskapazitäten eingeschränkt oder aufgegeben. Solche Maßnahmen sind freilich stets begleitet von ausgreifenden Diskussionen (mit den Betroffenen und den politisch Verantwortlichen) sowie von Maßnahmen zur Einkommenssicherung und Umschulung, zur Weiterbildung und Mobilität, die überhaupt nicht erst die Erfahrung aufkommen lassen, der Arbeiter sei in der Gesamtheit seiner Lebensbedingungen der verselbständigten Logik ökonomischer und technologischer Rationalität ausgeliefert. Das System der Planung ist vielfach schwerfälliger als der kapitalistische Markt. Jene Dynamisierung der Konkurrenz, die heute z.B. die »Computerisierung« der privaten Haushalte in den hochentwickelten kapitalistischen Industriestaaten vorantreibt, wird wohl in den sozialistischen Gesellschaften niemals erreicht werden. Und doch erlaubt dieses System schon heute langfristig wirkende Weichenstellungen gesellschaftlicher Entwicklungsprozesse, in denen die Proportionalität von wirtschaftlichem Wachstum, Vermehrung des individuellen und gesellschaftlichen Wohlstandes, Ausbau der sozialpolitischen Sicherungen, von wissenschaftlicher und kultureller Entwicklung usw. die Maßstäbe für die politischen Entscheidungen abgibt. Die besondere Qualität dieser Vergesellschaftsprozesse kann auch einen Wachstumstyp realisieren, der das gestörte Gleichgewicht von Ökologie und Ökonomie wieder herstellt. Obwohl sich das »ökologische Bewußtsein« in den sozialistischen Industriestaaten geschärft hat, so bestehen doch auch auf diesem Gebiet Rückstände, deren Überwindung nicht durch das unumschränkte Primat ökonomischer und technischer Effizienzkriterien blockiert werden darf. Die Forderungen des sowjetischen Futurologen Bestushew-Lada (1984, S. 69) haben daher auch programmatischen Charakter: »Bei der Lösung des ökologischen Problems muß das Gute wie das Schlechte der Öffentlichkeit zur Kenntnis gebracht werden. Die wertvollen Erfahrungen bei der Wiederaufarbeitung verbrauchter Luft, industrieller Abwässer und ausgelaugter Böden müssen maximal verbreitet werden. Die Menschen, die die größten Erfolge im Kampf gegen die Umweltverschmutzung aufzuweisen haben, müssen als Helden gefeiert werden, im Kampf gegen die Verschmutzung der Luft, der Gewässer, der Wiesen und Wälder, gegen die Verschmutzung der Umwelt mit radioaktiven Abfällen, überschüssiger Wärme sowie unnötigem und störendem Lärm. . . . Jetzt gilt es, nicht im Kampf gegen, sondern für die Natur als Sieger hervorzugehen«.

Der Alltag in den sozialistischen Gesellschaften ist in hohem Maße von der neuen Qualität dieser Lebensweise, aber auch von der Beschäftigung mit ihren nach wie vor bestehenden Mängeln ausgefüllt. Nach ihrem Selbstverständnis aber ist die heutige, entwickelte sozialistische Gesellschaft als Übergangsstufe in einem langen historischen (und revolutionären) Prozeß bestimmt. Wie auch immer in der politischen Propaganda die Siege über die Vergangenheit dominieren mögen – die heutige sozialistische Gesellschaft ist ein auf die Zukunft des Kommunismus angelegtes Projekt. Daß diese Spannung, die auch in den stets erneuerten Aufrufen zur Konzentration aller Kräfte für die Bewältigung der Zukunft erscheint, im Alltagsbewußtsein und -verhalten vieler Menschen Abwehrreaktionen hervorruft, da ihnen die Bewältigung der Gegenwartsprobleme wichtiger als die Verheißung einer »goldenen Zukunft« erscheint, dürfte zunächst kaum verwundern. Gleichwohl hat heute – angesichts des Entwicklungsstandes, der in den fortgeschrittensten sozialistischen Ländern erreicht ist – der Zukunftsoptimismus eine sehr viel solidere Basis als z.B. in jener »heroischen« Phase der russischen Revolution, in der die »Subbotniks« freiwillig Holz fällten, um zu verhindern, daß die Menschen in den Städten erfroren. In dem Maße freilich, wie der Sozialismus realistischer wird, kann die kommunistische Utopie jene Motivationskraft verlieren, die die z.T. unglaublichen Leistungen von einzelnen und von Kollektiven in der »heroischen« Phase hervorgebracht hatte.

Über den Kommunismus, das »Endziel«, schreibt B. Ponomarjow u.a. (1984, S. 64/64): »Im Kommunismus wird der Mensch unabhängig von seiner Herkunft und Stellung, unabhängig von seinem Beitrag zur gesellschaftlichen Produktion die gleiche Möglichkeit wie jeder andere erhalten, an der Entscheidung gesellschaftlicher Angelegenheiten mitzuwirken und sich selbst zu entwickeln. . . . Der Kommunismus wird denn auch die höchste Organisationsform des gesellschaftlichen Lebens darstellen. Die Staatlichkeit wird nicht durch ein Reich allgemeiner Anarchie abgelöst werden, sondern durch ein System der gesellschaftlichen Selbstverwaltung. Welche konkreten Formen dieses System einmal annehmen wird, läßt sich vorläufig natürlich noch sehr schwer sagen. Die kommunistische Selbstverwaltung ist ein Organisationssystem, das die gesamte Bevölkerung erfaßt, die ihre Angelegenheiten mit Hilfe dieses Systems selbst unmittelbar erledigen wird. Der Übergang dazu verläuft auf zwei Wegen: auf dem Wege der weiteren Demokratisierung der Leitung des Staates und auf dem Wege der Erhöhung der Rolle der gesellschaftlichen Organisationen«.

Daß dieser Weg lange dauern wird und daß er nur unter der Voraussetzung, daß eine atomare Katastrophe verhindert wird, begangen werden kann, darüber sind sich die Gesellschaftswissenschaftler in den sozialistischen Ländern weitgehend einig. Ob allerdings das negative Sozialismus-Bild, das nach wie vor von der Mehrheit der Lohnabhängigen in den kapitalistischen Industriestaaten geteilt wird, sich wandelt und damit auch seine hemmenden Wirkungen auf die Klassenkämpfe in diesen Staaten überwunden werden, wird zum einen davon abhängen, wie die Krisenerfahrungen in den kommenden Jahren im Kapitalismus verarbeitet werden. Zum anderen jedoch wird die schrittweise Bewältigung des Mangels, die Zurücknahme der staatlichen Gewalt, die Entfaltung der positiven Elemente der sozialistischen Lebensweise und der Demokratie – kurzum, die wirkliche Einlösung jener kommunistischen Perspektive, die Ponomarjow umreißt, maßgeblich mit darüber entscheiden, ob der Sozialismus jene Ausstrahlungskraft eines Beispiels zu gewinnen vermag, die die Menschen in den kapitalistischen Ländern ermutigen könnte, einen eigenen Weg hin zu sozialistischen Umgestaltungen zu verfolgen.

5.5. »Die Gegenwart geht mit der Zukunft schwanger« (G.W. Leibniz)

Marx hatte diese Bemerkung des bedeutendsten Vertreters der frühbürgerlichen Aufklärung in Deutschland mit dem Hinweis präzisiert, die »Gewalt« – d.h. die »Staatsmacht, die konzentrierte und organisierte Gewalt der Gesellschaft« – sei der »Geburtshelfer jeder alten Gesellschaft, die mit einer neuen schwanger geht« (MEW, 23, S. 779). Den historischen Optimismus des Bürgertums, der die Idee des stetigen Fortschritts der Vernunft und der Kultur vertritt, kritisiert er so als eine Bewußtseinsform, die den realen historischen Prozeß sozialökonomischer und politischer Umwälzungen, in dem die Interessen der verschiedenen Klassen mit dem Mittel der Gewalt ausgetragen werden, idealistisch mystifiziert. Der historische Optimismus der Arbeiterbewegung war daher stets mit dem Wissen verbunden, daß die Überwindung des Kapitalismus zwar einerseits durch den objektiven Prozeß der historischen Entfaltung der inneren Widersprüche des Systems bestimmt wird, andererseits aber nur in einem entschlossenen und bewußten Kampf um die Veränderung der sozialökonomischen und politisch-ideologischen Machtverhältnisse durchgesetzt werden kann.

Walter Benjamin hat in seinen »geschichtsphilosophischen Thesen« jenen »Fortschrittsmythos« der alten Arbeiterbewegung kritisiert, der mit einem Kult der Technik und der Fabrikarbeit verschmilzt: »Der Konformismus, der von Anfang an in der Sozialdemokratie heimisch gewesen ist, haftet nicht nur an ihrer politischen Taktik, sondern auch an ihren ökonomischen Vorstellungen. Er ist eine Ursache des späteren Zusammenbruchs. Es gibt nichts, was die deutsche Arbeiterbewegung in dem Grade korrumpiert hat wie die Meinung, sie schwimme mit dem Strom. Die technische Entwicklung galt ihr als das Gefälle des Stroms, mit dem sie zu schwimmen meinte. Von da war es nur ein Schritt zu der Illusion, die Fabrikarbeit, die im Zuge des technischen Fortschritts gelegen sei, stelle eine politische Leistung dar. Die alte protestantische Werkmoral feierte in säkularisierter Form bei den deutschen Arbeitern ihre Auferstehung. . . Dieser vulgärmarxistische Begriff von dem, was die Arbeit ist, hält sich bei der Frage nicht lange auf, wie ihr Produkt bei den Arbeitern selbst anschlägt, solange sie nicht darüber verfügen können. Er will nur die Fortschritte der Naturbeherrschung, nicht die Rückschritte der Gesellschaft wahrhaben« (Benjamin, 1965, S. 86/87).

Dieser Fortschrittsoptimismus, der sich direkt aus der Produktivkraftentwicklung ableitet, wird heute einmal mehr diskreditiert. Zugleich bestätigt sich aber auch jene Erkenntnis von Marx, daß die Entwicklung des Kapitalismus sich in dem beständigen – periodisch zugespitzten – Widerspruch von Produktivkraftentwicklung und privatkapitalistischen Eigentums- und Aneignungsverhältnissen vollziehen muß. Das Kapital muß die Produktivkräfte »bei Strafe seines Unterganges« steigern, fortgeschrittenste Technologien und die Wissenschaft in seinen Dienst nehmen. Dieser Zwang wird ihm als »blind wirkendes Gesetz« durch die Konkurrenz aufgeherrscht. Intensivierung der Arbeit, Sinnentleerung der produktiven Tätigkeit und Entfremdung, Arbeitslosigkeit und Verelendung sind Folgen dieser »Steuerung« der Kapitalakkumulation durch den Profit. Heute muß ergänzt werden: zu diesen Folgen treten Natur- und Umweltzerstörung, die globalen Probleme des Hungers und der Unterernährung, die Verwandlung der Produktivkräfte in die Destruktivkräfte der militärischen Waffensysteme, in die technischen und sozialen Kontrollinstrumente der gesamten menschlichen Lebensweise hinzu. Der linke Flügel der Arbeiterbewegung hat seine – real-utopischen – Ziele einer Gesellschaftsveränderung stets um den Leitgedanken zentriert, diesen Widerspruch aufzuheben. Nicht Profit und Konkurrenz, sondern die solidarische Definition gesellschaftlicher Bedürfnisse sollen Steuerungsprinzipien der Gesellschaftsentwicklung sein. Diesem Leitmotiv dienen Konzepte wie Vergesellschaftung, Planung und Formen der politischen Willensbildung und -entscheidung, die es ermöglichen sollen, daß die individuellen und gesellschaftlichen Bedürfnisse (die niemals identisch sind) – gleichsam als die »neue Logik« der Vergesellschaftung – zur Geltung kommen können.

In der neueren Geschichte des Kapitalismus ist das Steuerungsprinzip Profit/Konkurrenz durch zusätzliche Steuerungselemente, die die »Anarchie«, d. h. auch die selbstzerstörerischen Potenzen der kapitalistischen Produktionsweise, im Zaune halten sollen, ergänzt worden: Im »Staatsinterventionismus« faßt sich ein ganzes System von Regulierungsformen zusammen, die vorerst dem übergeordneten Zweck dienen, das Privateigentum zu sichern. Diesen Zweck erfüllen sie aber auch darin, daß sie Schutz-Vorkehrungen gegen die ungezügelten Wirkungen der Konkurrenz – zwischen den Einzelkapitalen, auf dem Weltmarkt wie auf dem Arbeitsmarkt – treffen. So erstellt der Staat Dienstleistungen für alle, die nicht in Kapitalform verwertet werden, obwohl sie – durch den Abzug von Einkommen der Lohnabhängigen (in Form von Steuern, Abgaben und Preisen) – teuer genug bezahlt werden müssen (worin u.a. auch der zunehmend parasitäre Charakter der bürokratischen Staatsmaschinerie zum Ausdruck kommt). Die viel diskutierte Krise des Keynesianismus, in der die Hilflosigkeit der politischen Regulierungssysteme gegenüber den »Basisprozessen« der kapitalistischen Produktion (Kapitalverwertung, Produktivkraftentwicklung und Konkurrenz) sich widerspiegelt (vgl. w.o., S. 215 ff.), hat die Frage nach einem neuen Steuerungs- und Regulierungssystem der Vergesellschaftungsprozesse um so dringlicher werden lassen. Damit stellt sich – wie wir gesehen haben – ganz zwangsläufig die Frage nach den Zukunftsperspektiven gesellschaftlicher Entwicklungen. Die Antworten, die dabei gegeben werden, bestimmen natürlich auch die Konzepte, das Bewußtsein und die Moral derjenigen Kräfte, die schon in der Gegenwart um die Aufhebung der krisenhaften Widersprüche ringen.

Die Frage »Kontinuität oder Bruch« ist für die Arbeiterbewegung von entscheidender Bedeutung (vgl. Fülberth, 1983a). Im Spektrum der politischen Kräfte zeigen sich längst vielfältige strategische »Bruchstellen«: die neokonservative »Konterrevolution« propagiert (und praktiziert) die »Wende« im Zeichen eines Bruchs mit den herkömmlichen Politikmustern des »Wohlfahrts-« und »Sozialstaates« sowie des Keynesianismus. Sie entwirft optimistische Bilder einer zukünftigen »Informationsgesellschaft«, in der Flexibilität, Selbstbestimmung des einzelnen, Subsidiarität und neuer Wohlstand herrschen werden. Die »Alternativen« und die neuen sozialen Bewegungen haben längst mit der »Logik des Industriesystems« gebrochen. Sie orientieren sich auf eine Zukunft, in der Dualwirtschaft, Selbstversorgung in kleinen, selbstverwalteten Produzenteneinheiten auf niedrigem technischen Niveau, ökologisches Gleichgewicht, Entstaatlichung und Entmilitarisierung, Selbstbestimmung von unten u.a.m. zu Strukturprinzipien einer emanzipierten Gesellschaft werden sollen. In diesem Spektrum, in dem sich gegenwärtig strategische Neuorientierungen polarisieren, erscheint die Arbeiterbewegung (auch in ihren verschiedenen Strömungen und Abteilungen) vielfach als eine Kraft, die sich der Kontinuität verschworen hat.

Auch in die sozialen Kämpfe unserer Tage (man denke zB. an die Streiks der englischen Bergarbeiter gegen Arbeitsplatzvernichtung oder die Bewegungen der italienischen Arbeiter gegen Sozialdemontage und die Liquidierung des Inflationsausgleiches bei den Löhnen) tritt sie in der Regel aus einer Verteidigungsposition ein: denn es geht ja darum, die weitere Vernichtung von Arbeitsplätzen, den Abbau des Sozialstaates, die negativen Wirkungen der neuen Techniken usw. usf. zu verhindern. Die Konservativen nutzen diese Schwäche der Arbeiterbewegung ideologisch aus. Wenn sie behaupten, die Arbeiterbewegung habe sich in eine Kraft der »Bewahrung des Althergebrachten« verwandelt und müsse letztlich an diesem Immobilismus scheitern, so zeigt dies nur, wie sich an der Oberfläche der ideologischen Auseinandersetzungen die wirklichen Verhältnisse verkehren. Gleichzeitig wollen die Konservativen natürliche solche Beharrungskräfte in der Arbeiterklasse, die sich an der bloßen Verteidigung des Status quo orientieren, für ihre Strategie nutzen. Diese zielt ja gerade darauf ab, die Spaltung und Segmentierung sozialer Erfahrung politisch und ideologisch weiter voranzutreiben (Flexibilisierung, weg von »kollektiven Regelungen«, Entstaatlichung), um schließlich die Entsolidarisierung in der Klasse – mit anderen Worten: die klassische Form der »Atomisierung« der Individuen im Kapitalismus – als einen idealen Zustand der Freiheit und der Selbstbestimmung zu propagieren.

Die bloße Verteidigung des Status quo führt die Arbeiterbewegung in eine Sackgasse. Wie in der Geschichte vom Wettlauf zwischen dem Hasen und dem Igel wird ihr bei jeder Initiative, die sie zur Verteidigung der wirtschaftlichen und sozialen Tagesinteressen der Lohnabhängigen unternimmt, widerfahren, daß ihre sozialen und politischen Gegner schon am Ziel sind, weil sie im Wettlauf zwischen Kapitalverwertung, Produktivkraftentwicklung auf der einen und den Lebensbedürfnissen der Lohnabhängigen schon die nächsten bzw. die übernächsten Kampfziele und -positionen abgesteckt haben. Wenn der VW-Konzern – eben zu jener Zeit, in der die Auseinandersetzung um die 35-Stunden-Woche in ihre »heiße Phase« eintritt – der Öffentlichkeit die »Halle 54« vorstellt, die fast vollständig automatisiert ist, so mag dies illustrieren, was ich mit dem Wettlauf meine. Dieser strategische Vorteil ist keineswegs der besonderen geistigen Überlegenheit der herrschenden Klasse geschuldet. Er entspringt vielmehr der Logik der objektiven Vergesellschaftungsprozesse (vor allem der Anwendung der neuen Techniken), die nicht nur über die Krisenprozesse, sondern auch über jene sozialen Strukturveränderungen wirken, die in das soziale und politische Profil der Arbeiterklasse, aber auch in das ganze Verhältnis von Mensch-Maschine-Arbeit, schließlich auch von Arbeits- und Nicht-Arbeitszeit gründlich eingreifen (vgl. w. o., S. 234 ff.) und damit objektiv die Handlungsbedingungen der Gewerkschaften beeinflussen. Die konservativen »Zukunftsperspektiven« sind nur die ideologische Form, in der diese objektiven Prozesse abgebildet, zugleich aber in politische Strategien übersetzt werden, die diese Prozesse beschleunigen, die Widerstandskräfte der Arbeiterbewegung schwächen sollen.

Diese Erkenntnis darf auf keinen Fall zu der Schlußfolgerung führen, daß die defensiven Kämpfe und Forderungen des Tages abgewertet oder gar aufgegeben werden. Jede abgehobene Diskussion über »Wege zun Paradies«, die sich gar noch an den Erfahrungen einer »Nicht-Arbeiterklasse« orientieren, muß eher Verwirrung stiften als den notwendigen »utopischen Überschuß« zu erzeugen. Entscheidend ist die theoretische und praktische Verbindung von aktueller Bewegung und Zielen, die über den gegenwärtigen Zustand hinausweisen, aber gleichwohl realisierbar sind. Die Auseinandersetzung um die Beschäftigungspolitik, die Arbeitszeitverkürzung und die »soziale Beherrschung« der neuen Techniken beinhaltet gerade – wie gezeigt wurde (vgl. w.o., S. 266 ff.) – diese Verknüpfung. Nahezu jede Veranstaltung zur 35-Stunden-Woche hat nicht nur Lernprozesse über den Charakter der gegenwärtigen und perspektivischen Entwicklung des Kapitalismus gefördert, sondern zugleich auch Umrisse eines alternativen Modells der Steuerung der Produktion und der Beschäftigung, der Neuverteilung der Arbeit, einer neuen Beziehung zwischen Arbeit und Freizeit deutlich werden lassen. Aber – auch jede Betriebsbesetzung, bei der die Lohnabhängigen nicht nur den Eigentumsanspruch umkehren (»unser Betrieb«), sondern sich zugleich mit der Frage auseinandersetzen, was und wie produziert werden soll, in Abteilungs- und Vollversammlungen über solche Fragen tatsächlich diskutieren und dann auch entscheiden, enthält Momente eines Kampfes, der nicht nur Produkt der Verzweiflung ist (als Folge einer Betriebsstillegung), sondern der zugleich machbare Alternativen für die Zukunft aufzeigt. Freilich gilt auch für andere Bereiche der gewerkschaftlichen Politik, daß die Antizipation künftiger Formen einer humanen und demokratischen Lebensweise zugleich als Triebkraft für die Tagesarbeit wirkt: das Engagement in der Friedensbewegung verbindet die Ablehnung der Raketenstationierung mit der Perspektive atomwaffenfreier Zonen, schließlich einer Welt ohne Kriege, Waffen und Soldaten; die Frauenarbeit verbindet die betriebliche und gesellschaftspolitische Interessenvertretung gegen Formen der besonderen Diskriminierung der Frauen, mit der Perspektive der »Gleichberechtigung«, die patriarchalische Herrschaftsverhältnisse in Betrieb, Familie und auch in der Gewerkschaft in Frage stellt und überwindet; die gewerkschaftliche Kulturarbeit fördert Motivationen, um die aktuellen Kämpfe durchzustehen – sie bedeutet aber auch kulturelle Selbstbetätigung, emotionales Engagement und Genußfähigkeit, alles Momente, für deren Entwicklung zu strukturbestimmenden Elementen einer neuen und besseren

Gesellschaftsordnung es sich zu kämpfen lohnt. Natürlich ist diese Verknüpfung von Perspektiven eine schwierige Aufgabe, die kurzfristig nicht gelöst werden kann. Und gewiß bedarf es dabei weiterer theoretischer Anstrengungen, um auch Funktionäre der Organisation mit der Bedeutung dieser Zukunftsaufgaben, mit den vielfältigen Zukunftsstrategien, die heute schon verfolgt werden, vertraut zu machen. Ohne diese Vorarbeit kann sich letztlich auch das Massenbewußtsein nicht verändern. Schon heute werden jedoch in der geistigen Auseinandersetzung um die großen Themen der Zukunft Weichenstellungen vorgenommen, die selbst mit darüber entscheiden, wer letztlich über die Kraft verfügen wird, die Zukunft zu beherrschen.

Fragen wir zum Schluß, worin sich die heutigen Zukunftsbilder einer besseren Welt von den traditionellen sozialistischen Utopien unterscheiden. Die Antworten werden noch einmal zeigen, daß der »utopische Überschuß« immer historisch konkret ist – nämlich in der Negation dessen, was er nicht will und in der Perspektive dessen, was als wünschenswert erscheint.

– Die gegenwärtige Situation hat globalen und totalen Charakter. Das heißt: niemals zuvor in der Geschichte war das Schicksal der Menschheit als ganzer betroffen. Heute dagegen ist die Abwendung der Armut des weitaus größten Teils der Erdbevölkerung, eine zentrale Aufgabe, um Perspektiven einer besseren Welt überhaupt möglich werden zu lassen. Da aber – die Bestushew-Lada zutreffend bemerkt – die gegenwärtige Situation »künstlich«, d.h. von den Menschen selbst herbeigeführt (und daher keine Naturkatastrophe) ist, kann sie auch verändert werden: »Man kann die heraufziehenden Probleme nicht umgehen, man muß sie lösen. Sie lassen sich aber nicht im einzelnen lösen, sie bilden einen Komplex und müssen deshalb im Zusammenhang angepackt werden. Diese Probleme sind von den Menschen heraufbeschworen worden, die Menschen müssen sie auch lösen. Die Probleme als solche sind durchaus lösbar. Die Zeit, die uns die Geschichte für die Lösung der globalen Probleme bis zu dem Zeitpunkt zur Verfügung gestellt hat, bis zu dem diese Probleme in ein kritisches Studium eintreten werden, ist relativ kurz: Es sind dies nur einige wenige Jahrzehnte. Folglich muß man die anstehenden Probleme so zupackend wie möglich lösen« (Bestushew-Lada, S. 119). Dabei kann die früher in der Arbeiterbewegung vorhandene Katastrophen-Erwartung (»dann steigt aus den Trümmern der alten Gesellschaft die sozialistische Weltrepublik«) schon längst nicht mehr Maßstab für eine Politik sein, die Katastrophen verhindern will und muß.

– Die früheren Utopien entwarfen ein Gemeinwesen, in dem materieller Wohlstand, soziale Gleichheit und Gerechtigkeit herrschten, Wissenschaft und Technik in den Dienst der menschlichen Interessen und einer vernunftgemäßen Lebensgestaltung treten und die despotische Willkür der Staatsgewalt durch verschiedene Modelle der demokratischen Selbstbestimmung und Selbstverwaltung, der Dezentralisierung und der gewaltfreien Regelung von »allgemeinen Angelegenheiten« überwunden ist. Heute hingegen kann sich die utopische Intention nicht mehr in der Vorstellung einer von gesellschaftlichen Zwängen und Sonderinteressen befreiten Produktivkraftentwicklung erfüllen. Die negativen Utopien sind die logische Folge solcher Visionen. Die Zukunftsperspektiven, die heute zu entwickeln sind, werden dagegen auch offen sein für Pläne einer partiellen Entindustrialisierung – z.B. durch neue Formen der internationalen Arbeitsteilung und der Standortverteilung der Produktion, durch die Überwindung jener Verzerrungen, die durch die Weltmarktkonkurrenz und -abhängigkeit entstanden sind. Weiterhin sind heute – zumindest in den hochentwickelten kapitalistischen Gesellschaften – keine Utopien mehr denkbar, die irgendein »Schlaraffenland« als Traum einer besseren Lebensweise ausmalen. Selbstverständlich ist es eine wesentliche Aufgabe der Zukunft, Hunger und Elend – in der »Dritten« ebenso wie in der »Ersten Welt« der kapitalistischen Metropolen – zu beseitigen. Dabei werden aber auch Vorstellungen über das »Konsumentenglück« in den sog. »reichen Ländern« gründlich in Frage gestellt werden. Die entwickelten Konsumstandards der westlichen Welt werden kaum »Weltmodell« werden. Statt dessen werden auch in den sog. »reichen« Ländern qualitative Aspekte der Lebensweise – z.B. Gesundheit, Energiesparen, soziale Beziehungen, kulturelle Praxis – an Bedeutung gewinnen. Schließlich wird der ganze Komplex von Macht und Herrschaft nicht nur in der Perspektive der Aufhebung der politischen Gewaltverhältnisse diskutiert werden, die sich im staatlichen »Gewaltmonopol« unmittelbar manifestieren. Auch die sog. »privaten« Verhältnisse der Macht (z.B. Patriarchalismus), die sog. »sanften« Formen der Verhaltenskontrolle durch neue Techniken und z.B. durch Psychopharmaka werden infrage gestellt und begründen gerade die Notwendigkeit einer anderen Lebensweise.

– Im Unterschied zu früheren Zukunftsmodellen sind also heute qualitative Aspekte einer Lebensweise wichtiger geworden, die nicht die »industrielle Zivilisation« negiert, wohl aber deren negativen Wirkungen und Gefahren für die globalen Existenzbedingungen der Menschheit *und* für die sozialen und psychischen Existenzbedingungen des einzelnen problematisiert. Die neue »Zeitsouveränität« wird dabei zu einem entscheidenden Gestaltungsprinzip der zukünftigen Verhältnisse – und zwar nicht im Sinne jener durch Profitprinzip und verselbständige technologische Rationalität geforderten »Flexibilität« des Arbeitskräfteeinsatzes, die Unternehmer und Konservative schon gegenwärtig propagieren, sondern als eine neue (individuelle und gesellschaftliche) Bestimmung des Verhältnisses von Arbeit und Nicht-Arbeit, als Möglichkeit einer ganz neuen Mobilität und Selbstverwirklichung, die befreit ist von den Zwängen eines Systems der materiellen Produktion, in dem der Tauschwert der Arbeitskraft die gesamte Lebensweise der Lohnabhängigen strukturiert und beherrscht.

Der »Diskurs« über die Zukunft hat längst begonnen. Die Arbeiter- und Gewerkschaftsbewegung weiß aus ihrer eigenen Geschichte, daß weder die idealistische Konstruktion von »Traumwelten« noch eine unermüdliche »Endzeitpropaganda« (wie sie z.B. von der KPD in der Endphase der Weimarer Republik in der Erwartung des bevorstehenden Zusammenbruchs des Kapitalismus betrieben wurde), ihr die Kraft verleiht, gestaltend in die Geschichte einzugreifen. Gleichwohl fordert die Erfahrung von Millionen von Lohnabhängigen, deren Lebensperspektiven und Wertvorstellungen durch den krisenhaften Strukturwandel unserer Zeit zutiefst verunsichert werden, die Gewerkschaften heraus, sich in diesen »Diskurs« einzuschalten. Das Thema »Zukunft der Arbeit« ist das ur-eigene Feld der Arbeiterbewegung, die sich geschichtlich als die »Partei der Arbeit« konstituierte und die sowohl die »Befreiung von der Arbeit« (als einem Naturzwang schwerer körperlicher Belastung) als auch die »Befreiung in der Arbeit« (Selbstbestimmung über Zweck und Inhalt der Produktion wie der Arbeitsorganisation) auf ihre Fahnen schrieb. Es ist wichtig, diese wesentliche historische Bestimmung der Arbeiterbewegung nicht zu vergessen. Freilich reicht die bloße Erinnerung an Traditionen oder die Beschwörung der »historischen Mission« der Arbeiterklasse nicht aus, um jenen Aufgaben gerecht zu werden, die die Gegenwart stellt. Die Vorstellungen zur »Zukunft der Arbeit« werden sich darin nicht vom historischen und logischen Ausgangspunkt der Arbeiterbewegung im Kapitalismus lösen können, daß sie die Neuverteilung der Arbeit, die Neubestimmung des Inhalts der Arbeit und ihres Stellenwertes für die gesamte Lebenspraxis der vergesellschafteten Individuen, die soziale Beherrschung der Produktivkraftentwicklung als Ziele eines Kampfes begreift, der die »soziale Emanzipation«, soziale Gleichheit und Gerechtigkeit für alle mit der Veränderung der gesellschaftlichen Herrschaftsverhältnisse verbindet und sich dabei für eine »neue Logik« des Vergesellschaftungsprozesses engagiert. Dieser Kampf kann aber nur erfolgreich bestritten werden, wenn die Herausforderungen der Zukunft mit Wissen, Phantasie, Optimismus und Mut angegangen werden – dazu gehört einmal der Mut zum »Bruch« mit eingeschliffenen Deutungsmustern der gesellschaftlichen Realität wie der Politik, zum anderen auch der Mut, Fehler zu machen und Niederlagen zu korrigieren.

Anmerkungen

Kapitel 2

1 Vgl. dazu u.a. Altvater u.a., 1979; J. Huffschmid/H. Schui (Hrsg.) 1976; IMSF, 1976; J. Goldberg, 1979; sowie die seit 1975 veröffentlichten Memoranden der Arbeitsgruppe »Alternativen der Wirtschaftspolitik«.

2 Diese ist freilich gespalten; denn das Monopolkapital fordert auf der einen Seite die Verminderung der Löhne, der Steuern und der Sozialabgaben, die die Profite belasten, und die Aufhebung von Arbeitsschutzbestimmungen, die die Flexibilität wie die Intensität der Ausbeutung der Arbeitskraft einschränken. Auf der anderen Seite kann das Monopolkapital nicht ohne die beständige Intervention des Staates akkumulieren. Das gilt für die Erschließung neuer Anlagesphären in den modernsten Produktionssektoren ebenso wie für die sog. »strukturschwachen« Branchen (Kohle, Eisen- und Stahl, Werften, Textil u.a.), die für die Lösung ihrer Krisenprobleme auf staatliche Unterstützung angewiesen sind.

3 Im übrigen sollte nicht übersehen werden, daß sich z.B. unter den Bundestagsabgeordneten der »Grünen« einige aktive Betriebsräte und Gewerkschafter befinden.

4 Bei dieser Periodisierung unterscheide ich grob vier Entwicklungsetappen des Kapitalismus; 1. 1944/45 bis etwa Mitte der 50er Jahre: Auseinandersetzungen um die Neuordnung und Restauration; 2. Konsolidierung: »Wirtschaftswunder« gepanzert mit konservativer Stabilität; Mitte der 50er Jahre bis Mitte/Ende der 60er Jahre; 3. »Sozialliberale« Modernisierung: Ende der 60er bis Ende der 70er Jahre; 4. Konservative »Gegenreformation« (ab Mitte der 70er Jahre).

5 Der DGB hat im November 1982 eine Mitbestimmungs-Initiative eröffnet, die nicht nur auf die Verwirklichung der paritätischen Mitbestimmung, sondern auch auf eine umfangreiche Novellierung des BetrVG zielt (vgl. Nachrichten, 1983.1, S. 13 ff.). Ob diese Initiative im Kontext der gesamtpolitischen Konstellation sinnvoll plaziert war, mag bezweifelt werden; denn immerhin war gerade durch den Regierungswechsel nach rechts deutlich geworden, daß sich die Realisierungsbedingungen für die erweiterte Mitbestimmung auf dem Wege der Gesetzgebung noch weiter verschlechtert haben. Die Materialien dieser Initiative können in der gewerkschaftlichen Aufklärungsarbeit und Bewußtseinsbildung dennoch eine wichtige Rolle spielen. Sie reflektieren die Erfahrung, daß die geltenden gesetzlichen Regelungen unter Krisenbedingungen die Macht und den Handlungsspielraum der Kapitalinteressen beträchtlich erweitert haben und daß nur durch eine Neuformulierung der Schutz-, Kontroll- und Mitbestimmungsrechte der Betriebsräte und der Gewerkschaften die klassische Schutzfunktion arbeitsrechtlicher Regelungen aufrechterhalten werden kann.

6 Dabei darf natürlich nicht vergessen werden, daß die Arbeiterschaft in ihrer Mehrheit nicht zu den Nazis überlief und daß die faschistische Ideologie vor allem die »kleinbürgerliche Mitte« in ihren Bann schlug. Gleichwohl haben diese Politik-Rituale – vor allem nach 1933 – auch eine Faszination auf viele Arbeiter ausgeübt.

Kapitel 3

1 Eine neue Konfliktformation, die nicht primär diesen Determinanten unterliegt, hat sich mit zwischenstaatlichen Konflikten innerhalb des sozialistischen Staatensystems (hier vor allem der Konflikt Sowjetunion – Volksrepublik China) herausgebildet.

2 Die Zusammenfassung der Stimmen für SPD, USPD und KPD zum »Arbeiterblock« ist natürlich nicht unproblematisch; denn sie überdeckt die Differenzen zwischen den Flügeln der Arbeiterbewegung ebenso wie die Tatsache, daß die Koalitionspolitik der SPD in der Weimarer Republik stets auf ein Bündnis mit der »bürgerlichen Mitte« und auf eine scharfe

Abgrenzung gegenüber der KPD angelegt war. Gleichwohl sind hier doch die Stimmen der – im weitesten Sinne – sozialistischen Arbeiter zusammengefaßt.

3 Dabei ist zu berücksichtigen, daß die SPD (1928 = 29,8 %; November 1932 = 20,4 %) Verluste hinnehmen mußte, während die KPD (1928 = 10,6 %; November 1932 = 16,9 %) Gewinne erzielte. Die Märzwahlen 1933 fanden schon unter dem Terror des NS-Regimes statt; der Stimmanteil von SPD und KPD (18,3 und 12,3 Prozent) ist daher immer noch erstaunlich hoch.

Kapitel 4

1 Natürlich hat die Beschäftigung mit diesen Aspekten der Krisenanalyse auch politische Konsequenzen: die Solidarität mit Nicaragua, den Volkskämpfen in San Salvador, Chile usw., ist antiimperialistische Solidarität. Zum einen fördert sie Lernprozesse über den Inhalt dieser Kämpfe; zum anderen entwickelt sie auch z. B. in der Friedensbewegung die Einsicht, daß der Kampf gegen die Außen- und Militärpolitik der USA und der NATO Bestandteil jenes globalen Kampfes ist, der auch – wenngleich in spezifischen Formen – z. B. in Nicaragua durchgefochten wird.

2 Vgl. E. Hobsbawm, Labouring Men, London 1964, dort bes. die Aufsätze: General Labour Unions in Britain, 1829–1914, S. 179 ff. sowie: The Labouring Aristocracy in Nineteenth-Century Britain, S. 272 ff.

3 Während der Welle spontaner Streiks 1973 kam es bei den Ford-Werken Köln zu einer scharfen Konfrontation zwischen deutschen und ausländischen Arbeitern. Dabei wurden auch Stimmen laut, die – in Anlehnung an die italienischen Erfahrungen – die Arbeitsimmigranten (als die »Massenarbeiter«) zum Kern einer neuen, radikalen Bewegung erklären wollten.

4 Allerdings handelt es sich hier nicht um eine allgemeine Gesetzmäßigkeit gewerkschaftlicher Integration. In England z. B. hat die Bergarbeitergewerkschaft in den verstaatlichten Unternehmen des Bergbaus Positionen der Autonomie und auch der Militanz bewahrt (vgl. dazu Allen, 1981). Die Analyse der politischen Entwicklung der IGBE wird daher auch zu berücksichtigen haben, daß mit der Ausschaltung der Kommunisten in den 50er Jahren zugleich Weichen für diese extrem sozialpartnerschaftliche Ideologie und Politik gestellt wurden.

5 Eine genauere Analyse verschiedener kleiner kommunistischer Parteien in Westeuropa, die in den letzten Jahren massive Mitgliederverluste haben hinnehmen müssen, würde wahrscheinlich zu dem Ergebnis gelangen, daß diese Prozesse auch eine Folge der (historisch gewachsenen) engen Bindung dieser Parteien an bestimmte Gruppen der Arbeiterklasse sind, die von einer substantiellen, »professionellen Krise« und »Auszehrung« erfaßt sind (z. B. Bergleute, Hafenarbeiter). Besonders bei kleinen Parteien – mit eindeutigen lokalen und regionalen Schwerpunkten – kann dieser Zusammenhang von »sozialer Stagnation« und »politischem Abstieg« nachvollzogen werden. Dazu kommt, daß die Probleme dieser Parteien durch Zugänge von Intellektuellen (in der Folge der Studentenbewegung Ende der 60er Jahre), die die »ideologischen Apparate« dieser Parteien besetzt haben, teilweise verdeckt wurden, schließlich aber doch in der wachsenden Isolation von der Arbeiterklasse offenbar wurden.

Literatur

W. Abendroth, Friedensbewegung und Arbeiterbewegung, Marburg 1982.

W. Abendroth, Droht »1984«? Staatliche Repression und demokratische Gegenwehr, in: Blätter für deutsche und internationale Politik, 1983. 12, S. 1552 ff.

D. Albers u.a., Klassenkämpfe in Westeuropa, Reinbek 1971.

S. Alff, Leitfaden Italien, Berlin(W) 1977.

R. Alquati, Klassenanalyse und Klassenkampf, hrsgg. v. W. Rieland, Frankfurt/M. 1974.

E. Altvater u.a., Vom Wirtschaftswunder zur Wirtschaftskrise. Ökonomie und Politik in der BRD, Berlin(W) 1979.

E. Altvater, Der Kapitalismus in einer Formkrise. Zum Krisenbegriff in der politischen Ökonomie und ihrer Kritik, in: D. Albers u.a., Aktualisierung Marx', Argument-Sonderband 100, Berlin(W) 1983, S. 80 ff.

J. Andropow, Die Lehre von Karl Marx und einige Fragen des sozialistischen Aufbaus in der UdSSR, Beilage der Zeitschrift »Sowjetunion heute«, Nr. 4, April 1983.

Arbeitsgruppe »Alternativen der Wirtschaftspolitik«, Memorandum' 82, Qualitatives Wachstum statt Gewinnförderung, Köln 1982.

Arbeitsgruppe ‚Alternativen der Wirtschaftspolitik, Memorandum '83, Bremen 1983.

G. Arndt u.a., DGB-Programm '81. Untersucht für die Praxis, Frankfurt/M. 1981.

Autorenkollektiv, Probleme der kommunistischen Bewegung, Frankfurt/M. 1976.

M. Baethge u.a., Jugend und Krise – Krise aktueller Jugendforschung, Frankfurt-New York 1983.

R. Bahro, Elemente einer neuen Politik, Berlin/W. 1980.

S. Bajohr, Die Hälfte der Fabrik. Geschichte der Frauenarbeit in Deutschland, Marburg 1979.

H.D. Bamberg u.a. (Hrsg.), Hochschulen und Gewerkschaften, Köln 1979.

W. Benjamin, Zur Kritik der Gewalt und andere Aufsätze, Frankfurt/M. 1965.

G. Benz u.a. (Hrsg.), Willi Bleicher, Ein Leben für die Gewerkschaften, Frankfurt/M. 1983.

K. Benz-Overhage, Automatisierung der Fertigung im Maschinenbau und ihre Folgen für die Arbeitsgestaltung, in: WSI-Mitteilungen, 1983, 2, S. 79 ff.

I. Bestushew-Lada, Die Welt im Jahre 2000. Eine sowjetische Prognose für die Zukunft. Freiburg i.Br. 1984.

J. Bischoff u.a., Jenseits der Klassen? Gesellschaft und Staat im Spätkapitalismus, Hamburg 1982.

R. Bispinck, Tarifvertragliche Regelung von Arbeitsbedingungen und Entlohnungsformen, in: WSI-Mitteilungen, 1982. 9, S. 561 ff.

R. Bispinck, Montagetätigkeit im Wandel, in: WSI-Mitteilungen, 1983. 2, S. 88 ff.

E. Bloch, Zur Originalgeschichte des dritten Reiches, in: A. Neusüß (Hrsg.), Utopie, Darmstadt/Berlin(W) 1968, S. 193 ff.

M. Boni, Von den Gewerkschaften des Herbstes zum Herbst der Gewerkschaften. Italien am Anfang der 80er Jahre. Marburg 1983.

G. Brandt u.a., Anpassung an die Krise: Gewerkschaften in den 70er Jahren, Frankfurt/New York 1982.

J. Braunthal, Geschichte der Internationale, Band 2, Berlin(W)/Bonn 1978.

W. Breum u.a., Die Gewerkschaften der BRD, Hamburg 1981.

U. Briefs, Arbeiten ohne Sinn und Perspektive? Gewerkschaften und »Neue Technologien«, Köln 1980.

U. Briefs, Neue Technologien – Arbeitszeitverkürzung – Zukunft der Arbeit, in: Blätter für deutsche und internationale Politik, 1984. 2, S. 197 ff.

C. Buci-Gluckmann, G. Therborn, Der sozialdemokratische Staat. Die »Keynesianisierung« der Gesellschaft, Hamburg 1982.

N. Debus, Leiharbeit – das Geschäft mit der Ware Arbeitskraft, Marburg 1982.

F. Deppe, H. Lange, L. Peter (Hrsg.), Die neue Arbeiterklasse. Technische Intelligenz und Gewerkschaften im organisierten Kapitalismus, Frankfurt/M. 1970.

F. Deppe u.a. (Hrsg.), Geschichte der deutschen Gewerkschaftsbewegung, Köln 1977.

F. Deppe, Arbeitnehmerinteressen und Wissenschaftsfreiheit, in: Demokratische Erziehung, 1977, 3, S. 361 ff. (1977a).

F. Deppe, Autonomie und Integration. Materialien zur Gewerkschaftsanalyse, Marburg 1979.

F. Deppe u. a., Aktuelle Probleme der Geschichtsschreibung der Arbeiter- und Gewerkschaftsbewegung, in: Blätter für deutsche und internationale Politik, 1979. 4, S. 488 ff.

F. Deppe/W. Roßmann, Wirtschaftskrise, Faschismus, Gewerkschaften, 1929—1933, Köln 1981.

F. Deppe, Einheit und Spaltung der Arbeiterklasse. Überlegungen zu einer politischen Geschichte der Arbeiterbewegung, Marburg 1981.

F. Deppe, Die Funktion der Einheitsgewerkschaft und der Kampf um eine gesellschaftliche Neuordnung nach 1945, in: ders., u.a. (Hrsg.), Einheitsgewerkschaft. Quellen, Grundlagen, Probleme, Frankfurt/M. 1982, S. 20 ff.

F. Deppe/G. Fülberth, Preußen und die deutsche Arbeiterbewegung, in: A. Kaiser (Hrsg.), Denkmalsbesetzung. Preußen wird aufgelöst, Berlin(W) 1982, S. 265 ff.

F. Deppe, Vergesellschaftung und Politik. Zur politischen Theorie von Karl Marx, in: IMSF (Hrsg.), ». . . .einen großen Hebel der Geschichte«. Zum 100. Todestag von Karl Marx, Frankfurt/M. 1982, S. 86 ff.

F. Deppe/W. Roßmann, Hätte der Faschismus verhindert werden können? Gewerkschaften, SPD und KPD 1929—1933, in: Blätter für deutsche und internationale Politik, 1983.1, S. 18 ff.

F. Deppe, Intelligenz, Arbeiterbewegung, Marxismus, in: Rote Blätter, 1984.1, S. 29 ff.

H.U. Deppe, Arbeitszeitverkürzung als präventive Gesundheitspolitik, in: G. Bosch u.a., Her mit dem ganzen Leben. Argumente für die 35-Stunden-Woche, Marburg 1984, S. 115 ff.

Deutsche Geschichte, Band 2, hrsg. v. H.J. Bartmuss u.a., Berlin(DDR) 1967.

D. Düe, J. Hentrich, Krise der Automobilindustrie. Das Beispiel des Multi General Motors/Opel AG, Frankfurt/M. 1981.

H. Dybowski u.a., Nicht wehrlos – doch wohin? Gewerkschaften und neue soziale Bewegungen unter der CDU-Herrschaft, Frankfurt/M. 1983.

F. Engels, Vorbemerkung zu »Der deutsche Bauernkrieg« (1874), in: Marx/Engels Werke (MEW), Band 7, Berlin(DDR), 1960, S. 531 ff.

F. Engels, Die Entwicklung des Sozialismus von der Utopie zur Wissenschaft, MEW, 19, S. 177 ff.

H.M. Enzensberger, Zwei Randbemerkungen zum Weltuntergang, in: Kursbuch, 52, Berlin(W) 1978, S. 1 ff.

J. Espenhorst, Wege aus der Krise und die Zukunft der Arbeit, in: Aus Politik und Zeitgeschichte (Beilage zur Wochenzeitung »Das Parlament«), B6/1983.

J. Esser, Gewerkschaften in der Krise, Frankfurt/M. 1982.

J. Esser, Die Patentlösung heißt »Gesundschrumpfen«, in: Gewerkschaftliche Monatshefte, 1983.10, S. 675 ff.

G. Fehrenbach, Bildung für alle – fördern statt auslesen, in: Gewerkschaftliche Bildungspolitik, 1984.1, S. 3 ff.

U. Feist u.a., Das Wahlverhalten der Arbeiter bei der Bundestagswahl 1983, in: Gewerkschaftliche Monatshefte, 1983.7, S. 414 ff.

F. Fischer, Bündnis der Eliten. Zur Kontinuität der Machtstrukturen in Deutschland 1871—1945. Düsseldorf 1979.

A.G. Frank, Policy and Hockerey: Unemployment and world crisis of economic policy formation, Round Table '83: Marx, Marxism and the World Today, Cavtat (Jug.), 24—28. 10. 1983.

G. Fülberth/J. Harrer, Die deutsche Sozialdemokratie, 1890—1933, Darmstadt und Neuwied 1974.

G. Fülberth, Bilanz der sozialliberalen Koalition, in: Blätter für deutsche und internationale Politik, 1982,10, S. 1164 ff.

G. Fülberth, Leitfaden durch die Geschichte der Bundesrepublik, Köln 1983.

G. Fülberth (1983a), Kontinuität oder Bruch, in: IMSF (Hrsg.), Marx ist Gegenwart, Frankfurt/Main 1983, S. 179 ff.

G. Gilder, Reichtum und Armut, München 1983.

J. Goldberg, Die Reproduktionsbedingungen des fixen Kapitals als Grundlage der Stagnationstendenzen, in: Marxistische Studien, Jahrbuch des IMSF, F1, Frankfurt/M. 1979, S. 9 ff.

J. Goldberg, A. Sörgel, Grün-alternative Wirtschaftskonzeptionen, Analyse und Kritik, Frankfurt/M. 1982.

W. Goldschmidt/W.D. Hund, »Ernstfall« und »Volksgemeinschaft«. Zur konservativen Besinnung auf H. Freyer und C. Schmitt, in: Blätter für deutsche und internationale Politik, 1983.12, S. 1588 ff.

A. Gorz, Abschied vom Proletariat, Frankfurt/M. 1980.

A. Gorz, Gegen die kapitalistische Rationalität, in: Gewerkschaftliche Monatshefte, 1984.1, S. 7 ff.

K. Gossweiler, Großbanken, Industriemonopole, Staat, Berlin(DDR) 1971.

A. Grunenberg (Hrsg.), Die Massenstreikdebatte, Frankfurt/M. 1970.

T. Hagelstange, Die Entwicklung der Mitgliederzahlen der DGB-Gewerkschaften 1950—1978, in: Gewerkschaftliche Monatshefte, 1979.11, S. 734 ff.

G. Hautsch/B. Semmler, Betriebsbesetzung, Frankfurt/M. 1983.

K.J. Heinisch (Hrsg.), Der utopische Staat, Reinbek 1960.

R.G. Heinze u.a., Interessendifferenzierung und Einheitsgewerkschaft, in: Gewerkschaftliche Monatshefte, 1981.6, S. 336 ff.

J.H. v. Heiseler, Jugendliche im Großbetrieb, Frankfurt/M. 1978.

J.H. v. Heiseler, Wandel des Wertesystems?, in: Marxistische Studien, Jahrbuch des IMSF, 5, Frankfurt/M. 1982, S. 72 ff.

H. Heseler, Überlegungen zur Vergesellschaftung von Krisenbranchen, in: Memo-Forum, Zirkular der ‚Arbeitsgruppe Alternative Wirtschaftspolitik', Nr. 1, Bremen, Oktober 1983, S. 44 ff.

P. Heß, Grenzen des Kapitals: wissenschaftlich-technische Revolution und Verwertung, in: Wirtschaftswissenschaft, 31 (1983), S. 1368 ff.

J. Hirsch, Bemerkungen zum theoretischen Ansatz einer Analyse des bürgerlichen Staates, in: Gesellschaft. Beiträge zur Marxschen Theorie, 8/9, Frankfurt/M. 1976, S. 99 ff.

J. Hirsch/R. Roth, Das »Modell Deutschland« und neue soziale Bewegungen, in: Probleme des Klassenkampfes 1980.40.

E. Hobsbawm, Labouring Men, London 1964.

W. Hofmann, Universität, Ideologie, Gesellschaft. Beiträge zur Wissenschaftssoziologie, Frankfurt/M. 1968.

J. Hoffmann, »Amerikanisierung« der deutschen Gewerkschaftsbewegung, in: Gewerkschaftliche Monatshefte, 1981.7, S. 418 ff.

W. Höhnen, Das DGB-Investitionsprogramm zur Sicherung der Beschäftigung durch qualitatives Wachstum, in: WSI-Mitteilungen, 1982.10, S. 597 ff.
M. Horkheimer, Anfänge der bürgerlichen Geschichtsphilosophie, Stuttgart 1930.
J. Huber, Die verlorene Unschuld der Ökologie, Frankfurt/M. 1982.
J. Huffschmid/H. Schui (Hrsg.), Gesellschaft im Konkurs? Handbuch zur Wirtschaftskrise 1973—1976, Köln 1976.
J. Huffschmid, Für den Frieden produzieren, Köln 1981.
J. Huffschmid, Die Wirtschaftskrise in der BRD: Tendenzen und Perspektiven, in: Marxistische Studien, Jahrbuch des IMSF, 6, Frankfurt/M. 1983, S. 235 ff.
IG Metall, Vorstand, »Maschinen wollen sie – uns Menschen nicht«. Rationalisierung in der Metallwirtschaft, Frankfurt/M. 1983.
IG Metall, Unternehmerverhalten in der Krise und gewerkschaftliche Gegenwehr, Frankfurt/M., 1983.
IMSF, Klassen- und Sozialstruktur der BRD 1950—1970, Teil II: Sozialstatistische Analyse, Frankfurt/M. 1973.
IMSF, Wirtschaftskrise und Wirtschaftspolitik, Frankfurt/M. 1976.
IMSF (Hrsg.), Staatsmonopolistischer Kapitalismus der BRD in Zahlen und Fakten, Arbeitsmaterialien des IMSF, Frankfurt/M. 1981.
IMSF (Hrsg.), Der Staat im staatsmonopolistischen Kapitalismus der Bundesrepublik. Empirische Analysen-Fakten. Imsf-Beitrag 6/II, Frankfurt/M. 1982.
IMSF (Hrsg.), Wir wollen alles: Beruf-Familie-Politik. Frauenarbeit und Frauenbewegung, Frankfurt/M. 1983.
Istituto Gramsci, Torino, Ricerca di massa sulla condizione dei lavoratori Fiat, Torino 1980.
O. Jakobi, H.G. Lang, Anpassung und Zentralisierung – zur Entwicklung der IG Chemie, in: O. Jacobi u.a. (Hrsg.), Arbeitskampf um Arbeitszeit, Kritisches Gewerkschaftsjahrbuch 1979/80, Berlin(W) 1979, S. 1823 ff.
O. Jacobi u. a.,(Hrsg.), Nicht vor – nicht zurück? Kritisches Gewerkschaftsjahrbuch 1982/83, Berlin(W) 1982.
H. Janßen, Tarifpolitik und Rationalisierung. Überlegungen zur Tarifpolitik der IG Metall in den 80er Jahren, in: WSI-Mitteilungen, 1982.9, S. 529 ff.
G. Judick, Zu einigen Ursachen mangelnden Klassenbewußtseins in der Bundesrepublik, in: IMSF (Hrsg.), Marx ist Gegenwart, Frankfurt/M. 1983, S. 252 ff.
H. Jung, Zur Arbeiterklasse der 80er Jahre, in: Marxistische Studien, Jahrbuch des IMSF, 6, Frankfurt/M. 1983, S. 44 ff.
H. Jung, Schritte zum »Orwell-Staat«? Rechtsregierung und Staat. Ambitionen, Tendenzen, Grenzen, in: Blätter für deutsche und internationale Politik, 1983.12, S. 1577 ff.
K. Kautsky, Die Vorläufer des Neueren Sozialismus, 1. Band, 1. Teil, Stuttgart 1895.
K. Kautsky, Der Weg zur Macht. Politische Betrachtungen über das Hineinwachsen in die Revolution, Frankfurt/M. 1972.
H. Kern/M. Schumann, Ein Stachel im Fleisch der Rationalisierungsgewinner, I/II, Frankfurter Rundschau, 10. 3. 84, S. 10 und 12. 3. 84, S. 14.
H.A. Kissinger, Memoiren. 1973—1974, München 1982.
D. Klein, Die Marxsche Auffassung zum Regulierungsmechanismus im Kapitalismus, in: IPW-Berichte, 1983.3, S. 22 ff.
K. Klemm, Mitdenken oder denken lassen. Arbeitszeitverkürzung und Rationalisierung: Folgen für Bildung und Beschäftigung, in: Erziehung und Wissenschaft, 1984.3, S. 22 ff.
A. Klönne, Industiearbeiter contra Aussteiger? in: Gewerkschaftliche Monatshefte, 1982.4, S. 199 ff.
H. Kohl, Koalition der Mitte: Für eine Politik der Erneuerung, Regierungserklärung, 13. 10. 1982, Hrsg.: CDU-Bundesgeschäftsstelle, Bonn o.J.

H. Kohl, Programm der Erneuerung: Freiheit, Mitmenschlichkeit, Verantwortung, Regierungserklärung, 4. Mai 1943, Hrsg.: CDU-Bundesgeschäftsstelle, Bonn o.J.

H. Kohl, Die Zukunft gestalten, den Frieden sichern, 31. Bundesparteitag der CDU, 25./26. Mai 1983, Hrsg.: CDU-Bundesgeschäftsstelle, Bonn o.J.

R. Kowalski, Widersprüche der Kapitalakkumulation und Regulierungskrise, IPW-Forschungshefte (Berlin, DDR), 1983.1.

A. Kramer, Gramscis Interpretation des Marxismus, in: Gesellschaft. Beiträge zur Marxschen Theorie, 4, Frankfurt/M. 1975, S. 65 ff.

J. Kuczynski, Darstellung der Lage der Arbeiter in Deutschland von 1917/18 bis 1932/33, Berlin(DDR) 1966.

R. Kühnl, Der deutsche Faschismus in Quellen und Dokumenten, Köln 1975.

I. Kurz-Scherf u.a., Die Tarifbewegungen im 1. Halbjahr 1982, in: WSI-Mitteilungen, 1982.9, S. 519 ff.

K. Lauschke, Gewerkschaftliche Politik in der Krise des westdeutschen Steinkohlebergbaus. Diss.Marburg 1982.

A. Leisewitz, Neue Technologien und Arbeiterklasse, in: Marxistische Studien, Jahrbuch des IMSF, 6, Frankfurt/M. 1983, S. 84 ff.

G. Leminsky/B. Otto, Politik und Programmatik des Deutschen Gewerkschaftsbundes, Köln 1974.

K. Lenk, Ideologie. Ideologiekritik und Wissenssoziologie. Neuwied 1961.

G. Lukacs, Geschichte und Klassenbewußtsein, Berlin 1923.

K. Maase, Neue Bewegungen. Gesellschaftliche Alternative oder kultureller Bruch, in: Marxistische Studien, Jahrbuch des IMSF, 5, Frankfurt/M. 1982, S. 10 ff.

L. Mahlein, Gewerkschaften heute. Erfahrungen, Anregungen, Frankfurt/M. 1983.

E. Mandel, Der Spätkapitalismus, Frankfurt/M. 1972.

K. Marx, Das Elend der Philosophie, in: MEW, 4, S. 62 ff.

K. Marx, Der Bürgerkrieg in Frankreich, MEW, 17, S. 313 ff.

K. Marx, Grundrisse der Kritik der politischen Ökonomie, Berlin 1953.

K. Marx, Das Kapital, Erster Band, MEW 23, Berlin (DDR) 1962.

K. Marx, Das Kapital, 3. Band, MEW, 25, Berlin(DDR) 1964.

K. Marx/Friedrich Engels, Die heilige Familie (1844—1846), in: MEW, 2, Berlin (DDR) 1959, S. 7 ff.

K. Marx/F. Engels, Die deutsche Ideologie, MEW, 3, S. 9 ff.

K. Marx/F. Engels, Manifest der Kommunistischen Partei, in: MEW, 4, S. 459 ff.

Marx/Engels/Lenin, Über die Partei der Arbeiterklasse, Frankfurt/M. 1974.

R. Miliband, Marxism and Politics, Oxford University Press 1977.

T. Morus, Utopia, Stuttgart 1964.

H. Mottek u.a., Wirtschaftsgeschichte Deutschlands, Band III, Berlin (DDR) 1974.

W. Müller-Jentsch, Zum Verhältnis von Staat und Gewerkschaften, in: C. Pozzoli (Hrsg.), Rahmenbedingungen und Schranken staatlichen Handelns, Frankfurt/M. 1976, S. 150 ff.

B. Nauhaus, Probleme der Frauenarbeitslosigkeit in der gegenwärtigen Krise, Köln 1979.

K. Naumann, Vom Lohnverzicht bis zum Verzicht aufs Überleben? Ideologische Leitbilder der »geistig-moralischen Erneuerung«, in: Blätter für deutsche und internationale Politik, 1983.6, S. 854 ff.

O. Negt, »Ein politischer Kampf um das Brechen von Herrschaftspositionen«. Gewerkschaftliche Gegenmacht und die politisch-kulturelle Dimension der Arbeitszeitverkürzung, in: express, 1983.12, S. 7 ff.

A. Neusüß, Utopie, Darmstadt/Berlin(W) 1968.

C. Offe, »Am Staat vorbei?« Interview mit C. Offe, in: Das Argument, 124/1980, S. 809 ff.

P.J. Opitz (Hrsg.), Weltprobleme München 1982.

R. Opitz, Über die Entwicklung und Verhinderung von Faschismus, in: Das Argument, 87/1974, S. 543 ff.
L. Peter, Krise der Arbeiterklasse? Krise der Arbeiterbewegung? in: Marxistische Studien, Jahrbuch des IMSF, 6, Frankfurt/M. 1983, S. 21 ff.
A. Pfeiffer/G. Muhr, Gewerkschaftliche Grundsatzpositionen in der gegenwärtigen Wirtschafts-, Sozial- und Beschäftigungspolitik, in: Gewerkschaftliche Monatshefte, 1981.10, S. 574 ff.
B. Ponomarjow, Perspektiven der Menschheit in marxistischer Sicht, in: Sozialismus: Theorie und Praxis, 1984.1, S. 58 ff.
N. Poulantzas, Staatstheorie, Hamburg 1978.
W. Roßmann, Arbeiterklasse, soziale Bedürfnisse und gewerkschaftliche Politik, in: Marxistische Studien, Jahrbuch des IMSF, 5, Frankfurt/M. 1982, S. 42 ff.
Sachverständigenrat zur Begutachtung der gesamtwirtschaftlichen Entwicklung, Gegen Pessismus, Jahresgutachten 1982/83, Stuttgart und Mainz 1982.
J.P. Sartre, Plädoyer für die Intellektuellen (1965), in: ders., Mai '68 und die Folgen, Reinbek o.J., S. 9 ff.
P. Schaaf, Ruhrbergbau und Sozialdemokratie, Marburg 1978.
G.Ch. Schachnasarow, Die Zukunft der Menschheit, Leipzig 1982.
H. Schelsky, Die Arbeit tun die anderen. Klassenkampf und Priesterherrschaft der Intellektuellen, Opladen 1975.
M. Schneider, Totengräber ihrer eigenen Vergangenheit, in: G.v. Wysocki u.a., Schweigen die deutschen Intellektuellen, Berlin(W) 1981, S. 56 ff.
R. Schneider, Computertechnologien in der Produktion, in: WSI-Mitteilungen, 1983.2, S. 66 ff.
E.C. Schöck, Arbeitslosigkeit und Rationalisierung. Die Lage der Arbeiter und die kommunistische Gewerkschaftspolitik 1920—1928, Frankfurt/New York 1977.
K. Schönwalder, Deutsche Geschichte nach Art des Bundeskanzlers und der Industrie, in: Blätter für deutsche und internationale Politik, 1983.8, S. 1055 ff.
D. Senghaas, Die friedenspolitische Großwetterlage, in: Gewerkschaftliche Monatshefte, 1983.3, S. 139 ff.
A. Steil, Die imaginäre Revolte. Untersuchungen zur faschistischen Ideologie und ihrer theoretischen Vorbereitung bei G. Sorel, C. Schmitt und E. Jünger, Marburg 1984.
F. Steinkühler, Einbahnstraße Technik? Das Verhältnis der Gewerkschaften zu den »neuen Technologien«, in: Blätter für deutsche und internationale Politik, 1984.2, S. 188 ff.
U. Stolle, Arbeiterpolitik im Betrieb, Frankfurt/New York 1980.
F. Stooß, Tendenzen des Wandels beruflicher Strukturen in den 70er Jahren, in: MittAB, 1980,3, S. 360 ff.
W. Streeck, Gewerkschaftliche Organisationsprobleme in der sozialstaatlichen Demokratie, Königstein/Ts. 1981.
W. Streeck, Einheitsorganisation und Interessendifferenzierung, in: Gewerkschaftliche Monatshefte, 1981.6, S. 354 ff. (1981 a).
K. Tenfelde/H. Volkmann (Hrsg.), Streik, München 1981.
G. Therborn, What does the Ruling Class Do When it Rules? State Appartuses and State Power under Feudalism, Capitalism and Socialism, London, 1978.
E.P. Thompson, Plebeische Kultur und moralische Ökonomie, Frankfurt/M., Berlin, Wien 1980.
H. Tofaute, Das Beschäftigungsprogramm der Bundesregierung, in: WSI-Mitteilungen, 1982.5, S. 273 ff.
B. Trentin, Il sindicato dei consigli, Roma 1980.
G. Weiß, Die ÖTV. Politik und gewerkschaftspolitische Konzeptionen der Gewerkschaft ÖTV von 1966 bis 1976, Marburg 1978.

H. Wiesenthal, K. Hinrichs, An den Grenzen des Arbeiterbewußtseins, in: Gewerkschaftliche Monatshefte, 1982.12, S. 775 ff.
K.G. Zinn, Beschäftigungspolitik auf dem Rückzug, in: Gewerkschaftliche Monatshefte, 1981.10, S. 601 ff.
Zukunftsperspektiven gesellschaftlicher Entwicklungen. Bericht der Kommission, im Auftrag der Landesregierung von Baden-Württemberg, Stuttgart 1983.

Ohne Arbeit geh'ste kaputt!
Kleine Bibliothek
Pahl-Rugenstein

Ulrich Briefs
Informations-
technologien
und Zukunft
der Arbeit
Mikroelektronik und
Computertechnik
Pahl-Rugenstein

Georg Fülberth

Leitfaden durch die Geschichte der Bundesrepublik Deutschland

Kleine Bibliothek Band 310, 143 Seiten.

Der Leitfaden ist eine Einführung in die Geschichte der Bundesrepublik. Er gibt eine Orientierung angesichts der kaum noch überschaubaren Literatur zu diesem Thema. Das Buch benennt Schwerpunkte und Wendepunkte der Entwicklung von der Gründung der BRD bis zur Gegenwart und regt zum Weiterstudium an.